U0640311

YINGWUZHOU SHANG

常恒毅／主编

版 BAN

武汉出版社

WUHAN
PUBLISHING
HOUSE

鹦鹉洲上

# 让城市留下记忆
## 让人们记住乡愁

《鹦鹉洲上》编辑委员会

主　　编　　常恒毅

副 主 编　　沈继成　彭奇玉

编　　委　　易孟林　胡建林　常　炜　余克和

　　　　　　萧继石　王智仁　肖　冬

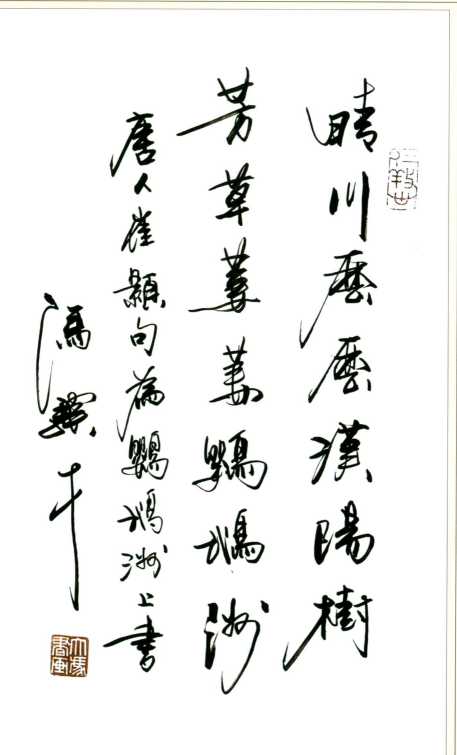

晴川歷歷漢陽樹
芳草萋萋鸚鵡洲

唐人崔顥句為鸚鵡洲上書

冯骥才

题字: 冯骥才（著名文化学者、中国民间文艺家协会名誉主席、
天津大学冯骥才文学艺术研究院院长）

## 江汉揽胜图

　　《江汉揽胜图》创作于明代末期，作者佚名。

　　此画为绢本设色，纵107厘米，横171厘米，国家一级文物，现收藏于武汉博物馆。

　　画面气势磅礴，雄浑开阔。江汉朝宗，百舸争流。龟蛇二山隔江对峙，晴川阁与黄鹤楼遥相呼应，武汉三镇的风华美景和商贸繁荣尽收眼底，一览无遗。

　　左上方是长江南岸的军事重镇武昌城，城墙蜿蜒环绕，门楼高峻林立。蛇山上黄鹤楼碧瓦朱栏，巍峨突兀，雄踞一隅，楼前白色胜像宝塔历历可见。汉阳岸边禹功矶头的晴川阁飞檐斗拱，临江屹立，阁后石阶直达龟山之顶。而临汉江之南岸嘴处，房屋鳞次栉比，尽显繁华气象。

　　画中长江与汉水相汇而三分市镇，江上千帆百舸，来往货船络绎不绝。一座巨型木排正顺流而下，排上厢房相对，牌楼伫立，旌旗迎风飘扬。右上角江中有古鹦鹉洲，其上树木扶疏，农舍错落。

　　画面下方近景为新兴汉口商埠，幅面虽小，然沿河地带的码头店铺相接，黑瓦白墙的民居毗邻，热闹景象初显，日后有"楚中第一繁盛之地"的美誉。

　　《江汉揽胜图》的传世，为我们留存了四百多年前武汉三镇的真实画面，为我们回首江城武汉的历史变迁传递了重要信息。尤其江中舟楫航船之密集，突出描绘了明代后期长江、汉水交汇处繁忙的水陆商贸风貌。

（常恒毅撰文）

## 汉处士祢衡墓

祢衡墓原在古鹦鹉洲上。鹦鹉洲系由祢衡作的《鹦鹉赋》而得名。

祢衡（173年—198年），字正平，平原郡人。年少多才而气傲，不畏权势，有名士气节。因击鼓辱曹操，避难来到荆州，又为刘表所不容，后转至江夏太守黄祖处。因他讥讽黄祖是"庙中之神，虽受祭祀，恨无灵验"，黄祖大怒将他杀了。黄祖儿子黄射与祢衡是好友，却救之不及，后来黄祖也很懊悔，乃厚加棺殓，将尸体安葬在鹦鹉洲上。

古鹦鹉洲沉没后，真墓亦毁。清光绪二十六年（1900年），汉阳知府余肇康应乡人之请，重修祢衡墓以存古迹。此墓原在鹦鹉洲腰路正街内侧，紧邻鹦鹉小学分部（原宝庆会馆），为一衣冠冢，石建、方形，额题"汉处士祢衡墓"，甚为古朴别致。

"文革"中此墓遭到破坏，仅保留一块横石碑。1983年祢衡墓被定为武汉市重点文物保护单位，2000年武汉市人民政府拨出专款，在龟山南麓的长江大桥铁道线下方、园丁园西侧的小路边新建祢衡墓，供游人凭吊参观。

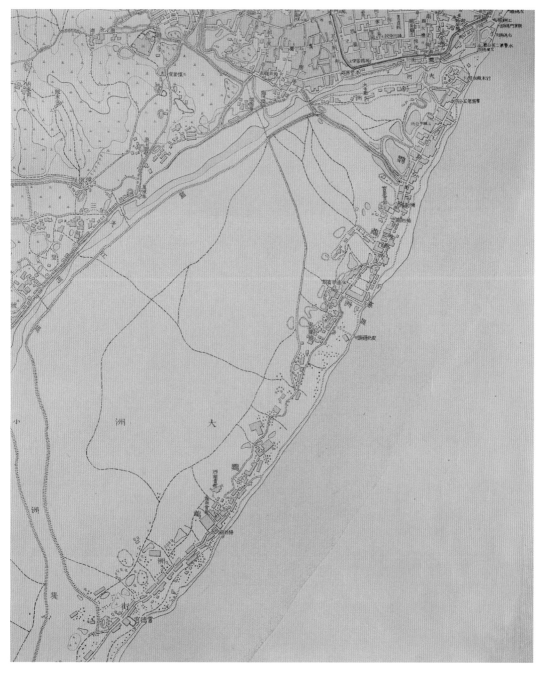

**《武汉三镇街市图》鹦鹉洲部分**

　　《武汉三镇街市图》1922年由湖北陆军测量局出版，首次将军事测量的1:10000大比例三镇地形测绘于一张图上。此图现藏于国家图书馆，为编辑出版《鹦鹉洲上》一书，胡建林先生获准复印该图的鹦鹉洲部分，现刊印于此，以飨读者。

（姜姜鹦鹉洲，日月大江流。世事如苍狗，不变是乡愁。渔樵踏歌，童叟放鸢。间有石板长街，蜿蜒十里。木行会馆，酒肆茶楼，错落其间，春怡锦浪。水中江豚逐浪，舟排连野。望处杨泗庙中香烟缭绕，木帮会馆人声喧嚣。盛若上河图景，振一时之繁华。然，沧海桑田，人事两非。后为民生计，更馆为学，拆庙建港。千古芳洲不再，百年残梦犹存。今逢盛世，老友重逢，长忆洲上往事。特为小记，以慰乡愁。岁在壬寅清明

鹦鹉洲人刘焕章撰并书）

## 刘焕章书法作品

刘焕章，1947年出生于江苏，5岁随父来到鹦鹉洲；1968年毕业于武汉美术专科学校；国家一级美术师，享受国务院政府特殊津贴；曾任职于武汉中国书画院；职业书法家，中国书法家协会会员，武汉文史馆馆员，华中师范大学客座教授，湖北美术学院博士生导师；为众多名胜景点和商铺题写招牌匾额，作品曾多次在国内外展出。

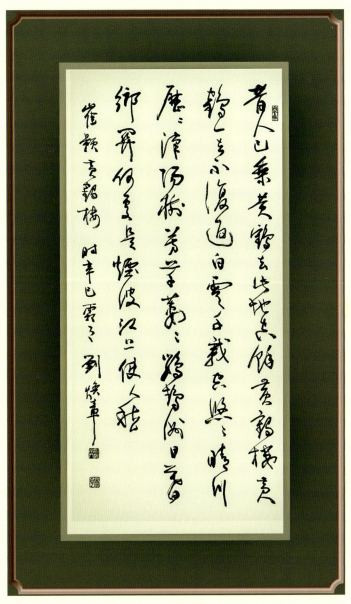

**刘焕章书法**

### 黄鹤楼
崔颢

昔人已乘黄鹤去，此地空余黄鹤楼。
黄鹤一去不复返，白云千载空悠悠。
晴川历历汉阳树，芳草萋萋鹦鹉洲。
日暮乡关何处是？烟波江上使人愁。

陈正泰木行旧居（方松华／摄）

文物保护安全提示牌
（陈正泰木行旧址）

陈正泰木行旧址位于汉阳区瓜堤正街339号，清代至民国年间为长江边的木行，全国第三次文物普查时(2008年-2011年）将陈正泰木行旧址列入不可移动文物。根据《中华人民共和国文物保护法》规定，一切机关、组织和个人都有依法保护文物的义务。如有损坏将依法追究责任。
请大家尊重历史，爱护文物，造福子孙！
联系电话：汉阳区文化局 84462889 84682810
鹦鹉街办事处 84888737

武汉市汉阳区文化局
汉阳区人民政府鹦鹉街办事处

**陈正泰木行旧址文物保护安全提示牌**

陈正泰木行旧居位于原鹦鹉洲瓜堤正街339号（现晴川大道锦绣路路口）。它是清末民初典型的江夏民居，粉墙黛瓦、三开两进、前院后厨。当年十里长街上，类似这样砖木结构的房屋，有近百栋之多。

这是鹦鹉洲保留下来的唯一一栋中华人民共和国成立前的建筑物，已被列入不可移动文物。

汉阳鹦鹉洲所见（黎雄才／绘）

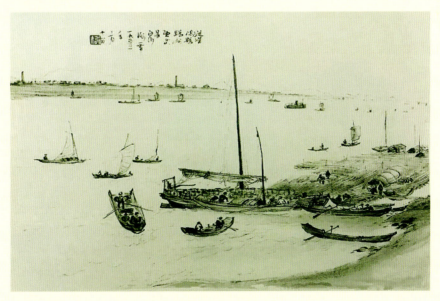

从汉阳鹦鹉洲望武昌白沙洲（黎雄才／绘）

　　黎雄才（1910年—2001年），广东肇庆人，当代国画家、美术教育家、岭南画派卓有成就的代表人物。1955年3月他曾在鹦鹉洲上写生，留下《汉阳鹦鹉洲所见》和《从汉阳鹦鹉洲看武昌白沙洲》两幅作品。

《武汉防汛图卷》片段一（上图，黎雄才／绘）

《武汉防汛图卷》片段二（下图，黎雄才／绘）

　　1954 年夏，长江遭遇百年未有之洪水。武汉全市军民紧急动员，投入轰轰烈烈的防汛抗洪斗争。画家黎雄才以此为背景，创作了《武汉防汛图卷》。它借助传统手卷画的绘画样式，以史诗般的浩瀚场景反映了武汉人民与自然灾害所展开的惊心动魄的特殊而伟大的斗争。

## 锦绣长江图（上图，樊枫／绘）

《锦绣长江图》是纸本水墨画，尺寸是 67cm×400cm，创作于 2006 年。

题识：锦绣长江图。鹦鹉洲记。长江之夏，汉水之阳，为汉阳府地界。荆楚人文荟萃之所，钟灵毓秀之地。"晴川历历汉阳树，芳草萋萋鹦鹉洲。"以千古绝唱为天下景仰。鹦鹉晴川遂成为国中不二福地。唐李白曾诗云："鹦鹉来过吴江水，江上洲传鹦鹉名。鹦鹉西飞陇山去，芳洲之树何青青。烟开兰叶香风暖，岸夹桃花锦浪生。迁客此时徒极目，长洲孤月向谁明。"岁次丙戌年，夏月之夜，题于汉上并记。

## 汉阳鹦鹉洲头（右图，萧继石／绘）

《汉阳鹦鹉洲头》，描绘了 20 世纪 40 年代鹦鹉洲头的一段街景。建于清朝同治年间的两湖会馆（湖南竹木总会馆），其建筑华丽巍峨，蓝瓦白墙的议事大厅及前庭占据了画面主体，左边是古朴的杨泗庙，右边是魁星阁，青石长街上人来车往，一派繁荣景象。

萧继石，1952 年出生于湖北洪湖，1986 年毕业于华中工学院（现华中科技大学），1997 年获华中师范大学硕士学位。他是中国美术家协会会员，受聘于湖北书画研究院、子恺画院，中南财经政法大学客座教授。作品曾多次在国内外展览并获奖，以画老武汉民俗著称，出版作品《老武汉风情》和《中国风俗图志（武汉卷）》。

樊枫，1958年出生于武汉市，1988年毕业于南京艺术学院美术系。原武汉美术家协会副主席，中国博物馆协会美术馆专业委员会理事，湖北省中国画学会副会长。中国美术家协会会员，国家一级美术师、二级教授，武汉画院专业画家。湖北美术学院、江汉大学设计学院和武汉画院客座教授。2008年—2020年任武汉美术馆馆长。作品多次在国内外展览并获奖，曾获"当代中国画杰出人才奖"，出版了《樊枫国画作品精选》和《彼岸：樊枫作品集2020》等多部画集。

鹦鹉十里长街（易小阳／绘）

　　《鹦鹉十里长街》，一条青石板铺就的十里长街横贯鹦鹉洲上，从右边的小木桥进入，可见祢衡墓，沿街有会馆、木行、寺庙、亭阁等各式建筑，也有洋楼和教堂，更多的是湖南风格的木板屋、树皮房、茅草房和吊脚楼。长江中排筏成阵、帆船来往，岸边码头工人正在辛苦劳作。十里长街的上首是荒五里，老朝关的界碑依稀可见。长街的后方是大片洲地，直至夹河边。

易小阳绘

易小阳，1957年出生于湖南华容，1984年毕业于湖北艺术学院美术系（现湖北美术学院）。武汉市美术家协会会员，江汉大学客座教授。2021年创作的《汉阳西大街》百米墙画和《鹦鹉洲的过去和现在》墙画，记录了老街的历史风貌，留下鲜活的城市记忆，有"民间画家"的美誉。

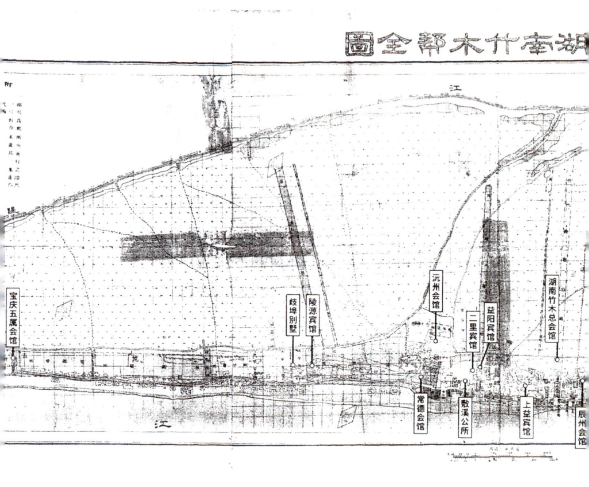

《鹦鹉洲湖南竹木帮全图》会馆分布图

《鹦鹉洲湖南竹木帮全图》是1925年由陈焕楚、曾世藩、邹学乾三人绘制的。这张地图不仅描绘了鹦鹉长街两侧的房屋建筑，而且上面标明了二十多个会馆的位置，以及各个帮派所占用的码头泊位、划分的帮地界线。这些资料对于研究当年的"湖南五府十八帮"和鹦鹉洲的竹木贸易市场，具有重要的参考价值。

此图现藏于湖北省档案馆，由于硫酸纸年久变质，图已多处破损，虽进行修复，但仍有一些细节难以看清。

此次为出版《鹦鹉洲上》一书，特地将《鹦鹉洲湖南竹木帮全图》进行了截取，并在图上标明了鹦鹉洲的会馆位置，以利于读者对分布在全洲上下的会馆有一个总体印象。

(常恒毅撰文)

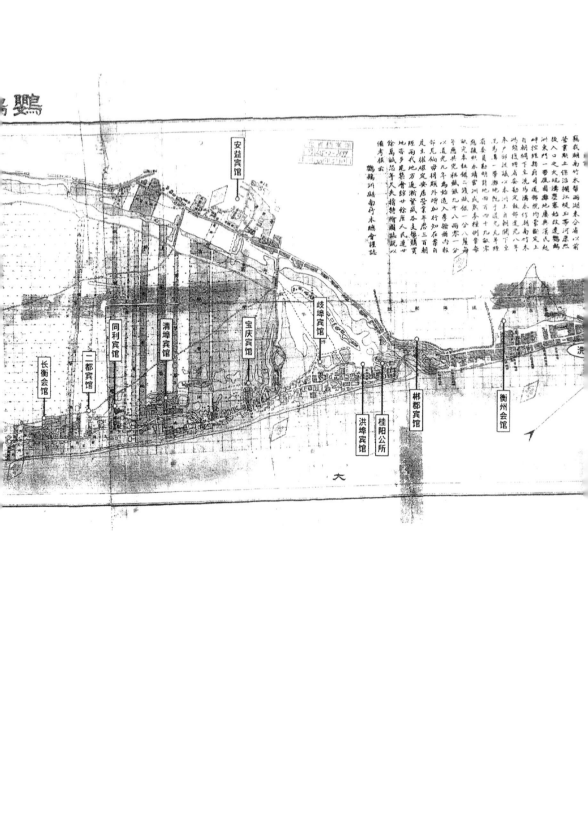

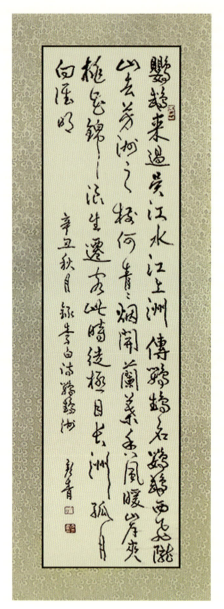

骆焱青书法

## 鹦鹉洲
### 李白

鹦鹉来过吴江水，江上洲传鹦鹉名。
鹦鹉西飞陇山去，芳洲之树何青青。
烟开兰叶香风暖，岸夹桃花锦浪生。
迁客此时徒极目，长洲孤月向谁明。

桂志新书法

## 鹦鹉洲送王九之江左
### 孟浩然

昔登江上黄鹤楼，
遥爱江中鹦鹉洲。
洲势逶迤绕碧流，
鸳鸯鸂鶒满滩头。
滩头日落沙碛长，
金沙熠熠动飙光。
舟人牵锦缆，
浣女结罗裳。
月明全见芦花白，
风起遥闻杜若香。
君行采采莫相忘。

走进鹦鹉洲（图虫创意）

**今日锦绣家园（黄文瑞／摄）**

**杨泗港集装箱码头（武汉港务集团供图）**

　　1960年建成的杨泗港码头是武汉地区最大的机械化港口作业区，后改造为集装箱专业码头。随着武汉城区两江四岸的建设，码头搬迁到新港区，这里将利用原有的码头高桩平台建成杨泗港都市T台和杨泗港公园。

杨泗港都市 T 台规划设计图（武汉市规划研究院供图）

杨泗港公园规划设计图（武汉市规划研究院供图）

鸟瞰国博（黄文瑞／摄）

鹦鹉洲之夜（图虫创意）

2021 年 4 月 6 日，出席第一次《鹦鹉洲上》编写工作会议的代表

2021 年 5 月 21 日，出席第二次《鹦鹉洲上》编写工作会议的代表

向冯骥才先生介绍《鹦鹉洲上》的编辑出版情况

2022年1月14日，参加《鹦鹉洲上》编辑出版座谈会的专家和工作人员（肖艺珊／摄）

# 序

　　《鹦鹉洲上》是一本回忆录性质的文集。作者是一群耄耋老人，他们怀着浓厚的乡情，用生动的笔触，描述了 20 世纪 50 年代他们童年的生活，祖辈在鹦鹉洲创业的艰辛，以及故乡的悠久历史，读来令人难以释怀。因为我也是个老武汉人，阅读《鹦鹉洲上》，令我备感亲切。作为国家历史文化名城的武汉，三镇各具特色，而长江之畔的汉阳鹦鹉洲，确是一个值得大书特书的地方。

　　古代鹦鹉洲曾是历代文人墨客感慨吟咏的对象。东汉处士祢衡挥笔写就《鹦鹉赋》，唐代诗人崔颢写的佳句"晴川历历汉阳树，芳草萋萋鹦鹉洲"流传千古，李白、孟浩然、白居易、苏东坡等名家纷至沓来，留下闻名遐迩的诗词绝唱，使鹦鹉洲荣登中国五大河洲之首。

　　近代鹦鹉洲是中原地区最大的竹木交易市场。清朝末年湖南的商人和驾排工人将湘西丰富的竹木资源，通过湘资沅澧四条河流，入洞庭下长江，直达鹦鹉洲，在这里完成交易之后，竹木被输往镇江、南京、北京、天津各省市，充分地发挥了武汉九省通衢的优势。湖南省的几万乡民，在鹦鹉洲上安营扎寨，修堤造房，将鹦鹉洲这片原本荒凉的土地，打造成商铺毗邻、会馆林立的十里长街，营建了一个湘鄂民众相互依存、共同发展的特色小镇。

　　鹦鹉洲木材贸易的百年（即 1850 年—1950 年）辉煌，促进了武汉的经济发展。当年张之洞督鄂，大力推进"湖北新政"，各方建设急需大量优质木材，木材交易的税金为政府的财政提供了支撑，那时武汉打造"东方芝加哥"，鹦鹉洲的竹木业功不可没。

　　中华人民共和国成立之后，由于木材销售政策的调整，鹦鹉洲作为民营的木材交易中心，其地位已不复存在了，它很快转为杨泗港码头的建设用地，于是一个武汉地区最大的机械化码头建成了，后又改造为集装箱码头，继续为武汉的交通运输业作贡献。

　　进入 21 世纪，鹦鹉洲已与汉阳城区连成一片，沿江一带开发成了现代住宅小区，高楼大厦鳞次栉比，装点了锦绣长江。鹦鹉洲长江大桥和杨泗港长江大桥横跨芳草地，晴川大道和江滩花园沿江绵延，古老的乡镇旧貌换新颜。

人们常说武汉文化是码头文化，我认为此语不妥，因为它把"文化"定位在码头上了，让人们去寻找码头的习俗特色了。我认为，武汉文化应该是一个商业文化，强大的码头群体极大地促进了武汉商业文化的繁荣，丰富了武汉商业文化的内涵。也就是说，武汉文化是极具码头特点的商业文化，重点落在商业上。本书作者们的回忆，清楚地告诉我们，鹦鹉洲的码头功能造就了当年具有码头特色的厚重的鹦鹉洲商业文化，而这种文化又极大地融合到地区的商业文化之中，成为武汉乃至长江中游一带的一颗商业明珠。

老街区的味道和烟火消失了，但是鹦鹉洲上曾经发生的革命故事、商业演义、生活趣事都会永远留存下去，因为"历史文化是城市的灵魂"。

本书众位作者抢救性地记录下这么多真实的史料和动人的事迹，为武汉这座英雄城市留下宝贵的历史记录，实在是一件功德无量的好事，我们应当感谢他们的奉献。

张礼军

2022 年 3 月 6 日

# 目　录

## 第一章　历史变迁

《鹦鹉洲小志》自序…………………………………… 胡凤丹　2

汉阳鹦鹉洲竹木市场史话……………………… 陈　醒　陈立廉　4

　　附：陈醒先生印象 ……………………………… 杨培源　17

鹦鹉洲旧事………………………………………… 周芳春　18

典故传说两则 ……………………………………………… 22

## 第二章　十里长街

十里长街　百年风华…………………………… 常恒毅　27

我的童年我的家 ………………………………… 乐正友　44

东鳞西爪忆两湖 ………………………………… 沈继成　50

永远的西湖正街 ………………………………… 彭奇玉　57

长长的瓜堤街 …………………………………… 胡建林　64

杨泗街头杨泗庙 ………………………………… 刘力雄　69

留住洲尾的记忆 ………………………………… 易孟林　72

翰墨流芳鹦鹉洲 ………………………………… 方松华　81

## 第三章　芳洲星火

鹦鹉洲头红烛立 ………………………………… 常恒毅　85

关于写萧楚女的一首诗·············乐正友　94

　　附：鹦鹉洲·····················伍　禾　97

追寻烈士的足迹·················彭奇玉　102

　　附：阅马厂的血仇·······吴举程口述　樊鸣杰整理　107

《我的一家》留下的谜···············周芳春　110

## 第四章　耄耋之念

我所知道的鹦鹉洲·················吴秉正　114

　　附：吴秉正先生简介···············杨培源　117

排估佬的生涯···················吴秉正　118

我的求学之路···················高顺龄　126

鹦鹉洲情思····················何祚欢　134

少年也知愁滋味··················江道斌　136

六十余载春华秋实

　　——忆瓜堤中学的初创和同学们·········程　炜　138

饮水思源　放声歌唱················陈萍秀　144

## 第五章　童年岁月

童年的磨砺····················张忠辉　151

一碗大刀面的联想·················杨培源　158

鹦鹉洲的孩子早当家················沈骥冰　161

故乡与童年····················章宝珠　167

我的外婆家····················周明浚　171

卖柴娃······················黄传生　176

顽童的广阔天地··················胡建林　178

往事已经如烟···················孙仁济　182

不会远去的鹦鹉洲·················肖艺珊　184

芳草地上三合堂··················余克和　189

# 第六章　百年树人

我对鹦鹉洲的文化记忆……………………………………沈继成 197

鹦鹉洲上树人路………………………………………………常 炜 206

荒五里——我文化的启蒙地…………………………………唐子义 215

我的小学………………………………………………………常恒毅 220

童年记忆………………………………………………………周才秀 227

七载求学话"瓜小"…………………………………………肖啟家 232

他乡胜故乡……………………………………………………刘力雄 236

芳洲琐忆………………………………………………………余克和 240

瓜中往事………………………………………………………常恒毅 246

瓜中一年半……………………………………………………乐正友 252

情系鹦鹉洲……………………………………………………黄玉卿 257

# 第七章　往事回眸

鹦鹉洲上的普济诊所…………………………………………张传壁 260

脑海钩沉鹦鹉洲………………………………………………肖啟家 265

梦回故乡………………………………………………………桂志新 272

乔德堂的前世今生……………………………………………乔有缘 277

在鹦鹉洲的日子………………………………………………刘冬芝 283

搬运工人的门诊部……………………………………………卢顺安 286

鹦鹉洲市井民生………………………………………………王 斌 288

鹦鹉后地也难忘………………………………………………王智仁 293

难以忘怀的眷恋………………………………………………胡建林 298

# 第八章　湘鄂情深

从宝庆码头说起………………………………………………彭奇玉 302

我从新化来……………………………………………………伍睦宗 305

益阳桃江马迹塘………………………………………………杨 健 308

从安化二都到鹦鹉洲………………………………瞿忠义 卢顺安 313

解读《鹦鹉洲湖南竹木帮全图》 ·························· 常恒毅 319

## 第九章 古镇新貌

杨泗庙港区的兴建 ····························· 周智余 330

从河泊所到"锦绣长江" ·························· 彭奇玉 334

后　　记 ································· 常恒毅 337

# 第一章　历史变迁

# 《鹦鹉洲小志》自序①

胡凤丹②

鹦鹉洲以祢赋得名，其忤黄祖遇害也，遂葬于此，故其地尤著。后之人游览、凭吊、悲歌、踟蹰，辄不忍去，宁为芳草红叶，点缀江天景色。已乎！诚哀正平之怀奇才，负壮志，不幸而不能自免于浊世也。虽然古迹久湮，空名窃冒，是不可以不辨。洲旧隶江夏，嘉庆间，江右裘慎甫作宰汉阳，谓汉阳南纪门外之荒洲为鹦鹉洲，并作考以伸其说，由是土人几不知江夏有鹦鹉洲矣。道光初，武康徐芸岘孝廉力驳慎甫之误，谓鲇鱼套即古鹦鹉洲，故处正平祠墓在焉。较裘说似为可据。然考唐宋以来地志，均指鹦鹉洲在江夏城西大江中，尾直黄鹄矶。陆放翁《入蜀记》云："宋时老吏且谓黄鹤楼正对鹦鹉洲。"范石湖《出蜀记》云："予至鄂渚，泊鹦鹉洲前南市堤下。"南市在城外，与汉阳、平湖二门毗连。以此知裘固失之，而徐亦未为得也。嗟乎！陵谷沧桑，代无常局，又况江流日下，惊波怒涛，冲荡啮噬，更千百年莫之或息，能保是洲之不为蛟龙宫、鼋鼍宅乎？间尝登鹤楼，望大江，但见风帆沙鸟，烟波无际，求所谓祢处士之祠墓，而父老不能言其处矣。乌乎！惜哉！余以长夏无事，既取黄鹄、大别二山并志之。恐斯洲之久而愈晦也，爰检古人纪载之书，吟咏之什，汇录一编，命曰《鹦鹉洲小志》，用质当代博雅君子。同治甲戌夏六月，胡凤丹月樵识于鄂垣之退补斋。

图 1-1　鹦鹉洲古图

---

① 摘自《大别山志　鹦鹉洲小志》，湖北教育出版社 2002 年版。
② 胡凤丹，字月樵，浙江永康人。性伉爽。以培植后进为己任，道光时任湖北道员。在杭州设退补斋书局，所刻精审，号称善本。著有《退补斋集》。

黄鹄矶前，头陀寺外，有鹦鹉之芳洲，与鹤楼兮相对。秋红叶而著绯，春芳草以如带。缅正平之流风，羌千载而未艾，伤才士之难容，遭末世而见害。留黄土兮一抔，供凭吊于异代。何岸谷之变迁，历明末而奔溃。幸图志以长存，考斯洲之所在。

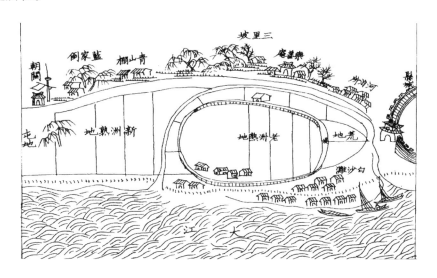

图 1-2 鹦鹉洲今图

南纪门外曰鹦鹉洲，作考者谁？始裴邑侯。辨论千言，未暇旁搜。鹤楼对峙，记自陆游，骈连南市，石湖勾留。采蘘蘘之芳草，在大江之中流。何汉阳之图志，即附郭之荒邱。更时移而世易，问古迹其奚求？摹斯图以订讹，庶黑白之不侔。

3

# 汉阳鹦鹉洲竹木市场史话 ①

陈　醒　陈立廉

　　笔者陈醒上洲，从事竹木行号业务活动达四十年。陈立廉在洲上经营木材业务，也有二三十年。经过共同回忆，并就耳闻目睹所及，还走访了余品珊、宋继贤、施继成、张炳坤、常荣亭、陈学吾、肖栋臣、聂辛庵诸位先生，始撰写这一史料，惟以力微言拙，不无疏漏，尚希知情者予以补充和指正。

## 一、鹦鹉洲小语

　　今日汉阳的鹦鹉洲，既非昔日江夏的鹦鹉洲，亦非宋、明的刘公洲，实乃清乾隆三十四年（公元1769年）淤起之新洲。此洲初名补课洲，至清嘉庆年间始因袭鹦鹉洲之故名。

　　在今之鹦鹉洲竹木市场未形成以前，竹木商人在汉阳地区已有所活动。清道光年间，有湖南湘、资两流域的安、益帮木商，利用自采、自运的方式，采取小型竹木箄架运来汉出售，试运成功后，资水流域的宝庆府属竹木商也相继来汉经营，接着湘水方面郴、桂、祁阳、浏阳等地和长沙、衡州两府的竹木商亦相随来到汉阳。初期排筏来汉，都聚泊在洲北内河靠汉阳老岸的药王庙，抱孤庵上下及朝宗门外上首一带为交贸场地。内河停排便利，并有洲身掩护，可减少大江风浪的危险。在打开码头过程中，人各输金建有会馆（道咸年间），如抱孤庵旁的"安益会馆"（安化、益阳两地人建，后名宝安益），"祁阳会馆"（祁阳商人建），"无量殿"（长沙、衡州两属人建，后并称长衡），以及朝宗门外上首的"郴桂会馆"。这些存在的建筑都是当年东湖木商经营遗留的真实迹象。后因洲身淤高，居人亦增，加上货源日多，内河滩地有限，除郴、桂两地人始终在原埠未动外，余均转移洲上，逐渐形成今日的汉阳鹦鹉洲竹木市场。

## 二、竹木市场的形成和发展

　　购运西湖苗河木料来洲，以江西帮商人为最早，武昌汉阳人次之（即汉帮人又称北帮），湘人又次之。早年黄州府属，盛产土布，多运往贵州苗河销售，甚为当地土人所珍视，并云"终生能穿件土布裙子，诚为不易之事"。江西帮商人

① 摘自《武汉文史资料文库·第三卷（工商经济）》，武汉出版社1999年版，有改动。

追随黄帮经营此业者甚多，久之就与内地土人，搞好关系，从而采运苗河木料出境。江西帮商人素谙是业，并曾搬运赣江木材（量多质差）出彭泽销长江下游，故着手经营西湖苗河木材来汉销售，其资本比较东湖商人大、时间长、来路远，大体上要经过立契买山、施工砍伐、发水放溪、集河扎筏，汇集浅江做成洪水薄排，再放到常德沅溪会料，扎成出境大排，始能启运来汉。他们并输资建有"临江会馆"一座，为寄住馆舍；而且都雇有熟于内地习俗的专人，负责驻地坐办，称为上江管事先生，全权管理、指挥一切事宜，由于西湖生意获利较东湖优厚的关系，便引起了湖南拥资稍大的商人向西湖投资。后来又因湖南客商的滩基均在洲身上下，便于接近顾客，有利于兜揽门市的交易。而江西帮滩基太上，若非必须品种，顾客均不轻易上去，所而常有隔年积压，变色变质，有难于脱销的情况，以致每到年终，常把销不完的商品采用削价的办法售给南帮，转移下面洲身滩上出售。这种"囤滩"的商号有：左同升（老板左金珊）、戴合兴（老板戴长阶）、发顺恒（老板饶光耀）等，均系先后专营此种囤滩业务，发财致富，既获厚利，又无风险。他们的囤滩项目是：有关木材品种，细大不捐、兼收并蓄，因之南帮商人逐年兴起，江西帮无形落后。

　　"东西湖"这个名词，是按湖南湘、资、沅、澧四大河流而区分的。湘、资两水内流所产竹木，通过洞庭湖之东运来武汉，统称东湖木；沅、澧两水内流所产竹木，由洞庭湖之西运来武汉，统称西湖木。东湖资水方面所产竹木，又分大、小溪，大溪以界于桂岭的川石，洞口为上乘，龙回、武冈、新宁等地次之。产大溪者有四个县，为新宁、城埠、邵阳、武冈。产小溪者有三县，为新化、安化、益阳，以渠江、麻溪、渔网溪较好，余属又次之。资水内流共有四十八溪，均系产木地区。至于安化、益阳两地所产的楠竹，不只是数量大，质亦优美，冠于湖北蒲圻、咸宁、崇阳、通山、通城等地所产之竹。各地一般竹制品业，用楠竹能取篾五层，用土竹只能取三层。原来均属安、益两地小本商人经营，每年在二、三、四、七、八月份运输较多，每月到洲数字，总在三十到四十万根不等。竹排名称榪子，扎排方式是以榪尾联贯相搭启运，上面多带运有其他柴火、杂木、竹帚等物，每个榪子的数字约五百至七百根，交易方式，分为五至七头一联，达成滩尺一尺二寸宽，以百数为单位议价；达不上的刷下称引水，另行定价。排多停泊安化、上益两帮界地，湖北土产竹，洲无滩地，数量不大，多停泊于东门外的文星码头以下，与武昌鲇鱼套口。楠竹在市场上的供应价值，等于小菜与鱼肉并陈，有互相依存不可缺少的重要性，市场以竹木并称，其意义亦在此。东湖湘水方面：以桂东、江华为好（九嶷山附近），余如茶陵、醴陵、郴、桂、常、宁、祁阳等地土产次之；此条河道为长衡帮属的湘乡、湘潭、衡州、衡阳、常宁、祁阳、长沙、湘阴等地商人大宗经营，外埠商人贩运较少。西湖沅水溯流而上直达洪江抵于贵州苗河，所产木材，分称上江、中路、溪木等名词，洪江上游有称州木、苗木，以锦屏、天柱两地上下冈所产为上乘（黄帮、江西帮在锦屏均建有会馆）。广平、会通、黔阳等地所产名中路（广平木也很好，不亚于上游），洪江以下如辰、沅、永清等属所产之木，有名中路，有名溪木，以品质定论，中路逊于上江，溪木又次于中路，惟所产杉松，挺长直秀，腰尾实足，优于东湖大溪所产。经营溪木以辰、永两属商人较多。此条河道，创办于黄帮、江西帮商人；中路以南帮商人的斧记最多（经营木业的字号称为斧记）。曾在洲上修建了"江汉公所"作为集会议事之地。后来长江下游，相继经营有花帮（大冶刘、殷、白、纪四大姓），金寿帮（江西商人），无锡、常州帮（江南商人），以及上海帮等，并有专人常川驻地坐办。西湖澧水方面：河源不长，产木量低，质亦不高，类于溪木，不算主体产区。产区聚集的交易场所，资水方面上在宝庆、下在益阳，不论自营与短途贩卖，均系薄笩运达，另行解笩扎排启运。湘水方面，分集于湘潭、湘阴、祁阳等地交流，情亦同上。大小商运完成编扎后，排出临资口进洞庭洲。沅水方面，上在洪江，亦系浅水薄排，汇集常德或陬市改扎大排，水大出灵官咀、水小亦出临资口过洞庭湖而来洲（有时西湖大排吃水太深，遇水小常在临资口卸载改扎）。洲上有两湖商人共同组织的两湖会馆，为南帮木商最上层领导枢纽。

北帮商人专门采办西湖木材，滩地即在江西帮上首，人称该处汉帮。河下江水涡曲，不张风浪，停排较妥，坡上地势高敞，不易淹水，木料条龙排架陈列，按当时的条件虽比下面洲身较优，但是没有想到内河淤塞后洲身积高，竹木顺势集聚，逐年增多，下面就成为全洲的竹木的中心枢纽了。市场形成后，这块洲身滩地，已为南帮分帮划占，北帮不能享用，于是造成了南北两帮对滩基问题的纷争。

光绪年间，有大冶花帮（原营花业）的兴起，原因是该县柯逢时，官江西巡抚，刮剥甚厚，后又得到查禁七省烟膏优缺，看中此项竹木业务，投资与同乡经营，起初并只四姓，未用柯姓族人，柯在微时与族人隐有夙恨，有人并撰有集句联语以泄愤，词是"逢君之恶罪不容于死，时日曷丧予及汝皆亡"，外加"执柯伐柯"四字横匾。虽属雅谑，但亦可想见其为人。大冶帮在上江各地有驻办的斧记，并采取"三套资金"的办法，一套在产地驻办，一套在水面运行，一套在场地销售，盛时一年销售的木码，为数达几万两。在尚无轮船拖运以前，他们的排行水面长达要以里计，上面搭盖的储物宿人木棚，两厢面对，形同街道，尾排有种菜养鸡喂猪等设备，排头都竖有封建斗式旗杆，张悬旗帜，临风飘扬，启运排行力量，分别装竖有推进的车轮和旋转排行方向的设备。辅助工具有绞轮，中途停泊有铁锚木犁。工人执行工作声号相应，锣鼓协调，排上除文武账房专人外，负指挥运行停泊责任的人叫打鼓佬，领工班头叫包头。此种排，时人称"皇排"，起于刘、殷、白、纪四姓，至柯逢时当道，便盛极一时。

南帮经营西湖与东湖商转埠上洲甚多，而开始则系沅水内属和辰、永两地商人的小型溪木贩运。原有安益两地商人，采取竹木运，多托北人代为推销。而湖北地区亦产竹，故早年内河即有竹行的名称，南商始在内河分建会馆中，竹行亦置有会馆组织，会址西门湾正街。到后来洲上新行成立时，才作为新行行业公会会址（解放后为汉阳税局办公地址）。所谓："先有竹行而后有木行，此为构成竹木市场之由来。"

在1849年（道光二十九年，是年为大水年）以前虽有部分竹木停泊洲上行销，但销售重点，仍以内河为重心，至咸丰初年，始由内河大举移停洲前，乃渐以洲上为销售重点。当时洲上居人稀少，种收甚微，每年仅微收芦课银两，由官方拨为汉阳晴川书院学金使用，南商大举移洲经营竹木的期中，仍只能取用洲外近江一带的荒芜地，为陈列木料场所，当时规定，只有近水十丈左右为一定使用的滩地面积。由于木商业务逐年发展，至每年到货期间便形成洲尾、洲头沿岸俱是木棚了。为避免争夺滩地，遂各就各属划界区分，并有停排、摆货的陈规约限，但时间一长，货源亦多，规约不能遵守，乃利用征收芦课银两人员的舞弊机会，贿以金钱，变成由暂而据，由据而各自定帮划界，直到同治年间，滩地即成为南商全部独有。

原始南商货到临时起棚，售完连棚出卖回家，后来资金积累较大，便逐渐变成为长年留棚续办待销了。送排工人原来也是排送到埠，即算账回家，后来木排到多了，也有木客回家而送排工人寄居洲上不归的，当时木排到岸，拆卸起坡，本是由木客临时雇用北地工人也参加做活，叫"大脚班"。后来留洲的南来工人多了即相与集结成立接排、送排与代客起排的组织，因此又划出南北工人的工作界线。与此同时又由于南商转向西湖生意的发展，便把洲头荒五里至老关一带，划出给南商作为专营西湖生意使用的公滩。

洲上公滩，原属两湖会馆领导不分帮府都可靠岸停排和起坡陈列，后亦自相矛盾，形成分帮划占。至光绪初年即以长、衡、宝三府商人占用滩地较大，西湖五属次之，东湖商内除益阳方面的歧埠帮有部分经营外，其他更次之。随着地形河流不断变迁和业务的发展，在两湖会馆的权威主导下，利用工人的实力支持，遂把洲上所有滩基霸为独有了。是时论资金北商并不弱于南商，无如经营人数不

7

多，相形见绌，而南商则不仅人数众多，抑且货源在握，虽有致富回家，改营别业和失败的，究以留洲不归的还是日有增加。如长、衡两府的周、陈、皮、柳和宝庆府属的曾、伍、王、周等姓人，都是先后在此落业（相续至今均有五六代人不等），内有周名久、陈伯善、柳开华、王元春等人，都是当年的风头人物。北商想投入洲身内地经营，则为南商关门见拒，于是为了滩基问题，就酿成咸、同年间的诉讼。

### 三、南商五府十八帮和两湖会馆

同治年间，由于南商获利较大，经营东西两湖木材的湖南省商人即遍及五府，而内部团集区分即达有十八帮之多。五府系长沙、衡州、宝庆、常德、辰州的简称，共同组成为两湖会馆。十八帮又为各府内属的小组织，如洪、歧、清三帮本系益阳内地一体，而以在洲的经营滩地各异，故区分为三帮。又如安、益七帮本系安化、益阳两地人的经营，内又由安化中区分出马埠、二里、桃埠、敷溪等和益阳、上益等名称。宝庆又有大河帮与小河帮的区分，大河帮为邵阳人做上宝西湖的多，小河帮为新化人做下宝东湖的多。这些区分总的来说俱属宝庆府，为了在两湖会馆组织上占取优势地位，又有宝、安益并称的名义；长衡两府除郴州、桂阳隶属外，无其他区分。至于西湖五属的组织，本为西湖方面的辰、沅、永、清、常五府，由于两湖会馆下派公款的关系，即以辰、常两府名义分摊上缴。这些分府分帮的团体，组成年代不一，均由商人输资，建有各属会馆。关于会馆内的会长，属各帮大资本主充当的多，如认为力不胜任时，大多向内地聘请与帮有关的地方绅士前来充任，均称为会首老爷。对内为排解商与商的营业纠纷，对外为撑持帮与帮的场面，由两湖会馆总其成办理与全洲木商有关重大对外联系问题。它们的会首老爷，就本人亲见和记忆能及的有常德帮的何春舫、张伯霖，长衡帮的周子亮、李香圃，安化、同利两帮的扬摆秋、刘督吾，洪、歧、清的王铁僧、符星舟，宝庆大河帮的张希亮，小河帮的刘鼎元等等。至于早年掌握两湖会馆的权威胡一爹，则系清湖北巡抚胡林翼的本家，洲上各属会馆，自洲尾桂阳宫起，直达上宝会馆止，即有二十余座。如洪埠会馆、歧埠会馆、宝庆会馆、四溪公所、清埠宾馆、同利会馆、二都宾馆、马埠公所、长衡会馆、永顺公所、西湖五属靖帮公所、辰州会馆、益阳宾馆、上益宾馆、桃埠公所、二里会馆、敷溪会馆、常德会馆、陵源别墅等。建筑大小有别，除四溪公所和马埠、靖州、永顺以及桃埠、二里公所形现狭小外，其他均属可观。至于五府中的宝庆会馆、长衡会馆、常德会馆，在当年的旧式结构中都具有壮丽堂皇之概。两湖会馆，集全洲会馆之大成，尤为壮观。

两湖的组织成员是每年就各帮府分会里的会长委员中推选一次，除会长一席连任的多以外，余按帮的大小均给有席位，得任会长的人，不仅本帮称庆，所有木商多约同前往放鞭祝贺，表示有"荣莫大焉"。先后任过两湖会长的有：周治文、王元春、左金珊、金悌斋、王宗裕（光绪年间）；姚少云、詹少卿、杨曙秋、曹国章、张宝书、曾东荪、王铁僧、张伯霖（民国年间）；唐道生、王本福、符星舟（抗战胜利后）；全裕道（解放初期）等。

## 四、鼎盛时期的情况

自"洪杨革命"清军制造炮船时起，洲上的竹木销售量骤增，同时海禁大开，都市日趋繁华，加上洋商兴建，架竖电杆，敷设路轨，建厂，开矿，均需大量木材，所有商需民用，莫不取之于洲。在鼎盛时期，鹦鹉洲竹木市场的供应面，西达陕西、北至京津、东抵上海、南销鄂南的大冶等县。自咸同而还，迨光绪年间，营业蒸蒸日上，迨至民国初年，则更是盛极一时，每逢夏秋旺季，东、西两湖汇集来洲的木材品种多样、花色齐全。滩上木条杉筒，堆积如山；河下排筏、帮水相连，有的停靠迫近江心。尤以同利、二都两帮的地带滩基面窄、经营人多，所停之排驰江心最远，使一般上水船只，常视为畏途。当年有歌谣流传："武昌的银子顶着（清朝官员），汉口的银子摆着（百业商场），鹦鹉洲的银子晒着（露天仓库）"，以及"日晒黄金夜不收"，并把鹦鹉洲叫作"小湖南"。但由于供应面广，仍然经常感有求过于供的现象。每逢旺季，河下开矿口，围水排。帮帮都有，岸上花尺待围的坡货，处处敷陈，工人们喊号子，有大小节奏，围量师报码声音，有长短抑扬，每个帮的码头上，不是客货起坡，即为行户下河。行户带引顾客巡回寻选货色，人则讯之叫"游花园""牵猴子"。木商经营的资金，以木码银两多少视其大小范围。有分营联运几十两码子的东湖小字号，也有几千两码至万两码以上经营西湖的大资本主。比较突出的庄号：东湖方面，下宝有曾万利、曾一本、曾宗丰、曾恒丰，人称为"曾家湾"。下长衡有义顺长、金顺义；安化有卢本利、李玉记；中长衡有汪振记、东升泰。西湖方面，辰帮有宋裕和、常帮有戴荣庆。上歧有崔益太、德厚源、崔德记；上长衡有赵怡记、刘碧记；上宝帮有李裕记、唐恒太等。经营东西两湖的斧记牌号，正式在两湖会馆登缴厘头经费，此时是常在一千三百数十户以上，其他顺带小货，未经立号的，则在例外。这段时期，洲的木码流动销售量，每年虽有所差别，但在高峰年间，交易额常做到五十万两码以上至六十万两码（每两码平均估计约值银元 20 元），这只是东西两湖正规木材（流动数字参差不等），并不包括楠竹杂木和其他品种，市场中有木行、劝交；有包头、脚班；有围量、丈尺；有记码、跑滩；并有缆厂、篾坊和酒社茶楼、聊闲谈天的场所。

## 五、南北纠纷与内外矛盾

洲上滩地形成南商独占，也有其一定的客观因素和发展条件。初在江水分流之下，洲身似带，纵长虽有十余华里，而横宽面积只一里两里不等，地势上高下低，原显有差；大水季节，以受水淹断的为多。洲头至两湖街一带，地形稍较高，其次为瓜堤街上下（俱是在后的名称），故此地人烟稀少，后因内河淤塞，始渐变易增高。原为江心的旷野荒洲，汉阳县民仅纳芦课银两，拨缴晴川书院的学费，由于他们私相立契买卖，南商遂亦向经收芦课人员勾结活动，通过由暂而据，后又利用机会按各帮会分段，亦有立契购买的，究竟除指地强行霸占的外，有契约的还是甚少。因此，南商最怕北人提出清量地亩。为了掩饰耳目，两湖会馆的老爷就代表木商表示慷慨，将已缴芦课银两的数字，由四十余两增加到九十两以上。北商经营的滩地初本较优，只以眼光狭小，未能远谋，不在市场未形成以前择地自守，而在市场形成以后，又想投入现成。故插入洲身之议一经提出，即被南人拒绝。在同治年间的后期，北人曾告到汉阳府衙（当时的知府有的说是樊国太，有的说是余绍康），知府原拟持平直断，在堂讯时，向南人说："你们从湖南办竹木来，并未带滩基来，鹦鹉洲是汉阳县治地方，为什么不许当地人做生意？"这样一问，两湖老爷们都穷于答辩了。于是运用金钱四出活动，结果奔走到曾国藩门下，才替南商代为划策。一方面信知湖北巡抚示意汉阳知府，一方面指使商人迅即回洲分栽各帮界碑，以便于查勘结案。至再次堂讯时又提出："你们不能做尽（指南人），他们也要吃饭（指北人），你们办得来（南人），他们卖出去（北人），生意分道做，木排起坡南方工人做，木料下河北方工人做。"结果就是十二个大字"南不开行，北不围滩，南上北下"判决终案。官司结束后，北人乃正式请帖开行，即为洲上的老行。

清末汉帮商人住在横堤的张么爹（号旭初）积愤未平，又代表北帮同业要同南帮申诉，并得到了晴川书院停收南商地课的支持，在提出的申诉中有"把南北共同的会馆据为独占"一语。这本是他借词吵闹，所以终未闹成诉讼；而南商有了戒心也就把"两湖"字样去掉，自此改称湖南会馆。民国军阀时期，萧耀南督鄂时，正值木业兴盛，住在腰路街的北人柳奎卿，爱弄笔墨，结识了些督府幕客，想利用时机进行报复，自告奋勇，详呈洲的前后历史，请官方出面清量地亩，收回南商霸占的地权,通过汉阳县设立土地清丈处,处长毛蒙骐为了要清丈洲的土地,首先提出按原始规定滩基只能取用离水十丈远面积。在定期上洲清丈时,并带有军队协助(据说一营人),两湖会首老爷早有准备,就唆使全洲南人,组织队伍,持矛执钩(做排用的工具)布满在由汉阳进洲的木桥边靠洲尾上下一带,如临大敌,官方虽鸣枪示威,工人们并不退让,官方恐事态扩大,清丈乃未执行,萧督闻讯,拟另派大军驻洲,两湖会馆得到这个消息,星夜奔向湖南督军赵恒惕求援,由军阀与军阀协商,贿通关节,不了了之。抗战胜利后,汉阳县长杨干,借口修建洲身坡岸,向木商勒索巨款,并派枪兵请两湖会长符星舟去开会。符知事不对,闻风即要求程潜(武汉行辕主任),从中斡旋,结果也是归于无事。在民国初年打破了"南不开行"的旧例,组织新行时,由于南籍参加做行的多,两湖会馆便想利用行方代向木商扣缴新附加的厘头,不料南、北行方均不同意。两湖会首周子亮、杨曙秋等恼羞成怒,带领工人,施以压力,向行帮出面的头头进行质问,并捣毁了从上瓜堤起的陈正泰行到下瓜堤的陈义洪等行。两行的老板均是脚班改业,正泰行系北人陈汉铭(人称陈二爹)所开,义洪行系南人陈四宝所开,汉铭为当时会长,四宝也激于公愤,于是南北行一同出面抵抗,当由陈汉铭到县署大堂,滚堂申冤,陈四宝引领武装上洲弹压,两湖的打手才从河下喊划子溜走。

在民国初年,两湖会馆为曾、左、杨、王"四大金刚"把持时,宝帮会长曾东苏,长衡帮会长左寿之,为在两帮荒五里公滩上邻界之处,有长衡帮的客商依界搭竖陈列木料的丁架,宝帮客商不许,两会长亦各执其理,相持不让。宝帮会长即准备械斗,并向汉口宝帮搬来工人助阵,口号是:"杀死长衡会长左寿之,捣毁所竖丁架。"左知事不妙,溜藏街后,宝帮却误把长衡木商吴荣记老板吴伯荣颈后杀了一刀,所幸长衡工人事先未作准备,械斗未成。再民国二十一年春季,安益七帮同辰帮工人为工作争帮界问题,又发生了一场打死五六人的械斗。至于平时各帮之内,在营业竞争上的意见,棚与棚在取用滩地中的纠纷,只能说是"司空见惯"罢了。

## 六、老行新行之争

南北结束官司后,北人相继领请正式部帖做行的前后达十三户,但当时南商也有因特殊势力而引帖开行的两户。如罗同发、孙和顺、黄万顺、吴全懋、胡恒生、常万镒、徐源丰、周礼和、常礼记等均为北人;而南人则有周福盛和邹公义。当时行帖分繁上、繁中、繁下三等。上是八百两,中六百两,下四百两,限期为六十年有效,每年只缴十分之一的帖税,繁上八百两,年缴帖税八十两,以此类推。这两家南商为什么能做行呢？周福盛宝帮人，因女婿吴开榜官至江苏瓜洲镇台，任中修建炮船用木甚多，关照翁家交易，因之领到行帖。邹公义系长衡帮之公帖，因该帮在当时产地有特大势力，加之曾、彭等又是他的乡亲，该帮的大囤滩商号如黄升昌（黄后无人）、左同升、戴合兴等，经常又有代人买卖交易，故能借势领请公帖一张，以备帮人朋用。又由于该帮迷信"邹真人"，置有牌位供于会馆，每年有定期例会，故行牌以邹公义命名。罗同发，汉阳人，号辅臣，为北行首创户，业务最大，当时沿江各大都会，官府兴建需材，都委之该行独营，人称为做"公事生意"。行内布置备极精雅，内有花厅戏楼，为招待客人与宴会场地，每逢河下木排启运，杀猪设筵犒赏员工，席请有关商友吃酒，举行木排开途仪式，称为吃"开排酒"并曾在河下搭台演戏。西湖南不论生意大小都要举行这个仪式，称为祝神福吃"到岸酒"，以显示营业声望。再如吴全茂、黄万顺等帆船挂橹，直达上海、天津（宁波船和盐船装运，叫作挂橹）摆棚贩运，客满沿江各埠，顾客之多，生意之大，称誉一时，称为行商巨子。又如孙和顺，系汉川人，划业上洲。在光绪年间，敷架电杆，陈设路轨，以及洋商兴建，远近购买，形成该行独操重柄，常年河下水排围进，逐天有十余班圹口，发财到百万。他曾同买办陈景亭在汉口同建街道一条名"华景"街，自置房甚多，开有"九皋"牌名的酒楼和浴室，称为当时该业中的"冠冕"。其自营木材，上购产区，下销南京、镇江，牌名发记，为北帮木商"江汉公所"成员中的特出斧记。洲营竹木下南商，也都向该行拆息用款。其他各行，客路殊途，经营各异，但都寄住木行，亦有委托代办。老行户数不多，表面亦现团结，并就原有"江汉公所"的基地，由各户输资捐献，建有木行公会，即朝宗门外下首的"辅德殿"，建造结构，仿同两湖会馆，前抵官街后抵莲花湖畔，营业盛时，两湖木商排到，为了争先脱销，均竞相分别走拜行门，送递选单，赶场联系，亦有"行大压客"之势。清代在洲上设有竹木专卡的厘金局，局旁上首，两湖设有办公大楼，内分：总务、财务、文版、出纳、交际等名目，并有专柜抽收木商对两湖经费的厘头，竹木交易，出境运输，都需正式行户的清单，裁取三联票据，分缴两湖经费、地方学捐后，始报关完税，查验放行，不具手续，不能通过，凡想请帖开行的人，不是会员，不得公会同意盖有公章，官厅并不发给，因此，行业即为当时少数人所垄断独据。

辛亥革命后，由于洲上走贸经济，一贯感受老行的压力限制太大，都想推翻老行重组新行。1912年，有人称"新行三大元老"的邹大爹（号大元宝）、戢二爹（号八苟）、何三爹（万祥），外加南人伍开桂（宝庆人，在洲上有流氓势力）集结同人在汉阳南门外"却月楼"茶馆开会，发起号召，不分南北籍别，凡愿出钱一吊相助的，都有登记为会员的资格和申请做行的权利，于是响应的人不少，南籍落伍商人亦群相加入，竟同老行提出"文打官司武打架"的口号，并在聚集的同时，先向老行巨子孙和顺施以捣毁堂面家具和门窗格扇的威力，这便是新行所称谓的"却月楼起义"。老行先虽有孙良臣、罗玉门、杨谷臣等人出面相拒，后来感到他们人多势众，只有放置不理，听任自为。因此才有新行的产生。但事虽组成，又以限于领帖的经济条件，乃同官方协商，先领若干张数，余待来年继续补清，如邹义大、张永发、柏福茂、胡万元、陈正泰、马福茂等十余户，就是属第一期所领，帖价亦相应缩小，年限并缩短为三十年。故新行所领的帖牌，由开始到结束，从繁上到偏僻，一共发展了一百余张，会员发展到近四百名，几乎都是共牌搭记和升充顶替。新行组成后，初期会长为邹大爹，同业会址为老竹行所捐献，在西门湾正街，会内供奉汉代纪信（意即忠于顾客，至于有否其他含义，尚待考证）。新行同业识字人少，后邀请吴景云为会长，吴工国画，曾把"三老"开创功绩，编成戏剧作为宣传。由于经营分散，又把洲身行户，分为上、中、下三段，每段有一专责委员领导，从瓜堤以上至荒五里为上段，以下至腰路街为中段，再下包括汉阳汉口所居者为下段，其间有南人姚步云，领有繁中帖开姚福顺木行，营业颇盛。自报直属汉阳商会领导，不参加新老行组织，称为独立行。至民国二十六年，江汉关复设立竹木分卡时，为了报关手续始进入新行。洲上新老行虽从业务上走向合作，但老行的会馆财产仍存界限，未化为整体。武汉沦陷，老行财产约据，均放广东银行专柜保存，规定三把钥匙，缺一不能开柜，后竟死掉一人，始终没有取出。民国二十九年沦陷时期，因人多逃散，货源断绝，北商钟同顺行老板钟乾初，曾在留洲人中，不分职务、籍别，发起个"不类行亦不类客"的竹木混合组织业体，号召登记，人达四百余数，自任会长，其意想打破南北界块和独占滩基的恶习，共同使用。但未几即告终寝。新行中的会长，自邹大元宝起，前后有吴景云（连任最长）、柏叶臣、陈汉铭（前后三任）、邹义泰、皮燮堂、李瑞轩、黄松庭（前后两任）以及解放前夕的谢寿康等。行方佣金，卖方三分，买方三分或五分不等，并规定买方百元交易金额以下，五分以上的佣金只取三分，如营长江各埠矿业用材，因交易金额数字较大，不仅不收外佣，并就内扣的三分佣金中，还提出一分补给买方，再如做包工包料大营造厂的长期往来，也是只收内扣的多，加外用的少。除了这些"客大压行"的情形外，也还有不仅收佣而且吃盘子的情况。至于各乡各地小型贩运的架子商人（乡村摆架零售）以及农村个人自用（做房子、做棺材），乡镇作坊制造成品（农具、家具、棺材等）均属季节性的交易，都在水满旺季为多，这类小型生意看货、谈盘、算盘三不见面，不仅过围过估可以取巧，而且也吃盘吃码。产生此种恶习的来因，大多来自用"引见者"的索讨酒资，另有跑滩走贸专从滩上分途兜揽，干着朋相诈欺的勾当。他们的对象多是襄府过境帆船，尤以更换桅杆和顺带小货者为多。所有入境寻引和受到他们欺骗的人，均恨之入骨而称之为"拦路虎"。

## 七、海关设卡与抗战前后的衰落

洲自撤销竹木厘金局后，1936年秋初，江汉关又在汉阳进洲的沟口边，复设竹木出口报关纳税的专卡。主任张炎，原拟请两湖会首协助办理报关手续。笔者陈醒经营陈福和木行，以源华煤矿公司在我行采办矿用木材，业经围量就绪，成排待运，走谒该卡主任，入座后知张为保安人，并攀谈到他有中表曾与我同学读过书，乃相机提出两湖办理报关不合事实的理由，并为行会作介绍，张竟认为同意，当即允许了我的木排提前查验放行，归告会长黄松庭，叫他前往接洽，随即由行会定期向汉口江汉关办理签字缴付押金。办妥了领用报关章单据等手续。事后两湖会长王铁僧又向汉口总关奔走，并备文申请由两湖照样举办，受到拒绝，此虽事微，亦可见会馆与行会的暗斗。直到1938年春季日寇滥行轰炸武汉，关卡办公地址被炸毁，乃迁往宝塔洲。

在武汉将沦陷前办理客货登记统计，尚有二十余万两码。沦陷后，居人迁避一空，地方秩序失常，情形极其混乱，日寇强行搬用，伪组织、流氓、稽查明索暗敲，不几个月，滩上就一根木头也没有了。后在1940年之间，洲人有少数为生计起见，有集资同营，出资出力，分向荆河内地和蒲圻、咸宁等地河流，做极小型的船排贩运楠竹、松木、杂材来洲销售，但时间不长，日寇即行统制经营，无许可证不能通行。在偷偷摸摸下面，运途危险太大，人遂另谋生计，而洲上滩地，也变成后洲各帮南人种麦种菜的农作地了。

抗战胜利后，木商遭受恶性通货膨胀的打击，多已破产，加之产地停伐时久，运途梗阻又多，销地购买力亦差，故形成了衰弱不振的气象。洲上各帮具有空滩，不过时有部分反动军官，投资沅帮木商出面经营两湖，如谷氏兄弟正伦、正纲、王耀武、何成濬等。南帮虽较活跃，而客商在两湖登记的大小牌号，则不过一百六十余户（未登记的占大多数）。因此，反动派购城防木料也不找行方了，直托两湖办理，这种生意名是征购，实属赚钱交易，尤以两湖领款后即采用按帮分摊交货的办法，坐收渔人之利。后因币制低落，常吃亏的只属木商。

## 八、滩规利市和俚俗刁风

竹木在产区的价值极低，不论是买青山与收现货，都有一定的利润，只要在成排过程中，不遭大水冲散，启运行途上不遇风暴危险，均可保证丰收盈利。例如民国年间做东湖生意的汪振记，老板汪六爷帮义顺长木庄做炊事员，积累工资二百元，从托人带小货起，后由钱庄贷以一千元做资本，不几年就发财到二十余万。西湖方面有崔德记木庄老板崔德先原帮德厚源木庄当"武管事"，搞运排看尺，也是由带小货起，发财到四十余万。再如出事故遭危险受挫折的也有如上长衡刘碧记木庄老板刘碧堂，有次在洪江集排和陬市成排中遭遇大水打散，损失甚巨，西湖五属的张仲楷（当过会长）排过洞庭湖，被风浪打散，所救无几，也受到重大挫折。此类事件甚多，他们都说什么"命运决定"。

凡经营竹木在交易上使用的定例，人称滩规，各按既定的长度、粗细、围量定码计分定价。

在量围过程中，排未出圹口，所有保管守夜、天灾危险，损失责由卖方负，围完放行，移出圹口后，一切由买方负。

凡行户举行正规交易（包括"望江"）代买卖双方谈盘时，都有做中写交单的人叫"劝交"（亦名劝盘），在佣金内面附扣有六厘钱的劝交费用，如围量中发生货色不符，争筏让码，在停圹交涉时，劝交有代为解决责任。围较大的西湖水排生意，在开筏与围完时，常有正式的酒席招待（东湖只有供餐），生意较俏时候排在运途并无抵埠定期，即相约谈交易，称为"卖望江"，谈法是：始就排底码单检查详细记载，簧船内面，工木多少直槽，横杆晒面各脚正木多少，连同上面棚板抬皮，行江索缆，以及龙骨草滚、梁头括尺、所有橹篙，由劝交书写交单，凭行全部卖干。有抵埠就围，有易工转放终点就围，有面议除码免围等各种方式。对于付款围量折扣算码、不符包约等问题，一律载明按滩规处理。扎排运输工作，均归行方包头分籍代雇（北行北籍工人做，南行南籍工人做），但此类交易，大都由北行经营为多，南行少此顾客。此外两湖会馆老爷们还有自我规定帮规，和罚酒十席八席之处分，行户有对货款超出滩规久拖不付的，木商能有请叫花子上门坐索之权，由开始两个增至五个不等，食宿招待不计外，付清货款，并另算坐索人的工资，这就称叫"送坐班"。在清代人皆蓄有发辫，若系行户扯用货款，可牵至会馆以辫吊于木架上，施以拷打，这类称叫"吊毛"。情况虽不多见，却不稀奇。

鹦鹉洲的不同习俗太多，只能摘要举例如下：竹木交易，原系银两计算，称为"银贯"，后又改为"洋贯"。每笔交易付款，按照滩规为三个比期，即一个半月清结，中、小生意在洲收付者多，较大交易都在汉口通过银行钱庄进行交割，一般多系期票，例由行户整取分付，因之养成习惯，有事无事，人多循例。尤其是两湖老爷、各帮会首，更为重视，不轻易放弃一次。在封建时期，木客巨商，出入都坐绿呢官轿，并不走路，改为人力车后，乘坐先不谈价，坐上连催越快越好，称为"快车"，到达终点，超额给价，以示大方。一般木客，劝交、围量、包头，行户各人办完，收付汇兑手续后，也分途各邀同好在酒楼旅社、妓馆、戏园中厮混一番。至于那些"阔人"，就更是赌嫖随兴，挥霍自由了。

洲上还有例会，上起两湖，下抵脚班，每年都分别举行，不过名称场合不同而已。在两湖会期中，有时挂衣演剧，有时围坐清唱，名角名妓，都须到尽。大殿张灯扎彩，大开筵席，两厅娱乐抹牌，输赢很大。除柬请地方官绅外，也请有豪商巨客及会馆世袭之家。各帮会举行的有的为"无量寿"，有的称"洞庭生"，有的叫"菊花会"，名色太多，不能备记。请客范围，凡属帮有木商，不在大小，均有列席资格，至于两湖老爷、各帮会首，则属于必请互请之列。这属帮会一类。

早年洲上工人，一律听脚班。南帮工人都有"杨泗会"的名称，总人数在五千名左右。北籍工人，以代行户下河扎排运送为主体，按行帮分为上、中、下三段，下中两段大都属汉川人，上段多青山、阳逻人，也均称"杨泗会"。工人数亦在两三千名上下。每年阴历六月初六为"杨泗将军生日"，会期举行都在这个日期前后，分帮分段，分别举行，停止工作，情绪极高，做会的酒席多委托包席酒楼治理，夜宵、早面、中酒，感于平时辛苦，便在节日享受一番，这属劳苦工人一类。

行帮分段会员每年必举行财神盛会一次，铺张布置，不同一般。因平时集资不充，往往用冒了头，常有会后按名分摊补助之举。此届完毕，即轮推明年首人名单，这为剥削行商一类。

此外有职业性的两湖老爷、帮会会长，想出生财主意，剥削别人，不是你替父母称觞，即为我替自己祝寿，以及小女弥月，幼子十龄等等，要皆利用声势互相捧抬，名为接人吃酒，实系催人送情。门设礼房，坐收钱物，家供赌具，大抽其头。每年举行一次，即生活全年。这为特权阶级一类。至于旧社会里一段流行性的室家称庆、女嫁男婚、行户新张挂牌，木商春酒酌客，虽俱属浪费不赀，尚有迹可原，无庸足怪。

1964年7月27日

附：

# 陈醒先生印象

杨培源

陈醒先生祖籍湖北黄冈县阳逻镇（今武汉市新洲区），大约出生于清光绪年间后期。青少年时期就来到汉阳鹦鹉洲，从事竹木行号业务活动 40 余年。

由于我的曾祖父杨盛茂，和陈醒先生是同乡，又都从事木行生意，所以两家来往较多。我小时候见过陈醒先生几面，他戴一副金丝眼镜，像一个学者，给人的感觉是举止儒雅，颇有风度。

记得我七岁那年，祖母带我到阳逻杨家集回乡祭祖。当时船到阳逻码头，天就快黑了，而杨家集离阳逻镇还有十五多里路。那年头还没有公路，更没有汽车，我们当晚就住在陈醒先生的大女儿家里。她用乡间的农家菜招待我们，我们当时觉得比我们自己家里的菜还有味道，吃得非常香，至今都没有忘记。晚上祖母和他大女儿聊了很长时间的家常话，聊得最多的还是陈醒先生。第二天早上她送我们祖孙二人继续上路，后来听我祖母说，陈醒先生自小就离乡出外打拼，并自学成才，很不容易。

陈醒先生是鹦鹉洲的老人，在"陈福和"木行任账房先生多年，熟悉鹦鹉洲竹木业的历史和现状，和各帮会、木行都交往甚多。他的文章也写得很好，有很多行业章程、帮规等都出自他之手，是鹦鹉洲那个年代的知名人士，特别是中华人民共和国成立后所写的《汉阳鹦鹉洲竹木市场史话》发表于《武汉文史资料》，为后人了解那一段历史留下了十分珍贵的史料。

# 鹦鹉洲旧事 [①]

周芳春

汉阳鹦鹉洲，曾经是中国长江流域最大的竹木交易地，洲上早期的居民多是与竹木排筏一起来到此地的湖南人，素有"五府十八帮"之说（"五府""十八帮"均为湖南地名）。从我的祖父开始，我们家曾在鹦鹉洲居住多年。祖父周煦菊，湖南桃江县天湾乡人，为人刚强，行事果断，家乡人称他"菊猛子"。大革命时期，他曾经是农民协会的纠察队员。1927年大革命失败，白色恐怖笼罩，祖父被迫离家，到了敷溪（资江的支流）做了一名驾排人，后来便到了湖北鹦鹉洲落脚，1948年去世。我父亲虽然没有接过祖父驾排的撑篙，但后来谋生养家，也一度与木业相关。父亲常对我讲祖父和当年鹦鹉洲上的事，当时听着只觉有趣而已，现在想来，这也是一段历史。

## 一、不是硬汉不驾排

老一辈驾排人风里来浪里去，本属不易，更甚于风浪之恶的，还有沿途的兵、匪、盗、霸。长期在险恶环境里讨生活，养成了驾排人不畏强暴、拼死抗争的性格。

日军侵入到湖南益阳后，常在资江一带抢夺木料作修筑工事之用。有一次，四个日本兵又来到敷溪抢排。当时排工都在河中扎排（将圆木编扎成木排），祖父是领头的，和大家一样，头上缠一条头巾，赤身裸体地泡在水中干活。日本兵一边口里哇啦哇啦，一边用手指指点点地羞辱他们，这早已激怒了排工，但大家都还是忍着。接着，日本兵命令他们将排都驾往资江去。敷溪水小，当时扎的都是单层的小排，日本兵4个人要同上一张排。祖父说，一张小排总共只能上4个人，驾排就需要3人，只能上1个日本兵，否则会有危险。这样，最后每张排上就是3个排工，1个日本兵。当木排行至资江口激流中，排工将排砍散，日本兵全部落入水中，排工用撑排的扎钩将他们扎死了。

祖父那一代山民崇拜"山神""水母"，认为山水相交，才养育了人。杀了日本兵后，祖父带领大家去祭山神。向山神禀告此事后，祖父说："我们都在这条河洲里赤着膀子，裸着身子，不是好耍，我们挣的是一碗饭，我的爷娘伢子都要跟着我吃这碗饭。如果不要我们吃这碗饭，那也要得……"祖父和大家虔诚地

---

① 节选自《武汉文史资料》2010年第9期，有改动。

请示山神：杀了日本兵，日军肯定会来报复，要不要躲避？他们从山神那里得到的"回答"是：不用躲。

祖父和大家就真的没有躲避，日军收了尸，竟然没有立即来报复。后来对此有很多猜测，有一种说法比较合理：一来日军正是兵力紧张，腾不出手来；二来资江流域以木业为生的有上百万之众，当时此地还没有正式的民众抗日武装，日军可能担心因报复而"催化"民众抗日武装力量形成，反而坏了他们的"大事"。否则以日军的凶残，决不会善罢甘休。

1974 年，我在阔别故乡几十年后独自一人回去，快到家的时候迷了路。找到一户人家问路，说起我父亲的名字，他们都不知道；说起我祖父时，火塘边的一位老人笃地从"坐桶"（桃江一带特有的木制坐具，形制高大，圆弧形高靠背与薄板扶手连成一体，外形如半个木桶，漆成黑色，辈分很高的男性才能使用）上站了起来。他仔细端详我，又问了几句话后，欣喜地喊了起来："'菊猛子'的孙伢子回来哒！"然后，他命一个后生一直把我送到家中。

## 二、排工生涯

一批木排从选材到扎制、运输、销售完毕，这个周期大致需要三年。

扎排之前，材料先要选好。竹木产地不同，材质是有区别的。诸如桃江与安化的楠竹，在外行看来都一样，但桃江产的竹不易干裂，行内人单凭竹子的爆裂声就能区分产地。湘杉也是如此，安化的就比桃江的含水率低。据我父亲讲，所谓"五府十八帮"，既有从业人籍贯上的意义，还与货物产地有密切关系，有"十八帮"就有十八个产地，各地的竹木质地、价格，行内人一清二楚。鹦鹉洲之所以有那么多的"帮"，都是买方市场"买"出来的。

扎排之前，先要将选择好的圆木打上黑色"火印"（以火烙铁烙出货主印记）。以五府十八帮的敷溪帮为例，若货主姓李，便烙上"敷溪李记"字样。这样，一来在行排时万一冲散后便于按印记找回来，二来在销售时也能起到"商标"作用。

扎排是很精细的技术活，也是很累的体力活，什么木料放在上层，什么木料放在下层，都极有讲究的。排扎得好不好，关系到货物安全更关系到驾排人的安全。在敷溪将单层小排扎好后，顺流漂到资江，再扎成约三尺厚的多层大排，排的宽度以能在资江方便驾驭为宜。这个制排周期大约一年。

木排出发，有三样是必备的：一尊菩萨像、一把木锨、一面铜锣。俗话说"行船走马三分险"，行排更险于行船，祈请菩萨保佑这是很自然的。木锨、铜锣的作用，可能今人无论如何也猜想不到——它是用于生态保护的。

每年春上，当木排顺资江行至洞庭湖上时，正是鱼群繁殖季节，只要一个晚上，木排的两边都会被繁殖期的成鱼跳上去盖满。当年洞庭湖有规矩，正在繁殖期的成鱼是绝对不准吃的。当木排经过时，渔民们会在岸边击鼓，这是提醒，也是监督。排上的人要用木锨将成鱼连带鱼卵都送回水中（铁锨会伤鱼）。做完这些后，排上要鸣锣，表示都照规矩做了；否则，即使正在走排，也会被截住。排工与渔民一向都很合作，很少为此扯皮。若不是繁殖季节，捉到的鱼则是可以吃的。

到了洞庭湖，根据江、湖水情，市场行情，再等上一年半载才能再度启程是常事。在水量丰沛而又不是洪水泛滥之时，漂出洞庭湖，再进入长江，顺流而下到汉阳鹦鹉洲，算是到了目的地。顺畅的时候，这也大约要一年。

到了鹦鹉洲，这一批木材全部售出，大约又要一年。

因为周期长，到岸的木排便首尾相连地靠泊在洲边，再后来到达的木排不便在其上下游方向紧挨靠泊，便依次靠在外档（江心一边）。越到后来越向外，便渐渐形成一个底边很宽的"水上平台"。

一块排因卖出而拆掉，它留下的"空档"马上就会被后到的木排填补，所以，这块"水上平台"便长年存在。

对于长年在排上生活的驾排人，脚下就是漂浮的"家"，排工在排上可以种菜、养猪。这漂浮的"家"，则在不经意间成了救助生命的"永久性平台"。

## 三、救命"哦嗬"

鹦鹉洲生意鼎盛时期，木业和与木业相关的各类商号达数百家，沿着鹦鹉街向上游方向十余里，沿岸停靠的木排连成硕大的"平台"，一直顶到江心。这就组成了一道水上屏障，它截住了从上游顺流而下的各种漂浮物。风平浪静时，漂下的是芦苇等物，那时候鹦鹉洲从不烧煤，都是就地取材，有用不完的芦苇、树皮。

当风急浪高，或是洪水季节，总会有木排被冲散，行船被掀翻。江河之中行船行排，为避开急流，通常是走边的，这样，落水的人、物，如果能漂浮一段而不马上沉下去，漂下来时就常常被"平台"截住。不知有多少人从这里被救起，鹦鹉洲的民间救生，就是从这个"平台"上开始的。

鹦鹉洲的水上救助很有特点，只要有事，经常是全体出动，唯此为大。

每个货主的排上日夜都有人留守，发生险情时，救助号子最先由值守的排工发出。号子很像湘西的山歌调——"哦嗬，哦嗬，哦嗬嗬……"前两声短，后一声拖长，连续呼喊，表示江上有难，需要立即施救。

由于江面开阔，隔得远的人听不见，当第一人发出呼救号子后，第二个听见的人会接力传递，一直传到岸上的人都听见。岸上的人听到后，会齐声呼应"哦嗬，哦嗬，哦嗬嗬……"在这一呼一应中，每家的男人马上扛起竹篙就跑，码头上的人也会停下活计，向水边的木排上冲去。"哦嗬"此起彼落，人不救上岸，漂浮物不捞上岸，"哦嗬"是不会停歇的。

每个排工都喜欢打"哦嗬"，就像他们都会唱山歌一样，打"哦嗬"就是他们的联络方式。有事喊人时，会先打一个"哦嗬"，引起注意后再呼叫某某。唱歌前也照例要打那么一声"哦嗬"，吊吊嗓子，再尽情地喊出湘西山民那种悠长粗犷的山歌调来。鹦鹉洲的救人号子就是排工这么喊出来的。说起当年救人的事，鹦鹉洲上的老人们说："打起'哦嗬'来，连鸦片鬼都有劲了！"

救助工具很简单，但很实用：一根长竹篙，顶端有铁钩，能方便地从水中捞人捞物，这是每家必备的。再就是一只竹划子（小筏子，驾驭较灵活），这是排上备好的。

黑夜里救助，那场景极为特别。夜里，每张排上会挂上行灯（即红色马灯），它既是信号，也是照明工具。其实，排工多年行排练就一种本领，即使是伸手不见五指，凭听觉甚至某种感觉也能洞悉江面发生的一切。

当排上发现险情，喊出救人号子后，四面八方就会有人打着火把向出事点靠拢。火把是用杉木皮做的，专门留着夜晚救人用，需要时集中点燃，一人分发一支。火把多的时候，隔岸都能看到移动的火光。

接下来木排上燃起了松明灯（燃烧松脂或者带有松脂的木块），将黑夜照得通明，鼓声有节奏地敲打（落水者在黑夜不能辨识方向，鼓声可提供帮助）。不到最后一个落水者被救上岸，鼓声不会停止。

# 典故传说两则 ①

## 一、祢衡傲赋鹦鹉洲

"晴川历历汉阳树，芳草萋萋鹦鹉洲。""鹦鹉来过吴江水，江上洲传鹦鹉名。"崔颢、李白等众多名家写下了大量吟咏鹦鹉洲的诗篇。

鹦鹉洲得名，只因祢衡及其名作《鹦鹉赋》。

东汉时，汉阳这里有个却月城，是武汉三镇见于史籍最早的一座城堡。建安初年，镇守却月城的江夏郡太守黄祖身边来了一个大才子，叫祢衡。祢衡文韬武略，才华超群，而黄祖是一介武夫，胸无点墨，上司派个大才子来辅佐他，本是求之不得的好事，但是他们二人生性倨傲，经常争执不下。

好在祢衡和黄祖的儿子黄射性格相投，虽然黄射在章陵郡担任太守，但他常常回到江夏郡却月城，与祢衡一起玩耍作乐，饮酒赋诗。

却月城附近的长江中有个江心洲，有一天，黄射邀请祢衡到江心洲打猎饮酒，还带着却月城最有名的歌妓碧姬。

酒席间，碧姬斟了满满一盅酒捧到祢衡面前说："久闻先生大名，只恨无缘相见，今天有幸得见，望先生满饮此杯，休嫌我卑贱低微。"碧姬出身贫寒，却天生丽质，能歌善舞，在却月城当歌妓，接触不少达官贵人，但她立志尚洁，人流雅善，今晚被黄射邀来为祢衡助兴，异常高兴。

在江心洲上遇到红颜知己，祢衡心旷神怡，接过酒一饮而尽。众人谈笑风生，开怀畅饮。

此时，有人献给黄射一只鹦鹉。黄射顺手送给祢衡，高兴地说："这鹦鹉是印度国商客所赠，它可是弥足珍贵之物，只配祢衡大才子享有，我黄射可不配收留。"言罢，将鹦鹉奉给祢衡。

祢衡接过鸟笼，见这只鹦鹉丹红嘴、青红脚、翠绿羽毛，极为漂亮，而且叫声清脆嘹亮，能学人语，知道是鹦鹉中的上品。他回答黄射说："鹦鹉乃西域灵鸟，你的朋友不远万里送给你，岂可随意转送他人？"

黄射灵机一动，说道："这只鹦鹉当然不能白白转送给你，条件是请祢衡先生写一篇咏鹦鹉的文赋，让今天参加宴会的各位嘉宾荣观共赏！"

黄射话音刚落，众人齐声叫好。

祢衡见四座嘉宾兴致高昂，欣然应承："众命难违，祢衡恭敬不如从命。"

---

① 摘自《汉阳历史文化精粹·汉阳典故传说》，武汉出版社2015年版，有删改。

碧姬一听，马上挽起袖子磨墨。

祢衡细看鹦鹉，这只西域小鸟，不但羽毛漂亮、身姿奇特，而且极其聪慧，人语学得惟妙惟肖。祢衡感到，它的容貌俏丽、它的声音奇妙、它的智慧特殊，与鸾凤同等美丽，其德操岂是众禽可比？它本应与同伴嬉戏遨游在崇山峻岭之间，栖息也要选择茂林，只可惜被人网捕剪掉羽翼，关在笼子里，成为人们的玩物。它孤独地伫立在笼中，显得那么凄惨、那么憔悴，仍然翘首西望，叫得那么凄凉、那么激扬，那是它意志没有被摧毁，念念不忘报效它的故乡。

祢衡是个有名的才子，只因生在乱世，多次寄于浑浊的主人门下，才智得不到舒展，想到这只鹦鹉的志向及遭遇，与自己何其相似！祢衡思绪如潮，滚滚奔放，便借物述怀，提笔挥就《鹦鹉赋》，以拟人的手法描写美丽高洁的鹦鹉身陷笼槛却志存高远，暗衬出他自己有志难酬、有才无时的愤懑情怀。

《鹦鹉赋》全篇228字，祢衡笔下生风，一气呵成，毫无停顿，落笔不改。全场人一边观赏书法，一边默念赋辞，一个个屏住呼吸，呆若木鸡。

这件事传到黄祖耳中，他也不得不佩服祢衡。

但是好景不长，后来黄祖在江中蒙冲舰上大会宾客，祢衡讽刺黄祖为"庙中之神，虽受祭祀，恨无灵验"，黄祖一怒之下杀了祢衡。

得到祢衡死讯，黄射怆凄流涕数落其父："祢处士有异才，曹丞相及刘荆州都不杀他，父亲大人竟然杀了他！"

黄祖后悔莫及，下令将祢衡厚葬在江心洲。

下葬那天，碧姬穿披一身重孝，带着祢衡转送她的鹦鹉，来到祢衡墓前失声痛哭，哭完一头撞死在墓碑前，追随祢衡英灵而去。那只鹦鹉彻夜哀鸣，第二天，人们发现，鹦鹉也死在墓前。

人们在祢衡墓旁埋葬碧姬，还有那只可怜的鹦鹉。

从此，江心洲得名鹦鹉洲，鹦鹉洲名扬天下，历代无数文人雅士慕名前来寻访古迹，缅怀祢衡，留下大量诗篇。

## 二、乾隆微服访汉阳

清朝年间，乾隆皇帝与纪晓岚一行从安徽到湖北，为使乾隆对湖北更加了解，纪晓岚在船上读乾隆十三年（1748年）印行的《汉阳县志》："汉阳隶郡为首邑，路界七省通衢，轮蹄络绎，冠盖往来相望。江从巴蜀荆襄而下，峨岢之艑胜万斛以上者，立樯如麻。南纪雄风，甲于全楚，由来旧矣。顾地大物博，刁诈丛生，较他邑数倍繁冲，治亦尤难。"

乾隆皇帝听到这里，对汉阳很感兴趣，决定先行考察汉阳。

乾隆皇帝一行沿长江进入汉阳县境，远远看到汉水入江口帆樯林立，纪晓岚说："万舸云集处，当是汉阳县之汉口镇。"他们在汉水入江口停船登岸，穿过小巷进入汉正街，踏着石板路，看到街道两旁货栈、店铺绵延十余里，各类商品应有尽有，街上车马络绎不绝。乾隆皇帝看了不由感叹道："好一派繁华景象，商贾重镇，名不虚传啊！"当然，他们或许也领教了"刁诈丛生"的市井情形。

乾隆皇帝一行从武圣殿渡口到月湖堤街。月湖堤依堤成街，临汉水，濒月湖，在乾隆看来，简直比江浙苏杭的水景街道还大气，不禁在这里转了三条街。

武圣殿码头前，有一道郭公堤把月湖分为东西两湖，在堤东逛逛桃花夫人庙，再沿堤前行，穿过小桥流水的郭公桥，去探访古琴台以及龟山众多的名胜古迹，还有月湖八景。这里山水相映，要风景有风景，要名胜有名胜，离开闹市喧嚣，满足了乾隆皇帝凭吊古迹、游览休憩的需要。

离开古琴台，乾隆坐上俗称划子的小船，前往汉阳城南门。

从西月湖东南的水道荡舟向南，到达西门桥下陡码头前，却被货船、客船塞得水泄不通。船家说："你们外乡人不知道，上面这座桥叫西门桥，桥两头连接西大街，东边两里路就进了城。桥上设关收税，这里码头坡岸很陡，进城的客商在这里起货交税，慢得很哪。你们要是等不得，就在这里起坡，从西大街走西门进城也可以。"

乾隆是什么人？他没有顺着船家的问话作答，却反问船家："这条小河不是可以直接通到南门外吗？货船到南门起坡进城不是更方便吗？"

"这你们又不懂了，"船家说，"南门外有个补课洲，到那里的货船只停靠补课洲，补课洲的税交到武昌府去了，进不了汉阳府。"

乾隆听出了个中缘由，决定到城南，先去补课洲。

汉阳城南门门楼雄伟高耸，"南纪"二字雄浑苍劲。纪晓岚脱口吟出两句诗："滔滔江汉，南国之纪。"乾隆说："纪先生既知'南纪'的来历，可也知道补课洲的来历？"

纪晓岚说："据史志记载，旧时汉阳城南相当于长江西岸的一个港湾，在宋代就已淤起洲子，汉阳军知军刘辟疆让百姓在洲上广种芦荻，人称刘公洲。后来，洲上形成庞大的鱼市、柴市，还有炉冶坊，能够铸造万斤钟。至于补课洲是不是刘公洲，尚需求教洲上人。"

乾隆皇帝一行登上补课洲，看到洲上交易兴盛，按照水产品、农产品、山货、竹木等类别分成不同区域，虽然只有简易茅屋，居然也形成了几条街道。他们在洲上转了几条街道，天色向晚，人已饥肠辘辘，就进了洲上一个小酒馆。

在酒馆里他们打听到，刘公洲在补课洲以南，人称老洲，补课洲是乾隆初年淤起的新洲，因为长江中的鹦鹉洲消失了，朝廷未减鹦鹉洲的税收，官方就以汉阳岸边出现的新洲弥补鹦鹉洲的课税，所以叫补课洲。

酒家上了一桌菜，原材料都是洲上出产，名曰：江水煮江鲶、红烧狮子头、五花蒸豆角、蛋炒起阳草、酱爆虎皮椒、清炒鳝鱼骨、萝卜排骨汤。乾隆一行吃得津津有味，还一个劲地夸其中的四种蔬菜特别好吃，堪称"蔬菜之宝"。哪四种蔬菜呢？豇豆、韭菜、辣椒、萝卜。五花肉蒸干豆角，对于山珍海味吃腻了的乾隆，垫底的干豇豆肯定比蒸肉好吃。"鳝鱼骨"其实是白皮红筋的粗壮豇豆，趁新鲜清炒，又嫩又甜。起阳草就是韭菜，生长在洲上沙土地，自然肥嫩，用来炒鸡蛋味道尤其鲜美。酱爆虎皮椒保持青椒原汁原味，香而不辣。萝卜排骨汤中的萝卜与五花肉蒸豆角中的干豇豆有异曲同工之妙，当然，萝卜产于洲上，品质更加优良。

刘公洲和补课洲后来合称鹦鹉洲，刘公洲在洲头，补课洲在洲尾。鹦鹉洲出产的豇豆、韭菜、辣椒、萝卜，自从受到乾隆皇帝称赞后，一直被称为"鹦鹉洲乾隆四宝"。

在洲上小酒店尝过"四宝"后，乾隆皇帝一行进城到汉阳府，规定地方官府不得将他来汉阳之事向外界透露。

不过，汉阳官方对于乾隆皇帝私访汉阳之事总想留下一点印记，便将乾隆皇帝到过的几条街巷分别以"泉隆""潜龙"命名。直到20世纪50年代，月湖、晴川地区的几条"泉隆"街、巷，鹦鹉地区的"潜龙"街名称仍在使用。

# 第二章　十里长街

# 十里长街　百年风华

常恒毅 [①]

　　我走过无数条大街小巷，但是汉阳鹦鹉洲上那条用青石板铺成的十里长街，那些鳞次栉比的杉板房、茅草屋与商行，那些说着湘鄂各地区方言的男女老少，却总是萦绕于我的脑海、镌刻在我的心上，即便在睡梦之中也时常回放，因为它是我的故乡，是我童年生长的地方。

　　唐朝诗人崔颢登临黄鹤楼，他看到的是长满青草的江中洲渚，他想到的是埋葬祢衡的荒芜墓茔，"晴川历历汉阳树，芳草萋萋鹦鹉洲"从他口中吟出，引来无数优美的诗词歌赋和动人故事，这让鹦鹉洲从此位列中国五大河洲之首，美名扬华夏，上下越千年。

　　沧海桑田、岁月轮回，其实古鹦鹉洲早在明朝崇祯末年，已沉没于长江水底，直到清朝乾隆年间，汉阳县城南纪门外的长江之中，又有一座沙洲逐渐隆起，日积月累，年复一年，沙洲与汉阳城外的拦江堤仅剩下一条夹河相隔。新增的土地让官家联想起收租子，于是命名为"补课洲"。嘉庆二十年（1815年）一个有文化的汉阳县令裘慎甫，他拿着崔颢的诗句为佐证，以保护汉阳古迹为由头，三次呈请湖北巡抚批准这个新洲命名鹦鹉洲，巡抚大人睁只眼闭只眼一挥大笔，更名终于大功告成。时光无情地流逝，沙洲上仍然少有人丁往来，春天芳草萋萋依旧，秋天芦花迎风飞扬，大江静静地向东流淌。

　　1840年开启了中国近代史，英帝国在第一次鸦片战争中用"坚船利炮"打开了清王朝闭关锁国的大门，屈辱的《南京条约》确定五口通商。第二次鸦片战争火烧圆明园，《天津条约》再增开汉口、九江、镇江、南京等为通商口岸，从此门户大开，中国沦为半殖民地半封建社会，人民生活苦不堪言。

　　从1850年开始，为求生计的湖南人开始将本地丰富的资源和土特产，通过木船和木排的方式，输送到中国的商业重镇——汉口，然后辐射到全国各地。形成这种物流的时代背景，一是各地开埠，商业贸易繁荣；二是洋务运动兴起，急需各种建设物资。而湖南有着丰富的煤炭、钨、锑以及大量的竹木，供需两旺、互利共赢，天赐良机造就了鹦鹉洲的兴起。

---

[①] 常恒毅，1945年12月生，湖北武汉人。1968年毕业于天津大学精密仪器系。湖北省机电研究设计院研究员、湖北工业大学机械学院教授。

最初由湘入鄂的商船和木排大量聚集在汉水注入长江的口岸一带（即后来的宝庆码头），并上溯到汉口玉带门码头。随着贸易量剧增和河口变窄，以及集家嘴、汉正街一带的地皮价格飞涨，体量庞大、占地极多的竹木交易行业难有立足之地。于是竹木商人转移到汉阳拦江堤与鹦鹉洲之间

图 2-1　江中排阵

的内河滩地，活动区域主要在汉阳岸边的报国寺至药王庙一带，最早的安益宾馆亦建于此。但好景不长，咸丰年间河泊所一带泥沙淤积，出口堵塞，商人的眼光进而转向鹦鹉洲的东南沿岸，纷纷开始抢滩占地。鹦鹉洲的东南岸线直面长江，长达上十里。这里水深适宜、水流较缓，大量的竹木排筏停泊方便，宽阔的滩涂可供木材堆放转运，后有大片的沙质土地，适于种植农作物。在这里做生意、卖劳力、干农活，都远胜于湖南老家的穷乡僻壤，于是鹦鹉洲这块未开垦的处女地，迎来了大发展的契机。

首先登上鹦鹉洲的是湖南益阳和安化的木商，随后是从汉口宝庆码头分流过来的新化木商，逐渐地，湘、资、沅、澧四水流域的大批湘人都奔向鹦鹉洲这块风水宝地，形成了著名的"五府十八帮"。同时湖北、江西等地的木商、相应的劳工队伍及商业服务人员也纷至沓来，开始沿着鹦鹉洲的东南沿岸建房搭棚，摆摊设点，沉寂荒凉的沙洲开始熙来攘往、热闹非凡。"一座鹦鹉洲，半数湖南人"，历史事实表明，是湖南人造就了鹦鹉洲这个中原地区最大的竹木交易市场，而眼光开阔的湖北人民，张开臂膀热烈地拥抱他们的到来。

为了谋求长远发展，两条重要的举措开始实施。一是组建地方会馆，以利协商及互助。首座会馆应为安益宾馆，它为初来乍到的同乡，提供住宿和饮食等服务，随后几十年间，相继沿街建成湖南各地会馆二十多座。二是各帮共同捐资修建鹦鹉长堤，防止长江大水淹没洲上的房屋和田地。堤沿沙脊而建，上衔荒五里处的拦江大堤，下至洲尾的夹河岸边，仅有一座小桥与汉阳城区相连。这条沿着沙脊所建成的亦堤亦街工程，就是日后繁华的十里长街的雏形。

我们以汉阳城外东门小桥为原点，将鹦鹉长街作为地理坐标横轴，以 1850 年作为时间纵轴起点，在地理—时间的二维空间内，来述说这片土地上发生的故事吧！

## 一、走进鹦鹉洲

1950 年春夏之交的某一天，我的爷爷带我从汉口游玩归来，乘坐集家嘴码头的渡轮，在汉阳高公街起坡，码头边的"电匣子"放着高昂的京剧，加之上下船的男女乘客人流，显得十分热闹。走到龟山脚下，这里有个"连记"剧场正在上演《三娘教子》，爷爷说这是个好戏，于是我们爷孙二人入座听戏，也正好喝茶歇脚。戏毕继续前行，过汉阳的朝宗门（东门）来到一条有小桥流水的街道，过了木桥就踏上了鹦鹉洲的土地。

鹦鹉洲的这条长街是分段命名的，也是逆水而上编排房号的，这可能与当年的开发进程最先从洲尾开始有关，然后再推进到洲身和洲头。跨越木桥就抵达洲尾正街，再往上依次是潜龙、腰路、杨泗、瓜堤、西湖、两湖和崇善街，总共八段正街，全洲绝大部分居民都聚集在堤内一侧。此外某些宽阔的地段，还有河街、后街，甚至后地之称，但那些街道都是断续、零散的。这八段正街的名字历史上也多有变更，但是从 20 世纪上半叶始，大体上维持这种称呼。

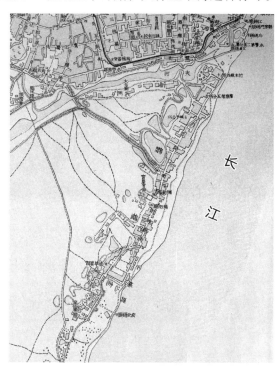

图 2-2　鹦鹉洲尾街道图（1922 年）[①]

① 所附地图出自《武汉三镇街市图（1922 年版）》，此图由湖北陆军测绘局制，现由国家图书馆收藏。

　　洲尾正街最重要的两栋建筑是竹木征收局和警察局五分所，顾名思义，一个征收竹木交易税金，一个维持社会秩序稳定，是政府极其重要的支柱，从清末到民国都屹立于此。潜龙正街一带，住的多为益阳人和宝帮人，街道两旁大都是码头工人的板壁屋，唯有两栋二层洋楼隔街相对，犹如鹤立鸡群，格外引人注目，这就是闻名全洲的"崔德记"木商的住宅和办公地。主人崔德仙（1883年—1939年），清朝末年从湖南益阳桃江县来到湖北汉阳闯荡江湖，从一个身无分文的穷小子，当上"德厚源木庄"的"武管事"，他从带小货做起，逐渐积累和发展，成为洲尾的首富，还在汉口投资房地产。中华人民共和国成立后，这两幢洋房，一幢成为荣军毛巾厂，更大的一栋先是作为武汉市银行职工疗养所，1958年正式改建成汉阳区结核病防治所，为汉阳人民抗击肺结核病作出了巨大贡献。

　　潜龙正街上还有一处徽派老宅"王家"，那是我奶奶的娘家。奶奶的祖母是个寡妇，1888年从老家湖南益阳带着三儿三女，随着放排的亲戚一路漂流到武汉。长子王汉卿当时只有十五岁，在鹦鹉洲最初当木匠，做木材生意，最后自己开木行发了财。他资助小弟王汝卿读书留学，王汝卿专攻营造，回国后在汉口担任詹天佑的助手，修建卢汉铁路。

　　腰路正街与腰路堤垂直相交，沿腰路堤一直朝西走去，就会穿越拦江堤，到达汉阳的青石桥和河泊所，这个堤也是帮会集资修建的，它既可防洪，又可形成抵达汉阳城区的大道。这个丁字路口显得特别繁华，有茶馆酒楼、杂货小店、水果摊贩等，湖南方言充斥市井，人来车往，叫卖声喧闹，充满人间烟火气息。路口有一间面食店，刚出锅的馒头散发着清新的麦香，激起了我的食欲，爷爷给我买了一个三角糖包，我一边吃一边听他讲着木材商号的区别。

　　鹦鹉洲木行注册的商号有一百多家，根据注册资本分为三级，以此核定营业规模和纳税额。做木材买卖的一般称为"木商"，从湖南山区采购杉木和楠竹，组织工人放排到鹦鹉洲，然后出售。这一趟生意少则三月多则半年，投入资金多、风险大，但是利润也丰厚，基本上是湖南人当老板。而叫作"木行"的商号，实质是一个中介服务机构，负责促成买卖双方的交易，收取一定的佣金。这种生意无需本金，但要有信誉和关系，以及良好的服务，湖北人当老板的居多。还有一种也叫木行的商号，负责木材的计量工作，联系一批围量手，实质是提供技术服务。这些老板们都归于汉阳竹木总会名下，他们既竞争又协商运作，共同促进鹦鹉洲竹木交易市场的发展。

　　在丁字路的上首不远处，腰路堤的西边有一座古典院落，是宝庆会馆。"宝庆帮"在鹦鹉洲是人数众多的大帮派之一，但是它的来历，许多邵阳和新化的老人都不甚知晓。宝庆府在宋朝时称邵阳郡，南宋第五代皇帝赵昀（1205 年—1264 年），在当太子时被封为邵州防御使。宋理宗赵昀登基之后，用年号"宝庆"命名自己曾任防御使的封地，升邵州为宝庆府，直至明清以降仍袭用此名。清朝宝庆府辖武冈州及邵阳、新化、城步、新宁四县，所以那时来汉口汉阳打码头的邵阳人和新化人，统称为"宝庆帮"。民国时期废宝庆府，宝庆县复名邵阳县，从此"宝庆"这一称谓不再存续。这段历史变迁，使我解开了"潜龙正街"之谜，因为宝庆曾是"潜龙"之地，那么鹦鹉洲有很多宝庆人居住的街道命名为"潜龙正街"也就不足为奇了。

宝庆会馆是杨泗正街（也叫财神庙街）的起点，在中华人民共和国成立初期，它被当作鹦鹉小学的分部，学校的操场旁有一座荒芜的坟墓。爷爷指着一块碑石告诉我说：这是一个衣冠冢，是为了纪念东汉末年"击鼓骂曹"的才子祢衡。我知道这个故事，也知道祢衡写的《鹦鹉赋》，但想不到如此才华横溢的狂野青年，26 岁英年早逝且死得又冤又惨，竟然草草掩埋在这残垣断壁之下，实在令人唏嘘。街的上首有座杨泗庙（洞庭湖平原崇拜的财神和保护神），但它太小又破旧已无人住持，仅剩一个标志。遥想当年杨泗街头，一座会馆、一座古墓、一座财神庙，前来朝拜、祭祀、祈祷和游览的人士应该不在少数，定然是十里长街的一处繁华景点，无奈风流总被雨打风吹去，如今只留下斜阳衰草、寻常巷陌，但是湖湘风情依旧，思古之情长存。

爷孙二人继续沿着长街上行，来到瓜堤正街，这是鹦鹉洲上最长的一段街道，古称"寡堤"，按武汉话理解，就是孤零零的一段堤防而已。瓜堤分上、中、下三段，总共长约三百米，下瓜堤和中瓜堤西边民房层叠，居民大多来自湖南益阳市的安化县。安化位于资水中游，地多丘陵，盛产松、杉、竹、茶叶、药材等，素有"中国黑茶之乡"的美誉。二都和同利是安化县的两个村镇，因为来汉的人多了，所以自成一帮，并都建有自己的会馆。短短不足 200 米的街道旁，一字排开，计有清埠、同利、二都、长衡四座会馆，其间还有一座天主教堂，可以想见这里曾经的繁华。

长衡会馆顾名思义，是统领长沙和衡州两府的高级会馆，建筑华丽且场地宽阔，进门是广场，迎面是殿堂，里面供有多座木质佛像，厢房错落、庭院深深、曲径通幽。这里于 1956 年改建成瓜堤街中学，我的初中三年（1957 年—1960 年）便是在这里度过的。

这一段长堤外侧，民房较少而江滩开阔，适于木排停靠和木材转运，著名的安化码头就设在这里。每年一到夏天，即是木排到汉的旺季，从早到晚陆续有木排抵岸，此时便会摇旗呐喊、鼓号齐鸣，并燃放鞭炮以示庆贺平安，一茬接一茬地，此起彼伏，络绎不绝。天色黄昏，滩涂上篝火四起，排估佬们席地围圈而坐，大口吃肉、大碗喝酒、划拳行令，偶有微醉者还会唱起高亢的湘西民歌，迎合者众，实乃一片欢乐的海洋。

上瓜堤就显得荒僻不少，唯有这段路面没有铺条石，是用泥土砂石碾压而成。堤的东面尚有零星人家居住，西边落差极大，一片菜地、水塘和瓜田，一直延伸向远方。唯一的亮点是在堤下靠东头，有一座徽式的粉墙黛瓦建筑，那就是今日鹦鹉洲唯一保存下来的房屋——陈正泰木行。

说来真有缘分，1960年我还在瓜堤街中学读初三，学校食堂只管中餐，晚饭各自回家解决。此时已是"困难时期"，家家都有吃不饱的难题，而此刻我们家又遇上修建杨泗港二期拆迁，爷爷奶奶与我们兄妹四人分成两地寻租，无处做饭，只能就近搭伙。陈正泰木行的前部天井，堂屋和两边的厢房早已被街道征用，此刻已办成居民食堂，正好解决了我的晚饭问题，吃了以后到学校上晚自习，然后来到两湖后地的一座茅草屋内与爷爷共寝。要问我"陈正泰"的伙食如何？饭是凭票供应，每餐四两，不敢超限，菜则由你点，但肉和鱼是一年多没见面了，至今仍有印象的是包菜炒红萝卜片，美味非常、口留余香，每份五分钱，但觉得分量太少，总也不够吃。

从上瓜堤到我所居住的两湖正街，有两条道路可供选择，一是继续沿堤上行，走西湖正街，这段很短的街，在中华人民共和国成立后曾是鹦鹉洲的轮渡码头，街上的张志成木行前门设售票处，有轮船通武昌和汉口。江边有一座辰帮会馆，地盘很小但名声很大。辰帮是湘西少数民族地区辰州（今湖南怀化沅陵县）的一个小帮派，人数不多但崇尚武功、民风剽悍，在最初抢滩占地打码头时，名震鹦鹉洲。小时候我们调皮或打架时，大人一说辰帮的人来了，孩子们便立刻作鸟兽散，很有威慑作用。另一条路是从瓜堤下坡，走西湖后街，这里有西湖会馆、吴瑞三诊所，还有几家木行的建筑。在西湖后街到树人小学的围墙交叉处，有一个小广场，那可算是鹦鹉洲的驿站，平常总会停着几辆人力车，有钱的人家可以从这里坐车到汉阳。

我们爷孙两人沿着西湖正街走十分钟就到两湖正街，街道中间有一座辕门，跨过这道门槛就到了最为著名的两湖会馆，我也就算回到家了。

## 二、两湖会馆及杨泗庙

在鹦鹉洲十里长街的中段，有一座闻名遐迩的会馆——两湖会馆，它在鹦鹉洲的作用无与伦比，其建筑之辉煌和场面之宏伟，也是全洲二十多座会馆中最为威武庄严的，它是鹦鹉洲上最具文化特征的地标性建筑。

中国的会馆文化源远流长，会馆是移民文化的代表，是各地行帮、官僚在异地集资兴建的团聚场所。会馆大体可分为三类：北京的会馆主要为同乡官僚、缙绅和科举之士聚会暂住之处；汉口、上海等城市的大多数会馆，是以工商业者、行帮为主体的商业会馆；四川的会馆则是明末清初实施"湖广填四川"政策，外地迁川居民建立的移民会馆。

而鹦鹉洲的会馆则独具特色，它既是木材交易的商业会馆，又是湖南老乡的移民会馆，形成了较为严谨的组织结构、行业标准和帮会规范，这是其他地方的会馆所不具备的。

鹦鹉洲最早的会馆设在夹河的汉阳一侧，报国寺（也称抱孤庵）之后，名叫安益宾馆，由安化和益阳木商集资兴建，主供同乡协商生意之用，也为初来乍到的乡民提供食宿便利。

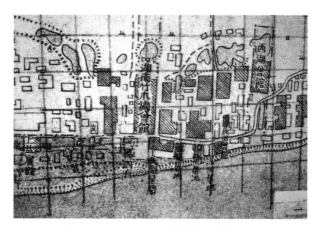

图 2-3　1924 年的两湖会馆及周边建筑

湖南安化名人清末两江总督陶澍途经汉口时，曾为安化竹木公所题联："安邑善经营，鹦鹉洲前，聚会依然桑梓地；化工资赞育，芙蓉岭外，出山尽是栋梁材。"这副对联，不仅将安化两字巧妙地藏于头部，而且将会馆的功能、安化木商的精明、木材的栋梁作用，都表述于这三十二字之中，不愧为晚清重臣、经世派的代表人物。

鹦鹉洲会馆的兴建高潮始于同治年间，当木商泊岸的地点由汉阳夹河转移至鹦鹉洲的长江一侧之后，从洲尾到洲头共建有二十多座会馆，虽然名目有会馆、宾馆、公所、别墅之不同，但都具有行业帮会和地区移民的双重特点。早期会馆规模较小且功能有限，而且级别也各不相同，小到乡镇如二都宾馆，大到两府如长衡会馆。

在业务量逐渐增多，财力日盛的情况下，湖南木商深感有必要建立一个高级会馆，用以协调区域业务。据文献记载，同治四年（1865年），在鹦鹉洲中段建造了一个统领湖南各地在洲上活动的机构和场所，曾先后命名为两湖会馆、湖南总会馆、湖南竹木总会馆、两湖会馆。会馆由湖南各帮集资兴建，用来解决各帮之间利益纠纷和统一行动，又要与地方官府和湖北同行打交道，冠以"两湖"之名有彰显湖南和湖北两地亲密关系的蕴意，也有洞庭湖流域分东西两湖的说法，但是最终命名为两湖会馆，更符合湖广人民的意愿。

两湖会馆位于两湖正街的北侧，门牌号码为两湖正街一号，周边还有西湖会馆、辰州会馆和上益宾馆。两湖会馆坐北朝南，占地宽约60米，长约200米，在门前的青石板道路上，建有东西两座辕门，意为到此"武官下马，文官下轿"。会馆大门口立有两个巨大的石狮，雄狮口中含一颗可以滚动的石球，显示出一种张扬的气势。会馆对面是一个小型的广场，南端有一座长长的照壁，黑瓦压顶、青砖立柱，中间白色的粉墙上，题写着祢衡的《鹦鹉赋》，背后即是滔滔的长江。

小广场的左边是两湖正街二号的外墙，这是我家的老屋，曾祖父在这里创建并经营常万镒木行。两湖会馆的右边，隔着一片菜地的两湖正街九号是常家新屋，那是1924年我祖父兴建的花园式民宅。广场右边有一条红色砂石铺成的小路，直通江边。江边有一座杨泗庙，正殿背靠两湖正街，而南门朝向长江，里面供奉着杨泗将军手持板斧的立像。这位半神半人的年轻将军，是湖北南部及洞庭湖流域信奉的神圣，是渔民和排工的保护神。关于杨泗的传说有多种，庙宇分布于十五个省市，以湖南、湖北、四川、陕西最为密集。他能驱除孽龙和水妖，平息洪水和风浪，保佑河岸民众和船只航运安全，被船工、排估佬和木行商人奉为崇拜的主神。

杨泗庙的右边配殿内住着一老一小两位和尚，住持方丈是仁玉法师（1903年—1973年），祖籍四川，有中学文化，他中等身材，自幼练得一身轻功，能在粉墙上下左右爬行自如，有"壁虎"之美誉，他还精通武术、书法、园艺。1958年底因鹦鹉洲大拆迁建设杨泗港，庙已不存，他便转移到汉阳归元寺继续修行，直到1973年圆寂。而小和尚则还俗，回到黄陂老家务农。

在杨泗庙的左前方，更下坡靠近江边处，有魁星阁遗址。魁星是神话中主宰文运兴衰的神明，他能保佑生员学业有成。据老人说：魁星阁是三层六面的宝塔型建筑，木质结构，上盖黄色琉璃瓦，飞檐翘角之上挂有风铃，登临其上可凭栏远眺美丽的长江景色。但清末毁于一场大火，只留下江滩之上的地基。我儿时曾在这江边台基之上放过风筝，天高地广、江风吹拂、孤帆远影，心情格外舒畅。

一座洲上最高大上的会馆，一座护佑水上安全的寺庙，一座助学功名的亭阁，组成了鹦鹉洲上中国文化的"金三角"，这里必然成为全洲居民的政治、经济、文化中心。

推开两湖会馆黑漆的大门，中间是石砌的一条长 40 米的通道，两边有低矮的偏房，正面的高台之上，有一座宫殿式建筑，飞檐斗拱，廊柱耸立，屋顶上盖着绿色的琉璃瓦，正中间是宽阔的大殿，要登上九级台阶才能进入正厅。两旁的左右偏殿，有汉白玉回廊维系，蔚为壮观。回头望去是一座下沉广场，让人顿时有居高临下之感。这座大殿就是帮会的议事堂，凡有湖南竹木商会的重大事宜，即由两湖会馆的会长召集，各帮首领必定如约前来商议。各帮会馆的会长，通常由本帮的大资本主充当，如认为力不胜任时，可在当地聘请与帮会有关的地方绅士前来担任，均称为会首老爷。当然会长与地方官员关系热络，则更具有竞争实力，早年掌握两湖会馆的权威胡一爹，系清朝咸丰年间湖北巡抚胡林翼（湖南益阳人）的本家。

图 2-4　两湖会馆手绘图（叶自琰／绘）

大厅之后有若干房屋，是会首老爷和干事、律师、财务人员的办公之地。主体建筑的后面要下十余级台阶才是后花园，那里树木掩映、曲水流觞，是客商休憩、餐饮或洽谈之处。

高级的客舍是供往来的富商和家乡的官员居住的，一般的人物大概只能住在进门的左右两排平房之中。民国初年各地会馆多改为办学场地，我的父辈在 20世纪 30 年代末就读于湖南旅鄂中学，想必就在两湖会馆之内。1950 年建立的树人小学及两个分部也是由湖南竹木总商会运作的。

两湖会馆除了作为行业的活动中心，它的场地也是一种社会资源，抗日战争时期武汉成为战时首都，在保卫大武汉的全民抗战热潮之中，如"火炬游行""献金大会""庆祝台儿庄大捷"等群众性活动都是在会馆广场上举行的。我进入两湖会馆是 1951 年春，那时我开始读书，会馆已改建为树人小学，"雕栏玉砌应犹在，只是朱颜改"，前广场成了运动场，后广场辟为活动区兼周末放露天电影的场所，房间分隔为多个教室，当年的商会豪华气势已不复存在。

两湖正街的"金三角"地区，一直是老百姓的"极乐园"，逢年过节，如正月初五迎财神、五月初五赛龙舟，尤其是六月初六贺杨泗水神生日（也是夏季到排的高峰季节），这一带总有庆祝和祭祀活动。通向江边的小路上，人流络绎不绝，而大照壁前的小广场上，各种摊贩云集。粑粑、面窝、杯子糕、水饺、包子、热干面，各色食物应有尽有。卖小商品的也来凑热闹，如女孩的头绳手帕，老人的衣帽鞋袜，甚至还有唱小曲、耍杂技、拉洋片、丢圈圈购物、耍猴把戏的。印象尤深的是四处走动卖下酒菜的伙计，手提一个红漆大竹篮，里面放着咸蛋、猪头肉、口条、卤牛肉、素火腿、五香熏鱼等，还有扁平的各色小酒瓶，色彩鲜艳、浓香扑鼻，不由得让人口流馋涎，更不用说那些休息的码头工人，怎么也得来两口小酒。

杨泗水神，鹦鹉洲的居民对其抱有太多的期待，拜神求财自不待言，长寿健康也求他，婚姻生育也望他能帮上忙。记得有一次我奶奶带我来到杨泗庙，只见庙前竖了一个高高的龙头，垂下来几米长的白色灯芯胡子。于是奶奶叩头、敬香、捐钱，然后用剪刀剪下一小绺"胡子"，并小心翼翼地用手绢包好，说是回家给妈妈泡水喝，保佑我家添个孙子，第二年果然妈妈生了一个小弟弟。

热闹之后总要归于平静，当节日和庆祝活动完毕，留下一地红尘之时，就该小和尚忙碌了。秋天是起排的淡季，江水退去，杨泗庙前香客稀少、万籁俱寂，清风徐来、水波不兴。大约在晚饭后的六点钟，庙右侧焚香炉旁的石凳处，总有三位长者聚会聊天。那是我的祖父常介侯（一位儒雅的木行商人）、仁玉法师和我家对门的乔厚诚医生，他们三人依次相差十岁，可算得上是忘年之交，他们是周边地域的权威人士。

体态魁梧、略微显胖的三个人物坐定之后，小和尚送上香茗三杯，然后在一侧侍候。我和乔医生之子，一个名叫"有缘"的小男孩，则会偶尔旁听。他们谈天说地、纵论古今、兴致盎然，尤其涉及佛教话题，祖父与法师辩论激烈。仁玉法师情绪容易激动，捍卫信仰的决心矢志不移，爷爷则引经据典、旁征博引、娓娓道来，年轻虔诚的佛教徒乔医生，在长辈和师父面前则缄默不语。我和有缘以及那位小和尚，则在一旁洗耳恭听，从他们的交谈中，受益匪浅，享用终生。

我很怀念我的祖父，时至今日我已 70 多岁，但在睡梦之中仍然会出现他的身影，可见他在我脑海之中留下的印痕之深。

常介侯（1892 年—1969 年），字维藩，又名常春，生于汉阳鹦鹉洲的一个木材商人家庭，系常家长子，共兄弟五人。六岁发蒙入私塾读书识字，十岁进入汉阳高等小学堂，是一个勤奋聪慧的好学生。

1905 年爷爷考入文普通中学堂（现为武汉第十四中学），地处武昌城内昙华林，这是晚清重臣张之洞督鄂时创办的新学，培养了许多爱国的仁人志士。爷爷在文普通中学堂上学时，正是清末社会动荡之际，他在这里受到革新思想的熏陶。1910 年爷爷中学毕业，朝廷招收公派学生去东洋留学，爷爷应试被录取，入日本东京早稻田大学商科学习。1911 年春节之后，湖北一行 30 余名留日学生在汉口大智门集合，乘火车到达天津，然后坐海船抵日本神户港，辗转赴东京早稻田大学本部报到，正式成为官派留学生。爷爷在早稻田上预科一年，后升入本科学习，他专心致志地攻读商业贸易的新知识和新理论，不敢有丝毫的懈怠和分心，只希望四年学成之后归国，在新体制下大展宏图。

但是这个愿望，却在 1912 年秋天被一封电报所打破。曾祖父突然去世，家人命爷爷迅速回国奔丧。爷爷知道以他长子的地位，不仅只是回国料理丧事，更得要接掌家庭大权，维持十口之家的生计，还要维持常万镒木行的运作。于是他辞别师友、离开日本、打道回国，永远地告别了学习生活了两年的东京早稻田大学。

抗日战争爆发，1938 年 10 月 25 日武汉沦陷，三镇人民在日寇铁蹄之下，遭受着蹂躏，偏僻的乡镇鹦鹉洲也难以幸免。冬季的某一天，两个日本兵在大街上巡逻，路过两湖正街九号，看见院内树木繁茂且闻到蜡梅飘香，便跨进大门径直向后院走去。爷爷忙安排女眷到后房躲避，只身在门口接待。

"你们好，有何贵干？"流利而礼貌的日本语，令两名日本兵大惊失色，他们看到一个身材魁梧、服装整齐的中年绅士站立在他们面前。

"我们闻到花的香味，想进来亲眼看一下。"日本兵唯唯答道。爷爷判断来者并无恶意，于是继续说道："你们闻到的是中国蜡梅的花香。"他手指院内几株盛开的蜡梅树，说："这种花不怕风雪、不惧严寒，在中国农历腊月渐次开放，香味浓郁、远播四方，我们都很喜欢它，就像日本人欣赏樱花一样。"

"很好，很好。"平常开口"八嘎呀路"的日本兵此刻伸出了大拇指。"先生去过日本？"日本兵怯怯地问。

"我年轻时曾在东京留学，了解一点日本的文化和习俗，我在那里也交了不少日本朋友。"爷爷心想日本人民还是友好的，这些年轻的士兵多数是受到蛊惑和欺骗，和他们讲清楚道理是有益处的。

"嗨！嗨。"两个日本兵连连称道，弯腰鞠躬，退出院落。

三天之后的下午，长江上驶来一艘小汽艇，在杨泗庙前的简易码头靠岸，从汽艇中走出一队人马，为首的是一个日军少佐，他们直奔两湖正街九号而去。爷爷得到消息，知道来者不善，忙出门将这五人迎入大堂内落座，沏茶招待。

少佐首先开腔："我对前几天士兵闯进您的民宅表示歉意，我这才知道在辖区内有常先生这样一位熟悉和了解日本的人才，真是深感荣幸，于是今日特来拜访。"爷爷应答道："我在日本只读了一年多的书，因遵守中国传统回国奔丧而辍学，甚为遗憾。"少佐切入主题邀请爷爷出来做事，到汉阳出任商会的会长。爷爷一口回绝，他说："本人一介书生，从未涉足政界，只是做点木材交易养家糊口，现今商贸衰败，家有年近九旬的祖母，下有一群儿女，断无可能外出就职。"少佐再次邀请并用金钱利诱，但是爷爷一口咬定不可胜任，强调自己一刻离不开家庭。对方知道爷爷决不会允诺，只得转移话题，欣赏客厅内的匾额楹联，观摩字画，并把玩爷爷从日本带回的一只八音小闹钟，约耗时一个钟头，悻悻而去。

关于爷爷拒不接受日本人邀请出来"做官"的故事，一时间在鹦鹉洲传为佳话，他们都交口称赞爷爷表现出来的崇高民族气节。抗战期间，爷爷的木行生意停歇，他也不出门访客，只在家中读书练字，种花养鸡，过着闲居生活，直到抗战胜利。

### 三、鹦鹉洲头

鹦鹉洲的行政区划，历来分为洲头和鹦鹉两个社区，洲头街道由崇善、两湖、西湖三个区块组成。两湖正街九号是我的家，从1945年我出生到1959年大拆迁，我在这条街上住了14年，这里留下了我的全部童年记忆。

两湖会馆（两湖小学）是我家的下隔壁，中间隔着一条通往后街的小路和一块菜地，正街旁的北边是黄家木板屋、姚家副食日杂店和邹家糕点水果店，他们的顾客主要是两湖小学的学生。但是这三家房屋的进深很浅，在屋后形成一块长条形菜地，由黄家负责经营。我家的上隔壁是做木材生意的陈氏兄弟，与他家并

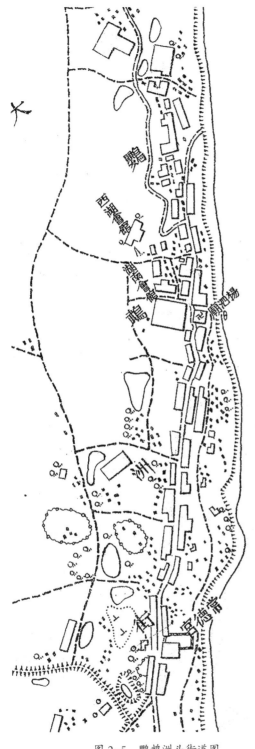

图 2-5 鹦鹉洲头街道图

列的两幢砖混院落退居正街30 米，在门前形成一个小广场，是元宵节舞龙和表演节目的理想场地。青石板铺就的街道对面是桂永昌木行，其下家是乔德堂诊所和杨泗庙后院，上家则是黄家的杉树屋和湖南的周木匠屋。我祖父建造的花园宅院显然是这一区域的主体，由两重花园和园中的一座粉墙黛瓦的徽派建筑组成，古朴典雅、花木掩映，大门面朝浩瀚长江，后院直抵两湖后街。我家后门正对着彭奇玉家的大门，1954 年洪水之后她家从西湖正街迁来，建了一幢小型砖混结构的三开间两进深民居，这里的几幢房屋呈"品"字形分布，曹向海家在左，柳家缆子厂在右，这里是两湖后街的起点。

那时候每家都有四五个小孩，因此隔壁左右的街坊邻居，都是我儿时的玩伴和同学，各家兄弟姐妹皆为同学的情况屡见不鲜。而我和彭奇玉、沈继成、张忠辉四人，从小学、初中、高中一直都同校同班，只是后来选择了不同的大学和专业，但我们一直保持着联系。我和彭奇玉是从"青梅竹马"到喜结连理，直至白头偕老，不能不说是鹦鹉洲上一段难得的"金玉良缘"！

两湖正街虽然仅长一公里，但是由于两湖会馆和杨泗庙的所在，它必然成为鹦鹉洲的经济文化中心。两湖会馆是湖南竹木总会馆，它的周边下有辰州会馆和西湖会馆，上有上益宾馆、益阳会馆、二里会馆（二里宫）。这块腹地的民居纵深约两里，所以街道又有两湖河街、两湖正街、两湖后街和两湖后地之分。

在两湖正街的起首处，就有北帮木行常万镒、桂永昌、曹西之、肖新顺、马福茂等多家依次排列。当年木材交易昌盛之时，木商和木行的活动频繁，庆典、祭祀接连不断，也促进了酒肆、商场的兴旺。街道上车水马龙，店铺内买卖兴旺，晚上说书的茶馆内人满为患。所幸鹦鹉洲的商贸繁荣并未改变它的淳朴民风，全洲上下无一处赌场妓院，这在中华人民共和国成立以前的腐败社会环境下，实在难能可贵。

鹦鹉洲作为百年木材交易之都，不仅经济繁荣，码头文化和会馆建筑独具特色，而且在反封建反军阀的革命斗争中，码头工人始终是一支最坚定和最积极的队伍。从鹦鹉洲上走出了中国共产党早期著名理论家、中国青年运动的导师、《中国青年》杂志的创始人之一，他就是出生于两湖河街的萧楚女。

萧楚女的父亲萧康平是一个木材商人，住在上益宾馆背后的两湖河街，他家的大门面向长江而背朝两湖正街，与我家老屋两湖正街二号相距不远。因为家里都是开木行的缘故，萧楚女与我的祖父常介侯是儿时的玩伴，私塾的同学，学习的竞争对手。爷爷曾经对我讲："萧楚女天资聪颖、博闻强记、熟读四书五经，古文学得特别好。"但是天有不测风云：萧楚女家经营的木排在洞庭湖遇暴风雨袭击而流失、临江而居的房屋又遭火灾化为废墟、其父肺病复发而不幸去世，其母只得在杨泗庙码头附近两湖河街租了王家的两间瓦房，重新把家安顿下来。他的母亲无法养活一子四女，忍痛将两个稍大一点的妹妹送给了别家，而十三岁的萧楚女开始了打工生活。

萧楚女经历了艰苦生活的磨砺，广泛接触到社会下层的各色群众，目睹了劳苦大众的悲惨生活，这在少年的萧楚女心中，激起了改造社会的思想涟漪，奠定了他日后走上革命道路，参加共产党的坚实基础。

1922年他与老友恽代英在武汉重逢，由恽代英和林育南介绍加入中国共产党。1924年寄居慈善堂的母亲病危，萧楚女回到鹦鹉洲，借住在一位医生家中，在照顾母亲及处理后事的几个月里，他拜访和接谈多位工友，了解码头工人的生活状况和思想动态，向他们传播反帝反封建的革命思想，在鹦鹉洲上点燃共产革命的星星之火。

离家之后他活跃在成都、重庆、上海、南京、开封，完成了党中央分派的一项又一项重要任务，即使拖着带病的身体一刻也不曾停歇。1926年元月萧楚女来到广州协助毛泽东编辑《政治周报》，5月第六届农民运动讲习所开班，毛泽东任所长，萧楚女是唯一的专任教员，毛泽东称赞他说："萧楚女是我的左膀右臂，学员们学习和生活中有什么问题，你们尽管去找萧先生。"这年10月萧楚女接任黄埔军校的工作，他又全身心地投入政治教学之中。1927年春天萧楚女积劳成疾而住进医院，此时形势突变，4月12日蒋介石在上海发动反革命政变，4月15日国民党反动派在广州开始大批抓捕共产党人，萧楚女在广州东山医院病房被捕，后被关押在南石头监狱，4月22日被枪杀。他犹如一根燃烧的红烛，将他的一生都献给了中国人民的解放事业，他是鹦鹉洲上的第一位共产党员，他是我们鹦鹉洲人永远的骄傲！

在萧楚女烈士曾居住和生活过的两湖河街背后，两湖正街的中段是一条繁华的商业街，街道南边是毗邻的板壁小木房：杂货店、水果摊、小餐馆、剃头铺、小人书摊、纸马店等，在街道的北边有几户民房，却有两家茶馆，其中常家茶馆每晚说书，座无虚席，为鹦鹉洲的夜晚增添了不少亮色。可惜1953年的一场火灾将路南的棚户木屋烧毁殆尽，复建的民房再也难现从前的容颜。

再往上走是早年的马家洞和上益宾馆，这两栋相对而立的砖混建筑公屋，内部都比较宽敞，中华人民共和国成立后马家洞成为码头工人的俱乐部，也是街道活动的大礼堂。1954年的人民代表选举庆祝会就是在这里举行的，各个单位的节目轮番上演，两湖小学的黄、章两位老师身着民族服装，男女声二重唱藏族民歌，赢得满堂喝彩，这是我在鹦鹉洲上观摩到的最盛大的一次群众文化活动，充分体现了人民当家作主人的欢悦心情。

路南的上益宾馆被改造成鹦鹉洲上最大的副食品商店，登上几级台阶进入店堂，糖果点心、油盐酱醋、烟酒茶麻，各类商品琳琅满目，令我们这些乡下孩子眼花缭乱。这家由搬运工人初创的消费合作社，后来发展成为国营商店，因为它贴心地服务于工农群众，深入码头工棚、田间地头，得到广大消费者的赞誉与喜爱。它被评为武汉市商业战线的一面红旗，并出席了1959年在北京召开的全国工交群英会，这是鹦鹉洲人获得的一项影响巨大的集体荣誉，这就是著名的汉阳两湖商店，鹦鹉洲上飞出了一只金凤凰。

由此往上走20米，南北相对的是"肖新顺"和"马福茂"两家木行建筑，进门是天井和正厅，左右是前后厢房，房子大且质量好。1955年公私合营，占有超面积的私房必须进行改造，而1953年实行统购统销之后，木行基本停止营业，所以可将多余的房源用于举办公益事业，付给业主一定的租金。于是"肖新顺"前半部改建成百货公司，"马福茂"则全部改建成粮店，家人移居后院。这样在这一片街区之内就形成了以国营的副食、百货、粮店为主力的商业网点，同时一些私营杂货店、理发屋、早点摊也共荣共存，给老百姓提供了极大的方便。

再往上走，好几位小学同学沈德秋、桂永年、桂学开、桂学元、李璋杰都住在这里，桂学元家开棉花铺，我常去他家玩耍，弹棉花时弹弓发出的清脆响声，真好像琴手弹拨出的优美乐曲。

两湖正街与崇善正街的交界处有益阳会馆和二里会馆，一条垂直小路南向长江、北去拦江堤，十字街头总是门庭若市，会馆里头总是热闹非凡。中华人民共和国成立前益阳会馆是帮属工人的聚集地，在中华人民共和国成立后，它成了洲头搬运站的俱乐部，里面有戏台可供演出，也办过展览，晚上这里就是"说书"的场地。二里会馆后来人们称它"二里宫"，曾作为公屋提供给无房的家庭居住，两湖小学拆迁时，这里成了学生上课的教室。我总不明白这个会馆叫"二里"是什么意思？最近在与朋友讨论益阳桃江县马迹塘的历史与风情时，发现马迹塘历史上曾叫过"二里"，心中顿时一亮，毫无疑问二里会馆就是马迹塘的同乡会馆。鹦鹉洲有很多来自马迹塘的湖南人，洲尾的首富崔德记木行主人即是从马迹塘来的。但是疑云又起，为什么叫"二里"呢？再查资料，原来清末民初益阳县被划分为二十三个"里"，"二里"是其中一个行政单位（相当于行政乡），困惑多时的谜团终于被解开。

崇善正街两旁店铺林立，是洲头的热闹地段。路北左手边有好几家木行的房屋，都是徽派的粉墙黛瓦，可谓鳞次栉比，分别是陈盛茂、何万圆、杨盛茂、乐云泰几家木行，尤其是乐云泰大门的上方，有一幅横匾式的招牌，天蓝色的垫底上浮雕着"乐云泰"三个金色的大字，气派非凡。路南则有杂货铺、药铺、铁匠铺、餐馆等等，卢家开了两家餐馆，上头还有万家开的餐馆更大一些，生意都还不错。这里有一家较大的中药房，名为"志德堂"，我有几次曾经进入店内给我奶奶抓中药。崇善正街的北边几十米的后地上，有一座崇善堂，这是专门救济穷人和接纳孤寡老人以及寡妇守节的地方，在它的后面（即马埠帮地附近）还有一片很大的坟地，用于掩埋死去而无钱安葬的穷人，名为"崇善堂义冢"。这些义举和善事的经费，主要由各家木行捐助，各帮派也有投入。这种民间的救助机构和机制是值得崇敬的，崇善正街的大名由此而生。

这条街让我印象最深的是"志德堂"药铺旁的电话传呼站，一只黑色的拨盘电话放在门内的小桌上，墙上挂着电话簿和一块小黑板，上面用粉笔记着四五个电话号码和几家地址，一位中年妇女坐在桌旁的小凳上守候着，这部电话的呼号是"1188"，几十年了我还未曾忘记。当年鹦鹉洲仅有两部传呼电话，一个在洲头一个在洲尾，大家全靠它与外部世界沟通。那时我父亲在武昌上班，叔父与姑姑在汉口工作，若有什么重要事情需要沟通，就得打电话。当武昌的电话打过来，传呼站的阿姨在黑板上记下待接电话人的住址和姓名，同时记下来电的号码，然后派她的小儿子去传呼。一般我们家总是让我随来者一起奔向崇善正街，在传呼站内打电话去武昌，记下对方交代的事项后回家传达。这种电话传呼费五分钱，通话费五分钱，一般人很少消费。我由于电话打得比其他小朋友多些，遂成为"电话通"，直到上中学我还向其他同学传授打电话的方法：如何拨号；何谓"忙音"；听到"长音"才算接通，才可以开始讲话。

崇善正街不长，住了几十户人家，走过常德宫旧址和常德会馆，青石板路止步于此，十里长街也走到了尽头。但是在鹦鹉洲木材贸易的鼎盛时期，各帮派继续向上游开疆拓土，抢占停泊滩地，会馆也修到了荒五里地段。土堤之内零星地建成了陵源宾馆和歧埠别墅，还有更远些的上宝庆会馆（后改建为荒五里小学）。

1956年暮春之初的一个下午，我和桂学元、李璋杰、彭奇玉相约去鹦鹉洲头踏青，走出崇善正街之后，立刻感到一股清新气息扑面而来，鹦鹉大堤上行人稀少，万里长江孤帆远影，小土路边柳絮飞扬。走了很远也不见荒五里小学，却发现堤里边有一座很大的院落，我们猜是陵源宾馆。这座花园别墅的四周围墙高耸，黑色铁门紧闭，园内却是树木掩映，鸟语花香，我们很想进去玩一下却无可能。园内槐树的枝叶伸出墙外，白色槐花缀满枝头，散发着诱人的芳香。桂学元敏捷地爬上墙头，不停折断细小的槐花树枝，他抛我接，然后转交给两个小姑娘。夕阳西下，渔舟唱晚，我们每人抱着一大束槐花走在回家的路上，槐花的清香沁人肺腑，令人陶醉、向往，鹦鹉洲头的春光更是令人心旷神怡。

鹦鹉洲，我美丽的家乡！即便我走遍祖国四面八方，我也永世将你长存于心！

# 我的童年我的家

乐正友 [1]

## 一、难忘的家

我从出生到小学毕业，都住在鹦鹉洲崇善正街56号，我的童年就是在这幢房子里度过的。

这是一幢两层楼房，大门上方有一块"乐云泰"的大匾，蓝底金字，非常显眼。这幢房子是祖辈留下的遗产，它建于何年何月，祖辈的情况如何，我并不知道。能够知道的是，这幢房子是鹦鹉洲木材市场曾经兴旺发达的见证。这幢房子楼上不住人，也没有房间。我们家、我大伯家和三伯家都住在一层。二伯家原来也住在这里，但二伯参加革命后，他们家就搬走了，其房屋由大伯家代管，并长期租给一个湖南人居住。

这房子有一个大门和一个后门。门都很厚、很沉，门框则由整块的长条石组成，开门、关门都要费一点气力。一般的情况是我家负责关大门，大伯家负责关后门。

进大门后分别是小堂屋、露天天井、大堂屋和厨房。四家的居室分别在小堂屋和大堂屋的两侧。大堂屋香案上供有"天地国亲师"的牌位。天井两侧是厢房，厢房的五抹隔扇都由上好的木料做成，隔扇上的雕刻很精美，上段是镂空的花雕，下段则是一些不同的图案。

这座房子坐北朝南，面向长江，门前有一块空地，逢年过节，这里常有人来表演节目，如"舞龙灯""采莲船""小放牛""踩高跷"等等。这些演出往往都是自发形成的，发起者、组织者、表演者都是乡里乡亲，都是住在鹦鹉洲的大人小孩。我小学同班的同学就曾参加过"采莲船"和"小放牛"的演出。

夏天，门前的这块空地也就成了我们摆竹床乘凉和夜宿的地方了。躺在竹床上，仰望满天的繁星，寻找银河两岸的牛郎织女，是我们这些小孩的乐趣。

从屋后门出去，下一个坡，是我们四家的一小块菜地，过了菜地就是崇善后街了，这里有我几个小学同学。还记得有个同学的哥哥，比我们高几届，他做了一个矿石收音机，我去他们家玩，都要听听这个矿石收音机。当时，在我们这些

---

① 乐正友，1947年1月生，湖北武汉人。1970年毕业于清华大学电子工程系。清华大学电子工程系教授。

小孩子眼里，矿石收音机还真是一个稀奇之物。

屋后不远还有三个凼子（即湖塘），不大。有一个凼子被污染了，较脏，水面老有一些白色泡沫物，这个凼子的水有一股异味，水边一般无人。另外两个凼子的水是清亮的，人们常在这里洗衣、洗菜、钓鱼。有一次，我从这个凼子里钓到一条比较大一点的青鱼，我非常高兴，赶紧拿在手里跑回家，放在水缸里养了起来。

我家隔壁的邻居，一家是"陈盛茂"，也是开木行的，房屋结构和我们家相同，他们家也是四兄弟住在一起。陈家旁边有一条通向后街的小巷子，巷子里还有一个很简陋的公共茅厕。另一家邻居姓张，是篾匠，他家边上是一条通向后街的小路，警察局的六分所就在这条小路边上。六分所的旁边是消防队的停车库，里面常停着一辆红色的救火车。听大人们说，六分所的所长很厉害，他手里有把卡宾枪，刚解放时，他隔三岔五地站在六分所门口朝天开枪。不记得是哪一年，六分所从原来的位置后移到鹦鹉小路上去了，而消防队则可能是合并到汉阳剧场那里的消防队去了。

崇善正街只有百余户人家，在这百余户人家中，手艺人居多，有铁匠、木匠、篾匠、裁缝、菜贩，还有杂货店、饭馆、药店、水果店、肉店、包子铺等店铺，一应俱全，生活很方便。离家不远的路边，早上还有菜市。菜市过后，那些卖菜的小贩就会挑着担子，沿街叫卖。

夏天的晚上，沿街叫卖的小贩就更多了。什么豆腐脑、油炸干、杯子糕、绿豆汤等，还有卖洋油、雪花膏、白兰花的。这白兰花可香了，那是一种沁人肺腑的清香。我母亲、堂嫂、堂姐们，都是买白兰花的常客。当年，有些东西是可以赊账的，十天、半月才结一次账。

我的大伯妈是一个开朗、和蔼的人。和我母亲一样，她也没读过书，认不了几个大字，但她喜欢看戏，喜欢谈天说地，知道的故事也很多。天热时，我们坐在后门口乘凉时，她就常常跟我们讲故事。每逢此时，我都听得津津有味。有一出戏叫《葛麻》吧，里面有这样几句台词：

"张大洪。"

"小婿在。"

"狗奴才。"

"岳父大人。"

大伯妈每每讲到这里时都会哈哈大笑，慢慢地，我也明白了这几句台词的精妙之处了。

顺便说一下"崇善"这个街名的来源。原来，这个街名来自鹦鹉洲的慈善机构"崇善堂"。从武汉市档案馆馆藏的《湖北慈善团体联合会清备案》（1931年）中可以看到，当年，在鹦鹉洲有三个民间善堂：崇善堂、乾化堂和潜龙堂，这三个善堂的经费来源，主要来自鹦鹉洲的木行商及其同仁的捐助。

## 二、有学有玩

我不到7岁就上树人小学了，小学6年，我在班上年龄最小，不爱说话，默默无闻。现在回想起来，好像没有读什么书，也好像没有做什么作业，在读书学习方面大概只有两件事还有点印象。

一件事是刚上学不久，父亲教我打算盘，教我打"666"。不知道是什么原因，我很喜欢打这个"666"，一上一，二上二，三下五去二，四退六进一，五还五，六上一去五进一……你看，近七十年了，我还能把这些口诀完整地背下来。由于喜欢，放学回家后，我往往拿起算盘，摆在桌上，一上一，二上二地打了起来。实际上，这也是把打算盘当作一种游戏玩了。要知道，在我们那个年代，是没有什么游戏可玩的。没有多久，我就能一口气打出没有差错的"666"，并一直坚持打了好多年。

另外一件事，是1958年，当时是"大跃进"时期，号召全民学写诗，报刊上也经常发表一些诗文。有一次，我们的语文老师陈老师，布置了一篇自由命题的作文。于是，我找来一份报纸，照猫画虎地写了一首诗。具体内容我不记得了，好像是写我们在汉阳晴川阁参加炼钢劳动的事。没想到，这首诗得到了陈老师的欣赏，他给了很高的评分；也没想到，我班一位同学对陈老师给我的评分不满意，认为自己的作文比我写得好，并跑到教研室去和陈老师理论。于是，在一节语文课上，陈老师让那位同学站了起来，并在全班面前一句一句读了我写的诗，然后说："这首诗我是一个字都改不了。"我当然知道，陈老师这么说，并不是我的诗真的有那么好，而是为了批评那位同学。

要说童年生活中印象最深的，那还是玩，如打陀螺、挎撇撇、滚钢圈、放风筝、打珠子等等。玩这些东西，我都不行。自己扎风筝，放不起来；滚钢圈，一会就倒；挎撇撇，挎半天也挎不翻；打陀螺，也是一会就倒；打珠子，往往也打不到对方的珠子。在我们家大堂屋里玩这些游戏时，我往往很气馁，玩一会就不玩了。

但我喜欢下棋，象棋、军棋，我都喜欢。说起下棋，就想起我的大姑妈。她家住在汉阳南岸嘴，开了一个杂货店。小时候我经常去大姑妈家，一个人从鹦鹉洲走到南岸嘴，有时来劲了，还从龟山上翻过去。

大姑妈曾经告诉我，我二伯父常躲在她家，一有风吹草动他就跑，是坐船跑到武昌还是坐船跑到汉口，她也不知道。反正这个地方两分钟可跑到长江边，三分钟可跑到汉江边。

姑妈家的杂货店里有一张小桌子，经常有人在这里下棋，往往是两个人下棋，旁边有一圈人围着看，我的象棋也就是这样慢慢看会的。

我的第一盘棋，也就是在这个小桌子上开始的。当时有一位顾客想下棋，而店里没有人，于是他让我和他下。我当时没有什么顾虑，也不担心输不输的，就想玩玩，于是就和这位客人下了起来。没想到我的第一盘棋竟然还赢了。当时根本就不知道下棋还有什么棋谱，都是凭着自己的想象和看棋得到的一些知识下的。后来象棋瘾越来越大，但一直没有人和自己玩，于是，我只能在家旁边的巷子口看大人们下棋解馋了。

当时小伙伴中下军旗的多，两湖的和崇善的也常常进行军棋比赛。崇善的有我和何启礼等人，两湖的有胡全福等人。有一次在何启礼家堂屋里比赛军旗，我和胡全福对下，很奇怪，我连输两盘，这在过去是不可能的事。在下第三盘时，我们才发现，原来在我和胡全福下棋时，他们一方有人坐在我身后，暗地里拿出一面镜子，把我的布阵让胡全福看得清清楚楚。知道真相后我们都哈哈大笑，佩服他们的聪明。

小时候喜欢看书，可是当时却没有什么书看。家里没钱，不可能去买书或租书看。于是乎，有时就拿起父亲的戏文书瞎看，有时就到街道办外面的墙上去看报纸。有一次，堂姐带我去国棉一厂，她给我找了一些小人书后就去上班了。看到这么多小人书，我太开心了，从来没有一次能有这么多书看的。于是，我就在宿舍的上铺上看书，津津有味地看着，看着，什么都不知道了，一个上午都没有下床，直到她下班回来，我才下床和她一起去吃饭。

崇善正街上有个小人书店，里面有很多小人书，屋里地面上还有好几条很矮的长条凳，专给小孩坐着看小人书的。每次放学从这个书店门口路过时，心里都很馋，但从未走进去过，因为没钱。

书店附近还有一家水果店，门口经常摆着一些香喷喷的水果，对这些我倒不馋，只馋那书店里的小人书。

我看的第一本小说是《金陵春梦》，那是在小学毕业时，我们去我班同学杜春香家玩，当时她是学校里的三道杠、大队长，家住倒口，哥哥是农村里的大队干部，家里有不少书，当时我就借了一本《金陵春梦》。这本书是一个竖排本，繁体字，字也很小。看完后，我印象最深的是宋美龄。她从南京去西安，和张学良谈判，营救蒋介石，真令人佩服。

我看的第一部电影是《梁山伯与祝英台》，是在两湖小学操场，大伯买了一张票，要五分钱，我就跟着大伯挤了进去。当时刚上小学一二年级吧，电影里"伴读"和"十八相送"的画面，至今都还有点印象。

### 三、抹不掉的印记

虽然，童年的欢乐时光让我记忆犹新，但从大的社会环境来看，我的童年是在一个多事的年代中度过的。1953年我开始上学，1954年发大水，1955年"胡风事件"，1957年"反右"，1958年"大跃进"，1959年修建杨泗港，同时我小学毕业，结束了童年生活。虽然这些历史事件对年幼无知的我没有什么影响，但在自己幼小的心灵中多多少少还是留下了一些印记。

记得1955年"胡风事件"，那时我年龄小，不知道胡风是谁，也不知道什么是"反革命"，只知道有"好人"和"坏人"。于是，在形象认知上，就把"反革命"和"坏人"等同起来了。同样，在1957年"反右"时，我还是这样认知的。然而，这种认知很快就被颠覆了。

那是1957年的一天清早，我刚跨进学校大门，突然看见我们的班主任陈发科老师挑着一担粪桶去厕所掏粪，当时我就蒙住了，这是怎么回事？后来同学告诉我，陈老师被打成"右派"了。听到这个消息，我是怎么也不明白，我们的陈老师整天脸上都挂着笑容，对我们学生也非常好，他怎么会是"坏人"呢？无论怎样，我也无法把陈老师和"坏人"联系起来。陈老师被打成"右派"后，时常有学生跟在他身后唱着"右派陈发科你睁开眼，两条道路由你选……"，这件事在我心中留下了极深的印象。

此外，也是在1957年，我们学校来了一个新校长李青，在一次全校大会时，新来的校长对我们讲话。李校长站在学校大殿的台阶上，我们都站在操场上。从外表上看，新来的李校长很精干。后来听说，李校长原来在长沙市委宣传部工作，后因"右倾"错误才被调到两湖小学。

1958年"大跃进"，街上时不时有宣传队来演出，敲锣打鼓，表演节目，"一天等于二十年""十五年赶超英国"等新口号层出不穷。我曾经去吃过一次双蒸饭，不好吃，以后就没再去了。大办钢铁时，我们到晴川阁劳动，劳动强度不大，有时也没什么事干。有一次，我跟着几个同学一起跑到汉阳剧场附近去玩，这事不知道怎么让当时的班主任张扬老师知道了。于是，她把我们一个一个地叫到教师办公室教育，批评得我都流泪了。这是我读书期间唯一一次因违纪而受到批评，记忆尤深。

1959 年，建港开始拆迁时，在洲头江边一个堆放木材的大空地上，唱了三天三夜的大戏。我们家是第一批被拆迁的，当时，我们只觉得好玩，好热闹，全然不知"建港"对我们生活会有什么样的影响。

回过头看，"杨泗港"从 1961 年开港，至今已有 60 多年了。60 多年来，原来的"杨泗港"也经历了多次变化和调整，从运输煤炭、运输大件到运集装箱等。然而，这个港口一直没有发挥它每次设计、每次调整时的作用。2018 年，武汉港进行"资源优化调整"，货运码头将退出武汉两江四岸核心区。这也就是说，原来大规模拆迁、打造的"杨泗港"实际上已经退出了历史舞台。而鹦鹉洲这块古朴、富饶而又美丽的古镇，正在被房地产开发商们改造成大片的高楼大厦。

鹦鹉洲，一个流传了千年的鹦鹉洲，就这样从我们这一辈人的眼中消失了，只剩下难忘的记忆，年复一年，在我的心湖里回荡着"春江花月夜"般美丽的韵律。

真可惜啊，我童年的鹦鹉洲！

# 东鳞西爪忆两湖

沈继成 [①]

我要说的两湖不是现在的两湖，严格地说，现在的两湖已经离我们越来越远，甚至几乎不存在了。但它作为一种历史记忆，一种承载，却永远留在我们两湖人的心中。

## 一、两湖后街二十七号

直到六七十年前，古老的鹦鹉洲在苍凉中还保留着几分质朴而雅致的容颜，那条上街荒五里，下连腰路堤，上铺青石、麻石，沿着长江弯弯曲曲、绵延十里的亦街亦堤的长街依然是鹦鹉洲上的"主干道"。但是这条主干道并无一个统一的街名，而是分成"崇善""两湖""西湖""瓜堤""杨泗""腰路""潜龙""洲尾"等几段。我的家和我小时的玩伴、同学就住在位于洲头的两湖后街。"两湖"的得名，我从小就以为是因为这里居住着很多本土湖北人和同样多的湖南人。我相信大多数两湖人也是同样的看法，据说并非如此，而是鹦鹉洲上"五府十八帮"的湖南人，有来自洞庭湖以东的湘江、资水流域的"东湖"人和来自洞庭湖以西的沅江、澧水流域的"西湖"人，因此，将这些湖南人集中聚集的地段叫"两湖"，然后才派生出两湖会馆、两湖小学（原名"树人小学"）。这多少有些令人失望，我是宁愿相信"两湖"这个名称是为生活在这里的几代湖北人、湖南人而起的。

两湖的街道又分正街、河街、后街和后地。正街有木材行、杂货店、小吃摊、菜摊、药店、茶馆、理发店、小学校、娃娃书摊。那时的两湖正街虽无高楼大厦，更无"车如流水马如龙"的豪迈，但这里商铺众多，市面繁荣，人们熙来攘往，呼来唤去，说它是整个鹦鹉洲最为热闹的地段并不过分。大多数做生意的、开木材行的殷实人家都居住在这里。河街一边靠近长江，一边紧挨正街，地方逼仄，纵深有限，房屋多用竹木搭建，十分简陋。有些迟来者，找不好立基之地，只好就在河岸边坡上打桩盖屋，简易的房屋全靠下面粗大的竹木支撑，类似我们现在在湘西、鄂西见到的吊脚楼。从湖南"湘资沅澧"放排而至的湖南老乡聚集于此，那时两湖地段与洲上其他地段一样，湖南人特别多，走到哪里都是湖南人，听到

---

[①] 沈继成，1944 年 12 月生，湖北武汉人。1967 年毕业于湖北大学（现中南财经政法大学）；1981 年研究生毕业于华中师范学院（现华中师范大学），历史学硕士。华中师范大学学报编辑部编审。

的都是我们半懂不懂的湖南各地方言。我读的树人小学是湖南人士创办的，同学中差不多有一半湖南人，还记得姓名的有周月英、莫国珍、莫兰英、张冬生、高彼得。周月英比我们大两三岁，是我们的班长。老师中的湖南人有班主任刘玉霞、算术老师莫晖、体育老师蒯舜岚、音乐老师黄克成。黄老师的音乐课教什么歌，我已记不清了，只记得他在课堂上给我们讲《基督山伯爵》，讲得十分精彩生动，我们一个个听得津津有味，简直不想唱歌，只想听故事。我至今都想不明白，体育课因下雨下雪，不能在室外上，老师只好在室内讲故事给学生听，这是常有的事。为什么音乐课也变成"故事会"呢，校长怎么不管？可见，当时学校管理并不规范，或者说管理宽松。拿到现在说，无法想象，音乐课讲故事，那还了得！

后街其实并没有一条"街"，木板草屋居多，分布零乱，住户大多数是在码头上做苦力的"脚班工人"。至于后地，那是农人的花生地、西瓜地、芝麻地、菜园和麦田，沟渠纵横，堰塘遍布，荒地荒坡则是我们一帮男孩摔跤、打仗、放牛、玩耍的乐园。

我家住在两湖后街，门牌是二十七号。那是一栋三开间的木板屋，屋上盖的是茅草，进门是堂屋，堂屋正中间靠墙处摆放长条香案，上面供奉香炉和祖宗牌位，香案下有一大方桌，大方桌两旁有小方桌，小方桌可以坐，也可以当饭桌。堂屋两边各有两个房，堂屋后面是厨房。老房子早就不在了，但二十七号这个门牌我一直都牢记心中，这是我的根。门牌号是我很小的时候，祖母一遍一遍教给我的。她不仅要我记住门牌，还要我记住我是"甲申"年生的，属"猴"，爸爸叫什么，妈妈叫什么，可谓无微不至。为什么教我这些呢？因为中华人民共和国成立之初，鹦鹉洲到处流传"麻胡子"捉小孩的谣言，搞得人心惶惶，家长们生怕自己的儿女被"麻胡子"捉走了。所谓"麻胡子"大概就是现在拐卖儿童的歹徒，祖母担心的就是这个。我们家与别人家并无二致，要说有所不同，就是我们屋后的坡地上种有十几棵柳树。那块坡地，甚至周围十几户人家的屋基地都是属于我们家的。我至今都弄不明白，我们家一不种地，二不盖房，祖上置那么多地产做什么？幸好中华人民共和国成立初期划成分时，政府没有将这地当回事，父亲还是荣登"工人榜"，给我们留下了一个好"成分"。

## 二、挖野菜与钓鱼

回忆两湖往事，第一件就是挖野菜。在那个时代，两湖人可说是得天独厚，因为在两湖后地农人的庄稼地周围，有大片大片坑坑洼洼的荒坡荒地，上面长满了杂草，也有不少可以食用的野菜，比如马齿苋、木心菜、野小蒜、地米菜、藜蒿等。藜蒿属草科，为湖北独有的一种形状似艾蒿的植物，在家存放数日，待其叶子脱落，其茎肥嫩，用来凉拌，香脆可口，蛮有味的。藜蒿、地米菜、马齿苋那只是"小菜一碟"，至于"荤菜"我们也可以搞到一些，那就是打鱼摸虾。那时长江里不仅鱼很多，就是现在难见尊容的保护动物江猪子（即江豚），我们在江边玩水、挑水时也经常看到，习以为常。在长江捕鱼，大人都是用扳罾。所谓扳罾就是用竹竿做支架的正方形渔网，一根大竹竿绑在渔网的支架上，另外有一根绳子将渔网扯上放下。渔网上固定好一些鱼喜欢吃的诱饵，一般过十几分钟就将渔网慢慢提出水面，鱼就成了你的网中之物了。还有一种罾，我们叫"赶罾"。赶罾由两部分组成，一个叫罾子，用两根竹竿弯成圆弧交叉支起一个长方形网，网眼有疏有密，底部和三方都有网兜着，正面敞开；一个叫赶棍，是几根竹棍绑成的三角形。赶鱼时，一手拿罾子，罾子贴着水底，一手拿赶棍在水中驱动，把鱼赶进罾子里。"扳罾""赶罾"都是大人，至少是"大小孩"的渔具，我们用不了。我们用的是排钩。所谓排钩就是用一根大致如同扁担那样长的厚竹条，每隔一小段就系上一根带鱼钩的钓绳，鱼钩上挂好曲蟮、小虾之类的诱饵。竹条中间还要系上一根粗些的绳索，绑好石块等重物，将排钩放入水中。因为这种钓法不是一线一钩，而是一排大约六个或八个钓钩，钓钩要为双数，是为了保持平衡，所以我们叫它排钩。在水边水太浅，当然是无法放排钩的，必须到水深的地方去，所以我们就相约到竹木排上去放排钩。那时的鹦鹉洲江边有一眼望不到头的竹木排，一个挨一个，我们就在竹木排的空隙处将排钩沉下水，过十来分钟，顶多半个小时就将排钩拉出水，看有无收获。上钩的多半是黄鳝鱼、鲇鱼，有时有三五条，有时因我们性子急，时间太短就拉钩，竟然一条也没有。别的地方有没有放排钩这种钓鱼法，我不敢说，但放排钩得有木排横卧江中，这种条件除鹦鹉洲外，在别处恐怕很难有了。

除了放排钩，我们也到塘堰（鹦鹉洲人称为"凼子"）去钓鱼。那时我们两湖后街、后地一带凼子很多，大小深浅不一，但是各有其主。深水凼子多有鱼，各色鱼都有，草鱼、青鱼、鲤鱼、喜头鱼居多。此外还有一种细长的小鱼，我们称它"参子鱼"，这种鱼喜欢成群地浮在水面上觅食，因为钓这种鱼易于得手，我们有事无事就用一根几尺长的毛竹竿，系上马尾鬃，穿上钓钩和诱饵就去"刷参子"。凼子的鱼是自然生长繁殖的，没见过有人抛洒鱼苗，所以凼子主人对几个人钓鱼并不在意，偶尔管一下也是虚张声势，做做样子而已。我小时候也喜欢钓鱼，记得有一年我也正儿八经地坐在陈三梅家的凼子边钓鱼，钓鱼竿很粗，大概是用家里晒衣服的竹竿做的。我目不转睛地盯着我的鱼漂，突然鱼漂动了，而且一个劲往下沉，我手上也有了被拖拉的感觉。有鱼上钩了！我学着大人那样将鱼线慢慢往凼子边拖，鱼出水了，我发现竟然是条大家伙。我哪里见过这种场面，手忙脚乱，不知道怎么办。幸好在大人的帮助下，我才按住这条足足有三四斤重的鲩鱼。我赶忙将鱼抱回家，家里人见我脸色苍白，满头大汗，不知道发生了什么事，仔细一看，发现我手里抱着一条鱼，一家人喜欢得不得了，赶忙将鱼放进水缸里，鱼大了，尾巴都翘在外面。因为碰巧，这天我父亲要出远门，正好为父亲饯行哩！

### 三、燕青其人其事

在我小时候认识的人中，有一个颇为特别的人物："师傅"燕青。燕青的大名叫常时明，他称得上两湖一带的传奇人物。他比我至少要大三四岁，胆子特别大，经常做些"不守规矩"的事。举个例子说，后地的西瓜成熟了，农人去地里摘瓜，我们一些小孩就跟着捡他们不要的小西瓜。因为瓜田坑坑洼洼的，个别瓜藏在枝蔓下面，不易被农人发现，运气好的小伙伴就可以将它收入自己的篮筐，这很正常。不正常的是，燕青既看不上那些半生半熟的小西瓜，又不耐烦等"捡漏"，他往往趁农人忙着摘西瓜去了，迅速从农人篮筐中抱起一个大西瓜藏起来，等农人走远了，他就抱起大西瓜回家。我们生怕他被农人发现了，他却从容得很，毫无惧色。他的这种"胆量"我们无人敢学。

我们小时候，鹦鹉洲流行玩蛐蛐，斗蛐蛐。斗蛐蛐自古就风靡全国，上至达官贵人，下至市井百姓，千百年来好之者甚多。鹦鹉洲沟渠多，塘堰多，坟地多，荒地荒坡上杂草丛生，一到夏天不管是正街、河街、后街还是后地，到处都是蛐蛐的鸣叫声，真是"听取蛐声一片"。我们一帮男孩子都喜欢玩蛐蛐，这是小孩最快乐的事，大人也玩。只要捉到了好蛐蛐，就在空地上摆起擂台叫阵，围观的大人小孩很多，常常是围得密不透风。对阵双方将自己的蛐蛐放进斗盆，一中间人用细细的捻子将两个蛐蛐捻到一处，两个蛐蛐如同仇人相见，分外眼红，几声响亮的叫声一过就开始撕咬缠斗起来，厉害的一方可以将对方摔倒，四脚朝天，几个回合过后，败者就想退出逃命，沿着盆子跑，胜者一阵追逐过后就开始振翅高歌，昂然四顾，神气十足。斗蛐蛐也赌输赢。据说汉阳城里有个叫萧海的高手，曾在文化宫摆斗蛐蛐擂台，无人能敌，赢了不少真金白银。我们斗蛐蛐输赢只是小事一桩，通常是赢家可以得到对方的一个蛐蛐盆。我们家起先有几十个大小不一、品相不同的蛐蛐盆，后来越来越少，我已记不清这是怎么回事，我想可能被我输掉了。燕青经常带我去捉蛐蛐。因为捉蛐蛐要扒开杂草，扒开破砖烂瓦，所以我们将捉蛐蛐叫"扒蛐蛐"。我们白天就到后地的田头地角、杂草坟头去找，晚上就像侦探一样到处转悠，捕捉蛐蛐的叫声，也不是一听到蛐蛐叫就急着去捉，而是要听声音是否洪亮。那些叫起来细声细气的蛐蛐，我们根本就不会理会。有时叫声是从某人家厨房传出的，燕青就打着手电筒蹑手蹑脚地从后门溜进屋，搬动水缸、锅、盆之类的厨房用具，拆掉灶台的几块砖也是有的，看见了来不及逃窜的蛐蛐，就用竹条做成的罩子罩住它，顺手带上门，悄悄地捧着到手的宝贝退出来。等第二天天亮，主人发现有人翻动了厨房的东西，知道有小孩夜间扒蛐蛐光顾了他们家，免不了在大门外骂上几句，主要是对光顾者发出警告，表示下不为例；当然也会记得，晚上要关好门。

为什么燕青居然能溜进别人家厨房呢？这与武汉夏天太热有关。就是因为热，酷暑难耐，一到傍晚，武汉人家家户户就将竹床搬到屋外，在地面上浇上水，驱散热气，竹床一个挨一个，俗称"竹床阵"。不怕费力的，或是竹床没有那么多的，也用长条凳搁上门板搭成简易床。加上那时治安良好，家里又无多少值钱的东西，所以几乎都是敞开门过夜，真是做到了"路不拾遗，夜不闭户"。但是，"夜闯民宅"这样的事，我们一般小孩是万万不敢的，只有燕青敢做，他真是艺高人胆大，天不怕，地不怕。后来燕青初中毕业了，上了硚口的一所技校。他父母很高兴，给他置办了一些衣物，送他出门。可是并没有熬到毕业，他在一个夏天，穿着一条短裤，一件破背心回来了，离家时的行李都没了。他的父母气得不行，也无可奈何。他回来后就到处打工，防汛就挑土筑堤，修铁路就推车拉沙石，一天一元二角八分钱，足够自食其力。二十世纪六十年代初，鹦鹉洲陆续开办了一些小工厂，他就近进了汉阳钢丝绳厂，当了一名工人。"文化大革命"期间，他参加了"造反派"，后来受到批判，郁郁寡欢，不久病故，结束了短暂曲折的一生。

## 四、周约、吴桥和黄桂清

一九五四年召开第一次全国人民代表大会，在这之前要先开基层人民代表大会，就这样，周约、吴桥、黄桂清当上了洲头街的人民代表候选人，登上了政治舞台。这三个名字为什么我记得这么清楚？因为中华人民共和国成立初期整个鹦鹉洲文盲甚多，加上那时人们对政治不太关心，政府担心选民记不住候选人的名字，就加大了宣传力度，让"周约、吴桥、黄桂清"三个名字，做到家喻户晓，人人记得住，于是这三个名字成了当时的"热词"，大人天天念，连我们小孩都听熟了，记住了。吴桥是谁，我不知道。周约其人，我总猜想就是我们树人小学的体育老师周游。"约""游"读音相近，老百姓搞不清楚，将"周游"念成了

"周约"。那时在鹦鹉洲除了小学老师，能称得上"知识分子"的人不是很多。周游老师又能说会道，他完全有资格成为候选人。三位候选人中能按下"确认键"的只有黄桂清。黄桂清住两湖正街中心位置，那时他父母亲年纪都很大了，开一家杂货店，卖米、油、盐、酱油、醋、芝麻酱等调料，以及水果、糖果、糕点，什么都卖。在公私合营成立两湖商店之前，黄家杂货店在几个杂货店中铺面最大，货品最全。那时一般商店都兴赊账，我就常常被母亲派去"打酱油"，或者买几块腐乳、一小碗芝麻酱。黄家卖一种饼干，长方形，比一张扑克牌稍小，它不是论斤论两，而是一分钱一块，原汁原味，无添加，很好吃。黄桂清家在两湖一带算得上富户，他又是独子，应该是很享福的。可惜天公不作美，他偏偏是个驼背，人们在背地里都叫他"黄驼子"。他念过书，人很精明，看人时，两只眼睛鼓得很大，令人发怵。候选人为什么会有这么个驼子？我猜想他是作为工商界代表入选的，况且他又有文化。二十世纪五十年代初我们鹦鹉洲有文化的人太少。黄桂清符合这两个条件，被推荐为候选人可谓顺理成章。黄桂清到底当上人民代表没有呢？已经很难弄清楚了，但他会钓鱼倒是千真万确。大概是身有残疾，精神上受到打击很大，所以他的性子被磨平了，坐得住。所以总见他手持一根钓鱼竿坐在凼子边钓鱼，气定神闲，一坐就是大半天，收获也不小。他旁边的钓友看见他一钓一条，都很眼红，可是鱼儿偏偏不咬你的钩，你奈鱼何！

本来黄桂清的小日子可以就这样风平浪静过下去，不算好，也不算坏。谁料到"福无双至，祸不单行"，一场突如其来的大火将正街靠江边的一大片房子烧得精光，黄家杂货店位于正街中央，当然无法幸免。那时鹦鹉洲大多数房子都是板壁屋，而且有的像我们家一样，屋顶盖的是茅草，所以一烧起来顿时火光冲天，竹木烧得噼噼啪啪作响，像炸弹爆炸，像千军万马奔过来，十分可怕。五十年代鹦鹉洲经常失火，所以街道政府弄了一个木牌，轮流挂在每户人家的门上，傍晚时分，该户人家的大人或小孩要拿着木牌去检查每家每户的水缸，看是否装满了可以用来灭火的水。在我的记忆中，两湖正街的这场大火是离我们家最近的一次火灾，火场离我们家不过一二百米。但中间隔了一条街，又隔了一片空地，大火很难烧到我们这边来。不过，我们怕的是起风，火借风势，将那些火星吹过来，落在茅草顶上，火星将茅草点燃，那就不得了了！隔壁左右街坊的叔叔伯伯都提水上屋，以防万一。父亲赶忙搬来一个木梯，爬上去，接过水桶，朝屋顶茅草泼水，我们也慌忙将一些物件往空地搬。我两手提起米缸往外跑，缸加上米可不轻啦，也不知哪来的力气，竟然将它提了出来。比我小两岁的妹妹也来回奔跑，抢救杂物。等大火熄灭了，我想将米缸搬进屋，用尽了力气，却怎么也搬不动了。

火灾对于那些遭灾户的打击是无比沉重的，甚至是致命的。可我们一帮小孩还是兴致匆匆去火场捡破铜烂铁。那时很多人家都有铜锅、铜盆、铜壶之类的铜器，这些东西被大火一烧都化了，成了一坨一坨的废铜。我们在瓦砾中扒来扒去，希望能找到铜坨，如果有人运气好，扒到了一块铜坨，那就是很高兴的事了。我们捡铜坨做什么呢？就是等走街串巷的小贩到来，从他们手上换取金边扑克牌。对于黄家来说，这场突如其来的大火带来的打击实在是太大了。黄桂清是残疾人，他父母年纪又大，无法像别人那样多次进出火场抢东西，他们只能泪眼汪汪地看着大火张开血盆大口吞噬着他们一辈子苦心经营的杂货店。黄家店子的女主人我喊她"四婆婆"，与一般老太婆相比，她显得很精明干练，毕竟是生意人嘛。不过，她待人很和气。我老去赊东西，与他们家混得很熟。他们家被火烧了，我心里很不舒服。

人们常说"水火无情"，大火的无情我是见到了。至于说水灾，我小小年纪就亲身经历了两次，一次是一九四九年，武汉发洪水，我们后街地势低，很多人家里都进了水。因为水不深，大部分人家都宁愿泡在水里，也不搬迁，他们用竹木搭成跳板，靠跳板与外界联系。有一次我走跳板，一不小心掉下去了，我拼命挣扎，在水中两眼冒金星，看见到处一片红色，这情景，我至今都记得。幸亏当时有很多叔叔在我家门口玩，荒生叔叔三步并两步跑过来跳入水中，将我捞起。我只是呛了几口水，并无大碍。另一次水灾是在一九五四年，我不到十岁。那年的水特别大。开始我们是不慌不忙到江边看水的涨势，后来水涨上来了，大家才慌了，大人们被动员起来用草包、用土在正街沿着那条青石、麻石路筑堤，有人打着铜锣，提醒街坊们做好逃荒的准备。父母亲用绳子将桌子板凳等家具串起，门窗打开，以减缓洪水涌来的冲击力，一家人都非常紧张。江堤最终没有挡住洪水，堤垮了，房屋进水了，我们一家逃到拦江堤舅母的亲戚家安身。后来汉阳西大街玄妙观设立了灾民安置点，我们又从拦江堤搬到玄妙观。淹水期间，母亲带我坐小划子几次回家查看房子是不是被冲毁，一些家具是不是还在。沿途看见水面上漂着一些桌椅、木箱、烂门板、破衣物，树上缠绕着长蛇，爬上爬下。尽管过去了六十多年，那无比凄凉的景象至今犹历历在目，令人不堪回首，真是"水火无情"呀！

几十年过去了，鹦鹉洲已经失去了它"芳草萋萋"的美丽容颜，两湖的街道和房屋，甚至"两湖"这两个字也消失在历史的云雾里。但鹦鹉洲、两湖却永远藏在它儿女们的心中。我在这里写了几段儿时的所见所闻和亲身经历，想通过这些里巷琐事、市井百态，反映二十世纪五十年代鹦鹉洲上的真切生活，表达我这片四处飘散的绿叶对"根"的无限眷念。

# 永远的西湖正街

彭奇玉 [①]

鹦鹉洲上的西湖正街是一条长约五百米，宽三四米的麻条石街，下从瓜堤开始，上到两湖正街为止，东临长江，西连西湖后街。在这一条街道上，有清末民初时的深宅大院、徽派式样的粉墙黛瓦民居、汉派风格的砖瓦洋房、湖南宝庆（今湖南邵阳）的杉树皮房顶、洞庭湖平原的木板屋、汉川汈汊湖的窝棚、湖南西部边陲地区的吊脚楼，简直就是一个建筑的博物馆！每幢建筑背后都有着它自己的故事。

西湖正街 13 号是我家，它是一栋两开间木结构房屋，梁柱是杉木的，杉树皮屋顶，正立面是杉板，隔断和外墙是竹篾搭成骨架、黄泥加稻草掺和在一起做成的，既不挡风又不御寒，冬天北风嗖嗖地直往屋里钻。

冬天我家有一个木制的火箱，用一个废旧的搪瓷脸盆装着锯末屑（点燃后它继续焖烧，没有明火，缓缓燃着发热）放在箱子最底层，中间衬以木格栅，我和弟妹都坐在四周的箱沿板上，再在腿上盖一件旧棉衣取暖。我们玩拍手游戏，"你拍一，我拍一，我是真的喜欢你……你拍十，我拍十，我是一个好孩子"。我给弟妹讲"山里有个庙……"的故事等。我们姐妹最喜欢玩的手指游戏——翻叉，双手捏着线绳向上、向下、向外或向内翻，可以翻出五角星、双五角星、摇篮、长方形盒子等十来种花样。尽管屋外风雪交加，但我们兄妹玩得其乐融融。

父亲彭华安是鹦鹉洲上的放排工人，在我们家的大门背后存放着：麻绳、扁担、钉钩、油衣、油裤、斗笠、草鞋等。每天清晨他头戴斗笠，跂着草鞋，身穿布衫，手持钉钩，昂首挺胸地迈出家门。爸爸年轻力壮、身体魁梧、忠厚老实、脑子活络，有家木行的老板宁可委屈他们家的亲戚，也要点名我爸爸做领班。爸爸的嗓音洪亮，号子喊得好，能很好地引导工友干活，所以工友们拥戴这个小头头。

有时候爸爸也送排到黄石、镇江、南京等地，来去一个月左右。这些日子我们全家天天看天气，大人们在心中祈祷天气晴好，江中无风浪，确保平安。我们则盼望爸爸早日归来，好分享他给我们带回的黄石港饼等特产和牙刷牙膏等稀奇宝贝。每次送排回来之后，他有了收入就会带我到辰帮会馆旁的陈氏小吃店，痛

---

① 彭奇玉（女），1945 年 11 月生，湖北武汉人。1968 年毕业于清华大学水利工程系。中信建筑设计研究总院教授级高级工程师。

痛快快地吃上一碗烧腊面，还有非常松软的花卷、油条之类的零食。

最让我记忆犹新的是 1951 年报名上学的趣事：那天我戴上新帽子，穿上带毛领的花格呢子大衣和红皮鞋，高高兴兴地去树人小学报名，哪知老师说我年龄小，不够报名条件。我回家大哭了一场，姐姐给我出了个主意，让我不戴帽子扎个小辫，脱掉大衣再去！哎，这次果真报上名了！真是"脱了马甲就不认得了"。

1948 年爸爸让哥哥彭奇稳学习做围量手。哥哥天资聪颖，继承了爸妈心算好的基因，脑筋灵活，记忆力好，他在一边围量时，一边喊码，同时就能报出心算结果，深受师傅的喜爱和重用，一时成为围量手的主力军。我经常偷偷地把玩哥哥的篾尺，它是春竹经过篾匠精细的工艺（砍、剖、拉、削、磨）后制成的五毫米粗细的青篾丝，上面有刻度，刷了油漆后，非常柔韧又极富弹性，如同现在使用的钢卷尺一样，可以收成圆环状卷起来，弹性十足。中华人民共和国成立后他参加武汉的码头改革，了解工人生活的疾苦，善于处理搬运工人的人事纠纷，在消除行帮思想等方面做了大量的工作，于 1951 年光荣地加入了中国共产党。在"三反五反"运动中工作积极，被评为先进模范，获得了一套《毛泽东选集》。他深受领导重视，后被提拔到武汉市交通局工作。20 世纪 70 年代，他先后在武汉市委政策研究室和市纪律检查委员会等处室工作，最后从武汉市物资局纪委书记任上退休。

中华人民共和国成立初期我国肺结核疾病流行，爸妈对哥哥倍加关怀，只要他有点发烧咳嗽就疑是肺结核病，用大蒜头烧肉给他吃，以杀死病菌增加营养。八岁的我每天下午放学后就给哥哥送饭，提着饭盒从西湖经过瓜堤长街、杨泗正街、腰路正街，直到潜龙正街的搬运站，等他吃完后再提着饭盒回家。

记得在 1953 年春夏之交的某一天，我如同往常一样，放学后提着饭盒到搬运公司送饭。搬运公司是一个二层小洋房，灰褐色的墙面，红色的地板，前面有一个院子，进院子后，经过门厅上几步台阶到达一楼，左手的第一间房就是他的办公室。那天天气闷热难忍，我到了办公室，他便将开水瓶里的水倒进老式的洗脸盆里，稍后，给我拧了一条热毛巾擦汗，吃完饭后看见天色渐晚，快要下雨了，他递给我一把油纸伞，催我赶紧回家。

我一出大门天就黑了，云越来越厚，一时间天昏地暗，雨就噼噼啪啪地下了起来。走到瓜堤正街时，雨越下越大，我一个劲地往前冲。雨就像瓢泼的一样，看那空中的雨真像一面大瀑布，地上的热气跟雨水掺和起来，又凉又热，令人窒息。一会儿整个天空仿佛在爆炸，电光闪闪、雷声隆隆、狂风卷着雨丝，像无数条鞭子狠命地往我身上抽。到了瓜堤的土路上，雨更大了，地面泥泞，油纸伞被风鼓动得仿佛要带我飞向空中，我使劲把住它，但我还是被伞拽着向前跑……

看着茫茫的回家路，脑海里突然闪现万家湖的传说：汉阳汤山的绿水潭里卧有一条青龙，某年六月六日，乌云密布、电闪雷鸣，一条五爪青龙腾空而起，龙尾一甩，"轰"的一声巨响，地面沉下去了，变成汪洋一片，上万人家淹没在水底，形成了"万家湖"。今天，这龙王爷是不是又发怒了，要将鹦鹉洲也变成湖泊吗？望着堤下的湖塘和天上的乌云，我非常恐惧，吓得直打哆嗦。风呼呼地刮，雨哗哗地下着，堤上连一个人影也没有，冰雹将我的纸伞打出个个洞孔，随后雨伞也被刮走了，我全身湿透拼命地继续在瓜堤上狂奔……

这时突然看到左前方刘焕卿的杂货铺里发出来一点点光亮，似乎有人招呼我进去，我遇到救星了！我不顾一切冲了进去，刘老板热心地接收我在他家避雷躲雨，老板娘帮我擦干身上的汗和水。大约半小时后雨停了，我才继续上堤回到温暖的家。第二天天亮了一看，西湖正街一片凄凉：棚子倒了，屋顶没了，木柱歪了，窝棚掀了，树木被连根拔起，菜地一片汪洋，原本多姿多彩的街道变得白茫茫、空荡荡……

西湖正街 14 号的吊脚楼（见图 2-6）是罗之敬的家，他家面对西湖正街，背靠长江，是一栋三间、五柱二骑、杉树皮屋顶、四壁用杉木板围护的吊脚楼。正屋建在实地上，与街面持平，顺着河岸的坡度有几级台阶，厢房悬空，靠木柱支撑，木板铺地，有卧室、堂屋、厨房等，堂屋开有窗户，通风向阳，是一家人活动的场所。

罗家与我家门对门，中间隔着麻石板路。罗家之子罗家义与我同在树人小学读书。放学后我们在一起作业，一起游戏。记得在寒冬腊月时节，毛毛雨飘洒在街中心条石上，冻结成一层薄冰——"油光凌"，我们套上大人的"木屐"在两家之间来回穿行，寻找那种左摇右摆，前俯后仰的刺激，也许这就是我们的街舞吧！

图 2-6　吊脚楼

在上三年级时因为学制调整，他升了半级。他从武汉三中高中毕业后上了公安学校，后来在公安系统工作到退休。

我们经常在罗家临江的堂屋楼板上玩耍，这算得上是典型的江景房。在楼板上朝东看对岸武昌，只见长江中百舸争流。各种帆船在江上游弋，不管江风的大小和方向，船夫都会将船帆扯起，灵活地旋转船帆的方向，借助风力在江中乘风破浪。我们还可以看到过江的小划子停泊在岸边，人们担起沉甸甸的箩筐，踏过木跳板上船。船夫们用竹篙撑离岸边，接着用力划桨，一般从两湖上船到武昌的平湖门起坡，需要一个多小时。

图 2-7　眺望长江

　　在楼板上朝北面看长江下游，沿着江边的滩地上，有几个捕鱼捉虾的窝棚（即用几根木棒支起一个三角形，用茅草树皮盖作为围护）里住着用扳罾捕鱼的渔翁。一人看管两三个罾，只要罾内有动静，渔翁立即过去，用辘轳将绳缆一把一把地摇起，罾一出水面，水花四溅，罾内有时是一条，有时是几条活蹦乱跳的鱼，他赶紧用网兜将鱼捞起，放在旁边的竹篓里。我们分别吵闹着要大人把鱼买回家，开膛破肚，下锅烹饪。今天在你家吃，明天在我家吃，我们小孩天天都尝鲜。在罾里还有小虾，这是真正的河虾，在河边我们当场就将虾米挤出来生吃，味道真鲜啊！

　　在楼板上朝南面可以看到两湖河街及江边的忙碌景象。杨泗庙码头红砂石的台阶上，人群来来往往、川流不息，有担木桶挑水的、有提篮洗菜的、有到河里洗衣服的、有捡柴火的，更多的是码头工人，四人一组共同抬一根粗大的木头，一边走，一边吆喝，号子震天响。年复一年，红砂石的台阶四周磨圆了，中间留下了深深的脚印……

　　在靠江的水边停放着首尾相接的木排，岸边上堆放着一堆堆木料，忙忙碌碌的工人在拆排、搬运、丈量、打码、分类、组排。每逢枯水季节，杨泗庙附近偶尔也露出沙砾滩地，这里变成了儿童的乐园。我曾经赤脚走在沙滩上，在沙中淘宝：生锈的铜钱、花色的鹅卵石、绿色的玛瑙石，我们将这些红红绿绿的宝贝，在水中冲洗干净，回家串成手镯戴。真不知道这里为什么会有这些玩意，是人们在杨泗庙拜谒时留下的，还是长江上游冲刷下来的？

鹦鹉洲系沙土淤积而成，岸边十分松软，又没有保护措施。每年春夏汛期，狂风掀起的巨浪以其强大的力量拍击着河岸，十分的惊险。我曾亲眼看到罗家的吊脚楼在长江的大浪冲击下，房屋地基土一片片地崩塌入江中，不一会儿的工夫，我们经常玩耍的楼板悬空了，柱子失去了支撑，不久房屋后半部分全部坍塌了。

西湖正街 15 号是汉派风格的砖瓦房屋，它是刘艳兰父亲开的刘盛发杂货铺，这是一个两开间四进深的砖瓦房。进门的通道直达后门，左面是营业用房，包括铺面、仓库、厨房等，右面依次是老人房、主人房、姐姐房、儿童房。刘家门口有一个凉棚，摆放瓜果、蔬菜之类的物品，屋内的柜面上摆放着糖果点心、土产调料、大米面条、茶叶烟草等，在柜台的一侧摆着酒坛、油罐，上面挂着一排用竹筒制成的大小不一的量具，可打一斤、半斤、二两、一两的酒和酱油。后门还有一个小院子，种植着三七、天麻、金银花等药草。漂亮的鸡冠花是小姑娘的最爱，我们将它摘下插在盛有水的旧酒瓶里，观赏几天。还有指甲花，我和刘艳兰将它摘下后放在一个小酒杯里，加上家里的白明矾，用筷子捣碎，看见红色的液体出来后，取出花瓣放在大拇指、无名指和小指的指甲壳上，用旧布条包住，再用线扎起来，睡觉到第二天早晨，取下包装，果然指甲变红了，我们高兴极了；上街与其他几个女孩互相比，看谁包得好，谁染得红。我们岂止染红了指甲，连指头都是红的，与现在的指甲油相比，虽不耐久也不精细，但是绿色环保呀！

我与刘艳兰从小学到高中，是十分要好的"闺蜜"。女孩子小时候要在耳垂上扎个洞，放入茶叶梗，留待大了便可以穿耳环。不知是什么原因，一般都是穿两个耳环，而我俩各自穿了一只耳环，我穿右耳，她穿左耳，好像是一对。直到如今我还是保持着一个耳洞，可是另一只则永远戴不上了，摸到我的耳垂就想起幼年的玩伴。

西湖正街 21 号的深宅大院是陈国安木行。临街白色的砖围墙内，偌大一个院子，供堆放煤球和晒煤球用。穿过院子进入大门，一栋民国时代的江南民居映入眼帘，砖墙、木构架、布瓦、平房。三开间，正中的为客厅，左右有厢房，中间有个长方形的天井，青砖铺地，天井内有盆景、绿色植物、水缸。

陈国安是个胖胖的大肚汉，特别像弥勒佛。他在中华人民共和国成立之前做木材生意，之后便开办炭圆铺，利用房前的场地做煤球。他兄弟将煤炭粉加上黄泥用水搅和，先用脚踩，再铺在地上用铁锹分成小方块，装在一个很大的竹簸箕里，下面用木墩支撑着，将簸箕摇来摇去，小小的方块煤一下子摇成了小圆球。他家有五朵金花，三女陈幼华与我同班，她有着白皙的皮肤，大大的眼睛，乌黑的小辫子，穿着连衣裙、黑皮鞋，非常漂亮可爱，应该算得上是树人小学的校花。放学后她约我们到她家天井廊道的木凳上办酒酒，拿出来的玩具——小锅碗瓢勺，全都是金光闪闪的铜制品。其间还有一位阿姨送上花生和红糖，在煤炉上融化后，指导我们做花生糖吃。公私合营时，他们家的文物，如字画、花瓶、高档瓷器均拿出来，在街道上贱卖，可见陈家以前是非常殷实的。

陈国安家门前有一大片空地，那里是我们活动的场所。白天我们在这儿"踢毽子"，踢毽子规则多，花样也多，有单脚踢、拐角踢、双脚踢、倒踢、倒跳踢等。我们几个姑娘都非常喜爱这项活动。晚上我们在这儿"跳房子"。路边捡一

图2-8 打连厢

个白石灰块，在地上画出一个房屋的平面图：大门、前房、后房、倒座、后院，在朦胧的月光下，用一只脚将瓦片依次铲进各间"房屋"，看谁先跳到头，谁就赢了，我们玩得满头大汗，忘记了时间，大人不叫都不知道回家。真没有想到小时候在地上画房子，长大了在计算机上画房子，我成为了一名设计高楼大厦的工程师。

有时我们一起"打连厢"。连厢杆是一根大约长三尺比拇指粗的竹竿，外面抛光，两端镂三个圆孔，每一孔中用铁丝串几个铜钱就可以了，敲击起来有悦耳的声音。一般是我和刘艳兰、桂淑力和陈幼华面对面，右手持连厢，脚走十字步，顺次在左肩、右肩、左膝盖、右膝盖处各敲打一下，完成一个循环。之后我们互相交换位置，继续前面动作，从前打到后，边打边唱，边打边走，交错对击，一起一落，节奏鲜明，动作活泼，铜钱敲打时发出清脆的响声。

西湖正街9号，简陋的木板房是胡贤享家，房屋两开间两进深。他们一家四口，爸爸、妈妈、哥哥和她，人口少，生活条件尚可。胡贤享虽比我大两岁，但我们是同班同学，相约一起上学一起回家，吃完中午饭后，每人就从竹刷子上掰下一根竹签，穿上煮好的新鲜蚕豆，左手一串蚕豆，右手一块咸鱼，这就是我们当年的零食，至今蚕豆和咸鱼仍然是我的最爱。胡贤享小学毕业后，到和记蛋厂

当了工人。他的哥哥胡贤木响应祖国支援山区建设的号召，到竹溪县工作，成家立业，扎根山区。

西湖正街 15 号是湖南辰帮的会馆，木质结构，梁柱皆是原木，四周是杉木板，临街的一面全是可拆卸带格栅的木门。会馆内摆放着几张方桌和长条凳，这里有说书的、唱戏的、喝茶的。同学沈永宽的父亲因为痨病无法医治而丧失了劳动力，其家中四个小孩，经济特别困难，他们就借住在辰帮会馆里。有一天，沈同学的爸爸走投无路就投江自尽了，他的妈妈也要步他爸爸的后尘，街坊们看见她哭天喊地往长江边上冲，立马就把她拉扯住了，后来她一个寡妇带着四个子女艰难度日，在亲友和邻居们的帮助下将孩子拉扯大了。沈永宽小学毕业后就去了汉阳造纸厂工作，我们初中勤工俭学时在造纸厂江边背芦苇，沈永宽非常热情地接待了我们；他的妹妹沈志英现在的生活也很富裕，现住在深圳宽敞的住宅里，安享幸福的晚年。如果他们的父母还活着，能享受今天美好的生活，该有多好呀！

西湖正街 19 号是汉派风格的砖瓦房屋，它是我同学张忠辉父亲开的张志成木行。一栋两层砖瓦房，门面不宽，三四个进深，在狭小的走道里，还有一个楼梯可以上楼。张志成老人总是在家门口，支起一个可以即开即关的木头盒子，上面插满了各式的钢笔，他戴着老花镜修理钢笔，更换笔尖、墨水胆、笔帽等零件，以此为生养活了一大家人，培养了四位大学生和三个专科生。

西湖正街 31 号，汉派风格的砖瓦房屋是曹福香木行，也是砖瓦砌体建筑。他家老大天生残疾，以修鞋为生。老二曹玉生和我是小学同学，后劳动就业。他家的后人有经营头脑，现在鹦鹉大道的王府井酒店，就是曹家开办的，为今天的鹦鹉洲人提供了一个就餐聚会的绝佳去处。

一沙一世界，一叶一菩提。西湖正街的变迁史，就是一部袖珍的鹦鹉洲当代史。当年粉墙黛瓦、绮窗朱户也好，板壁茅舍、寄居会馆也罢，都已成为逝去的云烟。几个家庭的记忆碎片，也能折射出这个时代的巨大变化。从这些普普通通的家庭里，走出了教授、高工、医学专家、国家干部、民营企业家。人们普遍由贫穷走向富裕，不忘初心，牢记使命，立志献身祖国。

逝去的鹦鹉洲上那古老的西湖正街，将永远镌刻在我们的心上！

# 长长的瓜堤街

胡建林 [①]

　　20 世纪 50 年代，鹦鹉洲的瓜堤街，从杨泗街最南头开始，一直延伸到西湖正街的西湖会馆附近，是鹦鹉洲十里长街中最长的一段。瓜堤街又分上、中、下三段，还有瓜堤河街，瓜堤后街。堤西北方向零星的农户，是不是也属于瓜堤后街？那就需要考证了。那个叫三合堂的土墩子，与瓜堤街隔着几个小水塘，风光别具一格。墩子周围种满了柳树，为了保持水土不失，空气新鲜，夏天还可以享受柳树荫下的清凉。武汉这种墩子很多，主要是武汉低洼，海拔只有二三十米，住在墩子上安全，可以防止水患。瓜堤街还有个名气大的向家墩子，就在天主教堂往下三五十米的地方，同样是杨柳围绕。小时候，墩子那里住着一个老人，他年年春天都在墩子周边的滩地上种柳树，砍下大大小小的柳树枝，插在粪坑里，泡上一天半天，就拿出来种了。如果是把柳树的小头种在土里，这柳树长大后，就会是垂柳了。后来我们也种柳树，这种植树的办法，就是从老人那里学来的。还有那条有名的鹦鹉小道，这条碎石路与瓜堤街基本平行，从腰路堤中段开始，一直延伸到了两湖会馆后面。这条小道中段有一个中南制材厂，与长衡会馆的后门相对而立，是鹦鹉洲上的第一家国营工厂，也是因为木材而落脚在此，1958 年搬到广西柳州去了。原址划归武汉建工，叫木材加工厂，"文革"之后还存在了一段时间。

　　瓜堤正街街面是石板路，铺在不高的堤防上，街道的两侧热闹非凡，商家林立。漂亮的长衡会馆，建在中瓜堤；在瓜堤街北面，有个用铁栅栏围着的地方曾作过公安驻地；它的西面是一座有五间间隔的二层砖木结构的房子，是当地有钱人家建的，其中一家姓皮，一家是"方顺茂"棉花铺，另两间是木商"陈福和"家的，记得里面住着个漂亮的女孩叫陈萍秀，她后来考取了湖北艺术学院。这座房子一楼的两间做过联合诊所，里面的老中医，我们都认识。而在上边一点的是"华中诊所"，这是当地居民们治病的地方。这房子后来充公了，租住着大量的房客。有趣的是，在这房子西侧，有一个小通道，从路口进去不足十五米，就是瓜堤后街的起点。我们家先是瓜堤后街一号，后来在我家南面不大的空地上，又

① 胡建林，1945 年 10 月生，湖北武汉人。1969 年毕业于中国人民大学法律系。曾任河北省井陉县委书记、河北省盐务局副局长。

建了一间小房子，于是我们家就变成了瓜堤后街二号了，一直到20世纪末拆迁。从诊所越过瓜堤街到江边，看到的就是那个缆子厂，占地约两三亩，主要生产竹缆，也生产其他的竹子用品。

还有一条小路直通长江，长约五十米。路东是民居，路西是比较大的水沟，长江涨水期时它与江水相通，这个水沟鱼虾丰富，是我们小时候捕鱼捞虾的好地方，退水后这里水深只一米左右。那时我们会看准时机，集合一帮兄弟，大肆捕捞，收获满满。这条路也是我从长江里挑水吃的必经之路。这条路走到离长江二十多米的地方向东拐九十度，就算是河街了，这是湖南人的聚集地，多是益阳人。

在瓜堤街上，连洋人也来凑热闹，瓜堤街中段建了个天主教堂，来了神父、修女，西方宗教的气味从这里传出来，虽然大多数人不信教，但增长了见识还是不假的。后来这个教堂改造成了文德小学分部，这是瓜堤街小学的前身。

瓜堤街还是鹦鹉洲第一个通铁路的地方，它在长江旁建有活动码头和泊位。从东北运来的铁路枕木，都是从长江进入武汉，然后在瓜堤街卸载，装上小火车，运往冰糖角的枕木防腐厂。泊位的位置就在今天鹦鹉洲长江大桥下往上头一点的地方，过去的铁路就在今天的马鹦路上。

街上的居民，大多直接间接与木材买卖有关，所以木材是大家关注的中心，各帮会的活动，实际上也是围绕着木材进行的。中华人民共和国成立后搞的码头改革，也是先考虑木材运送，后成立的装卸公司，主要为方便拓展业务。

当时街上的民房，也分三六九等，讲究的是砖木结构的高大瓦房，中等的是木结构、木板壁的房子，有的是用布瓦或者用杉树皮屋顶，也很结实。三等的是找几根杉木杆，栽在地上，杉树不易腐朽，就算它的外层腐坏了，但木心还是好的，房子就不易倒塌，四梁八柱定好后，再用木板作架子，在架子上钉好各种可防风雨的材料，盖上房顶，就可以住了。四等的就是窝棚了，我记忆中窝棚大多是逃荒来鹦鹉洲的外地人，以及农民的暂住地，外地人住长了就不回去了。有些人还住在废弃的碉堡里，1954年洪水过后，从沔阳（今湖北仙桃）逃荒的农民就住在里面，在武汉找到工作后，也不回去了。在街上，不管房子的大小，其木质的结构和房间的格局大体一样。大门进去是客厅，一边或两侧是厢房，客厅的后面是厨房，再往后就是杂用的类似窝棚配房了。我后来几乎到过长江流域的所有省份，哪怕是深山更深处，我发现他们造房的方式、结构、布局都是一个样子，啊！江流无穷的力量，哺育同化着亿万人群。

瓜堤街无疑是鹦鹉洲的一个中心区域，不仅人口众多，商业繁荣，连行政中心街道办事处也设在这里，最早的公安驻地也在这里。一栋很大的砖木结构的房子里，过去常常闹鬼，但公安进驻后，倒是太平了。瓜堤街中心地位最不可动摇的原因是：它是鹦鹉洲的文化中心。鹦鹉洲两个名校，两湖小学分部和瓜堤街小学即在此，瓜堤街中学也在此，虽然后来因搬迁到洲头新区，改名建港中学，但它的出生却是永远不能改变的历史。

瓜堤街这里也讲帮会码头，瓜堤街上最有名的帮是曹家帮，这里没几个姓曹的，不知为什么叫曹家帮？这里还是湖南安化人比较集中的地方，有二都和同利两座会馆，江边有专门的安化码头。我印象最深的是宝帮，就是从湖南新化县过来的人，也不知他们为什么叫宝帮？后来听说汉口有宝庆码头，是新化人建的，所以鹦鹉洲的新化人就是宝帮了。

鹦鹉洲湖南人多，特别是河街的地方，那湖南人倒占了大多数。湘资沅澧流域的人都有，口音不同。这些湖南人，确实是给鹦鹉洲带来了不少新气象，我对湖南人印象好，可能与这里的环境有关。一是湖南人团结。打架时一窝蜂地上，呼呀呼呀地大喊大叫，那楚霸王打败秦章邯，是不是也这么个叫法？湖南人与湖南人打，也是这样。这场景我在四五岁时还见过，他们打伤了几个人，后来那几个人被人用门板抬着送去医院。二是执着，就是犟，湖南骡子的美名就是从这里来的。现在湖南出了个历史学家叫易中天，湖南人"霸蛮"一词，好像就是这位教授推到市面上去的。你说湖南人牛不牛？三是好学爱才。我儿时见过几位湖南夫子，有学问，常常念念有词，摇头晃脑，子曰诗云，四书五经，颂吟唱，都来得。可惜那时我听不懂，只是觉得稀奇，跟着起哄，闹个开心。四是有活力，能办事，会张罗。我初中同学的母亲，人称陈委员，是居民委员会的干部，能力强、会说话、威信高，给当地人做了不少好事，对我们家也多有照顾。五是湖南人好像是最早只讲爱情，不计年龄的人群，通常人们说"湘女多情"也是这个意思。我常常遇见，一个四五十岁的半老头子，后面跟着个三十许的年轻女子，一问说这是他"堂客"，即妻子。六是湖南人不怕辣，也辣不怕，是真的。不吃辣子不革命，这也是真的。湖南人斗争性强，抗战期间有人放言，只要湖南人不死绝，中国就亡不了。辣椒，就是湖南人敢于斗争的基础吧。我看见我那帮湖南同学吃辣椒，一面吃，一面辣得满头大汗，还流着鼻涕眼泪，口里倒吸着凉气，还叫喊着好吃！好吃！湖南话"吃"是"qia"，我不知道这个方言字是怎么个写法。我想，他们这么个"qia"法，吃来吃去，绝对会是闹革命的英雄好汉。连一个辣椒，都吃得如此惊天动地，湖南人的那股蛮劲，真不是浪得虚名。我就不行，怕辣、怕酸，还怕甜，真是个干不了革命的人。

瓜堤街上经常有热闹事。逢年过节，或有什么大事要宣传，都有文艺队伍到来。这些活动主要在 1958 年前。

抗美援朝时，记得有个演唱会，演唱者女扮男装，唱的是：志愿军吃了我的梨膏糖，朝鲜前方打胜仗。在宣传婚姻法时，从国棉厂来了一帮男女青年，打扮得像天仙一样，又唱又跳，当时也听不明白他们唱的是什么，反正热闹就好。

有时还演戏，演得最多的是《秦香莲》，当剑子手把硬邦邦的陈世美抬出来问斩的时候，也是我们最开心的时候。现代戏是《小女婿》，那小女婿尿了床，说是天上下的雨；结尾是那女孩子自由了，与自己心爱的人唱着歌，走下了舞台。歌的曲调好听极了，旋律我是记住了，连歌词也记住了一点：走一程啊又一程，走一程啊又一程，走哇啊啊走啊，走哇啊走不尽哎哎……长大后，我追寻那个旋律，才找到这个曲子，叫《月牙五更》，东北民歌。除了"走哇"，其他的都是为婚姻法重编的，我也听不明白。

瓜堤街上当然还有很多的乐趣，也会有些别的节目搭台唱戏，也有不少湖北民歌小调登台，那民间打场子卖艺的，也常常出现在街头巷尾，武术、魔术、耍猴的、卖大力丸的都有，总之，热闹非凡。

在当时的节假日中，最好玩的是正月十五。孩童们手持各种灯具，争奇斗艳，形如兔子、飞机、鲤鱼、公鸡等等，里面点着蜡烛。走到杂货店铺前面说："今天十五，明天十六，恭喜老板，化根蜡烛。"那老板就给你一支小蜡烛，很精致的，还在你的灯上画个记号，证明你来过了。化了这家，再到下家，因为商铺多，一个晚上，可以化十几、二十多支蜡烛，然后高高兴兴回家。这是当时的习俗和孩童的乐趣，可惜永远进入了历史的记忆。元宵节这天，处处张灯结彩，花团锦簇，各种花灯满街头。最热闹的还是一

图 2-9　正月十五的活动

队队走过来的龙灯队伍，都是民间团体组织的。在踩高跷的队伍中，表演者化装成戏文和小说中的人物，踩着两米高的木腿，摇摇摆摆，扭扭捏捏，舞动道具，保持平衡。采莲船很好看，一个美女站在花船中间，摇晃着纸船，最搞笑的是，

一个丑老太婆，叫赶"骚"的，拿一把破芭蕉扇，跟在船尾，不停扇风，还歪歪扭扭，做些怪脸，惹人发笑，引得大家鼓掌。花船旁还有一个壮汉，拿一把木桨，比画着划船的动作，与船中的美女交流，这又是一种舞蹈了。还有蚌壳精表演，一个大大的彩蚌，里面藏着个美女，蚌壳一张一合，美女半露娇容，也有个小丑，手持棍棒，比比画画，与美女交流对舞，这是不是特种舞蹈？当然最厉害的是舞龙灯，各队的龙都不同，比谁舞得精彩。那龙一舞起来，虎虎生风，他们有时在门前或小广场上停下来表演，舞得那个圆啊，眼花缭乱，龙头甩动，龙尾追随，那龙都快舞活了。有时是在行进中舞，舞龙头的人是最劳累的，大冬天，满头大汗，那舞龙尾的，好像有点手忙脚乱，被动地跟着前面的人跑。十五元宵节以后，就只有零零星星的文艺节目了，舞舞狮子，敲敲鼓，唱唱道情，耍耍莲花闹等等，这是春节的余音了。

除了大的活动，我们平时也听大人讲故事。夏天，太阳落山，把洗澡水洒在院子里降温，搬出竹床、躺椅，或用长板凳、木板搭一张临时床铺，晚上就可以乘凉了。这时，小孩就缠着大人讲故事，如果听了鬼怪的故事，那是又怕又爱听了。

鹦鹉洲包括瓜堤街的繁荣，应归功于湖南的木材。随着社会的发展，瓜堤街已经彻彻底底地变了，旧日的面貌，连同它的名字，都已消失在往日的岁月中。

# 杨泗街头杨泗庙

刘力雄[1]

鹦鹉洲有条杨泗街，记忆中的杨泗街是一条青石板路，东起枕木防腐厂专用铁路与腰路正街交汇处的西侧，往长江上游方向走去，过了街面右边一个卖杂货的合作社，向左拐一小段，就是瓜堤正街了。杨泗正街，长约一里，很是热闹。街面两旁有好些小商铺，有卖棒棒糖的，有卖烟酒日用品的……晴天，天蒙蒙亮，就能听到街上各种叫卖声：卖香腐乳、臭腐乳！卖糖发糕！……还有早点铺，印象最深的是杯子糕的铺子，一分钱可以买个小的，两分钱买个大点的，很香很甜。那时我早晨上学，常常自己在家炒剩饭吃，但有时家里没有剩饭了，外婆就会给我两分钱，让我到斜对面的杯子糕店铺，买个大点的杯子糕，边走边吃，我连手指上粘的一点点糖，也舔干净。还有一间裁缝铺，记得那时我在那里加工了一件花色连衣裙，是我少时的最爱！杨泗街是与长江平行的，但两边有多条与杨泗街大致垂直的小巷。还记得有条巷子叫三合堂，土墩子路，我们小学班上就有同学住在那里。

图 2-10 杨泗庙参考图

杨泗街头有座庙堂，叫杨泗庙，庙堂占地约 120 平方米，坐北朝南，南面为

---

[1] 刘力雄（女），1946 年 5 月生，湖南新化人。1969 年毕业于华中师范学院（现华中师范大学）数学系。武钢六中高级教师。

正门，可看见长江，北面有后门。后门不远处是宝庆会馆，最早的鹦鹉洲小学分部（即汉阳区五小）就是在那里。1954年长江发洪水后，分部搬迁至潜龙正街的本部（原益阳帮的歧埠会馆），而宝庆会馆改为幼儿园。杨泗庙东侧临铁路，离祢衡墓很近。杨泗庙中间有一个大天井，这是长江流域，特别是湖南人修房子的特色，记得我家湖南祖屋中间就有天井，这样的天井，地面大多是花岗石等石头铺砌的。天井能透亮、透气，晴天透阳光，刮风时听风声，下雨时听雨声，也可接雨水，洗衣擦地。这个天井有地下管道与屋外相通，因此还有泄水的作用，当然也是小孩子玩耍的好地方。

此庙何时所建，有传说是在清末，因鹦鹉洲洲尾地势低洼，每年到七八月份，长江洪水季节，民居常常被水淹没，为了保护当地居民，便由商人捐资修建杨泗庙，以求菩萨保佑。

据地方志民俗记载，中华人民共和国成立前，鹦鹉洲一带住民信奉杨泗菩萨，老一辈人回忆，庙里正厅主神坛上供奉的正是水神杨泗菩萨，即杨泗将军。

杨泗，湖南人，出身贫农家庭，读过书，洞庭湖杨幺农民起义军水军中的著名头领，因拒不降宋，被名将牛皋所擒，英勇就义。他死后，他的事迹在洞庭湖广为流传，他逐渐变成众人敬奉的水神。鹦鹉洲湖南人多，特别是依赖水中放排运送木料而讨生活的湖南宝帮人，他们很自然地将杨泗当成他们心中半人半神的偶像，有点像东南沿海的妈祖。农历六月初六日，是杨泗爷的生日（也有说是忌日），这一天会有大型的祭祀庙会活动。届时，船工、木商、香客都要上庙堂烧高香，祈求保佑平安。还愿的船工，还要将整只猪或整只羊敬献到杨泗爷神像前，以示感谢，很是虔诚，显示的是湖南宝帮人对水以及水神的敬畏与依存。届时唱大戏，热闹三天之久。

中华人民共和国成立后，武汉以搬运工人为主体的装卸公司成立，总部设在汉口，但鹦鹉洲搬运工人队伍比较庞大，那时搬运工人及其家属看病就医很是困难，此后就将杨泗庙划归为搬运站的卫生所，内部结构有所改造，设有内科、外科等科室，方便了工人及家属就医看病。

1957年，我从鹦鹉洲小学放学回家，路过杨泗庙，见门口围了好多人，大家叽叽喳喳，说是卫生院打针打死人了。我好奇地挤到前面，从窗户里隐约看见进门左手边的房子里的门板上，躺着一个人，身上盖有白布，周围哭的、喊的、骂的都有，我好害怕，就回家了。后来才听大人们说是打青霉素针出的事，我那时小，不懂注射青霉素为何会死人。一直到1964年7月，我在武汉三中准备高考的前十几天，因为脸上和嘴巴上长满了小泡，又痛又肿，去市五医院看病，医生让打五天的青霉素针消炎。第一针我记得是做了皮试的，当打到第四针时，感觉特别疼，当时已近中午 12 点了，我急着打完针，回学校食堂吃饭，刚走到医院门口，就感到心特别慌，虚汗淋漓，眼前一黑，就昏过去了，摔倒在了医院门口的水沟旁。待我苏醒时，已经在五医院急诊室了，估计是被人救起送到急诊室的，已被注射了抗过敏的药，这件事当年的《武汉晚报》还有过报道。我工作后与医院的医生说起这件事，医生解释说是青霉素过敏迟缓反应，试想迟缓反应都那么可怕，何况第一针。青霉素过敏确实是很危险的，操作不当，很容易发生悲剧，只是可怜了患者及其家属。后来杨泗庙卫生所是不是因为此事而被撤销就不得而知了。

杨泗庙的房产后来归属了搬运站，稍作改装，分配给了搬运站的员工居住，记得有刘、邓、魏、肖、胡等共计八户人家，其中刘姓住户当时是搬运站科级干部，任工会主席。

我退休后，大约是 2006 年春，偕同刘姓住户的养女等三人，还特意去鹦鹉洲，想再看一眼曾经的家，欣赏一下心中的景；遗憾的是，已基本拆完了。我们三人站在杨泗庙前的空地上，曾经的街道、铁路、会馆都不见了踪影，只看到杨泗庙旧址上拆除后堆砌的青砖、瓦块、木头，我莫名地抓起一把庙前的泥土，放在手心里，看一看，闻一闻，依依不舍，真有想亲吻的冲动。不知是高兴、是期待、是留恋、还是惆怅？或兼而有之，总之那份内心的惋惜是无以言表的。

我看着手中的泥土，默默地念叨着：

别了！我少年时的家！

别了！我记忆中的杨泗庙，我心中永远忘不了的鹦鹉洲！

# 留住洲尾的记忆

易孟林 [1]

光阴荏苒，时过境迁。昔日因"芳草萋萋"闻名遐迩的鹦鹉洲古镇已发生了沧桑巨变，那绵延弯曲、路面由青石铺成，两边房屋毗邻的十里长街早已不见踪影；那木材行生意兴隆，学校、商店、会馆错落其间，似《清明上河图》般的热闹、古朴场景也不复存在。代之可见的是高楼鳞次栉比，公路纵横交错，现代化大桥一座又一座跨江而架。车水马龙、豪华繁荣的都市景象映入眼帘，这就是今日之鹦鹉洲！离别多年的游子再回故土探访，只觉得完全变样了。人就是这样，拥有时不觉得，感觉平淡；而一旦失去，就倍感珍惜，弥足留念。

我是 1953 年到鹦鹉洲的。父亲在中华人民共和国成立前夕来武汉做生意，住在鹦鹉洲洲尾，大人把我弟、妹安顿好后，在我 9 岁时也把我从家乡湖南新化接来，一起在洲尾生活。从小学到 1960 年 9 月升至武汉三中读高中，这期间我都没有离开过鹦鹉洲。直到 1963 年 7 月高中毕业，考入华中工学院（现华中科技大学）机械系学习后才离开，去坐落在武昌喻家山山下的学校住读，但仍在武汉，所以也能经常回鹦鹉洲。鹦鹉洲是我的第二故乡，我对它有不一般的感情。我在洲尾住了十余年，对洲尾的地理概貌、地标性建筑，以及当年在洲尾江滩的见闻趣事，至今还有很多抹不掉的记忆。

## 一、记忆中的洲尾

洲尾其实并没有明确的界定区，只是一个模糊的概念。习惯上把从杨泗街开始，囊括腰路街一带，直到鹦鹉洲的东大门，即东边连接汉阳城区的东门桥，这一区域叫洲尾。我读初中三年，除了星期天和寒暑假外，每天都要从腰路街出发，经杨泗街到位于瓜堤街中段的瓜堤中学上学，一天步行两个来回，对洲尾段环境比较熟悉和了解。在我的记忆中，概括起来，给我印象较深的是，洲尾有一条专用铁路，一座古墓，再就是腰路堤、泔水湖、结核病防治所、鹦鹉洲小学以及鹦鹉洲最尾端的东门桥。

---

① 易孟林，1944 年 5 月生，湖南新化人。1968 年毕业于华中工学院（现华中科技大学）机械系；1982 年毕业于华中工学院（现华中科技大学）机械系，获硕士学位。华中科技大学机械学院教授、博导。

### （一）专用铁路

洲尾江滩有一条专用铁路，凡在洲尾居住过或到过洲尾的人都知道。这条专用铁路从汉阳枕木防腐工厂起，经过拦江堤、鹦鹉小路，再穿过杨泗正街与腰路正街交接处，拐弯到洲尾江滩，最终处在与洲尾潜龙巷相对的地方，附近还建了一间四周敞开带屋顶的房子。建设专用铁路，是因为当年鹦鹉洲是我国著名的木材集散地，在当时陆上运输还不像今天这样发达的时候，水上运输枕木类的大宗货物有很大优势。枕木是垫在火车轨道下面用以固定轨道位置的长方形木材（现在基本用混凝土

图 2-11　我记忆中洲尾的代表性建筑

轨枕），它是铁路建设的重要材料之一，但由于经年暴露在空气中，遭受风吹、日晒、雨淋、虫蛀等侵蚀，很容易腐朽。国家根据国民经济建设的需要，就在鹦鹉洲附近的汉阳三里坡建了一座现代化的枕木防腐工厂——汉阳枕木防腐工厂，它是新中国第一家枕木防腐工厂，也是汉阳地区最早最大的国营企业。通过此专用铁路把从北方用大型货船运来的枕木运送到防腐厂，运输使用的是进口的小型内燃牵引机车，一次能拉二十节车厢，又快又好，效率很高。这在当时还是比较壮观的，很多人还常围着观看。

### （二）腰路堤

腰路堤一端连着鹦鹉洲腰路正街，另一端与汉阳拦江堤相接，是鹦鹉洲从腰路堤口通向汉阳河泊所和青石桥街的通道，既是人和机动车通行的公路，又是防汛的堤防，亦路亦堤，具有双重功能，但它的防洪高度要比与之几乎垂直相交的

拦江堤低，全长约 750 米。1954 年洪水暴发，腰路堤曾在其与鹦鹉小道交会处附近发生过决堤。大水退后，腰路堤进行了修复，在堤靠泔水湖一侧加宽加高。修复后的腰路堤有高低两层，高层路面泥土压实，可走人，不行车。低层是老堤，仍为碎石路面，可通机动车，而且基本上是 50 米间隔竖一根电线杆，装有路灯。新修堤防部分高出老堤有 2 米多，远超出了 1954 年的最高水位，提高了防洪能力。

（三）泔水湖

在腰路堤的东侧，是由腰路堤、拦江堤和洲尾段的后街围成的一个湖。在 1958 年版的《鹦鹉洲简图》上称之为泔水湖，它的最东边通过东门桥下的水沟与长江相通，泔水湖在涨水季节，长江水灌入，是一汪湖水。到了枯水季节，湖水流入长江，退水后的泔水湖名副其实，是一个又一个大小不一的水塘，像一个个大型的泔水缸，故而得名泔水湖。其实，洲尾人都习惯叫它后湖，若说什么"泔水湖"，很多人还觉得莫名其妙，但如果说后湖，几乎个个都知道。

后湖在一年中大部分时间是枯水期，大概有 9 个多月。在这期间，后湖相当于是一块沼泽地，经风吹日晒很多地方都是干的，有路也有绿草地，可走人，可玩耍。我们腰路堤、潜龙街一带很多人抄近路就从这里去汉阳，我在三中上学时就经常从这里走，还有人在这里种菜。另外，在东门桥鹦鹉洲一侧有一块类似半岛的"小洲"伸向后湖，上面还长了很多树，绿树成荫，其北边是后湖通向长江的水沟。

到了 20 世纪 60 年代中期，后湖隶属于汉阳区体委管辖，在此建成大型露天游泳池，大家习惯叫它万人游泳池。到了改革开放时期，这里建成了鹦鹉花园住宅小区。

（四）鹦鹉洲小学

鹦鹉洲小学有时也将鹦鹉二字简写为"英武"，即写成英武洲小学，官方也如此。其前身叫武汉市汉阳区第五小学，位于潜龙正街中段，北邻后湖，是洲尾唯一的小学，它还在专用铁路旁，祢衡墓附近的宝庆会馆设了分部，低年级在此教学，后改成幼儿园。我 9 岁来到武汉，小学是从湖南禾青转来的，在鹦鹉洲小学就读时是插班生，从三年级下学期开始，到 1957 年 7 月毕业。我的毕业证书（见图 2-12）

图 2-12　我的小学毕业证书

我一直视为珍宝，至今还保存着。

### （五）结核病防治所

在潜龙正街距离鹦鹉洲小学上首百余米处，有两幢引人注目的"小洋房"。房屋为砖石结构，两幢楼相对，沿街呈对称布置，门前都有高出街面将近半米的水泥平台，常有小孩在上面玩耍。房屋内部结构也非常讲究，铺了地板，大厅为桃花石地坪，很洋气。这比当时鹦鹉洲大部分低矮的木质结构房屋明显高级许多，两幢小洋房就像鹤立鸡群，给我留下的印象很深。

其中靠后湖一边的那一幢是汉阳区结核病防治所，挂了牌，但很少开门，很神秘，据说里面设备也很先进。我们也偶尔碰到过有人开门进出。至于对面的一幢，在我住在洲尾期间，只见大门紧闭，就没有见过有人出进。

## 二、洲尾江滩往事回顾

在我的记忆中，其实最难忘的还是洲尾江滩的往事。鹦鹉洲的住户，可以说是靠水而居，离长江很近，走不远就到了长江江滩。我家到江滩也就三五分钟路程，所以经常去江滩乘凉、观景、休闲聊天。由于洲尾江滩的地理位置还有独到之处，对着江抬头左看，不远处就是毛主席描写的"龟蛇锁大江"的画面，当年在洲尾江滩的见闻趣事，给我留下了很多美好而非常深刻的记忆。

### （一）晚风轻拂

武汉夏天天气很热，当年还没有空调，也没有电扇，晚上房间内通常闷热难耐。解决的办法是在自家门前摆竹床，铺门板床。在大街两边摆竹床阵，中间留一过道，这是武汉 20 世纪 50 年代和 60 年代初的街头一景，很有特色。鹦鹉洲也是这样，那时每家的人口都较多，门前放的竹床和铺的门板床一般由大人和小些的弟妹享用，我们稍大些的男孩就另想办法。

好在天无绝人之路，鹦鹉洲的江滩江面开阔，到晚上太阳下山，江滩晚风轻拂，自然风吹着，凉爽解闷，非常舒服。更值庆幸的是洲尾江滩还有特殊的木板床，实在令我们悠哉乐哉。因为洲尾江滩有汉阳枕

图 2-13 枕木运输和卸货

木防腐工厂的专用铁路，大货船运来的枕木卸货后堆放在洲尾江滩空旷处。枕木为长方形，普通枕木"截面积宽×厚"为"22厘米×16厘米"，长度约为2.5米，一般是一层一层交错摆放，上表面近似正方形，堆至一人多高亦即2米多高后，在端头再横一根，再铺最后一层。最上面一层就有很小的坡度，以利雨水下流，防潮。枕木此时还没有刷沥青防腐，原木材料，清香无异味，加上如此堆放，每堆枕木上表面基本平整，2.5米见方，刚好像一张木板床面。枕木这样整齐堆码放置，美观牢靠。每堆之间相隔很近，一般都可以在上面从这堆跨到相邻的另一堆。当时家里也无电视机，我们小男孩吃完晚饭，就带着草席、床单和枕头结伴去洲尾江滩，找一堆方位好些、表面也平整些的枕木堆，放上卧具占位置，然后游戏、聊天，有时也打扑克，有说有笑，天黑了就睡觉。自然的江风吹着，好像神仙生活，很是爽快。只是蚊子较多，叮人、扰人，稍有烦心。不过天气凉快，把床单蒙着身子也好过。

洲尾江滩，夏日晚上江风轻拂，还有特制的枕木木板床睡，是我们夏夜乘凉避暑的好地方，有趣，很享受，也忘不了。

### （二）江豚逐浪

夏秋季节到长江江滩纳凉或观景，经常会看到长江江豚。大家常说的长江江豚，"江豚"是学名，生活在长江沿岸的人们喜欢称它"江猪子"，这是因为它们有着圆润的脑袋，嘟起的嘴巴以及厚实的身躯，胖乎乎，像只小猪。又因为它们的嘴角有着向上的弧度，好像总是挂着"微笑"，所以人们又亲切地称之为"微笑天使"。它们的性情活泼，常在水中上游下窜，身体不停地翻滚、跳跃、点头、喷水，还喜欢在晚霞映照下逆水逐浪，很有画面感。

江豚喜欢单独行动，有时也会三两个结伴排队一起翻腾、跳跃、游戏。最有趣的是它们相隔一定距离，排成队迎风破浪，几乎同时一拱一翻，很耐看。我们常去洲尾江滩看"江猪子"的"表演"。

长江江豚在傍晚起风和要变天的时候活动更加频繁。它们还能预判天气的变化，如果即将发生大风天气，江豚的呼吸频率就会加快，露出水面很高，而且头部大多朝起风的方向"顶风"出水。我们看到的江豚，在长江则多是逆水"冲浪"。每当江中有大船行驶，江豚则喜欢紧跟其后顶浪或乘浪起伏。它还有有趣的吐水行为，将头部露出水面，一边快速地向前游进，一边将嘴一张一合，并不时从嘴里喷水，有时可将水喷出60～70厘米远。呼吸时仅露出头部，尾鳍隐藏在水下，然后呈弹跳状潜入水下。随着人类在长江中的活动加剧，长江江豚的生存环境日渐恶化，使得江豚种群量快速衰减。现在《国家重点保护野生动物名录》已将长江江豚升级为中国国家一级保护动物。

（三）一桥飞架

站在洲尾江滩，抬头一看，对岸是全国闻名的武昌造船厂，左边不远处就是武汉长江大桥，清晰可见，雄伟壮观。武汉长江大桥是万里长江第一桥，现在长江上建的桥多了，仅武汉就已建了11座，都叫长江大桥，为了区别，在武汉通常根据建桥先后称为"一桥"，但只要说"武汉长江大桥"，都明确是指它。

经国务院批准，武汉长江大桥于1955年9月1日正式动工修建，它是我国第一个五年计划的重点项目之一。因为洲尾江滩是鹦鹉洲离它最近的地方，也就是前面说的所谓"洲尾江滩地理位置有独到之处"，所以在大桥建造期间，我经常去江滩观赏建桥进展。我在洲尾江滩看到了桥墩出水、钢梁架设、钢梁合拢、大桥建成全过程，且牢牢铭记在我脑海中。

听到要修建武汉长江大桥，鹦鹉洲人不知有多高兴。1955年9月，真的兑现了。在洲尾江滩，我们看到了龟蛇两山间江面上出现了施工的船舶。过了一年多，就看到了8个桥墩露出江面稳稳屹立。1957年3月16日，大桥桥墩工程全部竣工，开始架设钢梁。不久就看到了牢固的钢梁从武昌、汉阳两岸同时向中间推进，逐渐靠拢。在1957年4月底，我在洲尾江滩就见到了钢梁基本合拢的大桥。后来也看到报道，称1957年5月4日大桥钢梁顺利合拢，还举行了庆祝大会。

图2-14 武汉长江大桥建设照片（马克·吕布/摄）

　　武汉长江大桥的建设在国际上也引起了轰动，著名法国摄影师马克·吕布当时发表了在武汉摄影的照片，给我印象很深，现在再看，极像我记忆中在鹦鹉洲洲尾江滩见到的大桥修建时的场景，旧景重现，使我回味无穷。

　　经过2年又1个月的奋斗，1957年9月25日，大桥比原计划提前两年建成，1957年10月15日正式通车。那时我在鹦鹉洲瓜堤街中学读初中，学校停课庆祝。我们有幸集体到现场参加了通车典礼，那时我还是少先队员，戴着红领巾，站在龟山半山腰庆祝队伍里，欢呼雀跃，那场面终生难忘。

　　可以说，现在上了年纪的武汉人心里都有武汉长江大桥情结，都不会忘记这些珍贵的记忆。当年居住在洲尾的鹦鹉洲人，得天独厚，都为亲眼在江滩近距离见证了长江大桥的修建全过程而自豪！六十四年过去了，武汉长江大桥还是那样的雄伟、坚牢、美丽、壮观！

　　在参加长江大桥通车典礼后，我还利用星期日约同学上大桥走了一个来回，留下美好的念想，美滋滋的。后来，我也经常去洲尾江滩观景，乐见通车后的长江大桥。兴头来了，还情不自禁地吟诵毛主席1956年6月写的《水调歌头·游泳》中的诗句："……风樯动，龟蛇静，起宏图。一桥飞架南北，天堑变通途。"有时也默诵1957年9月30日郭沫若发表的《长江大桥》中的诗句：

　　　　一条铁带拴上了长江的腰，
　　　　在今天竟提前两年完成了。
　　　　有位诗人把它比成洞箫，
　　　　我觉得比得过于纤巧。
　　　　一般人又爱把它比成长虹，
　　　　我觉得也一样不见佳妙。
　　　　……
　　　　它是难可比拟的，
　　　　不要枉费心机，
　　　　它就是，它就是，武汉长江大桥！

　　我在洲尾江滩看到的长江大桥就是这样，很是为武汉长江大桥的雄姿骄傲，为武汉拥有这处地标性建筑喝彩！

　　最后需要说明的是，那时条件不如现在，这几张照片不都是我自己拍摄留下来的，有我经过搜集寻找、精心挑选的，似曾在洲尾江滩见过，基本符合我的记忆，是我脑子里存储着的镜头，展示出来就是为了留住这些记忆。

### （四）中流击水

鹦鹉洲人住在长江边，傍水而居，夏季去江滩游泳那是常事。鹦鹉洲的男孩，基本上都会游泳，当然，水平还是有高低之分的。天热时，到了傍晚时分，江滩到处可见玩水游泳的。由于长江岸边都是浑水沉淀的细沙层，柔软不沾脚，江水一般也是逐渐加深，平缓坡度，还比较适合游泳，当然有少数地方也有深坑，当地人知道可以避免，莽撞的外来人水性不好的就会发生意外。在20世纪50年代，洲尾江边还经常有停泊的木排，也有大木船。很多孩子更喜欢从木排、木船上跳入江中游泳，既游泳又练跳水。在长江游泳，不像在一般游泳池，水是流水，顺水游容易，逆水难，费劲。下排顺水漂远了，离开了木排，就从下游某个地方上岸，走回木排。逆水向上游的是水性较好的，游累了就上木排休息。岁数小些、水性差些的孩子们就离开木排在长江岸边玩水，游狗爬式，或叫打"鼓泅"，一边玩水一边学游泳。

游泳水平如何？小伙伴们都心中有数。一般水平的通常多在距离长江岸边50米左右的水域游，水性好的就会超过这个范围，游得离岸更远些。江上经常有大客轮和货轮行驶，过后会掀起大浪，一些人就会赶紧跃入水中，游过去兴致勃勃地"泅浪"，我也很喜欢"泅浪"，随着大浪高低起伏，很惬意。更有韵味的，还到离岸较远处，水流比较急的区域，用自由泳姿势奋力逆流，"劈波斩浪"，在长江鹦鹉洲尾效仿毛主席在湘江橘子洲头游泳的情形，体验"到中流击水，浪遏飞舟"的意境，很有豪情。

洲尾靠近长江大桥，在其上游差不对着洲尾江滩接近江中线位置，固定了一艘航行信号灯船，一般水性好的游到信号船附近就赶紧往回游，不会横渡过江到武昌，因为这样游过江，一般会从大桥底下经过，到武昌汉阳门上岸，那边水情不熟，趸船多，回家路也远。从长江大桥底下通过，也是常有的，不过是在靠汉阳一侧的桥墩间，过桥后需赶紧从晴川阁江边上岸。如果再往下游，马上就是长江与汉江的交汇处，都知道那里水流急，有旋流，危险大，一般都不去。

说实在的，在长江游泳，通常都没有救生保护措施，风险很大，武汉几乎年年都听到有人在江湖游泳而溺水身亡的事，政府部门三令五申禁止大家去无救生设施的江湖游泳，家长、学校都管教很严，但都阻止不了有人因天气酷热而下水解凉，寻找爽快，总有不怕事或抱侥幸心理的人去江滩或长江游泳。当时在孩子们之间还流传一种说法，即到长江游泳，就是去"上长江大学"，"上大学"去，成了到长江游泳的暗号。若是淹死了，就说"留洋"去了。这是因为长江水流至阳逻就出现回流，尸体随水流到此地后，就不再往下游流了。被淹死的人遗体若上游没捞到，就到阳逻去收尸。流到阳逻，简称"流阳"，取其谐音，戏称叫"留洋"。

六十多年过去了，这些场面现在也不会复现了，但洲尾江滩游泳的往事我还记忆犹新，回想那风趣的"到中流击水"的场景还有几分兴奋，至今仍清晰地留在我脑海中。

洲尾的往事林林总总，不一而足。那是过去的鹦鹉洲，那是曾经的洲尾，今天大变样了。人就是这样，到老年常喜欢忆旧，当前的事也许过后很快就忘掉了，但过去的事，特别是少儿时代经历的事，只要有人提起，就会泛起记忆的涟漪，像过电影似的在眼前呈现，令人不禁津津乐道。几十年弹指一挥间，人常说"往事如烟"。现在确实已不见儿时鹦鹉洲洲尾的场景了，它已成为历史长河中的一幕。有些记忆是忘不掉、抹不去的，永远把它留存在我们的脑海里吧！

# 翰墨流芳鹦鹉洲

方松华 [①]

这里是崔颢的千古咏叹地——

游宦无门，诗人归心似箭，登黄鹤楼望故乡——斜阳里，水随天去，大江征帆点点；鹦鹉洲蒹葭鹭起，孤舟歇鸥。一时楚天风物，百代恨事，如烟去云渡。依稀间，传来"锵锵戛金玉，句句欲飞鸣"，这不是祢衡的《鹦鹉赋》吗？其一身正气，面对黄祖的屠刀，视死如归，血洒碧草。由此游子心如潮水，对江吟唱，"晴川历历汉阳树，芳草萋萋鹦鹉洲……"

江水悠悠，欲说还休——三国名士祢衡一身傲骨，因不满曹操为人，称病拒绝召见。曹操怀忿，但碍其才名不便杀之，罚作鼓吏。祢衡则当众裸身击《渔阳三挝》骂曹，其鼓音殊妙，深沉辽远，反将其羞辱了一番。于是曹操借刀杀人，遣祢衡到刘表处。刘表不愿落骂名，转荐给江夏太守黄祖。时逢黄祖长子在江心洲大宴宾客，将一鹦鹉送祢衡；歌女碧姬劝酒求赋。祢衡触动心事，借物抒怀，挥笔写就《鹦鹉赋》。不久其被黄祖杀害，亦葬于洲上。碧姬一身重孝携鹦鹉来到江心洲，哭毕撞死在祢衡墓前。鹦鹉洲由此得名，以丰厚的文化底蕴，遂成国内五大著名河洲之首。

鹦鹉洲历尽沧桑，然而斯人浩气长存。历代迁客骚人"藏船鹦鹉之洲"，纵观大江景色，赋诗凭吊；在感慨古人的同时，也为自己的命运鸣不平。从而形成慷慨任气，以悲凉为美的风尚，使流走的气势得以顿蓄。

继崔颢之后，一时翰墨流芳，诗坛巨橼接踵而至——李白、孟浩然、白居易、苏东坡，乃至谭嗣同等历代著名诗人及仁人志士，登洲酹酒慷慨悲歌，留下千古传诵的绝唱。

经斗转星移，中原逐鹿，1642年，明将左良玉以巨船装铁石沉入汉阳沌口，导致江流发生变化，原居武昌江中的鹦鹉洲完全沉入水中。后汉阳一侧又有新洲淤出，被称为"补课洲"。清朝嘉庆年间，汉阳县令裘行恕为存古籍，遂将此洲定名为鹦鹉洲。

在国内鹦鹉洲颇负盛名，这里曾是古长江流域，乃至中原地区最大的竹木集

---

① 方松华，1952年10月生，湖北武汉人。1999年正式从事小说创作，2005年出版小说《风云大武汉》，叙说了鹦鹉洲的故事。湖北省作家协会会员。

散地，它的繁荣一直延续到中华人民共和国成立。清朝出版的《湖广通志》《江汉朝宗图》，对它有详细记载。北京图书馆收藏的1922年《武汉三镇街市图》上，鹦鹉洲还与江岸有"夹河及拦江堤相隔"。1925年由陈焕楚等三人测绘的《鹦鹉洲湖南竹木帮全图》，标出"五府十八帮"、各帮会馆及码头位置，反映了民国初年鹦鹉洲行帮林立的状况。

携历史风尘，鹦鹉洲满载丰厚的历史文化财富，逐渐与岸相连。据民间传说，1850年"湘资沅澧"的放排佬纷纷出洞庭，怀揣祖宗灵牌到鹦鹉洲落户。

清末湖广总督张之洞搞洋务运动，在沿江广开商埠，形成"九省通衢"物流之都；史料记载洲上有居民几万，建会馆二十余座。为争夺码头，两湖各县及贵州人纷纷成立同乡会，号称"五府十八帮"；沿江三教九流，南北武林、诉讼高手荟萃长洲。在这里有"好汉打不过码头""要想官司赢，除非打死人"之说。从而出现另一道风景。

天沔人一曲三棒鼓唱出当年的繁华，令洲上叟妪至今难以释怀——

"来到鹦鹉洲，一个好码头；日晒黄金夜不收，遍地杉树和楠竹……"

当年十里长洲风情万种，一条由花岗岩石板铺就的街道，两侧酒旗招摇、茶馆商铺众多。各县人划界而居，在自己帮会内安居乐业。从洲头至洲尾移步换景，湘西的吊脚楼、宝庆的杉树皮屋顶、汉川汈汊湖的窝鸡棚，地方特色建筑沿街散布。码头木排蔽江，号子声此起彼伏；江面不时鼓声隆隆，放排佬挟长江风浪，驾大排从天际驶来；江滩立即回应，接排鞭炮如电光石火。

这时一身黄绸衣裤的打鼓佬在仗排赫然登场，击鼓指挥岸上拔河的竹缆将大排定位。打鼓佬甩着大袖伴随节奏明快的鼓点，嘹亮的打鼓词声遏行云，随风在浩荡大江久久回荡。

湘资沅澧四条河，两岸青山树木多。家乡山河抚育我，从小学会放排活。行江打鼓催挑头，排歌号子收家伙。妹子堤上送阿哥，托福平安去汉口……

武昌有名金口镇，扬子江出好鲤鱼。大小军山擂战鼓，石嘴沌口头对头。黄鹤矶上孔明灯，木排靠稳鹦鹉洲。鹦鹉洲上木头多，日晒黄金夜不收……

大排靠岸传出杀猪声，顿时锣鼓齐鸣，伙计端着猪头三牲的托盘上岸，摆上江岸神坛祭奠河神杨泗菩萨。接着码头沙滩上大摆流水席，同乡父老大碗喝酒、大块吃肉。与之对应的会馆灯火通明，热闹非凡，由此上演鹦鹉洲会馆文化。

会馆建筑是鹦鹉洲的瑰宝，作为各自帮会的议事厅，里面藏龙卧虎，散发着浓郁的江湖气息。两湖会馆为群馆之首，一帮师爷主持同业公会，专事码头诉讼；在规模气势上，可比对岸黄鹤楼，其风格集中国古庙宇建筑之大成。其他十八同乡会会馆争奇斗艳，牌楼上塑着鎏金大匾和彩色门神，两旁浮雕"异乡聚首，客地谈天"之类的对联，浓郁乡情扑面而来。会馆风火墙用糯米石灰浆砌成；大厅粗犷的柏木梁柱雕着"八仙过海""童子拜观音""蓬莱琼阁"之类的浮屠；神坛红烛高照、香烟袅袅，气势恢宏而肃穆。每年六月六"杨泗会"、七月七"盂兰会"是鹦鹉洲的节日，各帮会会馆搭台办庙会，请江城名角戏班说善书，开流水席供一帮老少团聚。

然而，"百代兴亡朝复暮，江风吹倒前朝树"。清光绪二十六年（1900 年）重修的"正平祠"和"汉处士祢衡墓"，后经洪水侵袭，被"文革"雨打风吹去；1954 年防汛，一条古朴别致的青石板街道，被泥土掩埋，成为残梦；凝结两湖人心智的二十余座会馆被拆除……昔日柳荫如烟、鸟雀啁啾的鹦鹉洲，一阵风，化作秦腔慢板、千古绝唱！

这是一座沉淀 1800 多年历史文化的芳洲，满是历代名士的苍凉金石之声；百年码头风樯阵马，号子依稀，穿过亘古的时空。就如同它从武昌载着历代大擘文化来，又背负古汉阳府的码头江湖文化，追随历史的足音远去。而今酹酒大江风云，忽闻黄钟大吕落木萧萧——"桂棹兮兰桨，击空明兮溯流光。渺渺兮予怀，望美人兮天一方"……

# 第三章　芳洲星火

# 鹦鹉洲头红烛立

常恒毅

萧楚女①是中国共产党早期著名的理论家、中国青年运动的导师、《中国青年》杂志的创始人之一。他是从"芳草萋萋鹦鹉洲"走出去的第一位共产党人，他离开我们已经九十六年，我们深切地怀念着他。

萧楚女，1893 年出生于汉阳县鹦鹉洲，父亲萧康平是一个经营木材生意的商人。萧家住在上益阳会馆背后的两湖河街，与我家的祖屋两湖正街二号相距不远，因为家里都是开木行的缘故，两家多有往来。萧楚女与我的祖父常介侯（1892 年—1969 年）是儿时的玩伴和同学。爷爷曾经给我讲过："萧楚女天资聪颖、博闻强记、熟读四书五经，古文学得特别好。"但是天有不测之风云，萧家接连遭遇几起不幸的事件：萧康平经营的木排在洞庭湖遇暴风雨袭击而散失、临江而居的房屋遭火灾化为废墟、终日忧郁寡欢的萧父肺病复发而去世，萧楚女又不幸染上天花，后来余生留下满脸疤痕。这一连串的打击是灾难性的，它导致萧楚女这个清高孤傲的阔少爷，"一下子从万丈高峰坠下了深壑"。他

图 3-1 萧楚女照片

的母亲萧罗氏无法养活一子四女，忍痛将两个稍大一点的妹妹送给别人家当童养媳，而十三岁的萧楚女则辍学而开始了他的打工生涯。

萧楚女在茶馆当过"跑堂"，在报社当过报童，在长江轮船上当过伙夫，走遍了鄂、赣、苏、皖等省的沿江城市，广泛地接触到社会下层的各色群众，目睹了中国劳苦大众的悲惨生活，萧楚女也饱受身体的摧残和精神的屈辱。人间的冷暖和世态炎凉，在少年萧楚女的心中激起了改造社会的思想涟漪，奠定了他日后走上革命道路，参加中国共产党的坚定信念。

萧楚女对知识的追求是终生的，是无时无刻、不讲任何条件的。他日后能够

---

① 萧楚女终生未娶，无子女，仅有同父异母的兄长两人，其兄萧树森去世时间不详，其侄子萧腊生 1995 年去世，其侄孙萧忠友现住汉阳区洲头二村，手头存有 1956 年中华人民共和国内务部颁发的"光荣纪念证"复印件（见图 3-5）。

成为教师、编辑、主笔、理论家，全得益于他孜孜不倦的学习精神。他当"跑堂"干完一天繁重的杂活，累得精疲力竭之际，还借阅报刊、博览群书、练习写作，"不肯稍自放松"。他当报童路过中华大学时，因旁听教授的精彩演讲而忘了送报，因而被老板辞退。他寄居在安徽芜湖二哥家中时，白天在酱园店当学徒，晚上回来勤奋自学，一鼓作气将中学的文理课本全部自学完毕。在小阁楼中他经常秉烛夜读，掩卷沉思，历代先贤、民族英雄报国救民的事迹，让他激动得彻夜难眠，提笔写下"雄鸡一鸣东方白，蜡烛成灰泪始干。吾将二物作自喻，愿以来年傍前贤"的心中宏愿。

1911年10月10日武昌起义，萧楚女回汉加入湖北革命军，被分配当了炮兵。在阳夏保卫战中，他勇敢与清军奋战，一只耳朵被炮声震聋。后来，革命取得了胜利，中华民国成立，但萧楚女看清了军阀和政客们争权夺利的笨拙表演之后，毅然弃军求学，进入武昌新民实业学校。在这所农桑专门学校里，他对农学兴趣不高，却如饥似渴地阅读新书刊，增长了许多哲学和社会学的新知识。1913年8月在该校的毕业典礼上，萧楚女代表毕业生讲话。他演讲时镇定自若、旁征博引、思想新颖、逻辑性强，极大地打动了师生们的心，也充分地展示了他的文采和演讲能力。会后武汉的各大报纸和刊物，争相找他约稿，从此萧楚女走上撰稿和教书之路。

1915年，萧楚女担任《大汉报》编辑和《崇德公报》主笔，在此期间他撰写了许多鞭挞封建伦理道德，揭露帝国主义侵略中国罪行的文章，由于他语言尖锐泼辣，敢于评论批判，且又立论高远，文采飞扬，博得报馆同仁和读者的一致赞誉。在这段时间内，他发表的文章多以"楚女"为笔名，从此以后萧楚女的大名在中国社会上声名远扬。1919年五四运动爆发，萧楚女在《大汉报》上发表抨击军阀政府的檄文，声援爱国学生。同时他自己也戒烟限酒，将守寡

图 3-2  《大汉报》

的妹妹从武昌节妇堂送往学校念书，回到鹦鹉洲家中，将小妹妹的裹脚布解下扔进垃圾堆，他以个人和家庭的实际行动，打破封建精神枷锁，走向新生活。

1920年萧楚女结识了他一生中最重要的引路人和亲密战友——恽代英

（1895—1931 年）。恽代英出生于武昌城内的书香世家，不仅家学渊博，而且于 1918 年以优异的成绩毕业于武昌中华大学。他在武汉建立名为互助社的青年进步社团，与北京李大钊的少年中国学会、长沙毛泽东的新民学会、天津周恩来的觉悟社等遥相呼应，孕育出中国青年运动的曙光。

五四运动中恽代英在中华大学领导武汉学生联合会，组织学生游行与罢课，萧楚女则在《大汉报》奋笔疾书，摇旗呐喊。1920 年 2 月 1 日恽代英在武昌横街创办的"利群书店"开业，萧楚女从汉口赶到武昌表示祝贺，两只年轻的手紧紧地握在了一起。在满屋堆放的《新青年》《少年中国》《每周评论》杂志和《共产党宣言》《资本论入门》《社会主义史》书丛之间，两人相互依靠、促膝谈心，他们一方面交流学习的心得和体会，同时又针砭时弊、指点江山、粪土当年万户侯。从此这两个年龄相近、经历迥异的青年知识分子，结下了终生不渝的友谊，直到后来一同为共产主义献出他们的生命。

1920 年 9 月萧楚女应进步友人刘泥清校长之邀，前往襄阳任湖北省立第二师范学校教员，次年秋天又由恽代英介绍，到章伯钧任校长的安徽省立第四师范学校任教。每到一地，萧楚女都以他的热情和博学，向学生传播新文化运动的知识和世界革命的动向，教导学生们做改造旧社会的革命者。在湖北二师，他以当代文学家鲁迅所写的《狂人日记》为例，深刻分析中国封建社会人吃人的本质；以俄国作家托尔斯泰的小说《复活》为例，揭露贵族资产阶级的罪恶与虚伪。他向学生介绍黑格尔、马克思、费尔巴哈等各种哲学流派，宣传唯物主义和辩证法。他的这种全新的教学内容和方式，无疑给襄阳古城的青年学生带来一股强劲的新风，播撒下革命的火种，但也遭到守旧派和反动势力的排挤和打压。他离开湖北襄阳来到安徽宣城，协助教务主任恽代英讲授国文课程。如同在襄阳一样，他的讲课内容丰富、深入浅出、生动有趣、发人深省，由于想听萧老师讲课的学生太多了，不得不将他安排在大礼堂讲课。恽代英因妻子病故而离校返汉，萧楚女继任四师教导主任，启迪和培养青年的任务倍加繁重地压到他的肩上。他向学生提出"改造社会"和"到民间去"两个口号，组织学生到农村去办乡村教育，讲解地主是如何剥削和压迫农民的。他组织了宣城地区的五一劳动节纪念大会和五四运动三周年纪念会，萧楚女充分发挥他的演讲优势，满腔热情地弘扬革命道理和苏俄革命成功、工农当家做主人的生动事例，一时间将皖东地区搅得"周天寒彻"。当地的反动乡绅和遗老遗少将萧楚女视为洪水猛兽，欲除之而后快。他们罗织罪名，诬告萧楚女组织党羽、煽动学生、图谋不轨。萧楚女在得知安徽省督军欲对他下达逮捕令之时，忍痛告别同学和师友，逃离宣城回到武汉。

此时已是 1922 年七八月间，正值暑假，在四川泸州川南师范学校任教导主任的恽代英，赴上海为学校采购仪器路过武汉，适逢萧楚女。老友重逢相谈甚欢，萧楚女由恽代英和林育南介绍，参加了中国共产党。随后萧楚女先后在泸州师范、重庆联合中学、重庆公学、万县第四师范、重庆女子第二师范任教，除了教导文化知识和继续宣传民主救国的道理之外，作为一名共产党员，他积极建立青年团，并积累了动员青年的丰富经验。由恽代英推荐，萧楚女担任重庆《新蜀报》的主笔，这家进步报刊以"输入新文化，传播新知识"为宗旨，萧楚女以他犀利的评说和泼辣的文风，新增《社会青年问题》和《社会黑幕》两个专栏，发出了人民群众的呐喊。社会赞扬他的文章"字挟风雷，声成金石，尤令人兴奋不已"。在与迷信宗教的斗争中，大胆揭露"吃屎教"散布的"世界末日"谣言，赢得了重庆市民的信任和尊敬。

1924 年 1 月，萧楚女的母亲病危，他辞别巴蜀山城、过长江三峡、越江汉平原，回到离别已久的家乡汉阳鹦鹉洲，看望寄宿在慈善堂里的母亲。萧楚女请医生、熬中药，极尽一片孝子之心，他希望延续母亲的生命。但是苦命的母亲还是弃世而去，回想孤儿寡母共同度过的那些艰难岁月，他伤心欲绝。这段时间萧楚女借居在洲上一位医生的家中，从武昌和汉口乘划子过江看望他的朋友络绎不绝，他们带来省城的消息、大革命的动向，也讨论教育和文化的改革。萧楚女深入洲上码头的工棚，和工人谈生活的艰辛和识字的重要性，给他们讲最浅显的革命道理。这是他成为一个共产党员以后，在故乡居留时间最长，结交工人朋友最多的一段难忘时光，周围的乡亲们都亲切地称他为"我们的萧先生"。

1924 年 5 月萧楚女应恽代英的邀请来到上海，主要任务是协助编辑《中国青年》杂志。此刻的上海已经成为中国革命的中心，中共中央及共青团中央的办公地都在这里，恽代英时为团中央委员，负责宣传工作。团中央的机关刊物《中国青年》创刊于 1923 年 10 月，邓中夏题写刊名，恽代英是第一任主编，陈独秀、瞿秋白、毛泽东、任弼时、陈潭秋、沈雁冰、张太雷、

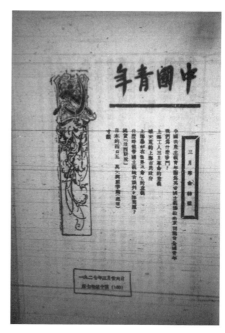

图 3-3　《中国青年》杂志

林育南、萧楚女等中国共产党的精英，则是它的第一批作者。《中国青年》像一盏明灯，在大革命的前夜，照亮了千万追求真理的青年的路程，是中国共产党联系群众的纽带，是广大青年的良师益友。由于恽代英担负着党中央分配的国共合作任务，萧楚女成为《中国青年》的实际主编，他长期担任教师和报刊编辑，熟悉并了解青年的心理和要求，所以办起这份团中央的期刊，也是驾轻就熟、游刃有余。

从 1924 年萧楚女应党中央的召唤来到上海开始，他就是一个献身共产主义的忠诚战士，党指向哪里就打到哪里，毫不计较个人利益和荣辱得失，毫不考虑身体健康和生命安危。萧楚女的文采和理论修养，尤其是革命精神和组织能力，得到了领导同志的认可和赏识。

1924 年 9 月团中央任命萧楚女为驻四川省特派员，对成都、泸州、重庆三地的青年团组织进行整顿和改组，领导重庆的国民会议运动，与张闻天等一起以《新蜀报》为宣传阵地，反击重庆的国民党右派、国家主义派等反动势力，直到 5 月被重庆卫戍司令驱逐离渝。

1925 年 5 月萧楚女返回上海，继续编辑《中国青年》，为五卅运动摇旗呐喊，揭露帝国主义的侵略罪恶和军阀对工人运动的血腥镇压。6 月到 12 月期间，萧楚女风尘仆仆地辗转于上海、南京、苏州、吴江、开封、汉口等地，频繁地出现在演讲台上，或是当地党、团组织工作的会议上。每到夜晚他就拿起笔写文章，批判宣传国家主义的《醒狮》杂志和代表人物戴季陶。《国民革命和中国共产党》《显微镜下的醒狮派》等论文就是他在旅途中所作。8 月党中央决定成立中共豫陕区委，派王若飞任区委书记，萧楚女到开封任区委宣传部长兼管共青团，主编中共豫陕区委机关刊物《中州评论》，短短两个月，他剽悍、激烈的战斗作风，遭到开封警备司令的敌视，于是"再一次被押送出境"，同年 11 月返回上海，再编《中国青年》。

1926 年 1 月萧楚女乘船从上海来到广州，美丽的粤海之滨革命气氛高涨，国共合作正值"蜜月时期"，当时中共的政治领袖人物不少在国民党内担任重要职务，如毛泽东任国民党中央宣传部代理部长，周恩来任黄埔军校政治部主任，恽代英是国民党中央执行委员、黄埔军校政治主任教官。萧楚女和沈雁冰（茅盾）此次来到广州，是协助毛泽东举办农民运动讲习所和编辑《政治周报》，以推动广东农民运动的发展。他们住进毛泽东的寓所——东山庙前西街 38 号，这幢两层的小洋楼是他们共同办公和生活之地，毛泽东和杨开慧带孩子住在楼上的里间卧室，外间是毛泽东办公，及与萧楚女、沈雁冰商谈工作的地方，楼下萧和沈共居一室,外面供他们写作和接待来客。三位共产党人都正值风华正茂、挥斥方遒之年,他们朝夕相处、情同手足,建立了深厚的革命友情。

在北伐战争的前夕,大家都异常繁忙,毛泽东身兼数职,萧楚女、沈雁冰这两位笔杆子就成了他的左膀右臂,萧楚女成了农民运动讲习所的实际负责人。他选择了中山东路上的番禺学宫为校址,在全国20个省份招收了300名学员,他们都是在各地农民运动中涌现的积极分子,怀着满腔热情和追求真理的诉求来到广州。萧楚女负责安排他们的衣食住行,组织班级和党团支部,解答青年提出的各种问题,还要考虑编写上课的讲义和课程的安排,而全所仅有他一个专职教员。好在萧楚女从教多年,能讲善写,有与青年相处的丰富经验和教学特长,经他两个月来夜以继日的筹办之后,5月1日正式开学,广东省第二次农民代表大会同日召开。中山路上的这座前清学府,成了革命的欢乐海洋,高高的红棉花迎着春风开放。毛泽东所长宣布:第六届农民运动讲习所开学了!

农讲所仅有毛泽东和萧楚女两名专职教员,在教务部长萧楚女殚精竭虑的操作下,农讲所请来周恩来、彭湃、李立三、恽代英、陈延年、张太雷、邓中夏、林伯渠等名声如雷贯耳的农工运动领袖,开设专题讲座、亲授时事报告,他还组织学员持枪操练、分地域进行农村问题研讨、到海丰农民协会实地考察。这些学员在短期的学习班上,不仅聆听到革命精英的教导,理论知识得到了系统升华,而且实际组织和动员能力也大为提高,不少学员在学习期间加入了中国共产党。毕业后这批学员纷纷返回故乡,在北伐战争的洪流中,点燃了中国农村的星星之火,更在日后的土地革命战争中,叱咤风云、发动起义,成为中共革命武装的忠诚战士。

农讲所繁重的工作负担,使得萧楚女本已带病的躯体又添新的劳疾,他大口吐出鲜红的血痰,旧有的肺病又复发了。所长毛泽东令他必须住院治疗,但是他人虽躺在病床之上,心却牵挂着农讲所的三百子弟兵。他写道:"我要像蜡烛一样,在有限的生命中,有一分热就发一分光,给人以光明,给人以温暖,在黑暗中照亮他人前进的路程。"

毛泽东谈及萧楚女时说:"我是很喜欢他的,农民运动讲习所教书主要靠他。"周恩来说:"萧楚女同志原是一个下层劳动者,经过勤奋学习和长期的革命锻炼,而成为当今在工农兵中传播马克思主义的标兵。"这些客观而公正的评价,是褒奖、是赞扬,萧楚女受之无愧。

1926年7月9日,国民革命军在广州誓师北伐,大革命的浪潮汹涌澎湃,一路所向披靡,连克长沙、岳阳,直逼华中重镇武汉。躺在医院病床上的萧楚女

90

关心着战事的进展，关心着家乡的解放。攻克汀泗桥、贺胜桥的捷报传来，他欢呼击掌，当北伐军占领武昌城的时候，胜利的喜悦让他彻夜难眠。他仿佛回到了辛亥首义的岁月，阳夏鏖战的枪弹在耳边呼啸、大炮炸起的烟尘在眼前翻腾。此刻他多么渴望追随叶挺独立团，斩关夺隘，风驰电掣地向着北方，向着全中国进军啊。然而他的身体不允许，直到深秋，他的肺病才慢慢好转。

随着大革命挺进的步伐，11月国民政府暨国民党中央党部从广州迁往武汉，恽代英也奉命奔赴武汉筹办中央军事政治学校并担任领导工作，他在黄埔军校主任教官的职位由萧楚女取代。这一对亲密的战友、中国青年革命的"双子星"，在广州黄埔握手告别。六年来恽代英和萧楚女形影相随，为实现解救劳苦大众的崇高理想，从老家武汉出发，携手转战四川、安徽、上海、广州，一路抛洒革命的火种，勇担共产党员的神圣责任。今天恽代英将要胜利返回大革命的首都——武汉，革命的曙光已经照亮民族的前程，怎不令萧楚女激情无限？他们相约明年在武昌城相见！

送别战友后萧楚女又满怀热情地投入了黄埔军校的教学之中。黄埔军校是第一次国共合作时期的成果，目的是培养陆军初级军官，位于广州黄埔的长洲岛上。孙中山任军校总理、蒋介石任校长、廖仲恺任党代表。下设办公厅、政治部、教授部等机构，周恩来在政治部任部长，聂荣臻、叶剑英、恽代英等共产党人分别担任军政教官。黄埔军校入学考试极难，不仅身体要好而且文理知识水平要求也高，因此萧楚女来此担任政治教官也感到压力倍增。10月底他搬到校本部的海关旧址楼上，白天上课，晚上写作，他要尽快拿出《社会科学概论》讲义。在与黄埔学生的接触和交谈之中，萧楚女发现他们急于学习军事知识，但是对于阶级斗争及其规律，对于马列主义、资本主义的理论知识，还知之甚少，他决定开设"社会科学概论"这门课程，给学员打下扎实的理论基础。没有教材和讲义，他就查阅资料自己动笔撰写，拖着病体熬过二十多个夜晚，终于付梓。书稿的最后写着："民国十五年十一月十九日完稿于黄埔海关楼上"，这是他的最后一本著作。"社会科学概论"与周恩来的"军队政治工作"、恽代英的"社会进化史"等课程成为黄埔军校政治教学的经典课程。

萧楚女是一个善于发现问题并予以解决问题的能人，除了政治课程教学，整个学校的政治思想工作也在他的考虑之中。针对平日学生提出的诸多问题，他想到了军校主办的《黄埔日刊》这份发行量极大的报纸，他与众人商量在报上开辟一个《政治问答》专栏，不仅回答了黄埔学生提出的各种政治思想问题，而且开辟了全国的宣传窗口，此举受到学生们的热烈欢迎，萧楚女先后回答了近2000

个问题。

时间进入 1927 年，大革命的发展已经达到空前辉煌的阶段，北伐军占领了南昌、南京和上海，南方大部分省区都在北伐军的掌控之中。湖南湖北的农村大革命开始触及地主和资本家的根本利益，国民党内的右派开始打击和排斥共产党人，而中共的某些领导人一味妥协求和，一场重大的危机爆发。萧楚女于 2 月 12 日在《中国青年》上发表《革命党人的基本素质是什么？》（见图 3-4），他尖锐地提出："第一，是要有一往直前的'勇气'。第二，也是无疑的要有热烈的'感情'。"

图 3-4  《革命党人的基本素质是什么？》

萧楚女凭借他的经验和敏感，没有被大革命表面的、轰轰烈烈的场景所陶醉和迷惑，而是在云谲波诡的历史时刻发出警示："现在是假革命与真革命斗争的时候；是帝国主义与其所领导的军阀、买办、贤人政府代替真正的革命的国民党政府的时候！大家不要太相信自己，以为这是不可能的。要知道，党内的老右派、新右派和革命中的投机分子多着呢。这些正是帝国主义在我们中间所有的队伍，他们什么时候乘机而起是不晓得的！"这段振聋发聩的文字，发表在 3 月 12 日的《黄埔日刊》上，可惜大多数人还未被惊醒，还未来得及识破。

1927 年 4 月 12 日，蒋介石突然在上海发动反革命政变，大肆逮捕和屠杀共产党人，"白色恐怖"的残酷杀戮由此开始。中共广东省委准备组织起义自卫，但是广州的国民党反动派于 4 月 15 日凌晨抢先发动叛变，大批军警包围了工会和进步团体，开始大肆搜捕。正在东山医院住院的萧楚女逃脱时已来不及了，如狼似虎的

图 3-5  萧楚女的光荣纪念证

反动军警强行将他从病床上拖出门外，推上早已等候的囚车。一切都如萧楚女所预料的那样，只不过来得更迅速、更惨烈！

4月22日武装军警将关押在广州公安局的萧楚女、刘尔崧、李森、何耀全、毕磊等十二名"最危险"分子，当晚用两艘舰船押往南石头惩戒场监狱，执行秘密枪决。一代英才殒命南国，连遗体也不知掩埋何方。此时此刻，广州珠江两岸血红的木棉花正竞相开放，像是在为死难的英雄流泪泣血。

萧楚女在他光辉而又短暂的革命生涯中，曾多次宣扬："我要做一支蜡烛，燃烧自己，在黑暗中照耀别人前行。"他的一生就像那挺立的巨大红烛，照亮了中国革命后继者的胜利征程。

**参考文献**

[1]黎显衡.萧楚女[M].长春：吉林文史出版社，2011.

[2]李畅培.萧楚女传[M].重庆：重庆出版社，1991.

[3]张帆编.萧楚女——永不熄灭的红烛[M].武汉：中共武汉党史研究室，2000.

# 关于写萧楚女的一首诗

乐正友

为准备《鹦鹉洲上》文集的稿件，我在清华大学图书馆的网页上查找与"鹦鹉洲"有关的资料。查了好几天，只看到一条有"图书、萧、伍禾、文献社、1942"这几个字，其他内容一无所有的条目。我有点奇怪，打开一看，原来，《萧》是一首长诗，目录中有一节是"鹦鹉洲"。看来，就是这个"鹦鹉洲"，才把这本书放到了"鹦鹉洲"的检索结果里。

在初步阅读后了解到，《萧》这部长诗主要叙说"萧"在鹦鹉洲的一些经历。然而，这个"萧"是谁？是闻名于世的"萧楚女"吗？书中无说明，我更无法确定。于是，我想先查一下作者伍禾的资料，看能否得到答案。

经过调查，作者伍禾（1913 年—1968 年），原名胡德辉，出生于湖北黄陂武湖沙口，中共党员，曾任湖北省文化局副局长，省文联副主席，兼任《湖北文艺》主编。在 20 世纪 30 年代到

图 3-6  长诗《萧》

50 年代很有些知名度。在 1955 年的"胡风事件"中被定为胡风的干将之一，在 1957 年的"反右"运动中，又被打成"右派"，1966 年"文革"再次遭到批判打击，1968 年 12 月含冤去世。1980 年，伍禾的错案得到改正。可见，伍禾是一个很不幸的人，从他留世的文字中还是无法找到"萧"是谁的答案。

我没有失望，还是以伍禾为线索继续查找。终于，在聂绀弩的一首诗作中找到答案了。

聂绀弩这个名字，我以前一无所知，网上一查，啊！不得了！这是一个大大的名人。

据载，聂绀弩（1903 年—1986 年），湖北京山人，少年从军，1925 年毕业于黄埔军校二期，后又考入莫斯科中山大学。他是周恩来的学生，曾与邓小平、伍修权、蒋经国、康泽同学；曾与毛泽东彻夜谈诗论文，又曾为陈毅、张茜的婚

姻牵线做媒。他不但是一个老共产党员，还是一个杰出的文学家、诗人。然而，在诗人的人生道路中，却经历了十年坐牢、十年病废，在"胡风事件"中还被当成反革命，"反右"时又被打成"右派"，十年浩劫中甚至还以"现行反革命罪"被判处无期徒刑。直到 1979 年，聂绀弩的"反革命罪"和"右派分子"罪名才相继被取消，得到平反纠正，恢复名誉、待遇及党籍。

呜呼哀哉！聂绀弩，如此传奇，如此魔幻，真是方方面面名扬四海了！

聂绀弩写了很多看似打油的旧体诗，朗朗上口，寓意深刻。胡乔木在为他的诗集作的序中说：他的旧体诗是"中国诗坛的一株奇花""无论过去、现在和将来，在诗史上也许是独一无二的"。

真是一个奇人！在用"伍禾"搜索时，我搜到了聂绀弩写的《赠伍禾》一诗：

知君自以人为诗，楚女千行且次之。

去日伴狂憎酒贵，老来痛哭恨天低。

武昌鱼好全家瘦，文化士多一力支。

漫道天长秋水阔，琴台木落已经时。

显然，诗的前两行，"知君自以人为诗，楚女千行且次之"，是说伍禾为"楚女"写了一首千行长诗。因此，《萧》这本书写的是"萧楚女"就确定无疑了。

此外，聂绀弩还写了一首《鹦鹉洲》的诗，本文集本来就和鹦鹉洲相关，把他的这首诗抄录下来也在情理之中，《鹦鹉洲》：

浪沙淘尽古风流，剩有文章寿此洲。

才士儿郎分大小，英雄天下蓺曹刘。

一刀黄祖朱弦绝，万里沧江白获秋。

几度思量终不角，三番两次要输头。

确定了《萧》是关于"萧楚女"的作品之后，我就阅读了此书。这本书是1942 年由桂林文献出版社出版的，全书共分六节，书末有《后记》。如图 3-7 所示，作者在《后记》里说：

十多年来，看了许多软体动物爬行的姿态，心有所感，我遂用一天的时间写下了《萧》的初稿。

从九岁到十四岁，和萧相处凡五年。但究在儿时，一旦执笔，才发觉材料不够，因而不得不借助于想象。

但一个光芒万丈的天才，嵚崎磊落的战士的真实材料，较之我贫弱的想象，美丽得多，动人得多，也有气魄得多，二者相去，何止天壤！

然而，他的朋友有些早变成了蜗牛，和他相处十年的老父，却远在故乡度他阴暗的暮年。我不能眼睁睁地看着我的笔腐烂下去！倘使读者竟觉得这篇诗还有可取之处，那完全是萧洋溢的生命的余波，对于一个完整的萧，我只觉得我损害了他！

全书六节的主要内容分别是：

第一节《序》，介绍了"萧"的家庭背景，"萧"父是码头工人，在"萧"童年时不幸去世，其后，"萧"母带着他去了"节孝堂"。

第二节《落雪天》，描写"萧"带着老曹的小妹妹，在老曹的住所发现老曹已被捕，其后在小妹妹的配合下，机警地躲过了暗探的搜查。

第三节《鹦鹉洲》，这是长诗的主要内容，讲述了"萧"在鹦鹉洲的革命活动及生活情况。

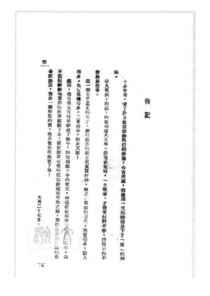

图 3-7 《萧》的《后记》

第四节《与"鬼"为邻》，"萧"在鹦鹉洲时，一直在一个医生兼教师的朋友家住了两年之久。一次，他看到这个朋友和朋友的"老表"一起吸鸦片，很不理解，要愤然离开。经医生解释后，"萧"理解了医生的行为，并继续住在这里。

第五节《干鱼》，老曹在武昌监狱里坐了三年牢后去了南方。一个初秋的早上，"萧"去看望老曹的母亲，路上被暗探发现、追捕。他跑到一个英国教堂，一个老年的神父救了他，没有让暗探进入教堂。"萧"在教堂里躲了几天，在一个下雨的晚上离开了教堂，回到了鹦鹉洲。回到鹦鹉洲后，他立即离开了朋友，离开了母亲，去了广州。

第六节《尾声》，"萧"到广州以后给这位鹦鹉洲的朋友写过五封信。在最后一封信里，"萧"说自己因病住院，要这位朋友经常去看望老曹的母亲。其后，"萧"在医院被捕，受尽折磨而英勇牺牲。

《萧》或许是唯一一部描写萧楚女的文艺作品，难得而珍贵，有其历史文献价值，故将长诗的第三节《鹦鹉洲》以简体汉字抄录于文集，介绍给读者。

由于馆藏没有纸质读本，只有电子影印本，而影印本的质量很差，字迹模糊，很不清晰，加之又是竖排，繁体，有些字即使放大后反反复复地辨认，也难以认出，只能猜测写上，猜测结果可能有错，敬请读者谅解。

**附：**

## 鹦鹉洲①

伍　禾②

（1）

在黄昏

一只小木船

载着

（萧

提着小木桶

那僻静的小巷

隔断了

老跟在他背后的

一双皮鞋着地

单调而奇怪的响声

跨上了小木船）

老年的船夫

稳稳地划着两片桨

雪落在他的身上

划向荒僻的鹦鹉洲

鹦鹉洲呵

真是一个荒凉的地方

它不在汉口

也不在武昌

——虽然跨过襄河就是汉口

跨过长江就是武昌

真的是天高皇帝远么？

挂指挥刀的督军

睡在武昌

除了竹木厘金局

他就根本忘了这个地方

满坑满谷

都是赤裸的木头

湖南人的脚班

寂寞的

看守这些木头

像看守公墓一样

他们

常常为一根木头吵翻脸

---

① 选自长诗《萧》。由乐正友根据清华大学图书馆馆藏本《萧》的电子影印版整理而成。

② 伍禾，原名胡德辉，湖北武昌人，中共党员。曾任中小学教师，扬子江出版社送货员，《新华日报》营业主任，文艺出版社编辑，南天出版社经理，上海救亡演剧第二队队员，广西艺术馆指导员，中华全国文艺界抗敌协会桂林分会理事，《新湖北日报》副刊编辑。1949年后历任《湖北日报》编辑，湖北文联副主席、编辑出版部部长，湖北省文化局副局长，《湖北文艺》编委、主编，中南文联执委。1933年开始发表作品。1952年加入中国作家协会。

约上几十百把人
拿了木棒和挽钩
轰开别人的头
警察派出所
把不到十名的警察
留一大半守门
剩下的派去
拿着生锈的枪
站在旁边
揉自己还没有睡醒的眼睛
这样一个地方
除了商人
谁会记起这个竹木商场

是呀
正因为谁也忘记了它
老船夫的小木船
才坐着萧
离开那些阴险的眼睛
由古城的江边
划向这个荒僻的地方

（2）
在鹦鹉洲
那个教书的医生
正点燃灯
闩了门窗
添一些炭进火盆
坐下来
看《灵枢》《素问》

风

在外面打着呼哨
像打算把房子推倒
门缝里的风
吹着那盏清油灯
时暗时明
咯，咯，咯，
有人在紧紧地敲门
医生放下了书
走去开门

一阵风雪
吹进来一个满身雪花的人
"萧！是你？
你怎么来了？"
两人紧紧地握着手
（萧的手像一块冷冰
借楼阁的灯光
医生看一看萧
原来他身上穿的
还是春天那件破夹袍）
医生倒一杯热茶给萧
"你怎么这晚跑过来
武昌出了什么事情啊？"

萧
放下了小木桶
"因为害怕南方的革命军
督军省长
到处在抓人"

"老曹被捕了
还有很多人被捕了"

"唉，有的已经流了珍贵的血
他们死在阅马场。"

萧坐到椅子上
闪亮着两颗水汪汪的眼睛
可是
他
对着桌子
重重的一拳
跳起来
（雪
从他身上落满地）
大声叫着
"他妈的
居然有人胆怯得变了形！"

（3）
住在鹦鹉洲
萧
常常跑到节孝堂
去看他苦命的母亲

他在节孝堂长大
他想起了从前的情形
母亲纺纱或是编渔网
他自己
提着小竹篮
赶到茶馆
（那是一个人们吵架的地方）
赶到郊外的临时戏场
赶到五月划龙船的岸边

赶到七月半放焰口的地方
大声地叫卖
"瓜子香烟花生糖"

母亲常爱对他说一句同样的话
这次回到鹦鹉洲
母亲还是这样说
"切莫看不起穷人！"

（4）
有一天
在一个脚班的棚子里
脚班恨恨地说
"我自己
箩筐大的字认不得两个
可是
无钱上学无钱买书
而且家里搁不下一个吃白饭的人
看看儿子们也都荒废了呵"
萧说
"学校没有我们穷孩子的份
我自己根本也没有先生
一面卖瓜子香烟花生糖
一面学别人唱戏
唱《余老四打瓦》
唱《蔡鸣凤招亲》
唱会了
便把自己赚来的钱
去买一本
一个个、一句句地认
认那些稀奇古怪的方块字
认那些哩哩啦啦的中国文

认多了
就去买《封神榜》《七剑十三侠》
还买《三国演义》和《水浒》
慢慢地读，慢慢地认
就这样能读书作文

（5）
住在医生的客厅里
窗下摆一张饭桌
萧
就在那里读书写文章
接见他的客人

他每天一定要接见许多客人
那些来自武昌汉口的青年人
（他们轻轻地走进来
好像怕惊动一粒灰尘
走到客厅里
坐下来
轻声地说
仔细地听
一会儿又走了
走得和来时一样轻）
还有那些住在鹦鹉洲的脚班
（他们来了
有时是一大阵
高兴的时候
在大门口就叫喊
烦闷的时候
坐下来半天不作声
有的闷闷地坐一会
叹一口长气

又闷闷地走了
有的坐下来
哇啦哇啦叫个不停
年青的碰见了萧
老不晓得怎么叫他才好
常常不叫他
只"喂"一声算了
——可是背后提起他
一定说
"我们的萧先生！"
年老的脚班碰见了萧
就常常提起他的父亲
他是个什么模样
他有什么好的品性
同那个那个的交情如何
那些老年的脚班
把这一起都告诉萧
他们讲话的时候
老不高兴别人打岔
萧
总是静静地等他们讲完
再慢慢说给他们听）

（6）
一年、两年，……
医生的"生意"也渐渐地好了
找他诊病的
一天比一天多
而且
他们都和他谈萧
和他谈萧的人
也渐渐多起来了

萧

传满了鹦鹉洲

医生走到每一个角落

都可以听到一句话

"我们萧先生"

医生每回看病回来

走在路上

口里默默地说

（用一种深情的感情）

"萧呵

你才是一个真正的医生！"

# 追寻烈士的足迹

彭奇玉

## 一、瞻仰红色战士公墓

2月21日，春光明媚，我们夫妇俩乘车来到长江大桥的汉阳桥头，沿着新铺的沥青路蜿蜒而上，直奔红色经典景区向警予烈士陵园，瞻仰向警予烈士墓及红色战士公墓。1956年11月，红色战士公墓被列为湖北省文物保护单位，在这里安葬着第一次大革命失败后英勇就义的数百名共产党人和革命志士的英魂。

图 3-8　红色战士公墓

公墓的白色大理石石碑上镌刻着彭真同志题写的"红色战士公墓"六个大字，墓碑的反面刻有碑文：

……

一九二七年七月十五日，以汪精卫为首的国民党右派集团在武汉公开叛变革命，提出"宁可枉杀一千，不使一人漏网"的血腥口号，疯狂屠杀共产党人和革命群众。面对白色恐怖，共产党人毫无畏惧，他们以"砍头不要紧，只要主义真"的英雄气概，领导武汉各界革命群众，前仆后继，与敌人进行顽强斗争。先后壮烈牺牲在国民党反动派屠刀下的革命者达数千人。向警予、夏明翰、黄五一、任开国、魏人镜、马骏三、黄赤光、邓雅声、李汉俊、詹大悲、何羽道等是其中著名者。

烈士们牺牲后，遗体有的由家属亲友认领安葬，有的无人认领，一部分由社会慈善部门安葬；还有一部分则是共产党员、海员工人陈春和同他的舅弟王斋公冒着生命危险，在夜深人静时秘密收殓的。当时安葬于汉阳龟山西麓补乾亭附近，并记录了烈士英名。其后，陈春和、王斋公亦被国民党反动派杀害，烈士名单遗失。仅知该处安葬着数百位烈士，其中有优秀的共产党员向警予、马骏三、赵世当、陈其科等。后人缅怀这些先烈，称他们为"红色战士"。

……

这段凝重的碑文激起了我记忆的涟漪，小时候爷爷曾经给我们讲，鹦鹉洲有位陈太婆，是烈士遗孀。中华人民共和国成立初期她住在两湖正街一带，经常到我家与祖父母聊天。陈太婆那时50多岁，身材高挑，精明能干，关心革命大事，夏天常穿一件白色洋布褂子，在我们幼小的心灵中留下了深刻的印象。

爷爷告诉我们：陈太婆的丈夫在大革命期间是鹦鹉洲码头工人的领袖，带领工人打倒军阀、反对列强，支持北伐军和国共合作的革命政府。1927年国民党右派叛变革命，大肆屠杀共产党人，后来陈太婆的丈夫也被国民党反动派枪杀……

这个陈春和莫非就是我们认识的陈太婆的丈夫？于是我们开始了探寻烈士生平的行程。

## 二、寻找英雄事迹

我们在龟山景区找管理人员询问陈春和的情况，他们说"不清楚"；在汉阳区退役军人服务中心网上也查询不到；我们继续向汉阳区洲头街办事处的老朋友打听，仍无线索；最终与中共武汉市委党史研究室何利平联系上了，3月4日她为我们提供了陈春和详尽且权威的信息。

"陈春和（1876年—1929年），祖籍湖北黄陂，20岁到汉阳铁厂当工人。1920年与向忠发等在铁厂多次反抗工头的压迫，后为该厂轮驳水手。1923年初，由许白昊介绍加入中国共产党，是武汉地区最早的工人党员之一，也是中共重新建立的秘密工人组织——武汉工人代表会的骨干分子。1926年9月，陈春和组织汉阳码头工人积极支援北伐军，并出席中华全国总工会召开的工会代表会议，介绍不少工人积极分子加入共产党。"

"1927年七·一五事变后，在汉阳龙灯堤一带坚持地下斗争。在国民党反动派大肆屠杀共产党员之际，陈春和不顾个人安危，深夜潜入刑场，将烈士遗体运至汉阳龟山六角亭安葬，立石碑为记。他在中共湖北省委领导下，重建汉阳县委，任县委委员，后任汉阳县委书记，下辖13个党支部，106名党员。他还领导了汉阳人力车工人进行经济斗争并取得胜利。1929年2月，在汉阳钟家村家中被捕，3月4日与省委书记夏文法等人被杀害于武昌文昌门外。"

从以上这些信息分析，我觉得陈春和的革命活动时间和牺牲时间与小时候听爷爷讲的差不多，但是他一直在汉阳铁厂及汉阳城区闹革命，足迹并未涉及鹦鹉洲，也只字未提他的家庭及妻子，所以这位陈春和好像还不是我们要找的人。

为了记述汉阳鹦鹉洲的历史，我们一帮退休老同学于2021年年初成立了《芳草萋萋鹦鹉洲》文集写作组，正在向广大的鹦鹉洲人征集稿件。在4月5日召开的一次座谈会上，我强调要深入发掘鹦鹉洲的红色资源，用革命故事来激励后代，其间我提起"陈太婆"的线索。这时左家焱同学说："'程太婆'是我的'三家家'，她的丈夫程尚志就是在鹦鹉洲闹革命时被敌人杀害的！"听到这个消息，真让我大喜过望。啊！原来武汉话中"程""陈"读音相同，我们误将程太婆当成了"陈太婆"！

我立马上中华英烈网，查到的信息如下：程尚志，1885年出生，湖北省武汉市人，生前职务为常务委员，牺牲日期是1930年，地点武昌阅马场（当时亦名"阅马厂"），安葬地点不详。烈士事迹：他参加过辛亥革命，1926年入党，任汉阳第一区党部常委；大革命失败后，在汉口慈善会南一路开"程春茂"竹木社，以此为掩护，建立联络点，负责硚口和汉阳赫山一带的工作，因叛徒出卖被捕，在阅马场就义。

图3-9　《阅马厂的血仇》

真是皇天不负有心人！我们终于找到并证实了七十年前听说的共产党员英雄人物的官方材料，我们还想知道更多更多。

我问左家焱学友："你还听说过什么故事吗？"他说："中华人民共和国成立初期，我刚出生，也不知道更多程尚志的事迹，但我家里保存有一份20世纪60年代《武汉晚报》复印件，上面刊登了记者对吴举程（程太婆）的采访。"我请左家焱回去后一定找出来给我看看，过了几天从微信中传来了一张发黄的报纸照片（见图3-9），《阅马厂的血仇》这篇报道记述了程尚志从被捕到牺牲的全过程，可惜年代久远，字迹模糊，难以辨认，但是此文于 1963 年 11 月 20 日发表于《武汉晚报》，则是可以肯定的。

我们继续追寻程尚志烈士的英雄事迹资料……

我们先到武汉图书馆查阅历史文献，1959 年的《长江日报》等资料都保存完好，但是没有 1963 年《武汉晚报》的资料；也请曾经在《武汉晚报》工作的朋友查询，无果。湖北大学不是以文科为主的学院吗，那里是否会保存？找领导是否会重视一些？结果湖北大学图书馆的领导说没有保存此报纸。

2021 年 4 月 29 日下午，我们来到湖北省图书馆，沿着室外自动扶梯直达二楼办证，然后到五楼的历史文献室说明来意，档案管理员心领神会，积极配合。管理员通过卡片盒检索到了用胶片保存的《武汉晚报》影像文档，熟练地在胶片阅读机上放映，胶片"唰唰唰"地跑着，我的心也咚咚咚地激烈跳动。终于找到了分成多段的拍摄胶片影像，多么宝贵的资料啊，我们终于找到了程尚志烈士的事迹文字！

用微缩胶片保存的资料既不能打印，也不能复印，只好用华为手机对着阅读机屏幕分段拍摄。因为报纸原件发黄，胶片拍得不清晰，加上是再次翻拍，清晰度丧失许多。回家后连夜将照片文字转换成 Word 文档，打印成纸质文件，再次到省图书馆面对胶片逐字校对，准确无误后，才分享给大家。

《阅马厂的血仇》在我们的聊天微信群发布，引来大家的热议。程尚志烈士是鹦鹉洲人，是搬运工人领袖之一，最后被国民党枪杀；他在刑场上高呼："共产党万岁！""工农万岁！"他是鹦鹉洲人的光荣！

在武汉的杨培源表示：吴举程，人称"程三婆"，在我家住过，和我祖母关系很好，是一个爱干净的太婆，我们小时叫她三太，60 年代她住在洲头二村。

在深圳的常炜表示：记得当年正是看了报道《阅马厂的血仇》，我们班上组织同学拜访烈属活动，去了程太婆的家，是一间平房，她一个人生活。

在北京的乐正友表示：文中的乐烈安就是我二伯父，他是鹦鹉洲上早期的共产党员，是程尚志的革命领路人。

一石激起千层浪，有关程尚志烈士及遗孀"程三婆"的信息越来越多，而且早期共产党员乐烈安的侄子就是我们的同学和朋友。沿着这些信息继续探索肯定

图 3-10　程尚志的革命烈士证明书

还会大有收获。

### 三、喜获烈士证书

《阅马厂的血仇》一文中说："尚志死后，葬在汉阳十里铺（现已修坟墓，立了烈士碑）。"这应是1963年的事。我们电话联系汉阳扁担山公墓管理处，但他们在网络上搜索不到程尚志的墓地，怎么办？我们一方面准备继续托人查询，另一方面竭力找寻程尚志的烈士证。

5月7日左家焱同学告诉我，他在妹妹家中见过一个类似于奖状的证明书，我让他拍照片给我。经过他的查证，小妹左秀荣家现存的正是二舅程正和（已去世）曾经保存的革命烈士证明书（见图3-10）。1953年有毛泽东主席签字的烈士证不知在何处，现在保存的程尚志烈士证书是1983年换发的。5月16日我们收到了左家焱同学发来的照片，又一件重要史料终于得到证实。

### 四、传承红色基因

我们经过许多的周折，终于厘清了程尚志烈士的英雄事迹。在寻找的过程中，我们似乎触摸到先烈们跳动的脉搏，感受到先烈们呼吸的频率，正是因为他们的伟大，中国巨龙腾飞于九霄之外，华夏巨人屹立于民族之林。在庆祝中国共产党成立100周年之际，我们通过寻找烈士足迹，更深入地了解到萧楚女、乐烈安、程尚志、欧阳立山等大批共产党人在汉阳鹦鹉洲这片热土上谱写的英雄壮歌。挖掘红色故事，追寻红色记忆，发扬革命传统，传承红色基因，从历史中汲取宝贵的精神养分，站在"两个一百年"奋斗目标的历史交汇点，自觉做共产主义远大理想和建设中国特色社会主义的坚定信仰者和忠诚实践者。

历史是最好的教科书，珍贵的历史资料具有很强的感染力，回顾程尚志用生命和理想铸就的初心、使命和奋斗史，更激励我们要不忘初心、牢记使命，继承和发扬革命烈士为党牺牲、奉献的优良传统和作风，充分发挥党员先锋模范带头作用，继续奋斗，奉献进取。

# 附：

## 阅马厂的血仇 [①]

### 吴举程口述　樊鸣杰整理

这是三十四年前的事。我的丈夫程尚志是汉阳鹦鹉洲人，是个放木排的。人们说干这个行当是吃"水狗子饭"，一有生意，不管天南地北，风吹雨打，拼命也得替老板干。记得有个六月天，他送排到江西，谁知一下子发了洪水，把排冲散了一部分。到了江西，买主不依，没给一分钱，他只有讨饭回来。

那时有位叫乐烈安的同事，秘密地参加了革命。他同尚志要好。受苦人联系上了解放工农的党，上刀山也愿意跟着走。因此，尚志就同他们一起闹起革命来了。1927年，大革命失败了，我们搬到汉口松柏里，名义上与老乐做木材买卖，实际上是个碰头的地方，经常夜晚有十三四个人到楼上来开会。房子像鸽笼，十几个人只有贴得紧紧地坐在地板上，又热又闷，蚊子成把地抓，而他们一开五六个小时，连地板都让汗水洇湿了。我也不懂事，只能给他们望风，送茶水。有一回我送两把扇子去，他们还说："大嫂子，辛苦您，只要会开得好，我们的心都凉爽了！敌人的枪子儿都打不进我们的骨头，还怕蚊子吗？"

那时，国民党反动派穷凶极恶，天天都在杀人，哪里都看得到革命者的尸首。即使这样，我丈夫和同志们还在活动。在松柏里住久了，怕引起敌人的注意，就在1930年夏天，搬到了济生一马路来了，也是以开店做掩护。由于叛徒的出卖，过了两个月，就出事了！

阴历八月初一的夜里，尚志刚回家，国民党的宪兵一下子包围了房子，将我丈夫绑走。敌人走后，为了保护党的安全，我将尚志藏的文件全部烧了。一个星期后，才打听到他被关在慈善会的宪兵大队。我去看他时，只见一个漆黑的小房间关了三十几个人，有的躺在地上，有的靠着墙，个个脸色苍白，衣服上血迹斑斑。大小便都在房里，一股臭气令人作呕。

尚志呢？我找了半天没有看见他，直到他走到我跟前才认出来。捉走时是穿着一套白单衣，现在血肉和衣服粘在一起，变成了一件黑一块红一块的血衣了，手像断了一样向后拖着，脚肿得像水桶。原来他关进去七天，就受了六次惨无人道的刑罚：踩杠、绞杠、坐老虎凳，敌人还把很长的针，一半戳进指甲缝里，露在外面的一半用火烧……

但是，敌人什么口供也没有得到。看了他那副样子，我喉咙里像塞了一块石头，半天说不出话来。他开口问："这几天家里都好吗？"这是暗话，他在担心其他同志的安全。我说

---

[①] 本文载于1963年11月26日的《武汉晚报》。由彭奇玉于2021年5月8日根据湖北省图书馆馆藏微缩胶片资料整理而成。

大家都好，他听了立刻露出了笑容。离开他时，我帮他将衣服脱下来换，谁知衣服一扯，血就喷出来了。

我的心像刀子一样地割啊！他还打趣地说："这是敌人给我贴的狗皮膏药，以后再给他们算钱！"我用汤勺喂饭他吃，他咽不下，还使劲儿地吞，说："多给我送饭来，好经受敌人的毒打！"

又过去了十多天，敌人看制服不了尚志，便想出了更毒的花招把我也抓进去了。在一间很阔气的房子里，他们像接客一样假惺惺地接待我，有个歪头稽查，一脸假笑地说："只要你说出地下党的活动，马上就放你先生同你一道回去。"我晓得这是计，就回答："不晓得！"他一看我这样子，冷冰冰地一笑，不紧不慢地说："你不要太固执，年纪轻轻的，往后的日子长啊！好好想一想，跟共产党是死路一条。人心都是肉做的，难道看见你的丈夫那样子不救吗？"我就气冲冲地回答说："就是把我杀了也不知道！"这家伙听到我把话说绝了，马上脸一黑，鼻子哼了一声，喊："来人呐！"只见十几个刽子手涌了进来，又是枪，又是鞭，像吃人的老虎一样凶到我跟前，我心"霍"地一惊，知道他们要动刑了。要是招了，岂不害了更多的同志们，我不能说，想到这里心定了，于是把牙一咬，喊声："不知道！"他们就拖着皮鞭没头没脑地打，打得我皮开肉绽，浑身是血，后来一个女稽查就过来将我推到关我丈夫的牢房里。

我进屋一看，天哪，他们用七寸的大洋钉把我丈夫钉在一个架子上。洋钉从手心和脚背穿过去，鲜血直流，我看得心都要爆炸了。敌人见他不招，就过来逼着我招。我心一横，和他们拼了，喊道："共产党杀不尽，你们杀了我丈夫一个，还有千千万万的人为他报仇。"这些畜生于是就用红烙铁去烙尚志的皮肤，肉被烙得滋滋响，冒出一股青烟。我拼命撞上去喊，要他们一枪将尚志打死。稽查说："他死了，哪有口供？"说完将我拖进了另一间屋子里，以后每隔一天来一两个人审讯我，都碰了一鼻子灰回去了。到了第五天，就将我放了。

隔了两天，忽然有一个叫花子来到我家门前，我定神一看，原来是老乐，他看周围没人，悄悄地说："党知道你回来了，很高兴，现在要我来看看你。希望你忍受更大的痛苦，迎接更艰巨的考验！"说完塞给我十块光洋就走了。

以后，敌人又把尚志押到友益街警备司令部，不久他又被押解到武昌文昌门军法处，这是国民党杀人的窝子，到这里后不死也要剥层皮。我又去见了一次，他是被人搀着出来的。见面后他第一句话就说："以后你不要来看我了。"我问他为什么。他说："敌人将我没法，可能给我最后一条路。你不要伤心，我们没有孩子，将来会有千千万万的儿女给我报仇的……"我一听眼泪忍不住满了出来，还没等我说完话，就被看守赶了出来。

1930年旧历九月初八，天上满是乌云，像快要下雨的样子。我从街上回来，邻居告诉我说，尚志的四弟刚才来过，叫我马上去武昌军法处。我到了武昌军法处对面的茶馆，尚志的四弟在茶馆内一见我就哭了起来，说尚志早上九点钟在阅马厂被敌人枪毙了。我一听，像有根木棍打在我头上，天昏地转地昏了过去。大家用水把我灌醒过来后，旁边看的人也都陪着流泪。

他们告诉我，敌人一共枪杀了九个同志。并说，烈士们死得很英勇，当敌人用汽车拖他们到刑场时，他们一直高呼："共产党万岁！""工农万岁！""打倒帝国主义！""打倒国民党！"到了刑场，敌人要他们跪下，他们一个个笔直地挺着，有的人被敌人打着跪下来以后又站了起来！

我和四弟赶到阅马厂，烈士们的尸首已经被敌人运到了洪山。在晚上遗体搬运过江的时候，我看到丈夫的鼻和口角处都是血，他那威武不屈的形象，使我化悲痛为仇恨。

尚志死后，葬在汉阳十里铺（现已修坟墓，立了烈士碑）。老乐来安慰我说："你不要难过，革命成功后，你会生活得更好的。"当时我只有33岁，第二年阳历三月，我进了观音阁"敬节堂"。"敬节堂"真是一座监牢，大门一年四季都用半尺长的大锁锁着。"节妇"带去的小孩上学进出要坐转筒，除了三月和七月（旧社会上坟和烧纸的时间）准出来两次（规定只有几天时间），平时想见娘家的亲人也不行。一个月全部费用只发两块钱，真的是过着非人的生活。在日本人侵占武汉时，我才出"敬节堂"随娘家过活，在旧社会苦苦地熬了20多年，直到解放。

解放后真像我丈夫和老乐以前所说的话一样，党给我在鹦鹉洲安置了家，我过着幸福的生活。十多年来，党为了给我治病不知花了多少钱，今年就在市五医院、四医院住了半年多，才把被敌人打伤的腰治好。街道和周围的邻居对我更是无微不至的照顾。有一天，街道的党总支陈书记听说我出院了，冒着倾盆大雨来看我。他见我行动不方便，第二天就派人来伺候我，我喜得流了眼泪，心想自己年纪大了，又没有为人民做点什么，怎么要别人服侍呢？所以就辞谢了。

现在，我只要到利济路口，见到那座已经做了"武汉聋哑协会"的房子，只要经过阅马厂，看到那湖北剧场和花园，我就恨反动派，就想起丈夫和烈士们的血！每当我到丈夫坟头上去看时，望着那一排排巨大的工厂、机械化的码头，心里就由痛变喜，尚志死得值得啊，这些不都是烈士的血，工人的汗换来的吗？

# 《我的一家》留下的谜 ①

周芳春

## 一、"我的一家"今安在

年纪稍长些的人，大多读过革命老人陶承的自传体小说《我的一家》，那个只身活动在汉阳鹦鹉洲一带的小交通员欧阳立安，那些真实又略带传奇的革命故事，曾经实实在在地影响过我们一代人——这实在是一段令人无法忘怀的历史。郁郁葱葱的龟山脚下，曾经鼓舞过我们千百万人的那座革命遗址，陶承的那个"家"，今天还在吗？

汉阳鹦鹉洲那些早年的棚户区，如今早已被一座现代化的港口所代替，只有面前横卧着的这条长江，涛声依旧。我拨通了晴川房管所的电话，对方称："欧阳立安曾经住的那座房子，现在还在，我们每年仍然负责维修，不过，里面还住着人，也没听说过还有需要保护的文物。"

## 二、当年地下党交通站是如何暴露的

从龟山脚下的晴川阁逆江而上，鹦鹉洲上这条街过去是青石板铺就的。洲上那些搬运脚夫，大多栖息在这里的背街。当年地下党所设的地下交通站，当在这里无疑。欧阳立安曾经无数次往返于这些棚户区，欧阳梅生的很多秘密信件，大多是通过欧阳立安传送到这里，再通过交通站转送出去。从当时的交通条件看，唯一的可能只有从水路东下，这也与当年地下党的中心设在上海相吻合。但是，地下党建立在这些棚户区的交通站，最终还是被敌人所破坏，欧阳立安一家也只得匆匆转移去了上海。当时的地下交通员几乎全部遇难，无一能幸免，致使很多人连姓名都没有留下。基于此，当年地下交通站究竟是如何暴露的，迄今仍无定论，几乎成了谜。一说叛徒出卖（陶承亦有此说），出了叛徒是无疑的。但是否与交通站的破坏有直接关系？仍值得探讨。还有一说，是笔者在此次调查采访中所发现的，似是祸起于一张传单，不知何故，当时地下党印刷的一批传单，被一个叫"江仔"的拿了去。他是以炸油条谋生的，又偏偏目不识丁，那些地下党的

---

① 本文载于 1994 年 12 月 31 日的《长江日报》，作者周芳春是建港中学 65 届学生。吴海清之孙吴新国现年 69 岁，乃武汉三中校友，他提供了报纸原件及照片。

传单就这样裹着油条，被公开散发开去了，后面的不幸便发生了。

### 三、吴海清遇难前后

吴海清是那批遇难者之一。他是否是地下党员？无可考。但是，半个多世纪过去，笔者仍然在其家发现一些当年的遗迹。他居住的地方很偏僻，几乎与姜娄之芳草地接壤。他似乎是以种菜为业的，但到他家聚集的又并非全是种菜的朋友。老鹦鹉洲人至今仍能聊出一些吴家的事来。所幸的是吴家早年那几间茅草棚，并没有全部被拆除掉，与此形成对照的是他的后代所营造的那栋三层楼房，已经拔地而起。

吴海清遇难那天（1927年腊月二十九），一个叫"瞎子"的喊走了他，从此他就再也没有回来。据说瞎子也是圈内人，并与吴沾亲。瞎子曾对吴妻说出去一会就回来，但吴离家后就被关进了汉口六渡桥警备司令部，当晚就遇难了。据说吴在被搜身时吞下了一张纸条，当场就被击毙了。子弹洞穿了一大户人家的窗玻璃，并击碎了一盏电灯。这是吴的家属在领回遗体时听说的。瞎子是否有叛变行为不得而知，解放后也没有谁为其定过性。

吴海清遇难后，地下党曾派人给吴家送过钱（10块银圆）。还留下一张写满字的纸，交由吴妻保存，只说以后会有用的，并声称还会有人来接济他们的。吴妻目不识丁，不知道那张纸上写的是什么，也不敢拿出来给别人看。后来风声愈来愈紧，吴妻也慑于白色恐怖，将所有藏起来的东西连同那纸，全部付之一炬

图 3-11　金鳌的家书

图 3-12　《长江日报》刊载本文

了。虽然如此，笔者仍然在他家找到了一些遗迹。

　　吴家藏有一个难友从狱中传出的一封家书，是在临刑前的一个星期对方在狱中匆匆写就的，是从吴家留下来的一口旧木箱垫层里发现的，可惜只找到其中的一页，已经模糊难辨（见图 3-11）。这位名叫金鳌的难友，马上就要赴刑场了，但字里行间依然洋溢着一个革命者的凛然气概。在这封遗书里，他提到了另外两个战友的下落，即都已经相继遇难。他还惦记着那位叫有顾的战友，客死他乡，自己已无力将其遗体运回家去。面对反动派的杀戮，他愤怒地诉说："路人兄，可忍也，孰不可忍也！"革命坚毅之情跃然纸上。这封遗书落款是以胞弟自称，看似临刑前写给兄长的一封家书，但毫无一件家庭琐事，最后说到"如下星期不来，竟无望矣"。笔者以为，这似是写给组织的一份报告，其中某些类似隐语，仍值得推敲。这封家书的用纸横眉上印有"总理遗嘱"，属于当年那一类"公文纸"，可见，这位先辈是借用狱中的纸砚，临刑前数天匆匆草就的。这封遗书是怎样转到吴海清手中的，也无可考。抑或这封家书几经辗转，是由欧阳立安传来也未可知。但是，吴海清并没有将这封遗书送出去，或者说他已经来不及将这封用血和泪写就的家书送走，自己便倒在血泊中去了。至此，欧阳梅生等革命志士，在半个多世纪以前，在汉阳鹦鹉洲所苦心建立起来的地下交通网，悉数遭到破坏。所有被捕的地下交通员，几乎无一幸免。由于此故，那些牺牲了许多年的同志，我们至今仍不知道他们的名字，这不能不说是一件很大的憾事。

# 第四章　耄耋之念

# 我所知道的鹦鹉洲

吴秉正

22岁之前，我大部分时间生活在鹦鹉洲，娶了一位鹦鹉洲的姑娘为妻。

鹦鹉洲被称为湖南人在武汉市的一块"飞地"，它的形成既非强占也非官府划定，而是湖南的木材在此集散而自然形成的一个庞大的木材交易市场。何时开埠无从考证，但传说从清朝中晚期就逐步形成。

湖南多山，山区丰富的森林资源经湘、资、沅、澧，过洞庭湖，越长江，千里迢迢，被人工流放集中到汉阳近郊这块"芳草萋萋"的江滩上，年深月久，荒滩因木材集散而改变模样。湖南五府十八帮的乡亲们在这里扎下了根，木材越聚越多，人员越聚越众，乡亲带乡亲，朋友帮朋友，就形成了"帮"。

木材是湖南的大宗商品，坊间有茶商、木客、盐贩子之称谓，木材在出省商品中占有重要地位。我童年生活在鹦鹉洲，满目都是木材，岸上堆积如山，江中木排成龙，首尾相接，整日人声鼎沸，号子响亮。新到木排更是热闹，收香后的"神福"非常丰盛，鸡鸭鱼肉，美酒佳肴，大块吃肉，大口喝酒，划拳行令，一醉方休。

鹦鹉洲多木客，更多是排工（即排估佬），从湖南到鹦鹉洲，称上江；从鹦鹉洲到南京、镇江，称下江。我干过近十年的排估佬，上江下江都干过，每次少则十来天，多则数月，不管严寒酷暑，风霜雨雪。江上的露天作业十分辛苦，洞庭湖的狂风恶浪，长江的激流险滩，惊心动魄。土匪的袭击，洪水、枯水的困扰，让人提心吊胆。

鹦鹉洲是湖南人在武汉的一块聚居地，五府十八帮对应的是湖南老家的地域，各方都建有会馆，据统计有28个之多，两湖会馆最大。我们益阳的会馆叫"歧埠"，有点特殊的是，有两个歧埠会馆，上歧埠和下歧埠，分别建在洲头和洲尾。我家住在上歧埠，在荒五里的河滩上有简陋的木屋，上连宝庆帮，下接常德帮。在家乡我们相距数百里，在鹦鹉洲我们却是隔壁邻居，邻里和睦相处，但交往不多。在这里，湖南各地方言都能听到。

1935年深秋的一个寒冷大风的早晨，常德帮内发生火灾，瞬间就烧到了我家，木屋顿成灰烬，幸有会馆临时居住，一住就是一年有余。

火灾的教训促使父亲发狠，要建成能防火的砖木结构的小洋楼，两层八室两厅两厨房，成了当时当地的标志性建筑，火灾莫奈我何。但"七七"事变爆发，我家仓促避难回到湖南老家，留下的新房让毫不相干的人们白白住了八年。

排工的组织叫"杨泗会"，供奉杨泗的灵位，杨泗是何方神圣并不重要，排估佬每年农历六月六日会虔诚地为杨泗庆生，杨泗庙前张灯结彩，还要搭上彩棚，开宴席、议会务、搓麻将、说书弹唱，好不热闹。

鹦鹉洲外来人口众多，流动频繁，人员复杂，帮派林立，但社会秩序良好，治安稳定，这里最大的忧患是防洪设施不足，消防欠缺。

鹦鹉洲木材市场规模宏大，并没有一个统一的管理机构，两湖会馆也只能做一些协调工作，在实践中却形成了不成文的"行规"。

木材计量是自然形成规矩，以"两"计算比较复杂，在五尺三指处量周围，用固定的换算表换算成分、钱、两，累计成"两"后计价，长度的规定是根据"分码""前码"定尺，分码够三丈、前码够三丈六为尺，尺算正木，否则为脚木。小于分码（即周围一尺以下）一般论根计价，此法并不科学，但行业认可也就一直沿用。

市场分工明确，上江、下江的运输一般多为湖南人，各帮自行解决，出售以后的第二次运输多为当地人，木行多为当地人，只有少量的湖南人，围量手全是湖北人，本帮的业务有专业性，不能外流。

但例外出现在归元寺，汉阳古刹归元寺大兴土木，修建寺庙，在鹦鹉洲买了大批木材，庙方要求自运，但排估佬按例必须托运，话不投机就打了起来，年轻的和尚都有武功底子，几条浸水的长布就把排估佬打得落花流水，得胜的和尚如愿以偿，佛门子弟并非都是那么"慈善"。

中华人民共和国成立后的两三年，政府严禁乱砍滥伐，封山育林，继而实行木材统购统销政策，鹦鹉洲的木材市场萎缩，岸上江下除了国营煤建公司有少量木材外，早已冷冷清清，木商资金转入工业生产，排估佬们已统一加入武汉市搬运公司，会馆移作他用。两湖会馆成了树人小学，我的几个弟妹在此读到毕业，二都会馆成了菜场，长衡会馆叫瓜堤中学，后改名建港中学，常德会馆早在抗战前就改成陵源小学，我在这里启蒙，初次听老师们讲"抗日"。

鹦鹉洲木材市场交易停摆，经过短暂沉寂，转型并没有完全停步，陆续建成了港口、工厂、街道，改革开放脚步加快，长长的鹦鹉大道，成为主要交通干道，融入闹市区行列，居住小区星罗棋布，高楼大厦鳞次栉比，商业网点、市政设施齐全，洪可防，涝可排，堤外建筑全部拆除。我曾会同弟妹寻找我家的踪迹，仅找到堂屋的一块磨花石地坪和我战后栽的几十棵柳树，世事沧桑，在这里我总算留下了童年的记忆。

鹦鹉洲长江大桥建成，这里成了闹市的中心城区，堤外建成了江滩公园，听亲友们的叙述，引起了我对鹦鹉洲的美好遐想，可惜不能亲往一游。鹦鹉洲的湖南老乡一代一代地传承，早已融入当地社会，生活得比以往更加稳定安逸，乡音逐步同化，年轻的更不分地域，都成了武汉人，但祖辈的一些生活习惯，三湘文化多少还是保留下来了。

怀念鹦鹉洲，她是我的第二故乡。

2018 年 7 月写于江苏老年公寓

# 附：

## 吴秉正先生简介

*杨培源*

吴秉正先生出生于1931年3月26日，祖籍湖南益阳，生于资江中的一个小岛——青龙洲，父亲吴瑞庭在鹦鹉洲经营木材生意。吴秉正15岁时作为家中长子，按父母的意见，闯世界、经风雨、见世面，好继承父业。他刚开始在河里学放排，学做木材生意。后来由于吴家和同是做木材生意的杨盛茂是世交，交往甚密，他被杨盛茂的女掌门看中，女掌门将小女儿杨深琴许配给了他。两人于1949年11月12日在汉口会宾酒楼举行了隆重的婚礼，湖南湖北联姻，也算缘分。

吴秉正先生聪明能干，勤奋好学，特别能吃苦，从一个小学毕业生，拼搏成工程师和中层干部，并自学成才，写了好多文章，发表于《新华日报》《南京日报》，是日报的特聘通讯员。他青年时代大部分时间生活在鹦鹉洲，对鹦鹉洲有很深的感情。曾写出了《我所知道的鹦鹉洲》《漫漫人生路》《排估佬的生涯》等文章，还写了十多首诗词，很有文学价值和历史参考价值。

吴秉正先生现年90岁，今生活在南京。

图 4-1 吴秉正老先生和杨培源在武汉

# 排估佬的生涯 [①]

吴秉正

## 一、平生第一次放排

我的故乡在湖南省益阳市资江中的一个名叫青龙洲的小岛上，祖籍则在益阳市资江上游 30 里的新桥河。青龙洲四面环水，隔一条小夹河与益阳市区相邻，洲上树木青翠，高大的杨树、柳树、水杉、果树林木茂盛，竹林、菜园到处都是。有免费渡船可前往市区。这里很早以前就自然形成竹木的集散地，购销两旺，生意兴隆，资江上游山区出产的优质木材，在这里改编成更大、更牢固的木排，运往武汉、南京、镇江等大城市销售，是益阳的支柱行业之一。所以洲上的居民中，不是木商老板，就是运送木排筏的工人，俗称"排估佬"。在首尾相接的木排上，做排的号子，高亢而有节奏，常年不绝于耳，非常热闹，抗战胜利以后我也加入了这个大合唱。

我第一次上排是 1946 年夏季，在青龙洲扎成大木排后，跟随邻居叔叔、大哥及远房舅舅们上路了，当时我只有 15 岁。父母的意思是让我闯闯世界，经风雨，见世面。我的职务叫"神祝头"，任务是在做"神福"前，由我秉烛焚香，叩头敬神，请求龙王老爷保佑我们一路平安。附带的任务是，木排靠岸时给篾缆浇水，防止篾缆与木垒长时间摩擦而升温起火。

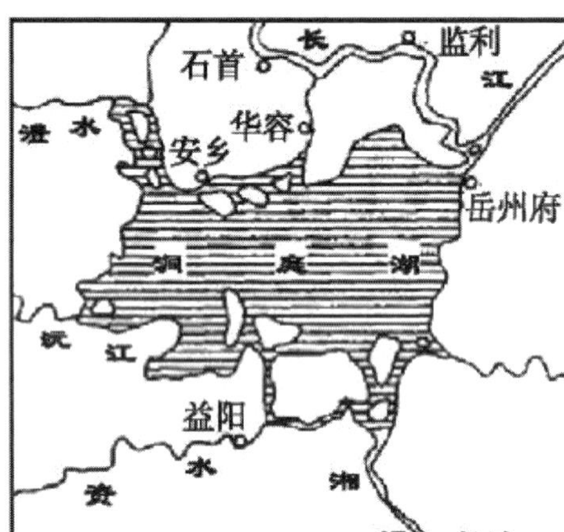

图 4-2　洞庭湖水域图

无事休息的时候，老师傅教我们行排口诀，把要经过的市镇地名串联起来，编成顺口溜，让我们知道将要经过的那些村镇和城市。如"青龙（洲）摆尾到刘公（滩），沙头、羊角、青草坪，茅郭子先生算八字（哨），临资（口）一响到芦林（潭）……嘉鱼、簰洲、金口驿，黄鹤楼中吹玉笛"，确实蛮有意思的。

---

[①] 摘自吴秉正先生的《漫漫人生路》第四章，由彭奇玉整理、删减并插图。

　　分配给我的工作比较轻松，这是长辈们对我的照顾，但我却不甘寂寞，什么事都想插一手。劈竹篾，我学；绞湖，我推绞车；上船划桨，跳头抛锚，在小河里"赶兔子"，我成了木排上的满场飞。

　　打鼓佬是排上的总指挥，一般由能力最强、经验丰富的人担任，他用鼓点指挥各人工作。排上分工明确，各司其职，迷信色彩比较浓厚，忌语很多，规矩不少，鬼、搁、浅、抽、翻和亵渎神灵的话语不许说，不准扛着篙棍在排上走动，女人不得上头排等等。

　　每到一个较大的城镇，要备三牲敬神，敬神之后才是大家的美味佳肴，叫作"做神福"，实际是打牙祭。从益阳到武汉，共有七个半神福，其中在湘江的湘阴境内有一次鱼神福，只吃鱼不敬神，所以只算半个。"做神福"，肉的标准一般是每人半斤，鸡是不能乱吃的，鸡头一定属于打鼓佬，鸡屁股这是拖艄公的专利。

　　我们的木排启航离开青龙洲，沿资江顺流而下，在沙头附近进入小河。由于河道狭窄，大部分时间只能手拿竹篙放流，弯道较多的地方，就用小木犁牵头，使木排走入正道。掌握小木犁，要在岸上跟着木排跑，俗称"赶兔子"，赶兔子的工作是清一色的小伙子完成的，当然少不了我。水流缓慢，我们可以跟着木排散步，悠哉游哉，吹牛打闹。水流一急，那就得跑得上气不接下气，满头大汗，好在这种情况时间不长，水太急了，就会赶快上排。八字哨一过，水流更急，木排左弯右曲，排头与排尾相撞，吱吱作响，我们手拿竹篙，东撑西挡，让木排不要靠岸，否则有散排或搁浅的危险。

　　有一次，行排突然出现险情，我们拿着竹篙往后跑，跑到两排连接处，忽然两排相挤，把一条大鲇鱼挤到了排上，活蹦乱跳。我忙用竹篙猛击，可是它跑得比我的竹篙还快，一下也没有打着。跑在我后面的姚师傅见状急忙把我拉开，一个猛虎扑羊之势，一把抱住了这条足有 20 多斤的大鱼。我刚丢下了竹篙，准备帮忙，可鱼儿一个鲤鱼打挺，从姚师傅的怀抱中窜出，鱼头正好撞在他的鼻子上。鱼儿跳进了小河，姚师傅"哎呦"一声，两手捂着脸面，疼痛难忍，到手的一条大鱼就这么跑了，还落得个鼻青脸肿。排到武汉，姚师傅鼻子始终肿得老大，他后悔不该捉鱼，因为鱼儿是龙王爷的子孙，这是龙王爷对他的惩罚。木排出临资口进入香江，再入洞庭湖，时值汛期，湖水很满，长江水位也高，湖水流速很慢，木排放流已缺乏动力，必须人力帮助，于是，艰苦的"绞湖"作业开始了。

　　所谓"绞湖"，即用木船把扣在篾缆上的大锚，丢向前方，用木排上竖立的绞车将篾缆绞回，促使木排前进。反反复复，一天绞下来，也前进不了几里路，所以一绞十天半月是常事，把人搞得精疲力竭。但绞湖时非常热闹，推在通杠上的两位老师傅，往往会领着大家进行号子比赛，比哪个号子内容丰富，曲牌最好，嗓音最高且耐久，这样可减少疲劳。我们绞了二三天后，天气有突变的迹象，经验丰富的打鼓佬立即用鼓点通知锚船改变方向，把排向可避风浪的地方牵引。到了下午，果然风起雨至，夹着电闪雷鸣，天一下子黑了下来。远处看得见龙卷风的黑色大漏斗，左右摇摆，真像巨龙摆尾游向天空，风力逐渐加大，大浪滔天，木排成了摇篮。幸亏打鼓佬有先见之明，所以我们经受的风浪要小一些，我们提前把所有的锚缆都抛入湖底，木排被牢牢地固定在风浪中的湖面上，安全得到了保障。据老人们说，这样的天气，这样大的风浪，尤其是龙卷风更是罕见，可我一下河就碰上了，给我来了一个下马威，真是经风雨见世面了。

可怜的是与我们同行的小木排，排上只有四人，他们没有能力划到风浪较小的地方躲避，而且木排本身也无力抵御强大的风浪，所以我们眼看他们被推到湖边的山崖下，木排被浪冲击而解体。到傍晚时分，既看不到排，又看不到人了，我们也无力救助。

打鼓佬说这是洞庭龙王在巡湖，一再要我们焚香秉烛，向龙王爷叩头，请求保佑。我本来不相信这些神话，但哪个要我是"神祝头"呢？不叩头是不行的，并且还要表现得非常虔诚，至少也要起到安定民心的作用。三天风暴过去，全排平安，大家都表扬我的头叩得好，感动了龙王，保佑了我们，真叫人哭笑不得，但平安总是可喜的。

图 4-3　洞庭湖与岳阳楼

湖面恢复平静，我们继续绞湖，好不容易来到岳阳城下，忙做神福，改善伙食，我们才得到短暂的休息。可连天的烈日，把我的肩膀晒起了红黑色的水泡，几天一过，泡穿水出，用手一揭，一张张薄皮随手而起。我虽感到有些疼痛，但我不在乎。不久我全身墨黑，脱掉棉纱背心以后，还有一件"肉背心"穿在身上，倒也有趣儿。后来，我发现老师傅们都是穿长衣长裤，头戴斗笠，所以他们都没有同我一样有白色"肉背心"。可我不习惯他们那种不凉爽的装束，所以我还是多次犯同样的"错误"。

穿过岳阳楼，不远处就是城陵矶，从这里进入长江，江、湖两水交汇，湖水清澈流缓，江水浑浊流急，真可谓"泾渭分明"。两水所形成的漩涡，就像分色转筒蛋糕，甚是好看。这种景观，后来我还在江西湖口县长江与鄱阳湖交汇处看到过。我想"泾渭分明"这条成语不应只是陕西省的专利，不也可以叫作"江湖分明"吗？

进入长江，行排速度加快，白天行排，晚上靠岸休息，倒也比较轻松。但这一带的蚊子比较大，而且厉害，俗话说："新堤（沔阳）的蚊子大如鹅，挨了一扁担，还飞过一条河。"这话当然有些夸张，但其凶猛也可想而知。排靠新堤附近，天上一弯新月，星星点点，凉风习习，我们谁也不敢享受这美妙的佳境，只好放下蚊帐睡觉。半夜时分，我们被一片喊打声惊醒，以为是土匪打劫，便披衣起床、手拿木棍、严阵以待。朦胧中远处有一小舟向木排游来，一男一女，喊打不停，我们大着胆子喊话，原来是一条夫妻渔船。船的排钩钩上来一条"大鱼"，拉也拉不动，打也打不死，还拖着船儿前进，把很多鱼钩搅得乱七八糟。我们七手八脚地帮忙，把"大鱼"拉到排上，原来是一条一百多斤油亮的大江豚，俗称江猪。渔夫连喊倒霉，因为江猪没有什么利用价值，卖不了钱。于是他们稍事休息，丢下江猪和无法理清的鱼钩道谢而去。

图 4-4　驶向鹦鹉洲

我们得到了这送上门来的宝贝，也不知如何是好。江猪在长江里很多，往往在风浪到来之前，它们会成群结队，争先恐后地在水面上朝一个方向跳跃，我们叫"江猪拜风"。遇到这种时候，打鼓佬们立即指挥木排靠岸避风，因为随后大风必到。但捕捉到排上来，还是第一次，于是我们把它挂起来展览一天之后，便开膛破肚，剥皮取肉。江猪皮层脂肪特厚，据说是非常好的火伤良药，我们熬了一些。但江猪的肉很腥，无法入口，丢了又觉得可惜，只好腌制晒干，权当下酒小菜。

排到小军山，快到目的地了，一般要派人到鹦鹉洲请来更多的驾排好手帮忙，设法把排停靠在鹦鹉洲选定的位置上，这叫"收香"。如果停靠不好，跑向下游，叫"跑香"，那将引出很多的麻烦。所以这一工作大家特别重视，为了木排安全停靠，会安装好永久性的头缆和尾缆，甚至腰缆，将木排牢靠地固定下来。在回收停排放出长缆时，各路好手，号子连天，好像一场排工号子的大合唱，抒发着胜利完成任务的愉快之情，引来无数围观者，场面很是热闹、壮观。

最后的也是最大的神福，在排靠鹦鹉洲后进行。鸡、鸭、鱼、肉七盘八碟，还要请来各方亲友，既是老板慰劳工人，也是庆祝木排平安到达，预祝生意兴隆。排上没有桌子，可以自邀伙伴，找一处平整的地方，大家蹲成一个圆圈，不论春夏秋冬，中间总是放一个炉火通红的"炊炉子"，上置一砂锅，以保持菜肴的热度。辣椒辣，菜肴烫，大块吃肉，大口喝酒，划拳行令，谈笑风生，无拘无束，一醉方休。在这种下里巴人式的粗犷而豪迈的场面中，我的第一次行排"旅程"就这样圆满地结束了。

## 二、排估佬的苦与乐

从此以后，我多次在从益阳到武汉，从武汉到南京的航道上驾驶木排，我付出了辛勤的劳动，也获得了额外的快乐。

上江放排，主要靠人力流放，劳动强度很大，除停排避风、躲雨、让水的时候，就没有多少休息的时间。下江放排就好多了，因为排更大、人更多、更热闹。在武汉重新编组以后，我们用小火轮拖运，只有在开头和停排的时候才辅助以人力，因此我们清闲的时间较多，但也并非每次都是一路顺畅。

有一次由于打鼓佬选点不当，江水流速太大，我们在湖北鄂州附近靠排失败。当时我们四人架着一条小船上岸出锚，失败后总想把一条长长的篾缆拖运回排。想不到木排飞速前进，而小船拖着篾缆行动不便，距离越拉越大。更倒霉的是东风突起，其实风并不影响排的前进速度，但小船招风，很难前进。最后我们只得丢掉篾缆，拼命划船，但也无济于事，眼看木排逃出我们的视线。天色已晚，我们身上只有一条短裤和一件背心，身无分文，船上除了四支木桨以外，别无他物。我们腹内空空，又冷又饿，精疲力竭。船在江中，随波逐流，后来我们干脆睡觉放流。半夜时分，不知哪一位听到哗哗的水流声，抬头一看，遭了！迎面一个巨大的钢铁浮筒向小船迅速靠近，他大声喊叫把大家从睡梦中惊醒，我们用力划桨才逃出险境，否则就有船碎人亡的危险。原来，这里已到黄石市，这样的浮筒，是江中停靠大轮船系缆用的，一顺有十多个。吃一堑长一智，我们三人睡觉一人值班，借此恢复体力，等天亮以后再做打算。

当太阳从江面升起的时候，身上才逐渐增加了一丝暖意，可肚子饿得特别难受，咕咕乱叫。我们把船靠在江滩边上，但周边都没有人家，我们在滩地里摘了些新鲜绿豆、菜豆充饥，连黄瓜都没有。两位年龄较大的师傅烟瘾发作，一把鼻涕一把眼泪，梦想吞云吐雾一番，可现在到哪里去找烟呢？看来，他们对于吸烟比填肚子更为迫切。天无绝人之路，我们总算在一个小山坳里找到了一个孤独的小茅屋，一对老年夫妻相依为命，看得出来他们的生活非常清贫。当他们听到我们的遭遇，很是同情，善良的心灵促使他们立即为我们煮了一锅糙米饭，蒸了一碗也不知留了多久的小鱼干，虽然缺油、少盐，可我们吃起来比山珍海味更来劲。难怪当年乾隆皇帝答复他的臣子说：世界上最好吃的东西是"饥"。这次我们对这句话有了亲身的体会，真是至理名言。我们无以为报，只好把两只木桨和我们深深的谢意留给了这对好心善良的老人。

饭饱后，我们鼓足干劲儿再追排，一心希望木排能在某处停留下来，因为只有这样才能追得上他们。同时也希望碰上其他木排，因为排估佬总归是有共同语言的，最少也可以解决生存问题。我们沿途询问水上帆船，打听是否看到流放的木排，多数答复："有！但距离很远。"一直快到武穴才得到确切的消息：在武穴下游一二十公里的地方有一大块木排靠在岸边。我们喜出望外，轮流使劲划桨，一直到傍晚，才上了这离别三十小时的亲爱的木排。上排后最重要的是吃饭，接着洗澡睡觉，人一靠床，那种舒适惬意的感觉真让人无法形容。

1948 年，正值解放战争的关键时刻，国民党在长江上布置重兵，依靠长江这条天然屏障，搞起立体防线，沿江的岗哨对木排也少不了敲诈勒索，老板们沿途丢下了不少买路钱。这年秋天，又是在武穴这个地方，我们排靠岸不成，只得连夜夜航。想不到排偏离航道，朝武穴上游斜对面的山头直撞过去，排擦着山石，排要散了，木材要断了，情况十分危急，排上一片混乱，人们到处奔跑，喊叫声不断。不想，这惊动了停在武穴城下的两艘巨大的兵舰，舰上灯光突然熄灭，拉响了警报，接着几声枪响，同时派出两艘快艇，用强光探照灯对我们进行扫描。扩音器里吼着，不时夹着对天射击的枪声，命令我们立即靠岸检查，阵势十分吓人。我们成了武装军队的敌人，但木排依然失去控制，顺流而下，一些人吓得六神无主，大有束手待毙之虞。胆大的大姐夫罗理刚，急中生智，带着人，驾一条小船迎向快艇，向国民党说明我们是没有武装的木排，因靠不上岸而夜航，遇到险情才发生混乱，靠岸实不可能，请求高抬贵手；并随手送上一把钞票，说上连串的好话。于是，快艇绕排一周，艇长认为情况属实，并非共产党军队降临，又有钞票的神奇作用，他们才放下心来，发信号向兵舰做了报告，然后扬长而去，兵舰的灯光这才又亮了起来，江边上恢复了平静。一场虚惊，使双方都紧张了几个小时。

驾排的经历，丰富多彩，要一一记述，谈何容易。如我亲身经历过的风雨有过马当，夜闯拦江矶，太子矶拆庙砸菩萨，鄱阳湖口月夜逮大鱼，不胜枚举。辛勤的劳动中，也有无穷的快乐。我们可以划船上岸买到各地的美味特产、名点佳肴，站在排上就可以观赏到很多地方的名胜古迹，回味他们的文化内涵。

### 三、沿途各地的美味特产

木排的运输路线长达 2000 多里，从益阳到南京，要经过大小城市二三十座，村镇无法计算，沿途所经大都是长江沿岸富裕地区，土特产丰富，佳肴名点众多。让我不能忘怀的有：益阳盛官宝的米面、苏楚江的皮蛋、临资口的千张、岳阳君山的毛尖、武汉蔡林记的热干面、老通城的豆皮、稻香村的瓦罐鸡汁、锦春的臭面筋、梁子湖的武昌鱼、黄石的港饼、安庆胡玉美的豆瓣酱、采石矶的茶干、南京的板鸭、夫子庙的秦淮八绝小吃，都是闻名遐迩的美味佳肴。

更值一提的是洞庭湖老庙台的野鸭，虽然地处偏僻，能够享受的人不多，但它很有特色，并且我还有段亲身经历的故事。

老庙台地处洞庭湖深处，冬天枯水季节，这处高高的沙洲上就成了出售野鸭的集市。附近的湖汊是良好的停泊场所，船户排客云集，因此生意兴隆。这里出售的野鸭不但数量大、新鲜，而且品种繁多。大到十几斤一只的大雁，小到八只一串、重不过二三斤的八鸭子，还有一公一母的对鸭，四只一串的红脚板，六只一串的灰老鸭。为了保鲜，一律除去了内脏。买好野鸭后，鸭老板会替你把鸭毛鸭绒收拾得干干净净。鸭副产品的鸭肫、鸭心、鸭肝、鸭绒也随你任意采购，1947 年冬天，我曾在这里大获丰收，而且没花自己一分钱。

那是在到达老庙台之前，排停泊湘江，大家无事可干，多事者用竹木做了一副骨牌玩了起来，以消磨时间。哪晓得我手气太好，每场必赢，两三天下来，几乎把排上十几个人的钱，都赢进了口袋，甚至有几个欠了我的债。牌再也打不下去了。排到老庙台，我灵机一动，请人挑了两副箩筐上了集市，一下子就买了十几只大雁和野鸭，外加一百多斤鸭肫，还买了香烟、酒、花生、猪肉等食物，哼哧哼哧挑到排上，将大部分大雁、野鸭、鸭肫等腌制，用头、脚、翅膀等食物举行大会餐，招待我的这些"手下败将"。大家吃得非常高兴，实际上是老母猪吃胞衣——自己吃自己。趁大家酒醉饭饱，我讲话了，大意是：钱赢了不少，但买鸭子也用了不少，下面也没有多少空余的时间，牌就不打了，欠我的钱，我也不要了。我的一个远房舅舅听到这里，也趁机把骨牌一抓，向湖中一甩，口里喊着："不来喽，不来喽。"木排上的一场赌博，就这样在笑声中结束了。这是我一生中唯一的一次赌博，之后，他们都暗中说我是一个鬼精灵。

这些腌制的野鸭和鸭肫，成了老爸的下酒小菜和全家过年的美味，爸爸也曾问及我钱的来源，我如实相告，老爸笑了，美味使他高兴，尤其是对我处理结束赌博的方法，表示赞赏，他是一直反对我赌牌的，但这次并没有责备我。

排估佬的生活是艰苦的，要付出辛勤的劳动，但苦中作乐，就看你怎样对待，怎样掌握了。工作之余，品尝各地美味，别人难有这种机会。真所谓美味佳肴任我尝，湖光山色跟我走，好不乐哉！此处附一首诗——《排估佬颂》：

几多艰辛几多愁，几度春夏几度秋，

洞庭风暴苦磨砺，大江上下任漂流。

流火烈日何所惧，"人肉背心"身上留，

江河锤击添毅力，不屈命运终炼就。

# 我的求学之路 [①]

高顺龄 [②]

我的一生是在求学路上挺过来的，求学是我成长进步的阶梯。学会做人好，学会做事对，是我一生的不懈追求。

儿时，高氏家族坐落在汉阳鹦鹉洲瓜堤后街"三合塘"边，那是一个不是水乡胜似水乡的地方。我的父辈先后在这里建造了三间小棚屋，属依湖而立的吊脚楼式平房。这三间平行相连的住宅，东有梧桐树，西有杨柳株，窗前有合欢、冬青长相守。迎着朝阳闻鸟声，晚霞湖水映明月，烈日当头柳遮阴，北风袭来有梧桐。

1935 年 3 月 30 日（乙亥年），我出生了。为我平安出世，家里借了不少外债，出生当晚又遭遇少有的寒风袭击，所以我姆妈说："乙亥这孩子命苦，是伴随外债和寒潮来到这个冰冷世界的！"

虽然家境贫寒，但父母中年添子毕竟是件喜事，高家族群、街坊邻里纷纷前来贺喜。父亲心里明白，七口之家又添丁加口，这样"食者多，劳者少"的大口之家，喜从何来？

1941 年春，我已满六周岁。爹的好友富生叔问我："你想干什么？""我想读书。""跟你爹说过吗？""没有，怕没钱送我去读书。"富生叔是我爹神山脱险的生死之交，他知道我的想法后，马上找我爹说："你我这一辈子做牛做马当搬运工，吃的是没有文化的苦，乙亥这孩子，人聪明、想读书，你就送他去上学吧！有何难处我们一起想办法解决。"富生叔如此关心我，令我非常高兴。

我的小学阶段，是在求学与失学反复的交替中度过的。小学六年学制，我却走了 11 年，其间失学、辍学共达 6 次之多。

第二天早晨爹要大哥领着我到附近曹先生办的私塾报了名，交了学费，入了曹先生的私塾。这里的启蒙课是《三字经》和练中国传统毛笔字。在这里我学了一个多月，背熟了《三字经》，学了一点儒家的礼数，学练了几十张方块毛笔字。结果曹先生的学堂突然停办了，无奈我只好失学回家，这是我第一次感受到失学的痛苦。

---

[①] 摘自高顺龄著作《往事历历》中的《求学之路》一节。彭奇玉对本文进行了少量修改。

[②] 高顺龄，1935 年 3 月生，湖北汉川人。1958 年毕业于武汉市第一师范学校，1959 年毕业于华中师范学院政治教育系，1983 年 3 月—1993 年 3 月曾任武汉市教育局局长、主管文教卫的副市长。

两个月后，爹领着我到谭家杂货店买了香烛、购了两升大米作为学费，亲自把我送到张先生家，我再次入了私塾。入学仪式既简单又庄重，先由我点燃香烛，然后面对孔夫子的像，向孔子、向先生、向师娘行了大礼，这是我二入孔门。

这里的同学有上十人，大多是我儿时的发小，相互认识，所以无拘无束，互相帮助、互相照应。在张先生的门下读书，是从复习《三字经》、熟读《百家姓》开始的，在这之后张先生才肯教我们读《幼学》，开篇是："混沌初开，乾坤始奠。气之轻清上浮者为天，气之重浊下凝者为地。日月五星，谓之七政；天地与人，谓之三才。日为众阳之宗，月乃太阴之象。"那时先生首先要求我们必须死记硬背，在背熟的基础上，给我们讲授了盘古开天辟地的神话故事，使我们逐渐懂得了这种创世文化传说，是人类知识的源头。特别是盘古头顶苍天，脚踏大地，用巨斧开创世界的豪迈气概和英雄形象，成为中华民族精神的重要象征。

读完《幼学》，接着读《诗经》："关关雎鸠，在河之洲。窈窕淑女，君子好逑……"张先生告诉我们这是四书五经中重要的一册，要求我们在熟读熟背的基础上，逐渐弄懂弄通文中之意。

当我学兴正浓时，一个寒冬的晚上，爹把我叫到他的房间问我："我们从神山逃难到白沙洲的那个晚上，船老大刘叔冒着生命危险，救我们渡江回家的情景你还记得吗？"我对爹说："这件事我一辈子不会忘记！"爹又问我："现在刘叔有难，我们怎么办？"我答道："困难再大我们也应该去帮助他。"接着爹告诉我，日本鬼子现在对武汉周边湖区、山区实行全面封锁，不准任何人向这些地区运送食盐、药品……我们的任务是闯过鬼子的封锁线，把食盐亲自送到刘叔的手上。

为了完成这次神秘的任务，我再次休学回家，但这次我觉得我学到了比书本知识更重要的东西。

1942年春天的一个早晨，朋友罗家华来到江滩边告诉我："你大嫂跟我妈讲，要我带你去报名上学。"我赶忙回家想问个明白。一进家门大嫂就告诉我："爹和你大哥托人带回口信，要你到学校报名上学。现在就请罗家华陪你去吧，我好跟你大哥回话。"

罗家华陪我到了他已报名的"三英堂小学"，这所小学是慈善机构办的义校，穷人的孩子可以申请免费读书。学校离我家很近，步行一刻钟即可到校，既有利于上学读书，又有时间参加家务劳动，这为我坚持读书提供了有利条件。这所学校南临长江，北靠"三合塘"，三合塘据说是因三个池塘相连而得名，大塘、二塘四季有水，小塘靠近学校后院，冬季干涸，春天长满青草，是学校天然的运动场。我家在小塘旁边，站在我住的吊脚楼上，可以将学生在操场上的活动看得一清二楚，这样的学习环境对我很有吸引力。

此时我还没有名字哩，堂兄高顺成按照家中的字派，说："你的学名就顺着年龄排，叫高顺龄好了。高顺龄这三个字，你要记住是高低的'高'，顺风的'顺'，年龄的'龄'。"

有了学名，办了入学手续，即有了"三英堂"小学的学籍，我开始正式接受当时的国民教育。语文是白话文，开篇是"人、手、足、刀、尺"，简单、好学、管用；数学从加减法开始，老师说这是一辈子受用的知识。此外还有体育、音乐和图画课，这是我在私塾没有学过的。入新校、学新知、参加新的课外活动，我特别感兴趣，也特别用功，常受到老师的表扬。在一个春暖花开的周末，我和罗家华在校园草地上练摔跤时，由于不会借力发力，加上用力过猛，我的左臂尺骨被摔成粉碎性骨折，伤筋断骨一百天，我必须休学回家。面对这样的现实，我承受了第三次失学带来的双重痛苦，这也是我乐极生悲付出的代价。

1942年秋季开学时，我的伤已经痊愈，此时三英堂小学已停办，老师告诉我已将我的学籍转到了汉阳鹦鹉洲小学。开学复读的第一天，班上同学都发了书抄，唯独没有给我，三英堂小学原来发给我的书已过时不能用了。我在班上个子比较矮小，按常理应把我放在前排就座，然而老师却把我的座位放到了教室最后一排，而且我只有课桌，没有凳子，逼得我只能站在课堂上听老师讲课。上课时同学们像看"猴把戏"一样回头看我，使我感受到极大的羞辱。

为了求学，我学会了忍受，我安慰自己说：坐着学、站着学，都是学，只是多吃苦罢了，没有书读，就上课专心听，下课借书看，只是多求人罢了。自我安慰确实有作用，我硬着头皮坚持这样听了三天的课，没有愤然离开教室。

第三天放学的时候，校长室贴出一张布告，许多同学围上去看，我没有挤进去细看，只看到了我的名字，不知道讲的是什么。一个高个子的同学告诉我，有八位同学因为没缴纳学费，被学校除名了，从明天开始不得来校上课。我没有申辩，更没有赖着不走，就这样被这所小学逐出了校门。

国民政府办的国民小学，如此对待国民子弟，当时我怎么也想不通，何况我是从三英堂小学转过来的复读生。从此以后，每当我想起我在人格上受到的羞辱，就会激起我对国民政府旧教育制度的仇恨。尽管我在鹦鹉洲小学受到了人格上的羞辱，但我至今仍承认它是我的母校，一日为师终身为父，这个学校的老师教了我三天，这是历史事实。所以今天我仍承认鹦鹉洲小学是我的母校，我怀念鹦鹉洲小学教过我三天的所有老师！

1944年春我已年满9岁，大哥想方设法为我筹到了学费，通过熟人关系，把我送进了鹦鹉洲树人小学。这所小学是湖南同乡会出资创办的，校址设在两湖会馆内。大哥带我找到校长，经过简单的口试后，校长同意我在该校二年级插班就读。一年级我只读了几天就跳级到二年级，这对我的确是格外开恩，我知道要珍惜这种恩德。

当时，我班多数同学都参加了童子军，我因无钱购买童子军服，没有资格成为他们的队员，但我学会了吹小号，很快入了学校管乐队。有一次全校童子军上街游行，缺少吹小号的人。训育主任要我借一件童子军服，参加游行吹小号。我因拒绝了这种冒充童子军的行为，没有参加游行，得罪了训育主任。为了报复我，他擅自决定，"凡参加学校升旗仪式的乐队成员一律要穿童子军服"，这分明是要把我从学校乐队挤走。班主任陶老师知道后，向校长反映说："全校师生的升旗仪式，不是童子军的升旗活动，不能借此机会，排挤不是童子军的乐队成员！"校长采纳了陶老师的意见，从此，每次全校升旗仪式仍由我吹小号，背诵孙中山总理遗嘱。

1944年的夏天，我在汉阳树人小学读完了二年级上学期后，我的父亲病危，我在家照顾。八月底暑假过完，学校通知我回校报到，做好上学的准备。是报到上学？还是在家护理病中的父亲？我毅然决定留在家里，报答爹对我的养育之恩。离开了树人小学，放弃了我的学业，告别了班上的同学，依依不舍地离开了受人尊敬的陶老师，这是我第五次失学回家。但为了尽孝，我无怨无悔。

父亲躺在家里，痛苦地挣扎了三个多月，拖得骨瘦如柴，最终离开了我们。这是日本人发动侵华战争以来，我痛失的第三位生我养我的亲人！

1946年夏，我年满11岁时，大哥有意要我学围量，由于他的言传身教，我很快学会了围量木材的计算公式，掌握了围量木材的操作技能。大哥的同事向花子，发现我有心学文化，无心学围量，对我大哥说："您家老三很聪明，但他对学围量并不感兴趣，您应该听听他的意见。"当天晚上我的大哥找我深谈了一次，我向他倾吐了我想读书的强烈愿望。大哥听后说："一个人的前途和命运，掌握在自己的手中，既然你想读书，大哥支持你，帮你实现自己的愿望，尽到大哥的责任！"

1947年初春，大哥亲自送我回到张先生的私塾。当着张先生的面对我说："张先生是个很有学问的人，我和你二哥过去都是他的得意门生，今后只要你勤奋好学，将来定有出息。"

失学两年，今又重返学堂，我恨不得把过去的损失全都夺回来，因此上学读书我从不让哥嫂操心。我二入张先生私塾那年，他已年逾花甲，每天给我们点书、讲书、答疑解惑，用"诲人不倦"的精神，培养我们养成"学而不厌"的习惯。他常说："学而不思则罔，思而不学则殆。"他强调："学习如果不积极思考，就会毫无所得；但是思维如果不以学习为基础，就会流于空想，使自己疑惑不定，流入梦幻之乡。"他要求我们在求学的路上，不做思想懒汉。这些教育思想至今还在激励着我。

在张先生的学堂里，除了熟读孔孟四书五经外，还练习写毛笔字，学写家信和珠算，我深感自己进步快、收获大，很有成就感，越学越想学。从启蒙开始，我先后断断续续读了几所学校（堂），由于辍学、失学，每次学的时间都不长，唯有二进张先生学堂，坚持的时间最长。究其原因，一是我有强烈的学习愿望，我懂得在求学路上只要自己不放弃，家庭、学校、社会是不会放弃你的；二是张先生的学堂，离我家很近，使我有条件在坚持读书的同时，还能兼顾家务劳动；三是有学费支撑，前期有大哥提供经费，后来张先生对我实施了免收学费的优待。

1948年秋后，我已年满十三，从张先生学堂出来是我第六次失学。怎么办？从师学艺吧，我尚未想好；就读当时的小学吧，收费太高，家里难以承受。考虑再三，我选择了在江滩捡柴火、钓鱼，等待求学时机。

这一年的冬天，我家租住在李记茶社，当时茶馆请来一位艺人，每晚为茶客说书。那时我已失学在家，对知识产生了饥饿感，把听书当成我求知的极好机会，把茶馆当成我不愿离弃的学堂。

由于住在茶馆的楼上，有着"近水楼台先得月"的优势。每天听书我来得最早，散场走得最晚。开场前、散场后，我都主动帮助老板娘收拾茶具，打扫清洁，整理桌椅。老板娘咪姐为了奖励我，每天都要给我安排一个入席听书的座位，使我感到了温暖和尊重。因此，我常在茶馆义务帮忙，特别卖力，听书特别专注，从不缺席。

说书先生姓赵，家住汉阳区南城巷，每天到鹦鹉洲茶馆说书，来回步行一个多小时，风雨无阻，按时开讲。我虽不是茶客，但胜似茶客，坚持听完了赵先生讲的《西游记》《水浒传》《三国演义》等中国古典奇书；基本听懂了出神入化的佛教传说，和歌颂英雄、歌颂智慧、惩恶扬善的历史典故；弄明白了书中讲的"做人好，做事对"的道理；弄懂了"稀客""背时""掉底子""打圆场"等民间俗语，还在赵先生那里学到了不少歇后语，如打灯笼拾粪——找屎（死）；买干鱼放生——不晓得死活；床底下放风筝——越玩越低；光头打伞——无发（法）无天……这些启迪了我的思维，丰富了我与人交流的语言。

我求学的兴趣，很大程度是在听书的环境中培养起来的，私塾老师"点书"，茶馆艺人"说书"，儿时听民间讲"善书"，外婆给我讲二十四孝故事，发小之间讲的笑话等，我都听得非常专注。在这种环境的影响下，我觉得听书是我走向知识殿堂的道路，是我不能离弃的学校。生活处处有课堂，时时都有说书人，只要专心求学，定能学到真知。

1949 年 5 月 16 日，是武汉解放的日子，我和好友鄢祥盛在汉阳西大街购物时，随着欢迎的人群迎接解放军进城，跟着人群一起高呼"毛主席万岁！共产党万岁！"跟着大家高唱："解放区的天是明朗的天，解放区的人民好喜欢……"

1951 年暑期，私塾同窗向继炎特地赶到江滩告诉我："你的机会来了，我们日新小学（后来的瓜堤小学）正在招收六年级插班生，我现在就带你去报考。"我迟疑了一会儿，热心的向继炎说："今天是最后一次报名补考，机会难得呀！"继炎见我仍犹豫不决，就动手帮我收拾渔具，边走边对我说："行不行，你得先去试试嘛！问题是机不可失，时不再来呀！"在继炎的一再劝说下，我在日新小学教导处办了报名手续后，走进了考场。

考试的科目，包括语数和常识共三门。语文和常识我考得比较顺利，数学却难住了我，多数考题我从未学过，无从下笔作答，急得我两手摸白卷，两眼望天花板。正在这个时候，不知是谁将做好的答卷，最后传到了我的手上，帮我解了数学之危。第二天公布了我被录取的好消息。

开学不到两周，麻烦就来了，数学老师肖中才，见我每次上数学课，虽然认真听讲，但在课堂讨论时既不发言，又不提问，为了测试我的真实水平，他在黑板上出了一道分数题，问"1/2+1/2=？"，点名要我上讲台演算。那简直是出我的"洋相"，上台后我对肖老师说："上面等于 2，下面等于 4。中间这一横是什么意思，我不知道。"弄得同学们哄堂大笑。肖老师责问我："你怎么连分数线都忘记了呢？这可是三年级学过的知识呀！"我如实告诉老师："我没有读过三年级。""四年级呢？""也没有读过。""难道五年级也未读过吗？"肖中才老师继续追问，我只得实话实说。这时向继炎站起来替我解围说："他小学一年级只上了几天就失学了，二年级也只读了半学期，后来时断时续读过两年的私塾，没有学过数学。"听了向继炎的介绍，肖老师说："按照你的数学基础，最好去读四年级。"我辩解道："我已年满十六岁，如果要我去读四五年级，那我只好退学回家。能否让我跟班试读半年，如果我的数学还跟不上班级水平，我愿自动退学回家。"肖老师听了我的请求，当堂对我说："我理解你，也很同情你。但是否同意你跟班试读，需请示教导主任决定。"

课后，我找到教导主任罗永和老师，把我的情况和请求向他作了汇报，罗老师很了解我和我的家庭情况，他明确表示："我完全支持你的请求，你的语文基础好，自然、历史也难不住你，这都是你的强项。只是数学基础差，但这是暂时的，建议你找一位数学好的同学，帮你补补课，不用半年的时间，数学成绩达到毕业水平是不会有问题的。"

罗永和老师在我人生抉择的关键时刻，支持并鼓励了我，使我有了战胜困难的勇气，可以说罗永和老师和肖中才老师，是我在求学路上遇到的永世难忘的恩师！

根据罗老师的建议，我找到了数学课代表何忠臣，请他利用课余时间，帮我补习小学阶段数学的基础知识，实现我对学校的承诺。何忠臣是班上出了名的"小诸葛"，不仅数学好，而且还乐于助人。每天下午他利用在校休息时间给我补习一小时的数学。放学回家吃了晚饭后，因为我们两家都没有电灯，只有带着小板凳坐在临街的路灯下，由何忠臣继续带我补习数学。每次他除了给我讲解数学的重点、难点外，还辅导我练习小学阶段的全部数学习题。

鹦鹉洲夏日的晚上，坐在路灯下学习，不仅天气炎热，弄得人汗流浃背，而且蚊子多、飞蛾多、人来人往干扰多，在这样的环境下补课学习，极易分散注意力。但是为了攻克数学难关，为了实现我对学校的承诺，我向何忠臣表示："我一定做到两耳不闻路人声，一心攻克数学关。"何忠臣也向我保证："请你放心，我一定帮人帮到底！"就这样他耐心教，我虚心学，日复一日地坚持了三个月，我的数学不仅跟上了全班的进度，而且期中考试成绩跃居中上水平，提前实现了我对学校的承诺。我将永远不会忘记何忠臣、向继炎在我求学路上，在我人生抉择的关键时刻帮助过我，使我结束了失学、辍学的历史，开创了求学新路。

1952年6月，我在武汉市汉阳区日新小学毕业，我问班主任王时勋老师："什么样的学校既有书读，又有饭吃？"王老师理解我问话的含意，说："报考师范，只有读师范学校才能同时满足你这两个要求。"我在升学志愿表上连续填写了六次武汉第一师范学校，表明我别无二选的决心。终于如愿以偿，我以3000考生名列前15名的优异成绩被录取，汉阳鹦鹉洲日新小学共有6名学生同时考取武汉一师，这是学校老师们的无限光荣和骄傲。

从此以后我告别了芳草萋萋鹦鹉洲，告别了我的童年，开始了我的全新生活。在武汉一师从初师到中师，一共学习了六年，1958年毕业留校从教六载，成了一名优秀的人民教师，成了人类灵魂的工程师。但是我觉得中师毕业教中师，理论水平和基础知识显然是有缺陷的，"教学生一杯水的知识，自己要有一桶水的学问"，于是我积极报考华中师范学院夜大学，完成我的继续教育。

从 1959 年春到 1965 年秋，我经过七个春秋的刻苦攻读，克服了又要教书又要读书的困难，完成了大学本科全部学业，通过了国家级别的考试，获得了我国高等教育本科毕业文凭。求学之路，永无终日。学会做人好，学会做事对，是我一生追求的永恒课题。

# 鹦鹉洲情思

何祚欢 [1]

初登鹦鹉洲时，我就晓得它不是东汉祢衡作《鹦鹉赋》时的那个洲。小时候喜欢读"杂书"，爱看戏听书，耳朵里塞了不少和鹦鹉洲有关的故事了。

当年靠近武昌江岸的"鹦鹉洲"，早随着无尽的江流走远。一千多年过去，若不是为着心中无处可寄托的那份凭吊，人们怎么会将清代乾隆年间从汉阳这一侧冒出的这一洲，也叫作了鹦鹉洲呢？

靠近汉阳的这一洲，错过了汉时的楼船，也未领略唐宋的诗韵，它只知洲与汉阳江岸之间的夹河，容留过多少倦行的船只、商旅，停靠过无数避风的竹筏、木排，见证过多年的财货流转、滩涂争夺，眼见它慢慢变成了长江流域的竹木集散地、古老汉阳的"天然铸钱炉"。

当木排竹筏漂来时，我们不能不佩服先民们的智慧：从水路运送木材、竹料时，先把它们扎成排，然后将它们当作运输工具，带出大宗土产山货。

休要说鹦鹉洲的滩有多大，面对无尽的竹山木海，它只能说"正好"：那些排，来到了洲边，腾空货物之后是要解散成料，晾晒干爽的。"干千年，湿万年，不干不湿只半年"，鹦鹉洲的"招牌"就是遍地晾晒的木料。武汉民间，把这一片的竹木生意看成汉阳整个区域的主要财源。有武汉民谣为证："武昌的钱是顶着的，汉口的钱是堆着的，汉阳的钱是晒着的。"《汉口竹枝词》说得更"气粗"些，把这场面说成：日晒黄金夜不收！

鹦鹉洲更生动的见证还在于日常。是什么呢？是洲上的街巷市肆，是密布的商会行会，是容留"五府十八帮"乃至八方宾朋的会馆，是茶楼中天天开讲的说书，是酒馆里夜夜必备的笙歌。

这洲上能"号"得动人的是什么角色？你就看吧，每到入夜，在这样的场合，那些跟本地人"打汉腔"不带黄腔走调，和湖南人交谈，转个身就是"全本湖南腔"的，那一定是留居武汉做生意，起码经历了两三代人的"老资格"湖南人。

鹦鹉洲，就这样成了武汉人的传奇，不管你是"本帮"还是"外码"，它都有着"人未登洲，先已闻名"的吸力。

① 何祚欢，1941年3月生，湖北武汉人。著名评书表演艺术家，国家一级演员。武汉市文联副主席，市民间文艺家协会主席。第二批国家级非物质文化遗产项目湖北评书代表性传承人，文化部及湖北省有突出贡献中青年专家。

图 4-5 烟波亭前与好友合影

跟我差不多大小的少年人，几乎都是从小就心心念念地想着那个洲，想着那个二十来岁，一介书生，竟敢在百万军中"裸衣骂曹"的祢衡……

当金戈铁马成为过去的时候，鹦鹉洲曾听过多少日子的建桥打桩的震动？当现代科技成果向人们"逼近"时，鹦鹉洲可曾为跨江线塔和龟山电视塔而骄傲？

看到了，看到了，身边经历的一切，鹦鹉洲都看到了。年轻的"这一个"鹦鹉洲啊，看来看去倒觉得自己老了。刚看完几年修一座桥，怎么就变成一年修几座桥了呢？那洲与汉阳岸之间的夹河，就留着它，好在那水波不兴的时候，多长些花花草草。如今的建设，好像不用跟我们的先民们一样，再让木排竹筏千里漂流、夹河藏身吧？

那——我们就在洲上找个地方，照张相（见图 4-5），"留个念"？

一座亭子，面对大江，拍下来一看，竟发现上面有一匾额，写着"烟波亭"三个字。朋友眼尖，呼叫道："何祚欢书？何先生，是你写的！"

真的记不清是应何人所托，于何时书写，但在此时此境能留影在它近旁，这该是一种什么样的缘分……

# 少年也知愁滋味

江道斌 [①]

我出生于 1939 年，因父亲在中南制材厂工作，1953 年春节我家从武昌鲇鱼套搬到汉阳鹦鹉洲，先住在老银行上边紧靠内堤的一座两层木制瓦房内，楼下是测量圆木的围量所，我们住在楼上。这年发大火，住的房子被烧，我家又搬到了长衡会馆后边闲置的养鸡场的一间茅草屋里，前门对着中南制材厂，后门对着紧靠内堤的长衡会馆。

这一年国家从两季招生改为秋季招生。我是春节的时候从小学毕业的，需要在家里等半年才能参加考试。这怎么行？我自己跑到汉阳区教育局找领导，他们热情地接待了我这个小学生，他们告诉我，十二小的校长下午会来开会，他们会把我的情况跟十二小的校长反映一下，让我回去等通知。后来我真的被十二小接收了。1953 年夏天，我是汉阳十二小唯一考取汉阳中学的学生，这所学校 1954 年改名为武汉市第三中学。

1954 年 6 月 26 日，汉阳鹦鹉洲的堤防被洪水冲破，政府在民间征集了木划子把鹦鹉洲的居民疏散到汉阳城里和武昌、汉口。刚满 15 岁的我还是初中一年级的学生，那时我就参加了汉阳木材防腐厂的抗洪抢险行动。整整 100 天，100 来斤的担子每天 12 小时压在我的肩上。政府也没有让我们白干，每天给我们 1 万 2 千元旧币，我自己吃饭要花掉 5 千元旧币，剩下的 7 千元旧币给母亲可以买 7 斤大米。

我家有兄弟姐妹四人，我是长子，只有父亲一人工作，家庭经济拮据，生活十分困难。1954 年防汛过后，秋季开学初二只读了一个礼拜，母亲让我到鹦鹉派出所当警察。当警察每个月可以得到 28 万元旧币，其中伙食费要花掉 8 万元旧币，剩下的 20 万元旧币可以买 200 斤大米。

我怎么舍得不读书呢，不就是 20 万块钱（旧币）吗？不就是 200 斤大米吗？我想我可以半工半读。每天是上午八点到下午三点半和晚上七点到九点是我学习的时间。放学后，我从木材厂买来剩材，劈成可生炉子的柴火。第二天凌晨四点起床，挑着 130 斤的柴火走 25 里地，从鹦鹉洲瓜堤街出发过汉江，六点半钟到

---

[①] 江道斌，1939 年 1 月生，湖北武汉人。1964 年毕业于武汉大学化学系，曾任武汉市洪山区政协副主席、环保局局长，高级工程师。

汉正街，四斤柴火卖一毛钱，到八点钟才能卖完。从汉正街到三中上学要走半个小时，有时到校会迟到，老师知道我的家庭困难，也很谅解，从不批评我。我也很争气，考试总排班上前几名。每一担柴火可挣两块五毛钱，除开刮风下雨，每个月可以卖 20 至 30 担柴。我早餐要花掉 5 元钱，交母亲 45 至 50 元钱，帮助父母解决家中的生活困难。

从 1956 年 10 月起国家就不允许私人卖柴了。读高中的我每个月有 9 元钱的助学金，我们班主任何功惠老师帮我找了一个代课的工作，每个月有 30.5 元的津贴，这样我每个月有 39.5 元的收入。可暑假没有助学金，也没有代课津贴，要怎么办呢？我就到武昌白沙洲江边去当临时搬运工，每天扛着每根 100 多斤重的原木，大的一根有 200 斤左右，但是我咬着牙也干下来了。临时工资每天有 6.5 元，一个假期干 30 多天，也能有 200 元的收入。

靠半工半读我艰辛地完成了初中和高中的学业。这期间我也不忘锻炼身体：读初一时，我参加了学校 1500 米长跑比赛，拿了个第一名；在初三学校运动会上，我拿到了 1500 米第二名的成绩；高一时我参加了武汉市第一次举行的男子马拉松赛，并跑完了全程。

1959 年 5 月，武汉市高中共有男生 6500 人到黄浦路兵站接受体检，待招飞行员，有 32 人最后留在兵站等候通知，我就在其中；7 月 13 日到校参加高考，7 月 18 日高考完后又回到兵站等待招飞的消息。

8 月底我等来一份武汉城市建设学院的录取通知书。我高考志愿只填了北京大学和武汉大学，这份通知书虽然没有让我如愿，但我还是去了武汉城市建设学院。真是天从人愿，新组建的武汉城市建设学院需要培养一批师资人才，于是学院又把我送到武汉大学化学系学习，终于圆了我的武大梦。

1964 年夏天我从武大毕业，国家分配我到化工厂工作。改革开放后，我又被提拔为武汉市洪山区的领导干部，在城建、科技、环保等多个部门工作过，为武汉的城市建设和发展贡献了我的绵薄之力。

一个鹦鹉洲出生的穷孩子，依靠党的关怀，依靠老师的培养和家长的照顾，依靠自己的刻苦努力，为社会作出了贡献，我终生心怀感恩之情，我永远怀念生我养我的可爱的故乡鹦鹉洲。

# 六十余载春华秋实

## ——忆瓜堤中学的初创和同学们

程 炜[①]

流年似水，弹指间，60余年过去了，往事历历如在眼前。记得1957年暑假，我结束了单纯愉快的学生生活，被分配到汉阳区工作。在一个炎热的午后，我与同学吴漳宜到区局报到，接待我们的是一位中年男士，他热情地对我们说："汉阳欢迎你们，汉阳需要你们这些青年，你们是文教战线的新生力量。"并告诉我们被分到鹦鹉洲任教。我听了，第一感觉是好一个历史悠悠、有诗情画意的处所，那里的环境一定不错。接过介绍信一看，我们是被分到瓜堤小学戴帽子的初中班，我有点难以接受，接待者见我脸色有异，慌忙解释道："初中班是按需要组成的，为了解决洲上小学生升学困难问题，那里急需老师去充实，如果对分配有意见，可以提出来，我们可重新考虑。国家培养你们成为中学教师，你们本应去中学教书，却把你们分到小学初中班，委屈你们了。"

我们默默地离开了区局，当天晚上我思想斗争激烈，想起师专毕业前夕，我在共青团组织生活时的表态：坚决服从分配，祖国需要就是我的选择，困难面前决不当逃兵，在哪里都要尽自己全力好好工作。我现在应该兑现诺言！慢慢地，我的心绪稳定下来，感觉轻松许多。

我的性格很开朗乐观，爱从好的方面想，我想到"芳草萋萋鹦鹉洲"的乡间风光，思想畅游到"藏船鹦鹉之洲"，纵观大江景色的惬意场景，记起"昔登江上黄鹤楼，遥爱江中鹦鹉洲"的佳句，我心胸开阔多了。我到此工作，不是遥看鹦鹉洲，而是亲临此地工作，这是我走向社会的第一步，也是我与芳洲结下的不解之缘。

## 一、瓜堤中学初创的艰难

我怀着对未来的憧憬，踏上了教书育人的征程，第一眼看到的鹦鹉洲，与繁荣的市区相比，扑入眼帘的是一派荒凉萧条的景象，民居低矮破旧，还有不少用树皮搭成的茅草屋。瓜堤小学设在一幢建筑西洋化的天主教堂里，在这些简陋的

---

[①] 程炜（女），1936年10月生，湖北武汉人。1957年毕业于武汉师范专科学校中文系。武汉市瓜堤中学（今建港中学）高级教师。

民宅衬托下，显得卓尔不群、恢宏壮观，很有气派，我想能在这样的环境中工作，条件应该不错。

通过瓜小校长刘国华的介绍才知道，解放几年来，鹦鹉洲地区各方面发展很快，形势大好，人民生活有了改善，但文化教育有点儿跟不上形势，洲上只有三所小学，孩子们毕业后要到市区上初中，但路程远、交通不便，于是小学生升学成了急需解决的大问题。民众渴求办初中，多次向政府提出要求，但办学条件不够，一无校舍，二无师资，实在办不起。

于是有人想了个好主意，即先借用瓜小的管理，给它戴个帽子，办个附设初中班，暂解燃眉之急。但小学也没有多余的教室，更无初中的老师，后来就近选中"长衡会馆"作为初中班的校舍，老师就由区局找几个旧社会的留用人员担任。校长给我仔细介绍了这几位老先生，他们都不简单。肖人伟是初中班的教学组长，曾是国民党政府的要员，善于管理；杨蔚逊和钟前裕系旧军官；张任石曾是国民党的专员；方浩然是旧税务局长；陈恩荫是海关翻译。初中班就由这六人撑着，他们只管教学，行政事务、人事安排都由小学管理。

校长叫来一位老师领我们去长衡会馆，我心中难免有些不安，一踏上社会就与这些"遗老"打交道，真担心不好相处。

来到长衡会馆，我工作的地方，真是"冷水浇头怀抱冰"，校舍与瓜小有天壤之别，一座古老陈旧的会馆，大门内是一空旷的院落，断壁颓垣，可用来做操场，往里走是一间厅堂，大约可容两三百人，堂后有一座旧戏台，显得阴森恐怖，有几间稍宽敞的旧板房，里面摆放着破旧而不整齐的课桌凳，房内光线晦暗，有的连窗户都没有，靠房顶一片玻璃瓦采光。

几个教师比我父辈还年长，对我们表示欢迎。吴漳宜的寝室安排在戏台旁的一个厢房里，与另一老师同住；我被安排在戏台后面的阁楼上，楼梯板踩上去咔咔响，还有断裂的缝隙。上楼后，一幅令我恐怖的画面呈现在眼前：一间破旧的杂物间内，横七竖八地躺着几尊木雕泥塑的菩萨，还有一些断裂的匾额，蜘蛛网一层又一层，几条破旧的褪色的红布条挂在屋上，一股霉味扑面而来，熏得我难以忍受。

杂物间两旁有厢房，靠左边是我的寝室，右边是分给在我们之前从部队转业来的一位姓盛的女老师，她因成了家，就在校外租的民房住。寝室很小，一张长条凳上放门板搭成的床，一张旧课桌，就几乎占满了整个房间，木板壁上留了个只有书本大的小窗户，这景象使我想到了《夜半歌声》里宋丹平藏身的阁楼。为什么给我一个小姑娘安排这样的卧室？难道是有意刁难我，想让我知难而退吗？

使我站不住脚，当逃兵吗？

再一想，学校确实有困难，真没有适当的地方供我栖身。没有食堂，没有炊事员，吃饭由自己想法解决，可以在校外居民家搭伙；饮用水要自己到江边去挑、去抬，真难，真难啊！唉，既来之，则安之。

初一新生的资料送来了，他们来自三个小学，共142人，表格上有姓名、性别、年龄、登记照及升学考试的分数、评语，学生年龄小的有11岁，大的有20岁，成绩相差也很悬殊，如何分班，是个首先需要考虑的问题。

教学组长召开会议讨论分班和定班主任的事情。几个老先生发言很积极，有的提出按成绩分班，便于施教；有的提出按男女生分班，便于管理；有的提出按住址分班，便于家访。多数赞同按成绩分班，我沉默不表态。

组长问我是否对分班有意见，我只得提出自己的看法：这批学生年岁差别大，混在一起不便管理，他们的思想、爱好、兴趣都不一致，年纪小的活泼好动，守纪律可能差点；年纪大的懂事听话，思想可能复杂些，我认为按年龄分班最好。

最后经过讨论，一致通过，按年岁分班：11～12岁的为一班，13～15岁的为二班，15岁以上的为三班，班主任由我、吴漳宜、盛毓芳担任。盛老师先挑选了中班，吴挑了大班，把小班留给我。

图4-6 初三（1）班部分同学合影

开学前夕，我在阁楼里睡卧不安，总听见老鼠吱吱的叫声和啃木片的杂音。房间的门敞开着，门板被卸下当床板了，我怕老鼠进来咬人，不敢睡了，干脆坐起来看我班新生的表格，望着照片上一张张稚气的脸，他们好像用充满期待的眼神看着我，激励我下定决心：为教育这帮孩子，我将克服一切困难，一定不遗余力地努力工作，做他们喜爱的班主任。教书育人是我的职责，我知道，教书讲课并非难事，育人才难呢！德智体三好，德应放在首位。

从小学升到初中，在学生心目中应该是件大喜事，来自两湖、瓜堤和英武三个小学的孩子们，本以为中学肯定比小学条件好，可是进了这样的初中班一看，比小学的环境差远了。学校不像学校，教室不像教室，体育设备、文娱器材都一无所有，未免会感到失望。但是这里有忠于教育事业、不畏艰难、认真勤奋、责任心强的老师，我们会用言传身教去引导学生，身为新中国培养出来的教师，绝不会把学生教育成"两耳不闻窗外事"的书呆子，我要把艰难的环境当成一片净土，要在这片土地上净化学生们幼小的心灵。我们师生共同努力，"一穷二白"也是好事，可锤炼我们师生的意志，让我们共同努力，在艰苦的条件下创造奇迹！

1957年寒假在区政府领导下开展"反右"斗争，初中班的创始者——六位老先生都被划为"右派"，清洗出教师队伍。与他们共事半年，还算关系融洽，他们对年轻人也很关照，对他们的离去我深表惋惜。

他们一走，只剩下我们三个年轻人负担教学的重任，我们一个人当两个人用，三个年轻人克服重重困难，撑起了瓜堤初中班的一片天。

不久，区里调来各科老师，师生们一起动手，把院落整理成大操场，在院子旁边挖了一个长方形的大坑，又在江边沙滩上运来沙子，有的挑，有的抬，把沙子倒进大坑里，用来跳远，师生还动手自制单双杠。自此，同学们就可以在操场上练习跑步、接力、跳绳……

教室不够，区里拨款用水泥刨花板搭了三间活动教室，这种临时搭成的活动屋，热天像蒸笼，冬天如冰窖，我们的老师、学生能坚持，靠的是顽强的毅力。1958年夏天，学校迎来了校长、主任，不再属瓜小管理，成了名副其实的中学，名为瓜堤街中学，教学和生活条件又有所改善，扩充了附近的一幢民宅，作为图书室、医务室、教工宿舍和食堂。

1959年暑期，因要招收三个初一新生班，教室不够用，就在学校后面的荒地上盖了两间红色砖瓦教室，添置了全套桌椅和磨砂黑板，这算是瓜堤中学最奢侈的教室了。这时初三已经调整为两个班，分别由我和吴漳宜担任班主任。

## 二、瓜堤中学的红旗班

事实证明，瓜中培养出来的学生并不比市区的学生差，甚至还比他们优秀。就说1957年进校的年纪最小的一班吧！他们初二下学期就被评为区里的"红旗班"，是思想好、学习好、身体好的典范，他们年纪小，是戴着红领巾进的初中，一直戴着红领巾毕业，这在当时的中学是少见的。他们思想纯真、脑子灵活、兴趣广泛，聪明而好学，我很荣幸成为他们的班主任，他们是我踏入岗位的第一批学生。

记得他们入学不久，区里组织一次语文统考，当时我们还是初中班，条件较差，区里不要求我们参加。我有点不服，到区局报名，要求让我们一班学生参加区里统考，给我们发考卷。考前我给学生抓重点知识，复习了两节课，孩子们记忆力特好，这次统考居然在区里获得了人均分数第二名，这让教育局有关领导对我们初中班刮目相看。

这个班的学生思想活跃，关心国家大事，积极参加社会活动。1957年10月，听说万里长江第一桥即将举行通车典礼，我班学生心潮浮动，都想去看看，但参加典礼是有限制的，必须受邀请才能去。我和肖人伟去有关部门申请，诉说我校的艰苦，学生见闻少，请求给他们一次机会，不想竟然得到许可。10月15日，我们这批鹦鹉洲的孩子，这个红领巾班，欣喜若狂地参加了通车典礼，这使孩子们开阔了眼界，见识了工人阶级的伟大，见到了祖国的强盛，鼓舞了他们努力学习的决心。

市区组织中小学文艺汇演，我班学生积极参与，周悦英、曹继宗、沈纪星三人自编小合唱《妈妈你哟好糊涂》，被区里选中，送到全市参加演出，喜获市级演出一等奖。

形势大好，催人上进，市区提出歌颂祖国成就，歌颂祖国新气象及人民幸福生活的主题，要求各校开展"千篇文章万首诗"的活动。鹦鹉洲的小朋友们积极参加，动笔写诗，学校复印了一本《瓜中诗集》，其中我们班的作品最多，区里又在各学校挑选优秀作品送到市里参加评选，我校从诗集里选出五首，令人惊喜的是我班沈继成、常恒毅的佳作，分别获得武汉市青少年诗画赛一等奖、二等奖，我听说汉阳区这次获奖的只有七

图4-7 初三（1）班的女生合影（后排右一为笔者本人）

人，我们班就占了两人。

这个班的学生除了认真学习文化知识外，对参加社会活动也很热心，1958年"大跃进"大办钢铁，提出"超英赶美"的口号，我班学生配合大好形势，课余时间到作业区借来腰鼓，组织腰鼓队、连厢队，还自编活报剧到鹦鹉洲的街头巷尾宣传演出，深受当地百姓的赞扬和欢迎。

这个班的班委会工作能力很强，他们主动积极协助老师工作，组织班上的各项活动，大办钢铁，他们带领同学去锤矿石。

当时孩子们做好了，总希望受到夸赞和表扬。针对这一心态，我们班开展"做看不见的好人"的活动，同学们在校内校外默默地做好事，不让人知道。

1958年上级号召勤工俭学，一些班级都去挑砖挑土，我班同学年纪小，太重的体力活不适合他们，于是我们就联系编席子的作坊，给作坊加工编草席，作坊派师傅来做技术指导，我班学生心灵手巧，很快掌握了编席子的技巧，出色完成了勤工俭学的任务。

这班学生力求上进，不甘落后，在学校学习成绩第一，运动会总分第一。在乒乓球比赛中我班曹继宗获第一，在跳绳比赛中李瑞球获第一。对待文化课的学习，他们更是高标准、严要求，记得我班彭奇玉同学成绩优良，每次考试各科都是90分以上，有一次地理考了86分，她还难过地哭了起来，认为自己没有学好。

总之这个集体的凝聚力很强，为了维护集体荣誉，绝不干有损于集体的事儿，绝不给集体脸上抹黑。初二时，他们被评为区里的"红旗班"，这是瓜中的第一个先进集体，也是鹦鹉洲文化教育发展的成果，在芳洲的教育史上，写下了崭新的一页。

春华秋实，岁月更替，到了收获的季节，1960年夏天，这班学生毕业的时候到了。鹦鹉洲留下了他们的欢声笑语，留下了朗朗的读书声，留下了他们勤工俭学的汗水，我无比地眷恋，祝福我的班，我的小朋友们踏上新的征程。今天的幼苗将是明天的栋梁，母校艰苦办学的精神在他们心中永存！

# 饮水思源　放声歌唱[①]

陈萍秀[②]

1957年10月15日，万里长江第一桥通车，这是武汉市民的盛大节日，"烟波江上使人愁"的历史将从此一去不复返。那天清晨，艳阳高照，龟蛇两山之麓，聚集着数以万计的群众和少先队员，他们手持气球和鲜花，迎接通过长江大桥的第一列火车。此刻在汉阳桥头堡的引桥平台上，武汉市"红领巾合唱团"在军乐

图 4-8　长江大桥通车典礼

队的伴奏下，唱响"长江水，浪滔滔，宽宽的长江修大桥"。而指挥这场合唱的小姑娘就是我，那年我十三岁。母校瓜堤街小学的学弟学妹们，看到中央新闻制片厂的报道中有我指挥的特写镜头，欢呼雀跃。每每谈起此事，都还津津乐道。

1944年我出生在汉阳鹦鹉洲一个木材商人家庭，是家中的第六个孩子。1956年我从瓜小毕业考入中南音专附中（后改名湖北艺术学院附中），从此离开鹦鹉洲到武昌生活。

我的父亲陈受谦生于1915年，7岁入三益堂私塾读书，13岁时因祖父病故而辍学，跟随祖母学做生意。年少时四处奔波、闯荡江湖，干过多种行业，做过卷烟，卖过煤炭，最后经营竹木生意，在鹦鹉洲瓜堤正街开设"陈福和木行"。

---

[①] 本文经陈萍秀之兄陈蔚华（1942年生）审阅并补充若干历史资料。

[②] 陈萍秀（女），1944年1月生，湖北武汉人。1967年毕业于湖北艺术学院。武汉音乐学院副教授。

我的祖母易本立是陈家的掌舵人和顶梁柱，她是湖北黄冈县（今新洲区）阳逻人。出身于贫苦农家的她大字不识一个，但是聪慧过人，具有中国劳动妇女的优良传统与品德。早年同祖父一起从黄冈县来到鹦鹉洲谋生，开了家杂货店，边做生意边做家务。祖父读过几年私塾，有点文化，身体虽瘦弱，但精明勤快，两人勤扒苦做，节俭持家，总算可以维持一家三口的生活，几年下来也有些积蓄。可叹命运无常，祖父最终操劳过度，积劳成疾而一病不起，38岁就英年早逝，留下孤儿寡母而去。

祖母开杂货店几十年，进货出货，品种繁杂，数量众多，全靠脑子记，心算能力令人叫绝。以前计量的老称是十六两一斤，进出货物她能做到称落价出，不差毫厘，比算盘还要快且准！

她善经营，懂管理。做事条理清晰，有计划，有安排。就连过日子，每天吃多少米、油，都会定量下锅，做到细水长流，决不浪费。

她胆识过人，胆大心细。日伪时期，日寇对国统区实行食盐禁运。她利用进货便利，冒着生命危险，雇人挑担将食盐从鹦鹉洲送到马沧湖，从水路运到汉阳县成功乡四老板（即新四军）手里。既帮新四军解决了缺盐的困难，又能卖个好价钱。

她待人诚实，守信用，结善缘。抗战时期武汉沦陷前，她托朋友湖南客商谌先生，安排我父母和三个孙儿到湖南安化避难。谌先生欣然接受，鼎力相助。她自己则和侄儿余斌留守家中，维持杂货店的经营，将赚的钱寄往湖南，贴补逃难到异乡的儿孙。

在湖南安化东平，家中又添我们兄妹三人，连同保姆全家九口仅靠父亲赚钱维持。父亲在湘期间，做卷烟生意，跑遍三湘各地，广交朋友，考察东湖与西湖木材产地、质量、产量、性价比及客商经营状况。抗战胜利后，1946年举家返回武汉。在祖母的大力支持下，父亲决定开设一家木行，胸有成竹地做起了竹木生意。但祖母仍坚守她的杂货商店，"两个行当赚钱，要比专干一业更稳当"，老太太坚持多种经营，认为杂货店现金流动快，可以帮助木行解决不时之需。

走进瓜堤正街，不远之处即是湖南益阳的"清埠会馆"。白墙青瓦，梧桐庭院，显得古朴典雅。1949年前后，这里曾是公安分局（即派出所）和鹦鹉街政府所在地。与此毗邻的"长衡公屋"是一栋两层楼的砖混建筑，五个联排门面在下瓜堤一带颇为显眼。坐北朝南的门面有前后两房，以天井、走廊相连，每间门面约宽5米、深25米，木结构，风火墙，粉墙黛瓦，有木格窗、凉台。后门外有偏屋（即厨房）和后院。父亲购买两个门面作为前店后舍，因人多不够住，又在后院盖了一间小木屋。

我家门牌是瓜堤正街 20 号，大门上悬挂"陈福和木行"招牌，两间门面的前房安置店面，后房与楼上作为住家。右侧门面是杂货店，左侧门面是木行客厅及办公室，中间走廊共用。

进入杂货店，高高的柜台、货架上，有序地摆放着烟酒糖果、糕点零食、油盐酱醋茶等日用品，店后有间库房。杂货店由祖母带着娘家侄儿余斌叔叔经营打理。

左侧木行里前面是摆放沙发茶几的客厅，中间是父亲的办公室，桌椅、文件柜、办公用品一应俱全。后间是陈醒先生的办公室兼卧室，室内靠天井窗下有书桌、转椅，桌上摆放文房四宝，书架上堆满书籍，靠墙放着衣柜和床铺。

木行由父亲主持，四人团队管理经营，包括两位学徒朱倌和涂倌，以及另一位本家陈醒先生，我们称呼他为"大太"。陈先生协助父亲管理木行，提供业务咨询等服务。"大太"在我家工作多年，很受大家尊重，直到1953年木行停业后，才离汉回老家生活。

陈醒先生，出生于1890年，少读诗书，青年上洲，从事竹木行业近40余年。他熟悉鹦鹉洲历史、现状，和各帮会、木行交往甚密，作文、书法造诣颇深，曾供职"竹木商会"，很多行业章程、帮规都出自他之手，是当地知名人士。中华人民共和国成立后，为市政协撰写的《汉阳鹦鹉洲竹木市场史话》，是当今学者研究历史的珍贵史料。

曹伯伯负责众人伙食，保姆曹太婆照料年幼的弟弟妹妹。父亲常年在外奔波，忙于生意。家中一切大小事务，由祖母当家做主，母亲协理祖母管理家务与后勤。祖母始终掌管家中经济大权，直到她84岁那年，一场大病后，才放权给我母亲。祖母活了整整一百岁，独子多孙、五世同堂、人丁兴旺、家运亨通。饮水思源，她施于陈氏家族的恩泽，永世难忘。

父亲继承了祖母的优秀品德，致力于竹木贸易的业务，陈福和木行的生意做得风生水起，顾客盈门。父亲曾对我说起他的生意经："木行其实是一个没有啥资本的皮包公司。只是在上家拿货，一脚踢给下家，收取两家佣金。靠的是上下家对你的信任，木行要招待两边的生意人。"我明白他只是戏说而已，做起来谈何容易，尤其是"信任"二字。毕竟生意人讲的就是信用，否则这生意就无法做下去。他从事木行最得意的是与电厂和煤矿厂的合作，"电杆""坑木"交易量大，回钱快，稳当。

父亲还有一件得意之作，那就是父亲留给后人的礼物——住房。瓜堤正街4号，是父亲在中华人民共和国成立前夕购买的私宅，一栋典型的南方中式民居，面积约二百平方米，全实木、全榫卯结构，有石库门、风火墙，布局严谨对称，前厅主梁雕刻八仙过海，栩栩如生。1960年私房改造，原20号房屋上交国家，4号留以自住，全家搬迁到此。因子女长大后不够住，2000年重建，增容到八百平方米。2012年旧房改造、动迁，各家都得到妥善安排，尤其是无房子女，彻底解决了安身问题。

祖母和父亲都十分重视子女的教育。祖母笃信"种善因，得善果"，只有多读书，才能多赚钱。父亲也意识到没有文化，在社会上难以立足，家庭只有做好子女的培养工作，才能兴家、立业、传承。他与祖母商量，一定要留足教育经费，砸锅卖铁也要供孩子们读书。

父亲坚持把大姐、二姐、大哥，从初中开始，就送到离家较远的武昌读书。他们分别进入省实验中学、省二女中和博文中学。1953年后，家里生意都关了，仅靠父亲微薄的工资，难以为继，只好变卖家当，坚持送我们继续求学。1953年，三姐考入汉阳训女中学，二哥就读武汉三中。1956年我小学毕业，考入中南音专附中。"文革"前我家陆续走出六位大学毕业生，并有稳定的工作和理想的职业，这一切都源于祖母和父亲的决策和远见。

我热爱音乐，从小就特别喜爱唱歌跳舞，也有表演的欲望。1950年我进瓜堤小学读书，这原是一所教会小学，每当教堂唱诗班悠扬的歌声响起，我都听得很入迷。那时群众性歌咏活动开展得热火朝天。音乐老师黄佩英，有意培养我，要我学习合唱指挥，我非常乐意参与，并得到了锻炼和提高。

我生长在一个充满书香和艺术氛围的家庭，三个姐姐能歌善舞，两个哥哥书法绘画造诣颇深，他们平常在家也喜欢吹拉弹唱。我从小耳濡目染、受到文艺的熏陶，不知不觉喜欢上了文艺音乐。在这个家里只有我和陈受新两人走上了从艺之路。

陈受新是我本家，年龄比我小，辈分别比我大，住在我家后院木房子里，1958年考入湖北省戏校汉剧科，他擅长器乐、作曲、编导。他的爱人程彩萍，是湖北省地方戏曲艺术剧院汉剧团国家一级演员，汉剧名家陈

图4-9 我和夏华希、卢以静的合影

伯华的入门弟子，表演艺术家。

我和王昌洪老师的女儿夏华希，顾雅云老师的女儿卢以静有着深厚的同学情谊，每当翻开影集，看到和她俩的合影（见图4-9），回想起小学的愉快生活，感觉总是甜蜜蜜的。

1957年10月15日，第一个五年计划重点项目，万里长江第一桥通车。为迎接武汉长江大桥通车典礼，湖北省武汉市成立了"武汉长江大桥通车筹备组"，并安排了两场音乐会，即通车当天大桥桥头音乐会和当天晚上剧院音乐会。童声大合唱为节目首选，决定以中南音专附中初中班合唱队为主，组建市"红领巾合唱团"。筹备组专为童声合唱谱了曲，歌词是社会名人、诗人郭沫若填写的。

我在附中初中班，平时班里合唱就是我在指挥。机遇真是留给有备之人，我十分幸运地当选了"红领巾合唱团"的指挥。在筹备组安排下，我投入了紧张的训练之中……

1957年10月14号，通车前一天，筹备组通知我们红领巾合唱团和武汉军乐团到大桥汉阳桥头引桥上录像。汽车把我们送到现场，拍摄纪录片时，我们既紧张又兴奋，既高兴又激动！

10月15日上午，万里长江第一桥正式通车。我全神贯注，专心指挥，无心观看通车盛况。现在回忆，都还能记得那首让我终生难忘的歌：

长江水，

浪滔滔，

宽宽的长江修大桥。

大桥宽、大桥高，

大桥宽、大桥高，

得儿得儿啦啦啦啦。

宽宽的大桥又修了人行道，

看人来人往多么热闹。

大桥宽、大桥高，

大桥宽、大桥高，

得儿得儿啦啦啦啦。

当晚，庆祝武汉长江大桥通车音乐会在湖北剧场开幕。我们的合唱是首个节目，演出获得成功。在音乐会上，还有歌唱家王昆的独唱。经历了大型音乐会的锻炼，我更加努力学习，珍惜青春的好时光。

1962年中专毕业，我顺利升入武汉音乐学院本科，专攻大提琴。1967年大学毕业，正值"文革"时期，我被分配到咸宁地区歌舞团。十年后被调回母校武汉音乐学院任教，直至退休。

苏轼云："谁道人生无再少？门前流水尚能西。"退休后，我把余热和精力献给青少年音乐教育，培养了不少人才。有的进入音乐院校，有的到国外获得荣誉。最值得我欣慰和骄傲的是我的孙儿张思一，他今夏从武汉音乐学院附中毕业，参加全国艺术高考，以优异成绩，顺利进入上海音乐学院学习。

悠哉乐哉，后继有人！

# 第五章　童年岁月

# 童年的磨砺

张忠辉[①]

磨砺者，磨难中得到砥砺也。磨难也是磨炼，它在给予身体压力、消耗体能、摧残肌体的同时，也锻炼人的体魄，锤炼人的意志。磨砺是一种文化，磨难则是一种人生财富，童年磨砺和磨难尤为如此，它总深深地印在脑海里。孟子曰："天将降大任于是人也，必先苦其心志，劳其筋骨，饿其体肤……"它道出了一个常理：一个"成功"的人士，必定会在其成长的过程中经受多次的苦难，才能得到磨砺，童年的磨难是刻骨铭心的，是成长的正能量！

我出生于1946年，那是个艰苦的年代，从小就经受了饥寒与贫困的折磨。兄妹十一个，加上父母共十三人，一家生活全靠父亲微薄的收入来维持，可以想象那时是如何的艰难和贫困！

## 一、勤俭、慈爱的父母

父亲1910年出生在汉口汉正街五彩巷一个小贩家中，祖父来自湖北孝感张家楼街，后在汉正街以摆摊卖烤红薯为生。父亲兄弟姐妹四人，他排行老二。父亲儿时白天卖报，就像电影中常见的报童，走街串巷，风里来雨里去，不论寒暑，晚上就在教会办的学堂学习文化。夏天武汉很热，人们有乘凉的习惯，父亲晚上就卖炒蚕豆、花生等食物，走街串巷叫卖在那些乘凉的人们之间，他从小就这样赚钱补贴家用。十二岁那年，父亲经其姐夫的熟人介绍到汉阳鹦鹉洲马福茂木行当学徒。几年出师后自己也开始做木材生意，自立门户开了张志成木行，同时把母亲接到鹦鹉洲，结婚成家。母亲也是穷苦人家的孩子，家住武昌，外祖父是电工，英年早逝。外祖母改嫁到关山区流芳岭乡下，母亲就被给了张家做童养媳。母亲目不识丁，没有文化，从小没有起名字，还是在结婚登记时，办事员因父亲姓张，母亲姓胡，就给起名胡适章。在婆家母亲成天做家务和到汉水河边洗红薯，甚是辛苦，尤其冬天手冻得裂口流血，还经常要受到祖母的责罚。"穷人的孩子早当家"，父母亲用两个箩筐装着全部的家当搬到鹦鹉洲，发奋要改变困境。父亲为人忠厚老实，勤劳守信，熟悉买卖木材业务，几年后就成为一个精明的商人，

---

[①] 张忠辉，1946年8月生，湖北武汉人。1968年毕业于第七军医大学（现名陆军军医大学）。曾任西南医院（重庆）和北京医院院长，教授、少将。

买卖越做越大，生意好时竟然与师父马福茂家可媲美。但父母一直节俭过日子，积蓄资金，1937年时在西湖正街买地建了一栋两层楼、面积200多平方米、屋后带菜园的房子。

从此张志成木行有了自己的商户，我清楚地记得后门上写着两排大字"余前后有，有志竟成"，意思是年年有余，未来可期；来者优秀，成功可待。这是父亲对今后的人生前景及家庭的期望！后来我才知"有志竟成"这是孙中山先生所倡导的，就是一个人确立了自己的志向以后，无论中间经历多少艰难曲折，只要为之奋斗不懈，最终一定可以成功。从民国到中华人民共和国成立初期，鹦鹉洲正处于长江流域乃至中原地区竹木集散和交易的鼎盛时期。西湖河街的码头岸边木排停靠有好几里，搬运工人的号子声此起彼伏，一派繁华景象。生意兴隆时我们家里有会计管账，有学徒、厨师，供木商客人休息的竹床就有七八张，父亲的木材生意做得红红火火。木行实质上是一个买卖的中介机构，负责促成木材买卖双方的交易，收取一定的佣金。木材生意无需多少本金，重要的是要有诚信、广泛的人脉和关系，以及良好的接待服务。可是好景不长，抗日战争爆发，武汉沦陷，日本人也来到了鹦鹉洲，当时条件好的人们要不迁往重庆，要不跑去宜昌，没有实力的我们家只能逃难躲到湖北沔阳农村。生意不能做，我们靠着不多的积蓄，过着闲居生活，颠沛流离，直到日本人投降才返回家园。抗战胜利后鹦鹉洲的木材生意迅速恢复，西湖街滩上竹木堆如山，木行行栈商号达百余家，张志成木行是其中比较兴旺发达的。当时的武汉有句俗话"茶商木客盐贩子"，意思是说这三种行业最赚钱。"人怕出名，猪怕壮"，街政府说要父亲当保长，民国时期保长的人选基本就是内定的，不需要通过人民选举，父亲看到保长替国民党抓壮丁，为虎作伥，贪污钱财，欺压百姓；父亲死活不干，出了很多钱才推脱了此举荐。中华人民共和国成立后百业待兴，木材生意也兴旺起来，父亲为解放军组织供应过木材，我家里有他陪几个穿军大衣的解放军军官在武昌黄鹤楼合影的照片。新社会了，社会安定，人民安居乐业，码头上"把头"恶人没有了，营商环境也好，父亲由衷地高兴，经常当代表参加各种会议和游行活动，肩上斜挎红色标语，举着小旗子，喊着口号，在我幼小的心灵中留下了深刻的印象。1951年底，国家在私营工商业者中开展"反行贿、反偷税漏税、反盗骗国家财产、反偷工减料、反盗窃国家经济情报"的斗争，俗称为"五反打老虎运动"。1952年2月，"五反"运动在各大城市开展。当年3月，中央政府规定了对违法资本主义工商户处理的基本原则：过去从宽，今后从严；多数从宽，少数从严；坦白从宽，抗拒从严；工业从宽，商业从严；普通商业从宽，投机商业从严。父亲的木行由于生意做得比较大，他自然成了被斗争的对象，错误是"偷税漏税"，可能他是比较大的"老虎"，所以被禁闭在瓜堤街长衡会馆旁的税务所，罚交了很多钱，才算过关了事。"五反"运动对于像我父亲这样的私营工商业者普遍进行了守法经营教育，对私营工商业者实行社会主义改造创造了条件。国家为保护自然资源和生态环境，制订了限制砍伐树木的措

图 5-1 父亲在长江边打鱼

施，实行了木材的统购统销政策；加之长江黄金水道航运的整顿，鹦鹉洲木材市场也就褪去了昔日的繁荣，父亲的木材生意也由此终止，进入了失业阶段。后来父亲就在长江边以打鱼为生（见图 5-1），在江岸边平缓处支起四根长竹竿，撑起约四五米见方的网，几分钟拉起一次，这就叫搬鱼；一般夜晚行船和人员的干扰较少，所以收获的鱼较多。两个哥哥上白班，父亲经常加夜班，我年龄虽小，但时常跟在父亲身后。从小我就认识长江里的各种鱼，如白鲢鱼、花鲢鱼、鳜鱼、武昌鱼、草鱼、鲤鱼、翘嘴白、黄辣丁，还有江豚。搬的鱼白天在街上卖，天气热，鱼卖不完很快就死了，我们就拿回家打牙祭，钱少油少只有用水煮，放点葱姜，

图 5-2 父亲修钢笔

"活水煮活鱼"，一家人开开荤，也蛮温馨的。由于捕鱼每天多少不定，收入少且不够养家，父亲就也顺便卖一些干鲜货品，如干咸鱼、粉条、墨鱼、干竹笋、咸菜等；夏天就从荒五里瓜田里挑西瓜来卖。家中生活实在拮据，有时就把家具、客厅墙上的字画拿到长江大桥旁的宿舍去卖（因为修桥的工程人员有钱），桌椅都是好木料做的，名人字画我想可能有一些是赝品。有一次卖完后父亲请我们兄弟吃了一碗牛肉汤下豆丝，上面还摆了几块卤牛肉，实在太鲜美了，至今

难忘那个滋味，成年后就是再吃什么山珍海味，也觉得没有那么鲜美了。

大概是 1955 年，街政府安排父亲就业，去了武汉江岸木材公司，每月工资46 元。父亲虽文化不高，但思想开明，教子严格，崇尚文化，家风纯正，再穷也支持孩子们上学，男女孩一致对待，秉承荒年饿不死手艺人的初衷，父亲支持男孩学工、女孩学医。全家十一个子女中培养了一个硕士生、三个大学本科生、三个专科生、四个中学生。此时两个姐姐已从医师学校毕业，大姐在汉口普爱医院，二姐支援东北在齐齐哈尔重型机床厂医院（当时为苏联第一批援建单位）。靠父亲工资和姐姐的支持是无法维持九个兄弟姐妹的求学生涯的，我们上学都享有国家助学金，街政府也兑现了"五反"运动时的承诺，即"有困难，政府会帮助的"，不时也给予家里经济资助，如免房地产税，而且我们每学期去街政府开申请国家助学金的证明也很顺利。所以我们能上学还是非常感谢党和政府的，试想即使父亲做木材生意要培养九个子女上学也是很难的。国家经济困难时期，父亲被安排去离江岸更远的公司农场劳动，业余时间父亲干起了修理钢笔、打火机、手电筒的活儿，补贴家用。不管流金铄石、天寒地冻，父亲都要在街上、学校门口、工地摆摊，还要到腰路堤外农村去走村串户。当时是公社化，村民定期按工分发薪金，所以赊账的多，父亲修理后，由我定期去收账。好在当时民风纯正，农民也诚实守信，到期都能收到钱。大概每两周一次，我要来回行走四五十里，这就是我的周末活动。由于父亲工作地离家远，小职员固定工资低，难以维持全家生活，加之还要受约束，1963 年父亲自动离职，专职修理钢笔（见图 5-2），完全成了自由职业者。父亲忠厚老实、勤劳节俭、聪明好学、性格刚强，父亲是我们的榜样。由于家风纯正，我们尊敬长辈、孝顺父母、遵纪守法、勤俭发奋、自强自立，如今我们的大家庭已有了第四代，共有五十余人，其中没有任何人触犯过法纪。

父亲他一生辛苦劳累，1981 年高血压中风，半身不遂，此后十年行动不便、卧病在床，81 岁那年病逝。作为一个医生我没有能妥善处理好父亲的病情，是非常自责和内疚的！

图 5-3　我的父母亲晚年与大外甥合影

## 二、艰辛的童年

我是 1946 年 8 月 12 日（农历七月十六日）出生的，小时候听母亲讲过，农历七月十五日就是鬼节，相传这天是阎王大开地狱之门的日子，长期被禁锢的冤魂获得短期的游荡，鬼节那天要早早回家，如果听见有人叫你的名字也不能回头。而我是鬼门关开放后才来到人间的。小时的记忆有些模糊了，先说说上小学吧！

刚五岁那年父亲要我上学，我贪玩不愿去，父亲拿棍子要打我，吓唬我，我说："不给你当儿子了！"后来三姐解围把我领去了学校。由此在小学、中学、大学我都是年级中年龄最小的。1954 年长江流域发生了特大洪水，那一年我八岁，突发的灾难使我记忆深刻。我家对面西湖正街的南侧，由于江水大浪的冲刷，江岸和房屋都垮塌了，正街成了半边街。随着不断的涨水，我家房屋就在波涛汹涌的长江水中了，水位上升已经淹没了一楼，邻居们都撤走了。我们家孤零零的，我站在二楼窗前，惊恐地看着滚滚洪流波涛汹涌地从我家房前奔腾而下。一个暴风雨的日子，巨浪撞击房屋，房子似乎在摇晃，粮食也快吃完了，望着周围一片汪洋，我们害怕极了！天无绝人之路，就在此时，街政府的魏同志带着木船来了，我们有救了！全家九人上了船，后被安排在汉阳高坡地的芦席棚临时居处。有两个月吃救济度日，当然自家也总得找生活来源，于是父亲带着我们兄弟到墨水湖去搬鱼。我们几个男性成员就在湖边架起了帐篷，在有坟墓的岸边（被淹的坟墓尸骨等有机物外溢，鱼爱吃）搬鱼收获很多，有时一网可有上百斤，起网时鱼乱跳乱飞，颇像跳龙门，多是一些白鲢鱼，卖不起好价钱。晚上，睡在坟墓旁很有一些阴森，怪吓人的；尤其是下雨天，蓝绿色的磷火在坟头飘移，夜莺在撕心地鸣叫，我依偎在父兄身旁慢慢也就睡着了。白天，我要两次去芦席棚住处打饭、打开水，来回十多里，为了饭不至于凉，我必须快走，由此锻炼出了快步行走的习惯。洪水过后，我家生活仍然困难，大哥、二哥、三姐分别离家去住读，家中我成了老大，下有五个姊妹，加父母共八人，由我帮助母亲照顾姊妹，因为父亲在汉口江岸上班每周回一次。家里担水劈柴全靠我，尤其冬天，长江枯水期，担水要爬几十步台阶，对于十来岁的我是不轻的活。母亲为减少用水，经常把菜、米、衣物拿到江水中去洗。武汉的冬天，天寒地冻，也难为她老人家了。母亲还要去建筑工地挑土补贴家用，一大家人的家务终于把她累垮了，一天她突然大咯血，父亲用小船把她送去汉口普爱医院住院，她被诊断为患了肺结核，这样家中就只剩下我来主持家务了。我一边上学，一边做饭操持家务、照顾弟妹们。到国家困难时期，当时家里每餐实行严格分餐制，以保证人人都能活下去。姊妹们上学常常饿得心慌，没有钱过早，我就早起热剩饭给大家吃，有时也只能用莲子壳、米糠磨粉充饥。定量粮不够吃，母亲还要拖着患病的身体背着大米，去原来逃难的湖北沔阳农村换杂粮，如红豆、饭豆、苞谷、红薯，1斤能换5斤。当时的奢望就是下一顿还有吃的！蔬菜是靠自己在屋后约七八十平方米的菜园里种的，菜园分成五六块，种了白菜、萝卜、土豆、红苋菜、南瓜等；大部分蔬菜够吃，剩余的还可去卖钱。家里当时是两三人合用一条被子，破旧被单、床单下面铺的是破棉絮和稻草。童年时我们小姊妹都是穿哥姐们的旧衣，大改小、破了补；上初中时我穿的裤子补了许多补丁，真像现在的迷彩服。暑假时，我们小姊妹全体出动去煤炭铺捏煤球，下蹲在地，一捏就是一天；天热煤球干得快，傍晚时收起来过秤就可以拿到钱。这就是我们新学期的学杂费。有一年寒假，我和大我三四岁的叔伯哥一起去外地修理钢笔，修理技术并不复杂，能修的不多，主要是更换零件，如换笔尖、笔舌、笔胆、笔杆、挂钩等，我跟着父亲耳濡目染好几年当然也能独当一面了；我们背着装工具零件的木箱，从武昌坐火车到咸宁，再乘敞篷汽车到通山县城，在街上摆摊十多日，住在小旅馆，每餐吃一碗蛋炒饭（几乎不见蛋，当时也算是很不错了），收获颇丰，除去开销竟剩余了百十元，这样我们姊妹们春季开学的学费就都齐了。返程时下大雪，乘敞篷汽车虽然辛苦，但回家就快过春节了。母亲能做一桌好吃的家常菜，红烧肉、烧鱼、圆子、粉蒸肉、夹干肉、炖鸡汤，一家人集聚一起，先敬神、敬祖宗，大家再吃年饭。这大概是一家老小最幸福的时刻，也是我童年少有的乐趣！母亲虽无文化，但很精明，把穷日子过得井井有条，钱安排得很清楚，哪些用于米油盐，哪些给三个住读的哥姐们当下一周的伙食补贴和零花钱，她也多次被街道评为勤俭持家的能手。

1954年大洪水过后，街南侧垮塌，我家就正对长江了，港务局就选定租我家门面房设为售票处，轮渡码头就开建了，有轮船通往汉口和武昌。码头办公室有四位工作人员，一位负责人和售票员，两位航管员，其中一位叫李家富，二十五六岁，单身，另一位是其姐夫。李家富与我比较熟悉，经常一起玩，我是他的活地图。有时还要我陪他去看电影，如《夜半歌声》《地道战》《渡江侦察记》《赵一曼》等。一次大雪天，我衣着单薄，穿着一双破胶鞋，在雪地里鞋湿透了，坐在汉阳电影院时冷坏了，还好没有冻伤，至今记忆犹新。与这些工作人员的接触对我影响很大，对于长大后的为人处世是很好的体验和学习。十一岁上初中时，那时作业不多，晚上家无电灯，煤油灯也点不起，天一黑就早早睡觉了。当时班上有一个早签名的做法，比看谁上学早，有时早上四五点就起床，走夜路黑灯瞎火地到学校，幸亏当时社会治安好，算是路不拾遗，夜不闭户；走夜路为壮胆，我有时会背诗词或名言，一边走，一边默默地念着，壮着胆，无惧黑夜，忘却寒冷！如此天天的锻炼，为我成年后走上讲台打下了基础（我讲课声情并茂，感染力强，后来经常被评为优秀教师）。我年龄虽小，学习还是很认真的，哥姐们教我的学习方法是每章每节的知识要小结、总结，彻底弄通，运用自如；他们用过的辅导书籍我逐一学习，从不放过。有一年期末成绩单竟全是五分，甚至包括体育、政治品德；父亲看后会心地笑了，他没有夸奖我，但我知道他一定是欣慰的。

我是长江边长大的孩子，经常看到洪水泛滥，一些参加过荆江分洪水利工程的工人邻居染病，"身无三尺长，脸上干又黄"，骨瘦如柴，挺着一个大肚子（现在知道是肝硬化腹水），不少老百姓鲜活的生命被血吸虫夺走了。那时，我家对面街上有一个餐馆，有人得了麻风病，二十多岁的儿子面部浮肿、发红，眉毛稀疏，口角歪斜，走路跛脚，手足溃烂，步态异常；只能天天坐着晒太阳，后来全家几个人都被传染麻风而去世；他家房子也被江水冲垮，随着江岸垮塌一起消失了，一个家庭毁灭了。我面对着这些病人，加上姐姐们的引导，儿时我就萌发了从医的志向，立志学医，立志解除百姓的痛苦！高中毕业后，我以优异的成绩提前被录取进入了军医大学。

在毕业后下部队锻炼时，我当工程兵在内蒙古自治区的赤峰地区打地下坑道，每天开山挖洞 16 个小时，坑道顶有时有几十斤的石头往下砸，我都没有退缩过；支援西藏，无惧高山反应；勤恳踏实、谦虚谨慎、低调做人、为人谦和、以身作则、高效办事、工作业绩突出；我出任过军医大学西南医院院长，国家卫生部保健局局长、北京医院院长、中央保健委办公室主任、全国政协委员、科教文卫专委等，为两届中央班子保健，日日夜夜我尽心尽力，做出了应有的努力。在旁人看来我的仕途似乎到了顶峰，但我没有丝毫春风得意。

"宝剑锋从磨砺出，梅花香自苦寒来。"我能够不忘初心，牢记使命，服从大局、勇于承担、乐于奉献地做好这一切，我想与我小时候经受的苦难和磨砺有着极大的关系。我的座右铭是："一个人的生命应当是这样度过的：当他回首往事时，不因虚度年华而悔恨，也不因碌碌无为而羞耻。"现在我已七十五岁了，还在医院上班，希望在有生之年多为社会作贡献！

# 一碗大刀面的联想

杨培源 [1]

20世纪60年代初,时逢三年困难时期,物资极其匮乏,粮食定量供应,吃不饱,严重的营养不良,影响着我的身体发育。

记得那年冬季的一天,祖母带我来到汉口民生路路口,一家叫长江饭店的餐馆,这是我第一次上这样规模的馆子。进门之后,祖母拿出一块手帕,瑟瑟地将手帕打开,原来里面包着一些零星钞票。她抽出其中一元钱,要了一碗大刀肉面,标价是一元钱。面碗上摆放着一块带皮的猪肉,形状像不带把的刀片,肥瘦相间。经过红烧的油汁浸在肉面上透着亮光,上面撒了一层绿油油的葱花。那年头顿顿青菜萝卜,三月肉不尝,见了带油水的东西,我眼睛都直了。

图 5-4  我的祖母

我问怎么只叫一碗,祖母说她不想吃,说我正在长身体,需要营养。当时一元钱可以买十斤大米,这相当于一个人半个月的口粮,可想这碗面的分量,确实不轻。记得当年每天放学回家,揭开锅盖,不是老包菜叶子煮饭,就是苕片,苞谷等杂粮,满锅黑乎乎的一片。吃也是这,不吃也是这,而且还不一定能吃饱。老人家看在眼里,也只能是叹气。看到正在长身体的小辈,她总在想能做一点什么,弥补一点什么,也许这就是她为什么带我来到了这家餐馆,当时的一碗大刀面让我很多年后都不能忘记。

参加工作后,我又在长江饭店吃过几次饭,但再也找不回当年那碗大刀面的感觉了。

祖母杨德凤,生于 1902 年 9 月 27 日。她出生于鹦鹉洲木行世家,可算是大家闺秀。读过两年私塾,能看报,看信,算盘打得也好。记得小时候她曾教我们打算盘,背口诀。祖父年轻时因肺病去世,

---

① 杨培源,1950 年 12 月生,湖北武汉人。1986 年毕业于湖北电视大学。湖北正远会计师事务所董事长、注册会计师。

图 5-5　杨盛茂木行

祖母三十二岁就扛起了杨盛茂木行这副担子。

祖母是个要强而能干的人，顶着杨盛茂这块招牌，带着一儿三女，艰难地继续经营木行生意，维持生计。后来，两个大女儿相继出嫁；祖母又让儿子带资到汉口布店做学徒，既是老板，也是徒工。抗战胜利后父亲杨深昌继承父业，祖母后台掌舵，生意做得红红火火。

杨盛茂木行由曾祖父杨盛茂（与招牌同名）创立，位于鹦鹉洲崇善正街 34 号，于 1923 年临街而建。前后两进宅院，前院内有一大花坛，正中安放一个大鱼缸，为室外活动场所。后院种有各种观赏植物，百花争相斗艳，鸟语虫鸣，是儿时玩耍的乐园。主楼为两层砖混结构，楼上楼下共近二十间房，两个大厅。楼上为接待各地客商的客房，楼下主要是会客厅、办公场地及家眷住房。门楼、护栏、木柱绘有砖雕和木雕，为古色古香的中式建筑。

杨盛茂木行与罗同发木行、孙和顺木行，在当时同为鹦鹉洲三大木行，在鹦鹉洲有较大的影响和知名度。祖母接手木行后，凭着精明强干，勤俭持家，做生意以诚信待人，汇聚了人气和声望。木行虽然请有先生，但她仍事无巨细，亲力亲为。在那兵荒马乱，社会动荡不安的年代，不顾是一双小脚，经常走乡串县，谈生意，收账款。并广交人缘，结识名绅商贾，被业内人称杨大姐。

1937 年，随着木行生意的发展，祖母又购置了一条大木船，专门请了船老大和船工，穿行在长江中下游，跑运输。但好景不长，抗日战争爆发后，船行宜昌，日寇为打通长江水道，对宜昌进行狂轰滥炸，船被敌机炸毁沉入江底，辛辛苦苦打造的一条大船就这样完了。国家尚如此，何惜一条船，但生活还要继续，生意还要维持。正是由于她的执着和坚持，一生的心血都在木行经营上，才使"杨盛茂"几起几落，没有倒，在鹦鹉洲始终都有一席之地。

崇善正街位于鹦鹉洲洲头，全街是长条石板铺就，店铺鳞次栉比，茶馆、饭馆、百货商店、药店、中医店堂、西医诊所，一家挨一家。还有杨盛茂、乐云泰、陈盛茂等各大木行商号的明清式住宅，以及湖南各大帮会会馆，雕梁画栋，飞檐斗拱的古式建筑，一幢一幢坐落在其间。作为全国四大木材集散地之一，各路客商云集。长江边摆放的木排成片成片绵延十几里望不到头，排工号子嘹亮，唱和声此起彼伏，可见其日晒黄金夜不收的盛况。当年的鹦鹉洲是汉阳地区最繁华的商业重镇。

1953 年，国家对木材实行统购统销，私营木材交易退出市场，鹦鹉洲木材市场即现萎缩，岸上江下冷冷清清，喧闹了 100 多年的鹦鹉洲木材市场沉寂下来，木行停业。

改革开放四十多年，过去的鹦鹉洲在拆迁改建大潮中已片瓦无存。沿江宽敞的柏油大道旁，已是高楼大厦林立，江滩公园连绵数十里。鹦鹉洲长江大桥、杨泗港长江大桥，飞架南北。武汉国际博览中心的塔楼雄踞扬子江畔，鹦鹉洲翻开了崭新的一页。

世事沧桑，斯人已逝，过去的鹦鹉洲已淡出了人们的视线，往事只是在茶余饭后的回忆之中，今随笔闲聊，重温那一段岁月。不忘前辈创业之艰，守业之难，不忘童年曾经走过古老而饱经风霜的石板路，不忘鹦鹉洲留给我们芳草萋萋的乡愁。

# 鹦鹉洲的孩子早当家

沈骥冰[①]

我只知道爷爷在鹦鹉洲码头上搬运木材，抗日战争期间，却不幸被日本人的飞机炸死在江陵郝穴。听母亲说，爷爷是个老实人，既和气，又细心。每逢出远门放排，他都事先在家里劈柴，码得又高又整齐，还专门劈些细条子，做引火柴，方便祖母、母亲烧火做饭取用。万分悲痛的是，这样一个好人惨死在日本人的炸弹之下，尸骨无存！

1949 年我出生时，家住在两湖后街。父亲也是搬运工人。七岁时我要读书，母亲说："你哥哥姐姐们的学费都还没有筹齐，明年你再上学吧！"就这样我八岁发蒙，小学在洲头二里宫，那里破旧不堪，踩在木地板上会有吱吱呀呀的响声。这是两湖小学分校。还记得班主任姓曾，是个男青年，人蛮好。我参加除"四害"，在地里挖老鼠，出师未捷身先伤，一截硬茬刺进脚踝断在皮里，当时没发现，后来伤口溃烂久不愈合，曾老师几次背我到崇善堂换药，在一次清洗伤口时终于发现了暗藏的元凶。班主任是位姓余的教数学的女老师，也蛮好，有一次上课点我在黑板上演算习题，我将数学符号大于、小于画成大鱼、小鱼，引起哄堂大笑。余老师没有责罚我，可能是气得说不出话了。我并非是个调皮的学生，只怪当时正是困难时期，学生们饿得肚子咕咕叫，大鱼、小鱼不过是我们心中的渴望！

我初中进了新建的建港中学，教室宽敞明亮，女班主任郎老师，上海人，年轻漂亮，人也蛮好。同学杨臣云家贫，冬天脚趾头露在鞋外，郎老师自己掏腰包买了双鞋送他。多年以后，杨臣云带着儿子找到郎老师家里，让儿子下跪向老师磕头谢恩。后来，在"文革"中郎老师遭受批斗，身心俱伤。如今八十多岁的郎老师还与我们这些学生在生活中、在微信群里愉快互动，亦师亦友，只字不提"文革"中的陈年旧事。

当年，鹦鹉洲的面貌落后，洲上的孩子贫苦，老师们给予了我们理解和关爱。从小学到初中，同学中湖北人和湖南人大约各占一半，大多是搬运工人的子女，大多家庭贫寒。然而，鹦鹉洲人人穷志不穷。他们就像奔腾的长江水，一浪接一浪往前闯，穷人的孩子早当家。小小年纪的我们，用勤劳的双手，用稚嫩的肩膀，

---

[①] 沈骥冰，1949 年 7 月生，湖北武汉人。1980 年毕业于中纺部企业管理函授学院。宜昌市毛麻纺织厂副厂长，经济师。

为父母分忧，为生存奋斗，在鹦鹉洲的热土上描绘出一幅五彩斑斓的时代画卷。

鹦鹉洲的孩子生在长江边，当年长江鱼多，有一次我亲眼看见本家的重喜姐姐在长江边洗菜，淘洗中一条大鳜鱼钻进竹篮中，吓得她一跳，又惊又喜抱着篮子跑回家。所以，钓鱼改善生活成了男孩子的首选。偷偷从人家的竹扫把上扯下两根毛竹，在煤油灯下烘烤后扳直，拴上线系上钩就去钓刁子鱼，鱼多时还用双钩，一次可以钓两条，钓黄颡鱼多用排钩，砖头稍加打磨，绑上竹竿（后来有了更好的钢筋），挂上十来个钩，用长绳拴牢，来到江边木排上，将排钩沉入水中，坐等鱼上钩。运气好时一次能拉上几条鱼。我不是钓鱼能手，但瞎猫子碰上死老鼠，有时也能弄上一碗半碗的，够父亲喝上二两汾酒了。

鹦鹉洲上的水塘湿地星罗棋布，一到天热时节真是"稻花香里说丰年，听取蛙声一片"，肥美的青蛙自然就被穷孩子盯上了，青蛙如今是受法律保护的，谁敢抓？当年却是下饭菜。我们常采用的抓青蛙的方法有两种：一种文的，钓青蛙，竹竿系上线，穿一串蚯蚓，右手持竿轻微抖动，引诱青蛙吞食，左手提布袋将钓上来的青蛙收入囊中；另一种武的，用渔叉扎，找几根钢丝或用铁丝也行，磨尖锐做成渔叉，一般都在白天寻找青蛙下手，因为晚上叉青蛙，一是要用手电筒照射，要花钱买电池，二是晚上视线不好，怕碰到蛇，那就不是好玩的。回想起初中同学湖南伢周火洲常迟到，甚至缺课，后来得知他是因为要帮家庭解决经济困难，隔一段时间就去新洲等地抓青蛙，夜间用强光手电筒照射后青蛙瞬间不动，容易抓捕。不过这个同学是个学霸，数学特别好，抓青蛙并未影响学习。现在回想，当年老师并没有批评他，大约是知道他家的情况特殊。

说起抓青蛙，我过去差点搭上小命。我十来岁那年发洪水，江边跳板升得老高，洪水裹着芦苇杂草汹涌而过，漂浮物上竟然有许多青蛙，自然吸引了我们的眼球，一帮小伙伴提着渔叉赶往江边，守在跳板上截杀漂过来的青蛙。突然一只肥大的青蛙映入眼帘，我先下手为强，一叉刺去，可悲用力过大，失去重心，一头栽进江水中，万幸的是这团漂浮物较厚，被跳板下支撑的木桩拦住，一时没被冲走，我挣扎了几下，居然站起来了，下半身泡在水里。说时迟，那时快，在小伙伴的惊呼声中，年纪稍大的常时春急中生智，飞快地将手中的渔叉竿伸向我，我双手死命抓住竹竿，终于被小伙伴们七手八脚拉上跳板。要不是常时春及时出手相救，我这个旱鸭子早就跟着青蛙"流洋"了。可能当时人都蒙了，连句感谢的话都没有来得及说，借此机会，向时春哥道一声迟到六十年的谢谢！

钓鱼、捉青蛙、摸田螺蚌壳，这是鹦鹉洲上男孩的强项，为改善生活，增添营养，度过那段艰难的生活作出了贡献。鹦鹉洲的菜农不少。我们住的两湖后街再靠后就是大片菜地。每当农作物收获的季节，老人、小孩都去农田捡拾漏收的、丢弃的瓜果蔬菜，什么萝卜菜、青番茄、花生、红苕等等。我的祖母常带着我姐姐去捡农作物，还为菜农打短工，帮忙挖花生、收蚕豆，主人会送一定的花生、豆子作为劳动的报酬。一季下来，家里过年时就不用买花生、蚕豆了。小伙伴常常结伴去挖野菜，什么地米菜、藜蒿、马齿苋、野蒜等等，花两个小时，一篮半篮地提回家。

三年困难时期，鹦鹉洲人凭着得天独厚的地域条件——屋前屋后空地多，大搞开荒种地，生产自救，我家也不例外，在大门右侧开了一块小菜园，在屋左边开了一块大菜园，种上了菜薹、辣椒、豆角、扁豆等等；还有一种甜白菜，叶子肥厚易种肯长，剐了边叶再长新叶，产量高。这种菜现在难见到，应该是嫌它味道差被淘汰了吧。但是那饿死人的年代，我们家连莲子壳做的粑粑都吃过，胡萝卜叶子也吃过，能填饱肚子的都是好东西。早起上学，常常是喝上一碗萝卜汤就走，汤可照人，一滴油都没有。印象最深的是我家在屋后侧坡地上种了一片洋姜，那真是懒庄稼，不管耕耘，只管收获，年年挖年年长，腌上两坛，脆甜可口，够一家人吃上大半年。

父亲是从来不管种菜的事，应该说什么家务事都不管，和洲上的大多数搬运工人一样，他每天下苦力，没有精力和心情做家务。种菜以母亲为主，有力气的伢们当帮手，大哥到三中住校了，姐姐就接手，稍大一点了我也抬水浇地、翻地、摘菜，那几年种的蔬菜基本能自给自足，偶尔吃不完还半卖半送地给予需要的人。随着杨泗港的建设，两湖后街一带的人家搬迁到洲头倒口边，新地址是洲头三村162号，开荒种菜成为历史。

俗话说，开门七件事：柴米油盐酱醋茶，柴火首当其冲。早些年，鹦鹉洲人家主要靠柴火做饭，所以捡柴火是孩子们的又一项必修课。有特色的柴火，一是家耶（用竹篾编成的缆绳、木排竹排上的必需用品），引火最好；二是剐树皮，准确说是剐木材皮。鹦鹉洲是著名的竹木集散码头，木材堆得像一座座小山。一听说哪里刚到了木材，小伙伴们就拿起铲子、凿子十八般兵器，争先恐后在木材堆上爬上爬下剐皮子，木材粗大，树皮厚实，好烧熬火。两湖一带的男孩喜欢捡破铜烂铁，换点零花钱，我和发小常时昆、沈纪发常结伴到江边捡铜，特别爱到杨泗庙江边去。杨泗庙巍峨庄严，庙里的菩萨高大威武，气氛神秘阴森，我们只是在大门前探头探脑，不敢越雷池一步，见到有人过来，就赶紧跑开。说来也奇怪，杨泗庙江边容易捡到铜钱甚至银圆，捡到铜钱不稀奇，捡到银圆就纯属运气了。不过常时昆确实捡到过一块银圆，当时称大脑壳，有袁世凯的头像。他高兴地回家交给母亲，后来换了几块钱。每到退水的季节，三三两两的孩子在杨泗庙江边石头缝里扒拉，时常有所收获。记得当年我用卖废铜的几角钱，买了一个心仪很久的铁皮文具盒，上面彩绘着飞船奔月，漂亮极了，我一直用到初中。后来建杨泗港，这块风水宝地也就消失了。

当年，鹦鹉洲的孩子聪明能干，吃苦耐劳，想方设法挣钱贴补家用，比如砍莲子、剥瓜子、粘纸盒、跳麻，不一而足。我家就跳过麻。跳麻就是用老式纺车将原麻纤维纺成麻线，给厂家加工，赚取辛苦钱。宝珠姐姐是跳麻高手，想办法接到原麻后起早贪黑地纺线，有时两三天就能纺一斤细线。细线四角几一斤，粗线八分钱一斤。一个暑假姐姐虽然十分辛苦劳累，但跳麻得到的可观收入，对一个困难家庭来说，弥足珍贵。

就连身体单薄的我，十几岁时不止一次帮在助勤队上工的母亲拉板车边绳、挑土方，偶尔直接顶替母亲出工。记得有一次用板车拉瓜米石，从汉阳凤凰岭拉到墨水湖，肩膀上勒出了深深的血痕，母亲看到后心疼不已。当年这些事稀松平常，不值一提。

两湖一带的孩子都会做家务。我姐姐洗衣服一度成为主力。我顶多挽起裤脚踩蚊帐、被单、棉衣。当年用脚踩衣物的洗涤方法行之有效，堪比现代洗衣机！我们家常年做腌菜、萝卜干、压白菜，还有腌洋姜，种类繁多。从清洗、晾晒、切碎、搓揉直到装坛封口，都有孩子们的身影。光是一连几天下门板上门板搭台晾菜，就不是件轻松活，这是我常干的事。十多岁我有力气了，腌菜装坛时祖母会喊我用拳头伸到坛子里，将腌菜使劲压紧压实。至于挑水劈柴，从哥哥姐姐再到我，前赴后继，换个上阵。有几年，父亲调到东门搬运站，我们几兄弟都给父亲送过饭，有时怕我们耽误学习太多，甚至连年迈、小脚的祖母也去送过饭，为的是节省下找人代为送饭的几分钱！从两湖经瓜堤到东门，要走多长时间，已经记不得了，来回十几里路恐怕要一两个小时。

每到过年，孩子们既高兴又忙碌。打豆腐、磨汤圆、摊豆皮、揣糍粑，都是力气活，哥哥是主力，我是帮手。炒瓜子（收集的西瓜子）、炒花生（地里捡的）、炒米泡（剩饭晒的）、摊豆皮这些技术活是母亲操作，姐姐烧火。烧火要说也是一项技术活。祖母教我们，人要忠心，火要空心。不会烧火经常会熄，搞得满屋浓烟滚滚，火太大了会将食物烧糊烧焦。稍后几年，时兴炸翻散，兄弟姐妹齐参战，食品香，心里美。糊墙纸就苦了，兄弟几个都干过。鼓皮隔断大缝小眼的，寒风直往里灌，每年腊月都要用报纸糊一次。报纸筹齐，米汤备好，扬尘扫罢，爬梯张贴，糊完几间屋，人累得流汗，手冻得发僵。

鹦鹉洲的孩子懂事，知道生活的艰辛，吃不饱不叫唤，穿着补丁摞补丁的衣服也坦然。鹦鹉洲的孩子有担当，主动为父母分忧，为家庭尽责。我的同学小涛，湖南人，家住瓜堤，父亲是搬运工人，兄妹六个，经济困难自不必说。他从小不仅砍莲子、捡柴火，十多岁就利用假期到晴川阁江边码头小船上贩卖蔬菜，也挑着担子走街串巷叫卖。再大一点，又到江汉大桥、长江大桥"拉上坡"。当年板车是运输的主力，长江大桥、江汉大桥是连接武汉三镇的交通枢纽，过桥的板车络绎不绝。但是长江大桥汉阳桥头坡长，江汉桥坡陡，靠一己之力拉货上桥绝非易事。所以拉桥的行当应运而生。肩上套着绳子，绳头系着钩子，这就是拉桥的。板车要上桥了，迎上去问一声拉桥吗？点头就算数。将铁钩麻溜地往板车铁脚上一挂，弯下身子就爬坡，爬上坡后一毛钱或者是两毛钱到手。拉桥是个力气活，小涛小小年纪如此能吃苦，令人动容，这是如今的孩子无法想象的。

1966年夏我们初中即将毕业，"文革"正山雨欲来风满楼。十六岁的小涛又软磨硬泡从学校开了肄业证在鹦鹉洲砂轮厂打工。两年后又转到谷城砂轮厂继续打工。直到1969年3月到宜昌插队落户。因为家庭成分问题，回城屡屡受挫。武汉到宜昌下乡的知青大多数都是一年半到两年招工进厂，而小涛在农村待了将近七年。劳累、孤单、绝望，这些都没有能将他击垮，终于在1975年被武钢招工。进厂后他发扬能吃苦、肯钻研的精神，潜心学技术，补外语，在武钢引进国外特殊钢材生产线的过程中崭露头角，大显身手，从一名普通工人被破格提拔为车间副主任，不久又升为车间主任，成为特殊钢材方面的专家。退休后被省外的企业聘为生产顾问，继续发挥余热。

同学彭菊花、李锡明两人是湖南妹子，两家是近邻，家住鹦鹉洲荒五里江边。读小学时在长衡会馆，上初中到建港中学，从家到校要步行40分钟。冬天，天蒙蒙亮就往学校赶，下午上完自习课回到家就天黑了。中餐带饭或米到学校搭伙蒸一下，她俩比其他学生更艰苦。

彭家九兄妹，彭父在洲头搬运站做工，后因腿疾病退，以搬鱼为生。当年鹦鹉洲上从洲头到洲尾，大小渔罾遍布江边。我曾去荒五里玩，近看她家的渔罾十分震撼。这罾实在巨大，渔网的边长足有两丈，被两根十字相交的竹竿将网绷紧，粗大的木桩支架把渔罾托起，一根粗绳通过滑轮连接顶部，松绳时罾慢慢没入水里，起罾时用力快拉绳子，有鱼进网，则走上跳板，持网兜将鱼捞起。一个小女孩是拉不动大罾的，彭菊花必须在李锡明或者弟妹的帮助下才能扳罾。有一次她扳到一条十多斤的大鱼，捞不动，多亏一位伯伯帮她捞进网兜。1968年下乡插队前夕，彭菊花靠着起早贪黑扳鱼赚了点钱，置办齐了下农村的行囊。

　　李锡明是家中老大，下面有两个弟弟、四个妹妹，靠父亲在洲头的钢丝绳厂上班养家。好在荒五里地广人稀，家里开荒种地、养猪喂鸡，日子倒也过得去。她除了照看弟妹，抽空还要帮着种菜、喂猪。有一年蚕豆丰收，她拎着一袋豆子跑到汉阳青石桥收购点，卖了几块钱，高兴得不得了。李锡明与彭菊花还结伴用小罾扳虾子，有时一天可捕捞一两斤虾子，用来改善家里的伙食。两个湖南妹子像我们男孩子一样扳鱼捞虾，真是令人佩服！

　　鹦鹉洲的人都知道，住在堤外的人生活倒方便，就是怕涨水。每逢长江涨洪水，轻则要在家里搭跳板，重则就要卷铺盖搬到政府指定的学校等地避险难。有一年发大水，彭家被迫在江边木排上搭棚安身。有天一个熟人来串门，他带的一条大狗跳上木排把她小弟撞到江里，水深浪急，好一会大人总算把小孩救起。

　　我十九岁下乡到宜昌，弹指一挥间，离开故乡已五十多年。父母在时，基本上每年都回鹦鹉洲，父母走后，回老家就少了。几年前鹦鹉洲洲头三村 162 号老宅拆迁，最后一条根也拔掉了，心里难免失落。但我始终认为自己是鹦鹉洲人，是两湖后街的子女。我为鹦鹉洲辉煌的历史自豪，我为鹦鹉洲惊人的变化骄傲，我为鹦鹉洲光明的前景欢笑！

# 故乡与童年

章宝珠 [1]

　　我的故乡叫鹦鹉洲，它隶属于武汉市汉阳区，是一个小得在地图上找不着的地方。据老年人世世代代的口口相传，世上原本没有鹦鹉洲，由于滚滚长江的大浪长年累月的冲积，将泥沙不断地推向岸边，慢慢地便形成了一大片平坦的沙洲。这片沙洲由于东汉人祢衡所作的《鹦鹉赋》而得名鹦鹉洲。又由于唐代诗人崔颢的"晴川历历汉阳树，芳草萋萋鹦鹉洲"的诗句，渐渐地让人们知晓了有这么一个地方。

　　这片沙洲曾经很长时间都荒无人烟。但是随着斗转星移，人们逐渐发现这是一块风水宝地。这里风景秀美，站在鹦鹉洲的沙滩上，可以看见浩瀚无垠的长江，还有江上摆渡的小划子。可以看到捕鱼者划着渔船披着晚霞满载而归的笑脸。每到风暴来临的前夕，还可以见到跃出水面的江豚，老人们称这现象为"江猪拜风"，这一切真是令人心旷神怡。因此，这里开始有人聚集并且兴旺发达起来。这片由泥沙堆积的土地有两大优势：其一是肥沃。这里适合水稻、麦子等各种农作物生长，特别适合种植花生和各种蔬菜，鹦鹉洲的萝卜特别水灵，生吃脆，熟吃甜。鹦鹉洲的花生更是一绝，不仅产量高，而且质量好，大多数是三颗仁的，被人们形象地叫驼背花生，一把炒花生、二两小酒，往往是劳累一天的人们梦寐以求的。所以在鹦鹉洲，只要愿意花力气，可以说种啥收啥。其二，由于此地江滩平坦，水势相对缓和，适于木排和船只的停靠，这里也慢慢地成了木材交易的集散之地。由于这两大优势，鹦鹉洲的格局就自然形成两大块，人也分为两大群。人们把靠近长江的地方称"前"，而离长江较远的地方称"后"，以木材交易为中心的沿长江边展开的地区叫街上，生活在这里的人都或多或少地同木材交易有关，被称为"街上人"。而离长江较远的地方则称为"后头地里"，这里生活的是以种地为生的农民，他们被称为后头地里的人。

　　说到木材交易，鹦鹉洲在全国都小有名气。由贵州、湖南和湖北一带的木材商人，将木头扎成木排，顺着长江放到此地贩卖。其中尤以湖南人最多，久而久之，这些湖南人后来大多数都定居在鹦鹉洲了。而与此同时，全国各地的木材商

---

[1] 章宝珠（女），1947 年 12 月生，湖北武汉人。1968 年毕业于湖北大学（现中南财经政法大学）政治系。武汉市警官大学教授。

人也纷纷云集于此购买木材。由于买卖双方生活的地域和语言的差异，很难直接沟通，这就需要中间人的牵线搭桥，于是"木行"这种中介机构就应运而生了。民国时期，在鹦鹉洲像这样的木行有几十家之多，一般都是木行的老板或管事与卖方通过袖里乾坤，谈好价钱，再与买方讨价还价促成交易。随着这种交易的需要，又产生了两种职业，一种叫作"围量手"，因为木材的买卖是按立方米计算的，这就需要围量手用尺先量出每根木头的长度，然后在木头的正中间围量出周长，通过圆的有关公式计算出圆的截面积，从而算出每根木头的体积，并记录在账。这种记账叫"打码单"。围量是一种技术活，需要有点文化，还需要拜师学徒三年，出师后才具备执业资格。一般情况是一位资深的围量手带着几个有执业资格的徒弟，受雇于一家木行。那么这位资深的围量手就成为领班，当时叫"包头"。至于薪水的发放方式有两种：一种是老板按月将工资发给包头，再由包头分发到每个围量手；一种是以每单生意为单位来计算，即一单生意做下来，木行会从他获得的佣金中抽出一定的比例交给包头，再发给围量手。围量手被人称作先生，这是一个受人尊重的职业。由于他们在木排上操作围量，因此被称作在木头上吃饭的人。还有一种职业就是搬运工，他们把量好的木头扛或抬到买方指定的地点码好，这是一个辛苦的工作且工钱微薄。他们被称作在木头下吃饭的人。我就出生在一个爷爷在木头下吃饭，父亲在木头上吃饭的家庭，这就是我的故乡。

在我出生前，我的两个哥哥因病先后夭折，所以我的出生给这个家庭带来了希望与欢乐，全家人视我如掌上明珠，因此为我取名宝珠。当我刚刚能用小眼睛观察周围世界时，我的故乡和全国一样迎来了解放，那年我两岁。

中华人民共和国成立后，在政府的关心下，像我爷爷那样的搬运工组建了搬运站，后来又合并到武汉市装卸公司。像我爸爸那样的围量手们组建了围量大队，并且还成立了鹦鹉洲店员工会，我爸爸当时还在工会中任委员。后来，围量大队的大部分人合并到武汉市木材公司。故乡的解放给我们的家庭带来了一种全新的生活。爷爷、爸爸都有了固定的收入，由于我们家只有我一个孩子，又有两个人挣钱，虽不是很富裕，但也称得上是小康之家，所以我从小就过着衣食无忧的生活。可我童年的小伙伴们就没有我这么幸运了，他们一般都是兄弟姐妹五六个，只有爸爸一个人挣钱，所以生活很艰难，他们不得不用稚嫩的肩膀为父母分担起养家的重担。他们有时候到江边捡一些从木排上丢下来的碎木头，或者从大木头上剥树皮，以供家里烧饭、取暖之用。他们有时候提着篮子到后头地里去捡菜叶，还会在麦收的季节去拾麦穗，在挖花生的季节去捡花生。他们的妈妈会将麦子脱粒干净，放在锅里炒熟，让他们当炒米吃。他们捡回来的花生先要经过挑选，将颗粒饱满的晒干留到过年时炒着吃，不太饱满的就放在锅里一煮，分给孩子们吃。这对于那些没有零食吃的小伙伴而言，是一种难得的享受。

图 5-6　跳皮筋

在我的小伙伴们看来，我这个独生女吃得好，穿得好，常常有零食吃，有零钱花，是一个享福的人。而我却羡慕他们享有充分的自由。他们可以赤脚在江滩上奔跑，在田野里追逐嬉戏，大胆的男孩子们有时还会跳到凼子里去打"鼓泅"；而我则由于家人看得金贵而不能轻易出门。尤其是我的奶奶，她是我们家里的"女皇"，说一不二，她亲自抚养我，对我疼爱有加，怕我冻着了饿着了，有什么好吃的都揣在怀里给我留着。夏天给我做花裙子，冬天给我缝新棉袄。但是我必须整天在她的视线范围内，如果她三分钟没见到我，就会扯着嗓子到处喊，到处找。我就在这种过分的溺爱中被禁锢在家里了，我觉得好孤单啊！到我上学读书后，这种被严密监控的情况才略有松动，因为我每天要脱离她的视线去上学。所以有时下午放学后，我会偷偷地跟同学一起去捡麦子、捡花生，站在田野上，我感觉天是那么蓝，地是那么大，我太享受这种难得的自由了。而每次的劳动成果都装进了伙伴的篮子里，我不敢带回家去，因为我是偷偷去的，如果让奶奶知道了是要挨骂的。有时回来晚了奶奶问我跑哪里去了，我就谎称到同学家里做作业去了，由于我平时不撒谎，所以奶奶也就信了。当伙伴们享受劳动成果时，有时也给我的手绢里包上一点，我和他们一起分享时，真感觉那是世上少有的美味，比奶奶和爸爸给我买的零食好吃得多。但好景不长，最后还是被奶奶发现了，我清楚地记得那是四月的一天，我的小伙伴们一人手上拿着一个瓶子，里面装满了清澈的水，一群小蝌蚪在水里自由自在地游。哇，真美呀！给我玩玩吧。但是他们都不给我玩，还故意在我面前晃来晃去，想玩吧？

169

想就自己到凼子里去逮呀，我说我不敢，他们说："别怕，我们陪着你去。"我心里虽然很害怕，但经不住瓶子里那些小精灵的诱惑，于是就壮了壮胆，说去就去，就这样一群伙伴拉着我奔学校后面的小池塘去了。也许是我从未涉过险心里有些虚，也许是我的运气不好，结果，蝌蚪没有逮着一只，我却踩翻了池塘边的一块石头，一条腿踏到水里去了。我害怕极了，一方面是因为踏进水里，鞋子袜子和半截裤腿都打湿了，令我惊魂未定，而更主要是怕我奶奶发脾气。果然，回到家里，奶奶就咬着牙，瞪着眼，恶狠狠地命令我跪下，然后拿着鸡毛掸子朝我如雨点般打下来。我从未受过如此重的惩罚，这次的暴打给我心理上留下了阴影。只要见到奶奶咬牙或者瞪眼，我就会颤抖。后来我知道奶奶打了我后，她自己也很心疼，背地里偷偷大哭了一场。不管怎么说，有了这次的经历后，我再也不敢偷偷跑出去了。但是那些在瓶中摇着尾巴的小蝌蚪却常在我的梦中出现，令我整个童年都魂牵梦萦，放不下来。我的童年就是在这种矛盾的状态下度过的。

# 我的外婆家

周明浚[①]

"晴川历历汉阳树，芳草萋萋鹦鹉洲。"崔颢的诗使多少人记住了鹦鹉洲这个名字，我的外婆家就在鹦鹉洲。

在我记事时，鹦鹉洲还是与汉阳隔水相望的长江上的一个洲子。仅仅在汉阳棉花街附近有一小桥与陆地相连。我的外公常家祖上就在鹦鹉洲。这个历史上著名的洲子，有一条街从洲头一直延伸到洲尾，青石板铺的路，中间是横排，两边是竖排。铺的路完全用的是人工开采的青条石，当时建一条路成本不小，这条长街的中段叫两湖正街。

洲上木材生意很发达。上游云贵川湘的原木编成木筏，顺流而下。筏工就在上面搭一个三角形的窝棚，吃住都在上面，顺长江一直漂到鹦鹉洲散排，一般不再往下走。而下游江浙一带的木材商到鹦鹉洲来谈生意接货，一般也不再往上走。这也是一种行规，后来鹦鹉洲就成了木材的集散地。民谣唱道："来到鹦鹉洲，一个好码头；日晒黄金夜不收，遍地杉树和楠竹……"1850年湘资沅澧的放排佬纷纷出洞庭，怀揣祖宗灵牌到鹦鹉洲落籍，为争夺码头，两湖各县人扎帮结派，形成"五府十八帮"；沿江三教九流，南北武林、诉讼高手荟萃长洲。在这里有"好汉打不过码头""要想官司赢，除非打死人"之说。常家祖籍是湖北黄冈，后来转移到阳逻青山一带，大约是1860年踏上鹦鹉洲的土地，开始从事木行交易，行号叫常万镒，在两湖正街最显眼的位置，门牌是2号，对面是两湖会馆，背后就是长江。可以说在鹦鹉洲木行界，常万镒木行是较早注册开业的老字号。

外公的祖母很能干，下面只有一个儿子，但独子多孙。外公是长孙，下面有两个弟弟。外公的母亲去世以后，父亲又娶了一个填房，又生了两个弟弟。这位后母对外公不太好，外公除了念书，还要下地干活。某天一个汉阳的朋友来看望正在种地的外公，说城里正在招考官费赴日留学生，让外公不要埋没了自己。在外曾祖父的支持下，外公考取了官费留学。先到日本读预科，再转为大学。不幸的是一年后他的父亲病故，作为长子，外公只好从日本退学回来安葬父亲并操持家业。外公见过了大世面，又经营有方，木材生意越做越好。

---

[①] 周明浚，1944年12月生，湖北武汉人。1967年毕业于华中工学院（现华中科技大学）电机系。天津市空气压缩机厂高级工程师。

在这之前有一位湖南的王家寡妇，因为丈夫去世后，在益阳老家受人欺凌，于是带着二儿三女，搭乘人家的木排，几乎是一边要饭一边北上，最后落脚在鹦鹉洲。王家的大儿子开始当木匠，后来也开了木行，赚了不少的钱，他还资助弟弟读书，一直到弟弟考取了去日本的官费留学。这位木匠育有二女一子，其长女就是我的外婆。王家住洲尾，常家住洲头，由于门当户对，两家结亲了。外公是一个很正直的人，但性格有点古板，他不仅生意做得好，思想也很前卫。结婚后外公主持分家，自己主动离开了老屋，把老屋留给了他的继母和弟弟们。

外公在老屋的斜对面新建了一座花园住宅，门牌是"两湖正街9号"，面积很大，分前后两院。前面有厢房及庭院，供来往的客商居住。后院是花园和住房，约有一个篮球场大。靠墙都是花坛，不仅种花，也有一部分种菜。中间是一颗很大的柿子树，下面有石凳，石桌，是夏天乘凉的好地方。而每到深秋，柿子树上吊着很多红红的果实，收获下来，插上芝麻秆催熟，可以吃上几个月，这种美味

图 5-7 吃年饭

的柿子，我们住在汉口的孩子是吃不到的。外婆家的住宅是青砖白墙黛瓦的徽派民居，进大门是一个大天井，两边是厢房。天井往前是一排木质格栅门。然后是正厅，有大的条案，以及对联、条幅、香烛等。厅里有一个大桌子，全家吃饭就在这里。右手是外公的书房，古色古香，正中是郑板桥的"难得糊涂"匾额，大大的书桌前有一个旋转座椅，我们常坐在上面让弟妹推着玩。外公房里还有几个檀香木的书箱，里面放了一些线装书籍。左手是我大舅一家六口的住房。正厅的后面是倒座，左手是外婆的卧室，右手是存放米面油的库房。由于外公是开木行的，所以整个建筑都是用的上好木料，所有墙壁都钉有杉木护板，散发出一股清香。出了大屋，外面紧靠墙边有一个厨房，有一个大灶，两口大水缸。水取自长江，请人挑来后用明矾澄清，这里的水比我们汉口的自来水要甜很多。

每到春节来临，外公从腊月二十就开始忙年，首先是"掸扬尘"，做大扫除，然后筹办各种节日物资。只有在这个时候，外公才会将他收藏的字画挂出来，整个大厅和客厅，展品琳琅满目，供来客欣赏。正月初二，我们照例到鹦鹉洲给外公外婆拜年，不仅能得到丰厚的红包，还可开心地在院子里放鞭炮、看花灯，享

受乡镇浓浓的春节气氛。之所以记得这么清楚，是因为我们十多岁时这个大院还存在，对于我们长年住在汉口租界洋房里的孩子，外婆家是难得见到的"百草园和三味书屋"，两湖正街 9 号是让我们这些孙辈永远难忘的老家。

在外公家旁边是有名的两湖会馆。会馆建筑是鹦鹉洲的瑰宝，作为帮会议事厅，里面藏龙卧虎，散发浓郁的江湖气息。鹦鹉洲上大大小小有二十多座会馆，他们多为飞檐斗拱，古色古香，这种建筑在汉口是很难看到的。尤其是两湖会馆，其风格集中国古会馆建筑之大成。远远望去，显得古朴凝重、大气磅礴。门前两尊雄壮的石狮守护着两扇厚重的大门。两湖会馆 1949 年前曾办过湖南旅鄂中学，我的母亲在这里念完小学，毕业后到武昌念初中住校。中华人民共和国成立后，这里改名为树人小学，我的几个表弟表妹都出自这个学校。

外公是一个很有学问的人，思想还很先进、很有节操。1927 年北伐军打到武汉，他就很支持革命。日本人占领武汉时，由于他是当地有名望的绅士，又有留日的经历，日本人想请他出来做官，但被他拒绝了，这成为当地的佳话。我小时候去外婆家时，邻居还向我讲述这段历史，可见影响之深，这也是作为工商业者的外公在中华人民共和国成立后从未受到政治运动冲击的重要原因。外公和洲尾的姻亲王家的关系一直不好，因为他不喜欢那位也曾留学东洋的叔父与日本人勾结，也看不惯王家的纨绔子弟作风。

外婆是一位性格很开朗的人，乐于助人。外婆生了十个孩子，最后只剩下二男一女，我的母亲居中。最可惜的是母亲的大哥，已经读大学了，人很聪明勤奋，身上寄托着全家的希望。母亲记得他在家装了一台矿石收音机，居然收得到远在汉口那边的电台，高兴得不得了。但后来他得了肺病，当时的肺病相当于现在的癌症，只能看着他撒手而去。还有一个可惜的是母亲的妹妹——银圣，她一直陪在外婆身边，帮助操持家务，直到准备出嫁却意外去世。她从小有一个中耳炎的毛病，我的父母想让她在当新娘前把这个毛病治好，就送她到汉口

图 5-8　外婆与母亲的合影

173

协和医院做手术。没想到这个今天看来的小手术感染了，最后不治身亡。这对两家都是晴天霹雳，一件好事变成了我母亲一生的伤痛。

我们家是做海味生意的，字号名为"福泰"的商铺开在汉口集家嘴，那里是汉水和长江的汇合处。据说我父亲向母亲求亲时是拉了一船的海味货品从集家嘴坐划子到鹦鹉洲的。中华人民共和国成立后，我们每年都会随母亲回外婆家省亲，我们先从汉口坐划子渡过汉水到汉阳，当时鹦鹉洲与汉阳的棉花街有一条路相连，叫上人力车就可以拉到外婆家。当然最好的方式是从集家嘴坐划子沿江而上，直接到鹦鹉洲。由于交通不便，去一次很不容易，所以一般会住上一个星期。

鹦鹉洲离汉口虽然不算太远，但生活环境大不一样。那里的农村小镇气息给我们留下了永远的记忆。当时那里还没有电灯，晚上要点煤油灯。其实煤油灯是很有魅力的东西，比光怪陆离的电灯、霓虹灯有更深沉的吸引力，晚上我们望着灯火，里面似乎有无穷的奥妙。外公每天都要擦煤油灯的灯罩，因为头一天晚上它会被熏黑。几个表兄妹年龄与我相仿，大家玩得特别高兴。我们会到江边看江上的白帆，听江水拍打着岸边的礁石，到河滩挖黄泥捏玩具。我记得用两块玻璃片嵌在黄泥的方盒子里就成了一个潜望镜，大家觉得很新鲜。夏天的晚上我们会围在柿子树下听外公讲故事，或者跑到茶馆外面听人家说书。什么《三侠五义》《小五义》……这些东西在汉口是听不到的。晚上在两湖小学的广场上看露天电影，那可是像过节似的。我记得第一次看《天仙配》就在那里。这里生活的节奏与城里不一样，显得很缓慢。

外公是一个闲不住的人，喜欢步行游玩，武汉各处的景点都留下了他的足迹。有一次他告诉我们："今天走到汉阳古琴台，遇到两个出差的外地干部，我就给他们讲钟子期和俞伯牙的故事。他们说我太有学问了，还问我上过大学没？我说不仅上过大学还留过洋。干部忙问我是什么成分，我说是工商业，也就是资本家。他们吓得赶快逃跑了。"说完外公哈哈大笑。外婆也是一个热心快肠的人，到哪里都有人给她帮忙，她也总是接济穷人。老人信佛，总是吃花斋，就是一个月内有些天不吃荤菜，母亲认为这样会营养不足，强行往她碗里夹肉和鱼，母女俩为此搞得还很不愉快。

1954年武汉发大水，整个鹦鹉洲一片汪洋。外婆就带着表弟到汉口我们家避难，舅妈带着几个小孩住到武昌裕华纱厂宿舍。但外公坚持不离开老屋，就睡在阁楼上，偌大的鹦鹉洲就剩下他一个人。后来小舅带着我和表弟弄了一条小船，从汉口给外公送吃的。船一直进到房子里，外公搭梯子下来，卷起裤腿与小舅一起把我俩背上阁楼，然后把米和面搬了上去。在被洪水围困的小阁楼上，外公还给我们讲了一个徐文长的故事。徐文长是明朝年间的大才子，从小就聪慧、机智，有很多关于他的故事在民间流传，人称"北有阿凡提，南有徐文长"。外公不仅有学者的风范，还有老农民的体魄，他严于律己，时刻重视对子孙的教育和培养。

大水退了以后，鹦鹉洲就大不如前了。"百代兴亡朝复暮，江风吹倒前朝树"，昔日浓荫如烟，鸟雀啁啾的鹦鹉洲，风光不再，凝结着两湖人心智的会馆所剩无几。

最大的打击是 1958 年武汉市要建设杨泗港码头，这是一个"大跃进式"的工程。整个鹦鹉洲被一扫而空，老屋亦在拆迁之列，凝聚着外公一生心血的两湖正街 9 号荡然无存了。杨泗港工程像其他的"大跃进"工程一样，时上时下，拖了好几年。等到 1961 年在建港新村还建了一个单元的二层楼房时，外婆已经永远地离开了我们。

1968 年夏天我大学毕业分配到广东军垦农场，临行前去向外公辞行。我很忧心忡忡地谈到"文化大革命"，外公说："王阳明曰：'国无内忧外患，恒亡。'"他似乎有一种超然的思想境界，看到多少年以后的形势。然后送我出门，挥手告别："明浚，再见！"没想到再也不能见了，两年后我从外地归来，外公已经永远地走了。据说那些年里外公仍然保持外出步行的习惯，有一次外公出外迷路，直到天黑，误将月光下的水塘当做大路，踏了下去，跌倒在水塘边，浑身湿透，后来被人发现，送了回来。但此次受寒得病，身体状况陡然变差，于 1969 年去世。

现在的鹦鹉洲早已与汉阳连成一片，如果不是地名还保留着，你都不知道这里原来是江中的一个洲子。杨泗港码头也搬走了，到处是高楼大厦，马路纵横，犹如换了人间。那青石板路，白墙灰瓦的老屋，只能在我们这一辈人的脑海里浮现。我写下这点文字是希望在我们离去之后，年轻人还有个寻踪的线索。

# 卖柴娃

黄传生 [1]

"小小娃娃挑担柴，肩挑背扛汗满腮，三脚并作二脚走，赶早上街好叫卖。"这是童年随母亲卖柴时唱的童谣。

天上的星星泛着余晖，地下的灯火早已亮起，辛苦忙碌的卖柴生活开启了。

那是 1955 年到 1957 年的事，贫穷的鹦鹉洲人当时的生活还是相当艰苦的，我也不例外。

老话说靠山吃山，靠水吃水，当时我们就靠卖柴火维持生计。

我家住在瓜堤街，河边有大量的木排，江中还有从上游顺流而下的废木料，加上 1954 年发大水冲垮了很多房屋，看到废弃小木料我们就把它收集起来，晒干用作柴火卖，这为我们提供了丰富的柴火资源。

我们家当时有八口人，父母加上六兄妹，父亲当时派到汉川汾水去修汉江分洪堤，家中就剩下无劳力的我们。母亲是一位没文化的乡下妇女，带领我和姐姐卖柴火来维持生计。

卖柴是一件辛苦活。首先要从洲上分散点把它收集拢来。再一点点搬回家放在江堤上暴晒，晒干后运回家。母亲趁月光在屋前把木头一段段锯好、劈好，每天晚上她要锯两百斤左右的柴火，汗流浃背，再苦再累都要完成一天的任务，锯好捆好第二天好去卖。

卖柴地点就在汉阳青石桥北城巷，有时走远一点就在汉阳高公街，那里是货物集散地，人多，店铺多，方便卖且卖得快些。

从瓜堤街到货物集散地大致有五里路，没有大路，全部要走坑洼崎岖的羊肠小道。

首先要经过的是武汉锅厂和武汉味精厂。当时还未建厂，武汉锅厂原址是一片杂草丛生的乱坟岗，武汉味精厂原址是一片臭湖塘，后因回填而建造起来。

天刚刚蒙蒙亮，我们挑着柴火担子就出发了，我挑着 20 斤至 30 斤柴火跟随母亲、姐姐行进在去集散地的小道上。高一脚、低一脚，面对前面的坟岗心中直打鼓，有些发怵，不自觉地加快步伐拼命向前赶路，好早早离开坟岗。走过武汉

---

① 黄传生，1946 年 12 月生，湖北武汉人。1969 年毕业于华中农学院农机系。武汉市农机公司高级工程师。

锅厂与武汉味精厂中间的小路，就到武汉枕木防腐厂前面那土坡，土坡上当时没有铁轨，后来在土坡上修建了一道铁路。我们挥汗如雨，在土坡上休息一会继续前行，前面就是有名的蛤蟆塘（学名叫青蛙塘），蛤蟆塘两边是洼地，中间一条田埂，洼地中不时传来一阵清脆悦耳的蛙叫，顿时让人觉得疲劳消失许多，它就是迎宾曲，为城市早起忙碌的人群而奏响，穿过蛤蟆塘前面就是青石桥。

图 5-9　炕饼

青石桥本身没有桥，可能因为街面上全是由花岗岩铺成而得名。青石桥早晨非常热闹，大小商铺沿街而建，货物琳琅满目，日用生活物资应有尽有，货物齐全。有小商品店、有杂货铺、有餐馆、有茶馆……早晨有炸面窝、油条、欢喜坨、卖米粑的。用柴火炕出来的米粑色泽金黄，散发出诱人的米香，叫人垂涎欲滴，真想尝上一口。街上行人车水马龙，叫卖声此起彼伏，生活的交响曲和谐又悦耳。

卸下沉重的柴担，我们加入到叫卖的人群中，如有固定客户和预约的，我们直接挑到客户门店或家中，这样方便省事多了，如等在街零卖，我和姐姐不能等还要去上学，只好让母亲等在那里卖完。

小时候的生活是艰辛的，但是那么有趣，值得回味留恋。时代变迁，历史在进步。昔日卖柴，靠柴取暖的日子已成历史，一去不复返。绿色低碳清洁能源已走进千家万户，羊肠小道、乱坟岗都消失了，宽敞的晴川大道沿江而建，雄伟的鹦鹉洲长江大桥横跨大江南北，青蛙塘上建起跨江隧道，风景优美的锦绣长江花园就在江边。

鹦鹉洲变了，生态越来越好，风景越来越美丽。

童年辛酸驻心田，星星月亮挂天边。

担柴挥汗闯坟岗，羊肠蛙塘留辛艰。

红船导向春风舞，鹦鹉洲来生巨变。

青蛙塘变生态路，巍巍大桥耸江前。

靠柴取暖成历史，烟雾缭绕不见现。

永远跟着共产党，幸福生活比蜜甜。

我生长在鹦鹉洲，我热爱鹦鹉洲，我永远怀念鹦鹉洲。

# 顽童的广阔天地

胡建林

　　我小时应该是个不错的孩子，不说谎，不打人骂人。但是贪玩，毛手毛脚，还快手快脚。可能因为我爱捣乱，长得又瘦个子又小，又属猴，于是猴子这个外号，就无可奈何地落在了我名下。由此可见我不怎么叫人喜欢，北方话就是不受人待见。大概不是善茬，有些蔫坏吧。

　　小时常与我那大弟弟一起玩得多，我与大弟弟相差不到两岁，能玩到一起，哥哥心细手巧，也常一起玩，但要少些。

　　哥哥踢毽子踢得好，反脚踢，都能踢到一百多下，我是望尘莫及。弟弟游泳比我强，逆江游时，他老游在我的前面。当时，家里兄弟姐妹多，再加上邻里一帮小朋友，总是玩得不亦乐乎。

　　粘知丫。夏天的时候知丫多，学名蝉。小孩子，找不到合适的黏结剂，又没有钱买，就去收集蜘蛛网，收到一团后，就合在一起搓揉，让它产生黏性，这就可以用了。然后，把蜘蛛胶固定在一根长竹竿的尖上，工具就成了。再带上一个小篓子，就可以去粘知丫了。那知丫也不是那么好粘的，先要循着蝉鸣找到它，再是要用胶把它粘住。知丫飞起来，劲头也不小，粘不紧，它就跑掉了。有时它在树的顶上，竹竿够不着，能爬树就爬，爬上去，还是够不着，就只好算了。不过每天还是有收获的。有一次，我和哥

图 5-10　粘知丫

哥到荒五里、老关方向去玩，这里人少树矮知丫多。这知丫抓回来，公的叫，好玩些，母的不能叫，不好玩。你捏公知丫一下，它就叫。但也玩不了几天，就不好玩了，还不如抓蟋蟀、蛐蛐儿。

图 5-11　扒蛐蛐

扒蛐蛐，这还是个技术活。先要准备好一个专用的罩子，用直径六厘米粗的竹筒，一头留着竹节，另一头无竹节，长二十几厘米。先把无竹节的一头划开成三毫米左右宽的竹签，然后用铁丝扎两个圆圈，一大一小，小的套在竹筒里面的底部，大的套在上部的外面，留个一厘米半的边缘，竹签的缝隙留半厘米，用细铁丝或者细绳固定住，抓蛐蛐的罩子就做好了。也有卖蛐蛐罩子的，但得花钱。出发时，我们拿几个火柴盒，装蛐蛐用，再带一块方方正正的小玻璃，蛐蛐装进火柴盒后，仔细观察蛐蛐就方便了。蛐蛐大多藏在石缝隙里、草丛中，我们循声寻找，再动手抓。听说墓地的蛐蛐厉害，它鬼都不怕，于是我们常到墓地去抓，所以，汉阳郊外的墓地，我大多知道，特别是三里坡，原枕木防腐厂西侧的大片大片的古墓地，是我们常去的地方。为了养好蛐蛐，还有专门的蛐蛐盆，有瓦盆，但陶瓷的多，各种各样，很漂亮。在盆内放一个小碗，喝水用。讲究的，还有个大点的盆，蛐蛐打架用。还得给蛐蛐做饭，把米饭揉碎成团就行，当然还有更专业的喂法，不过我们小时不懂。我们小时玩了一阵，长大后就不玩了。真玩出名堂的是我小弟弟，在武汉，乃至全国都有点名气。蛐蛐好斗，打起架来不要命，很刺激。所以连皇帝玩起来，都会玩得误国。

抓鸟。那鸟儿高飞，抓起来很难，但也有办法，大家都知道的是掏鸟巢，但那筑在高高树枝上的鸟巢，够不着、掏不了，于是只好找麻雀出气。当然，也是要首先侦查麻雀窝，麻雀窝大多建在屋檐下，然后在晚上，趁麻雀睡觉时掏窝。有时是上到房顶上掏窝，大多是搬梯子，这样更方便。但不管是什么办法，都要有人接应，才好行事。这麻雀气性大，被抓后，不吃不喝，绝食而去。所以我们大多是玩几天，就放飞了。这个事我家老五最喜欢，常弄一只鸟儿玩，也不知从哪里抓的？当时没有保护动物的意识，现在想想鸟儿被抓的痛苦，心中后悔不已。

打玻璃球。那打法，跟高尔夫球的规则差不多。我们是高尔夫球的先行者啊。还有刮撇撇，猜左右，比大小，跳绳，挑绳网等。另外，养猫养狗，我们也都干过，也都有玩的乐趣。

钓青蛙。青蛙武汉话叫蛤蟆，这东西长相可爱，属食肉动物，但怎么也与老虎联系不起来，蛤蟆柔弱，只能欺负小虫子，蝼蚁。与老虎比，哪有什么英雄气概。诗比喻它是老虎，是不是引喻失义啊？一次我钓鱼，看见一只青蛙，亮绿的，好看。但突然窜出一条不大的蛇，一口咬住青蛙，于是我用鱼竿打蛇，使劲打，才救出青蛙。

蛤蟆还有个成语，坐井观天，这是不是算蛤蟆的贡献？一个好成语。反正蛤蟆在井里，就数它大，有词云：蛙充鲲鹏，坐井里，妄议天涯海角。睁开眼睛往上看，登上人间城郭。藐视苍天，轻辱大地，嘲弄云霞落。哎呀！谁高于我？不妨比试跳跃。问君跳向何方？井底大国，有绿水清波。任叫任闹任称霸，流汗流泪流血河。尽有吃的，蚊子烧熟了，充作粱肉，域中无敌，管他天翻地覆。

钓蛤蟆比钓鱼简单，找根结实的线，线头穿条大点的蚯蚓，再找根竹竿，把线拴在竹竿上。再找个不太大的口袋，用粗铁丝做个圆圈，留个把。布袋缝在铁圈上，装蛤蟆的口袋就做好了。我们常在湖塘边，带点水的草丛边找机会，蛤蟆比鱼傻，很容易上钩，每天都能钓不少。这钓蛤蟆，我们是小儿科，能干的是湖南的宝帮邻居。他们是晚上出动，为了更亮堂，把手电筒加长，可以装五六只一号电池，光芒射得很远，他们一出动，走得很远。据说，那蛤蟆遇到强光，就傻了，不能动了，随你抓。所以宝帮人一晚上，可抓一袋子。在市场上卖蛤蟆的，就是他们，也是很牛的啊！

蛤蟆确实是有益生物，长得又漂亮，对人类没有伤害，当时抓来吃掉，也是不当行为，而且它吃小虫子，现在我们必须保护青蛙。

偷船。我们长在水边，与船自然结缘，大船、洋船是不敢玩的，但小木船，武汉人叫它划子，我们还是很感兴趣的。常有农民划船到江岸，或者是附近湖边，我们就偷着上去玩，划着桨，得意扬扬，就像《柳堡的故事》里的那个划着船，唱着九九艳阳天的小战士一样，好不高兴。只是我们当时还没听见这个歌，所以不会唱，即使是会了，我们这帮哥儿们有的还穿开裆裤，太小了，也没有哪个小妹妹会看上一眼。等我们玩够了，也会把船划回原地，拴好，不留祸害。但也有失算的时候，我们还没玩够，船主人回来了，大喊大叫，于是我们赶紧划回去，但停靠的地点，却是离船主有点距离，因为怕船主找我们算账，我们上岸后，如鸟兽散。

　　跳交谊舞。二十世纪五十年代初，流行交谊舞。那时大桥局为苏联专家兴办舞会，经常组织年轻女孩伴舞，这交谊舞看来很有吸引力，而且它的音乐美，好听，让人心旷神怡。交谊舞后来传到民间，最早的公众舞厅，是汉阳工人文化宫的舞场。那时是票证年代，跳舞也是要舞票的，舞票每周六都是抢手货。那时候，我们这帮十来岁的孩子，也很兴奋，我们跟在去跳舞的男女青年后面，大喊大叫，又打又闹，无非就是编排那些大哥哥大姐姐们，口无遮拦，顺口胡诌。那些大哥哥大姐姐们也懒得理我们，大大方方往舞场走。我们跟着，但进不去舞场，只有资格在场外瞎转悠，那优美的舞曲，我们还是很喜欢听的。当时有个顺口溜，我至今记得：星期六一到，舞迷找舞票，舞票搞到手，牵手舞场走。然后是：嘣嚓嚓，嘣嚓嚓。

　　孩童时的玩闹事、调皮事干了不少，但是决不出格、不干坏事。在鹦鹉洲那片广阔的蓝天白云之下，在芳草萋萋的水肥树茂的土地上，我度过了无忧无虑、欢乐愉快的童年生活。现代的孙男孙女们恐怕是要羡慕我们这些老头老媪吧，可望而不可求啊！

# 往事已经如烟

孙仁济 [①]

有人说，人的一辈子只有三晃，现在我大概只剩下最后那一晃了。记得第一晃的时光大多是在汉阳鹦鹉洲度过的，当时因为年龄小，也没有读过崔颢的《黄鹤楼》，不懂得鹦鹉洲的美。记得最早是在鹦鹉洲的潜龙正街居住，住在搬运站机关楼上，权当职工宿舍了吧，宿舍后有一个小院子，院子后面还有几间平房，也住着搬运站的职工。1954年武汉发大水，水进了屋，也始终不明白为什么，发大水的时候鱼特别多，现在也想不明白。只记得，我趴在床上，用小"筲箕"就可以在床前捞到小鱼。过了一段时间，水已经上了二楼，我们准备搬迁，平房里的人也坚持不下去了，里面一个叔叔抱着一个孩子从连接楼与平房的矮墙头走过来，我亲眼看到，他刚刚到达我们这一边，哗啦一下子，矮墙倒了！

我们是乘小划子离开鹦鹉洲的，在船上，由于我说话声音大，我爸爸的同事说我今后一定是一个唱戏的！当年我九岁。虽然后来我很少唱戏，但是时光荏苒，几经辗转，我最终光荣地成为了一位人民教师，三尺讲台就是我的戏台，由于我的声音洪亮，阶梯教室，一百多人的大课堂，不用麦克风，坐在最后一排的同学也听得清清楚楚，这大概也是自己教学效果还可以的一个重要原因吧！

在晴川阁住了一段时间，洪水退了，我们又搬回鹦鹉洲，原来的地方不能再住了，我们搬到了洲尾正街的一处搬运站作坊里，我们几户合住在一个大大的平房里。室内常年炉火通红，工人师傅挥舞着大小榔头（挥小锤的是指挥，当然是掌门的，挥大锤的只管出力，指哪儿打哪儿），将红红的车箍套进木轮里，哧溜一下，冒着青烟的木轮就给箍结实了（热胀冷缩的原理），真好玩！

我上初中了，学校在瓜堤，班主任兼语文老师是程老师，一位刚刚从师范毕业的二十岁的小姑娘，可是在我们眼里已经是大人了。每天早晨，我踏着鹦鹉洲上唯一一条青石板路去上学，晚上上完自习后再原路返回，我们经常和程老师一起回家，她住在汉阳"城里"，有一条窄窄的腰路堤和鹦鹉洲相连，将隔开鹦鹉洲的狭长水道拦腰截断，腰路堤的另外一端是鹦鹉洲的腰路正街，我们三四个同学从这里将程老师送到腰路堤后再返回，一路上程老师给我们讲故事，还在堤上

① 孙仁济，1945年5月生，湖北武汉人。1968年毕业于中国科技大学现代力学系，1982年于中国科学院研究生院硕士毕业。北京科技大学数学系教授。

的路灯下教我们做手影，度过了一段美好的时光！

图 5-12 挑水

随着年龄的增长，我也开始欣赏浩瀚长江的美，我经常在江边凝视着太阳在江上升起和降落，观望着江面上的点点白帆及黑色的江猪子翻滚游戏，这种景象现在已经很难见到了，感受着江轮驶过去时带起的波浪传到大腿的感觉，而这时两个水桶在江面上荡来荡去，就如同昨日发生的事情那么清晰！那时候，我往往到长江里挑起半担水（因为整桶挑不动），倒进家里的大水缸里，再用下端有漏缝的装有明矾的竹筒将水澄清。记得我没有挑水的时候，母亲经常认为我洗脚时用水太多，说需要有人从江里挑上来；等到我挑水了，又教育我：冷水虽然有人（当然是指我）挑了，但是热水还要有人烧啊！从小教育我要养成节约的习惯！

那时候从洲尾到汉阳城里可以坐渡船，实际上就是划子，三分钱一次，不贵，对过就是棉花街，汉阳城里的主要街道之一。后来我转到其他学校读书，我们又搬出鹦鹉洲，和鹦鹉洲的渊源就断了！四五十年后重新寻访鹦鹉洲，再一次从洲头走到洲尾，熟悉的青石板路已经不见了，代之以一段破烂的江堤，看汉阳的一边还有几栋低矮的破旧平房，洲尾也不见水道，整个鹦鹉洲已经和汉阳城区连成一片，虽然江边修起了一座新的横跨长江的大桥，江边也进行了绿化，但是我再也找不到我心目中的那个鹦鹉洲了，一切的一切，都随着滚滚的江水逝去了！

# 不会远去的鹦鹉洲

肖艺珊 [①]

在历史的长河中，在滚滚向东的大江之滨，有一个曾经奋斗过、呼喊过，也曾经崛起过、辉煌过的小镇，不管是古往今来的哲人，还是浩瀚的史册，都一定会记住它，它就是鹦鹉洲。

我的家住在汉阳东门，从我有记忆开始，有两样东西深深植入我的骨血之中。一个是每天早上，一睁开眼睛就映入我眼帘的一条大江，后来我大一点了，知道这条江叫长江。另外一个，是坐落在长江边的小镇——鹦鹉洲。

鹦鹉洲曾经是我的祖辈，从湖南益阳迁徙至武汉的落脚处，他们在这里生根、发迹，甚至曾经辉煌过一段时日。随着时代的变迁，这种辉煌，陪伴着岁月的风风雨雨，烟消云散。

从我家到鹦鹉洲有两条路可以走，迈出我家的大门就是江滩的轮渡码头，毗邻轮渡码头的，是颇有规模的人声鼎沸的货运码头，这些码头基本上都是湖南竹木商人的，从湖南运过来的木材在此停泊，而鹦鹉洲就是湖南商人的聚散地。

我们光着脚，蹚着没过脚背的沙砾，溯江而上，走不多远便是鹦鹉洲。另一条线路就是：我家房后是汉阳城的东门，从那儿有一条路也可以走到鹦鹉洲，右边是一家卖油条和糖包的小店，他家的女儿刘幼芳和我同学，他家对面是一个小杂货铺，主人家姓郭，他的女儿叫郭慧珍，也是我的小学和中学同学。再往前走，走过一座小木桥，便踏上了鹦鹉洲的土地，鹦鹉洲由此向西南一直蜿蜒而去。

沿着曲曲弯弯的青石板铺成的小路，两边是木板和砖石搭建的简易板房，房子虽然简陋，但是做生意的毗邻错落，一家紧挨着一家，应有尽有，也算是热闹、繁华。印象最深的便是整条街全是湖南人，各种不同腔调的湖南话，充塞了所有的空间，这与从东门向北走，进入我们耳膜的全是地地道道的汉阳腔调完全不同，形成了两个风格迥异的地域。

所以汉阳东门像一个夹角的顶点，一条边是鹦鹉洲，那里是湖南人的天下，一条边是显正街，显正街以西的所有区域，都是汉阳人的天下。我家就住在东门，处在这个夹角的顶点。

---

[①] 肖艺珊（女），1945年12月生，湖南益阳人。1968年毕业于北京师范大学生物系。江汉大学副教授。

小时候，我家有一个钱柜，钱柜的门上面刻着 5 个字：崔氏德仙公。崔德仙是我的外祖父，他在我出生之前好多年就已经去世了。关于他的传说很多，我妈妈告知我，外公最初只是一个穷小子，只身从湖南来到汉阳鹦鹉洲打拼，通过自己的刻苦努力，苦心经营且积累了一定的资本，在鹦鹉洲潜龙正街盖的两栋楼房，便是他最原始的资本的一部分。两栋楼在街的两旁互相对望，在一大片木板简易房中间，显得鹤立鸡群。小时候我没有进去过，或者进去过没有记忆了，长大以后进去看过，很是豪华气派，桃花石的水磨地面，镶的铜条磨得锃亮，一楼内空净高 6 米，扶着雕花栏杆上至二楼，中间的天井异常敞亮，后面有一个宽阔的大院。与周围的木板房相比，它是钢筋水泥的，所以许多年来经历了多次长江洪水的冲击浸泡，依然毫发无损。其中一栋作为残疾人毛巾厂的厂房，另一栋后来作为武汉市汉阳区结核病防治所，为结核病患者以及预防结核病作出了贡献。

据我妈妈说，外公小时候家里很穷，一直寄养在亲戚家，直到 10 岁的时候才把他从湖南接到汉阳鹦鹉洲开始上学，仅仅读了三年私塾之后，就开始下河，学着做竹木生意，随同一些同乡本家做小本经营，往返在湖南益阳和湖北汉阳之间，后来开办崔德记木行渐渐地就有了一些积累，成了资方老板，资本渐渐地雄厚起来，成为洲尾一带颇有名气的木商。

据妈妈说，外公之所以能够发迹，有多方面的原因：

第一，终身学习。虽然他只读了三年私塾，但是他一生都在不断地努力自学，字典词典他都有，国民党的三民主义、五权宪法、建国大纲、建国方略，他都略懂，始终是紧跟着当时的形势。

第二，为人宽厚仁慈。他对任何人，哪怕是工人、家里的佣人做错了事，他都从来不大声吼骂或发脾气，也从来没有和任何人发生过纠纷，逢人都是满脸的笑。不管是穷亲戚、穷街坊、穷本家、穷工人，向他借钱，有求必应，有的还了，有的不还他也不会去要，而且家里总是有一些崔姓的本家人来吃白食，白吃白喝白拿。记得小时候已经解放了，家里有一位保姆，一直带着她的孩子在我们家长大，另外还有一位聋哑的远房老姑妈，也一直在我们家。正因为这样，所以有一次家里来了土匪抢劫，炊事员冒险出去求救，周围的搬运工人蜂拥而至，全力施救，结果家里没有分毫损失，只是家人饱受惊吓而已。这就是现在所谓的和气生财。

第三，他会用人。他懂得心理学也懂得管理学，他用的人都是湖南帮里面的人才，文武齐全，分工明确，管理到位，有的管进货，有的管出货，有的管运输，有的管起货、堆放木头，其中好多人都是在别人家搞不好，他出高价请过来的。我们家伙食安排得好，餐餐有鱼肉，好吃好喝好招待，而且看病由他请医生，看病不花钱，洗衣剃头不要钱，家里有红白喜事有额外津贴，死了有棺材，这就是现在所谓的经营有方吧，或叫感情投资。

第四，他有时也以次充好，谋取利益。原来家里是从益阳进货，益阳的木头材料短小，一头特别大，一头特别小。后来资本雄厚了，他前往湘西洪江苗河一带进货，那里的木头粗而且长，质量要好一些。他吩咐工人在堆放木头的时候，中间放的是益阳货，上面放的是苗河的货，卖的价钱就高一些。鹦鹉洲的竹木商人都是通过木行进行交易，木行是中间人，他和他们都有交情，所以木行的老板总是带人来买他的木头。

从湖南运货到汉阳鹦鹉洲，要经过岳州厘金局，因为他和厘金局高级职员有交情，所以税收也轻一些，成本就降低了。

第五，能吃苦不怕累。他苦心经营，有好多次累得吐血，一边吃着中药，一边下乡收货。他是靠着倾尽心血，才完成了最原始的积累，也靠着拼尽全力，才有所成就。

人算不如天算，有时机遇也很重要。辛亥革命那一年，外公家的木板房失火了，碰巧从湖南益阳运来的木材也被打散了，打伤了驾船的工人，还要赔医药费，本来这次是要赔本的。谁知木头运到鹦鹉洲，遇上洲上大火灾，需要木料盖房子，顿时木料价格暴涨，不但没赔本，反而获得了暴利……

但是不会总有这么好的机会，抗日战争爆发时外公在南京、镇江、武汉的木料，随抗战沦陷，化为乌有。仅存在湖南等待运输的木料，又被国民党军队封锁在洞庭湖，强征一空，连一张凭证都没有留下，他所有的现金资本，全部损失殆尽，两年后外公病逝。

抗战胜利以后我出生了，我和外公没有面见之缘，只有矗立在鹦鹉洲的那两栋楼房，还能够隐约看到外公当年成功的痕迹，它是外公经营的木行发迹的见证，衰败的叹息。

虽然我们一直住在东门，但是我的舅外公一家，一直住在鹦鹉洲，记得门牌号码是潜龙河街36号，我从小就一直在鹦鹉洲和东门之间穿梭来往，我们家保持了湖南人所有的生活习俗。

鹦鹉洲的氛围和东门完全不同。

他们喝的是擂茶，非常香，喝完了以后杯底还有好多炒芝麻炒黄豆之类，够你慢慢地咀嚼，慢慢地回味；他们喜欢嚼槟榔，男女老少都嚼，我嚼槟榔的时候没有什么特别的感觉，觉得像是嚼一段干木头，有一点点甜甜咸咸的味道而已。

他们抽的是水烟袋，那种水烟袋是铜质的，锃亮锃亮的，上面雕刻着精美的

图 5-13　风味餐馆

龙凤花鸟，非常别致。手上拿着一根草纸卷的纸捻子，点着了以后，就去点烟袋锅里面的烟丝，点好以后就把明火吹灭，抽完了这一斗烟，再装上烟丝，再把纸捻子上的余火噗地一吹，火苗又起来了，再去点下一锅烟丝。所以湖南人抽烟的时候都是左手拿着水烟袋，右手拿着一根纸捻子，吸烟的时候，水烟袋里面的水哗啦哗啦直响，如果一群人坐在一起聊天抽烟，就会听到一片哗啦哗啦的水响声。还有就是吹纸捻子时的噗噗声，这简直就是湖南人抽烟的标配与特色，与我在东北看到的东北人，用一两指宽的纸条，麻溜地卷烟抽，有得一拼。

　　鹦鹉洲的湖南人，家家户户都有一大排带荷叶边的、上了釉的陶土坛子，我们家也是如此，除了和四川的泡菜相似以外，几乎没有不腌的蔬菜，腌茄子、腌豆角、腌萝卜、腌辣椒，黑豆豉，腊八豆，霉干菜，还有一种菜叫冲菜。当然湖南人最擅长的就是吃辣，最有特色的就是熏肉、熏鱼、熏鸡、熏鸭，家家户户的房顶上、门檐下挂的都是这些五花八门的烟熏、腌腊制品，这些菜可以无需冰箱长期存放，吃起来非常的美味可口。

　　1954 年长江发大水，整个汉阳一片汪洋，我们家搬到了武昌黄鹤楼附近。黄鹤楼的城墙上，每天都贴着、更换着因为防汛牺牲的人员的相片，形势非常危急。虽然黄鹤楼上面唱歌的、讲相声的、唱戏的、变魔术的，依旧喧嚣热闹，但是汛情的严峻却像阴云一样笼罩在我们的心头。我们借用别人的望远镜，看着一片汪洋中的汉阳，看着鹦鹉洲，只见龟山屹立。我们家东门的楼房，只有二楼露在水面上，而鹦鹉洲的洲头，居然因为地势稍微高一点，楼房并没有完全淹没。

　　洪水退去以后，到了开学的季节，我们家在东门的房子，因为要建防洪墙，必须拆迁，所以 1954 年的秋天我们搬到了鹦鹉洲居住。我妈妈在瓜堤街小学任教，就在小学的旁边租了两间房，记得房主姓常，房间是全实木的，虽然隔音不好，但是非常舒适，有一股淡淡的木头的清香。

　　1954 年的冬天奇冷无比，听老人说凡是发大水的年份，冬天就会特别冷。

鹅毛大雪，冰天雪地，我因为读书的小学是私立的静清小学，按照当时的政策，私立小学的学生不能转学到公立小学。而我妈妈所在的瓜堤街小学，是公立小学，所以即使我妈妈是那个学校的老师，我也不能转到那个学校去读书。于是我就到了离家不远的树人小学二分部，树人小学二分部的条件非常差，破房子、破门、破桌子、破椅子，奇冷无比。就在那个冬天，因为手冻僵我解不开棉裤，尿裤子了，棉裤的外面冻得硬邦邦的，那个时候还不满 9 岁，不知道要请假也不知道要跟老师说，幸亏没有生病。

好多年以后，我的妈妈告诉我，她在 40 年代，曾经是那个小学的校长，只是时间很短。

1955 年的春天，我们回到了原来的学校，外公在鹦鹉洲的房子，改成了结核病防治所。以后的岁月，虽然我也经常到鹦鹉洲去，但我从来没有进过结核病防治所，那是我外公留下来的，它为汉阳人民的结核病防治作出了贡献。

再后来的后来，鹦鹉洲的板房区消失了，鹦鹉洲的青石板铺就的小路消失了，当年的湖南帮，已经为五湖四海所代替。而当年一个接着一个的货运码头，连片连片的竹排，都已经没有了踪影，代之而来的是巍峨的鹦鹉洲大桥、造型独特的杨泗港大桥、豪华的锦绣长江住宅区……

社会在发展，时代在进步，这就是历史，这就是新陈代谢的法则。鹦鹉洲之于我，就是一个梦，朦胧而悠远，但是它确实曾经来过、有过、真实且熠熠生辉。

回望过去，是为了更好地展望未来，记住我的人生有鹦鹉洲这样一个梦，此生足矣。

# 芳草地上三合堂

余克和[1]

我出生在鹦鹉洲一处很有名的地方——三合堂，我在那里度过了我的童年；1954年后我又在鹦鹉洲杨泗正街度过了青少年时期，那时的家就在祢衡墓旁边。

过去了多少年，我总想收集到鹦鹉洲老街的照片，更想获得出生地三合堂的旧影，但一直没有成功，鹦鹉洲老街和三合堂，也许只存在我的记忆中和梦中。

图5-14　三合堂（邓晓英／绘）

三合堂是鹦鹉洲上非常美也非常有特点的地方。记忆里，三合堂是一块约200米长、40多米宽的条形高地，在鹦鹉正街北面百米左右，与正街平行，总体比正街略低一点。在东头，又有一条碎石铺成的小路连接着鹦鹉长街，组成了一个三合堂湾。

三合堂这块高地上，住着大约30户人家，多数是鹦鹉洲上的搬运工人。东西两头比中间又要高一点。住房按建筑材料可以分为五种：砖瓦房、木瓦房、茅草顶木板房、茅草顶竹席房、芦草棚子。三合堂中间住户最多，没有砖瓦房，我家和隔壁王家，那时都是茅草顶木板房。我家进门是堂屋，迎面是桌子和长案，案上供着"天地国亲师"的牌位和香炉，一尊铜磬立在那里，另一旁还摆着一摞"余氏家谱"。西厢房有两间房，前房住着伯父母一家人，伯父在鹦鹉洲上当码

① 余克和，1946年7月生，湖北武汉人。1968年毕业于武汉师专中文系，后毕业于华中师范大学中文系（在职）。武汉市汉口铁路中学特级教师。

头搬运工；后房住着我家人，父亲那时在汉口璇宫饭店当厨师。堂屋后还有两小间，一间住着祖母及尚未出嫁的小姑，另一间住着年龄尚小的三叔和小叔，他俩常在外面做杂工贴补家用。屋后向外延伸，还有一间厨房和搭棚，可养鸡鸭，再后是土坡地，有一个不小的菜园，种着蚕豆、萝卜、白菜、苋菜、南瓜，还有向日葵。一大家人，生活过得清苦而和睦。1949年，三叔也在洲上当搬运工。不久，小叔到武汉市委机关当了公务员（当时叫勤务员），小叔一表人才，又勤奋好学，文化水平提高得很快。那时，我爸爸吹洞箫，小叔拉二胡和京胡，三叔会唱几句《空城计》。有时晚饭后，他们聚在屋前表演，我们家的几个孩子和别的孩子围着一起旁听，我们兄弟姐妹除了高兴和快乐，心里还多了一种自豪感。

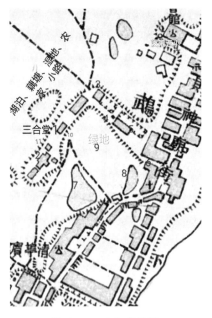

图 5-15　三合堂地图

我家西边与陈家相邻，中间隔着两米宽的南北向通道。陈家更清苦，男主人没有固定工作，他的妻子身体也不好，只有两个女儿。大女儿比我大好几岁，小女儿与我差不多大，叫娜娜，长得白净秀气。他们家住的芦席棚子，当时也是三合堂上的穷困人家。但大家却很关心他家，比如帮他家挑水、送菜，哪家做了什么好吃的，也是忘不了他家的。其实，三合堂中段的各家关系都非常好。逢年过节，邻居互相串门道贺，做了什么好吃的，也互相赠送。谁家缺了粮油，说想向别家借，几家都会同时说"到我家来"；谁家人出门有事，给隔壁邻居打一声招呼，都不用锁门。

再过去两家是韩家，韩家女主人很会持家，人也和善，家有好几个孩子。韩家是木柱木板树皮屋顶房，比较大，屋前还搭建了一个较大的凉棚，四周种着花草。他家有两个儿子与我是小学同学，都是要好的朋友，所以我去他们家比较多。春夏季节，韩家屋前凉棚下常常有三合堂的老人聚集，在这里乘凉聊天。

我们丁、王、余、陈、曾、韩六家，房屋相邻且相连，一字并排开，门前有片比较开阔的平地，人称这块平地是"六家空地"。记得1951年夏秋季节，就在韩家凉棚和"六家空地"上，三合堂的妇女们在居委会的组织下，为抗美援朝的志愿军做手套、棉袜和鞋垫。年轻漂亮的姑娘，心灵手巧的大嫂，还有善良热心的婆婆，三十多人在一起，激情高涨，废寝忘食地在那里高效劳动。其情其境，令人记忆犹新。

韩家有个性格开朗的太婆，母亲告诉我，为我接生的人就是她。我出生时，韩太婆当时就是拿一把用火烤过的剪刀，一剪刀下去，就让我与这个世界接轨了。三合堂的孩子，至少在中华人民共和国成立前，大多是由她接生的。

我还记得我五岁时，韩太婆为邻居产妇接生的事，甚至还记得当时的情景，就是一把剪刀，一股洗干净了的棉线，一个腰子型的脚盆，盛一盆水。孩子呱呱坠下，水一冲，就听到韩太婆首先叫喊"恭喜，是儿子"，或者"啊，是个姑娘"。也没有看见别人给她钱，只是不断地向她道谢。

三合堂前坡种着杨柳，坡下就是那一大片芳草地了，绿草茵茵，清风徐徐，芬芳淡淡，三合堂上的孩子在那里放风筝，奔跑、嬉闹、歌唱，就在那里打滚，躺着看蓝天上那些镶着金边的云朵变幻着模样。那片绿地真是孩子们快乐的伊甸园；后坡下是一条小径，两边缀满野花嫩草，后边是菜园、藕塘、稻田，田埂间还摆着木水车。有一个很大的湖塘，连着后面的夹河，有人划着小船，在湖上撒网捕鱼；还有那种更小的船，船头立着两个鹭鸶，鹭鸶会钻进水里叼鱼。不远处雾霭氤氲，农舍掩映，炊烟袅袅，稻田菜圃，绿荷芙蓉，鸟掠鱼塘，那里的狗吠鸡鸣声，在三合堂也能隐隐约约地听到。李白咏叹的"烟开兰叶香风暖"的景色，也许就是这样的吧。

在三合堂做各种生意的小贩，也喜欢聚在我们屋前的"六家空地"和韩家凉棚下歇息。有卖布染衣服的，张罗小孩子看西洋镜、万花筒，挑着担子卖蒸糕的，挎着篮子卖油条、面窝、米粑粑的，做板糖的，捏面人的……做小生意的人都喜欢到这处相对宁静的高地来。

记得有一个老太婆，每天都挎着一个篮子卖"落口消"，其实那就是现在的膨化米糕，她的叫卖声很有特色，一口黄陂腔，带着特别的韵律："落口消，落口消，小伢吃了不长疱；大人吃了开口笑；姑娘吃了长得俏；老头吃了胡子翘。"有的小孩还跟在她后面学唱。她与三合堂上的大人小孩的关系都很好。小本生意，不知道她每天能赚多少，但她常说，生意蛮好的，每天都卖完了。

在"六家空地"上，每当节日，较大型的文化文娱活动都在这里。如街上的龙灯队走到三合堂，必定要在这里呼啸奔跑、翻腾舞动一番，一时鞭炮齐鸣、锣鼓喧天、烟尘弥漫。当然，还有精彩的歌舞，打莲湘，划采莲船，渔鼓道情等等。在春夏秋季节，每天晚饭后，孩子们就互相高声叫唤："伢们额，出来玩嘞，莫在屋里打皮寒（即打摆子）额。"不一会儿，各家各户的小孩子都集合好了，三合堂上不分"西头""东头"，不分男孩女孩，大家都在这里汇集，一起玩"石头剪刀布""单腿斗鸡""牵羊子",围坐一圈玩"丢手巾",聚在一起"蒙眼抓瞎",或者分成两队,唱着"天上乌乌神哟,地下甩麻绳哟,麻绳打不开额,独点'某'过来哟",然后某人就冲过来,无论失败与成功,都会引起孩子们的一阵喧闹与欢笑。此时,明月朗照,月光如水、如银、如雾、如霜,凉风徐徐吹拂,坡下虫吟蛙鸣,坡后流萤飞光。从坡前的芳草地和坡后的田野荷塘,传来阵阵淡淡的清香,真美啊,这不就是哲学家海德格尔说的"诗意地栖居"?

在三合堂"西头"后面的高坡下,还有一座遗弃的水泥大碉堡。这个大碉堡修得很好,有两层楼高,里面空间大,还有一个螺旋铁架楼梯和围架。碉堡早已废弃没有人管,我们小时候常进去玩,碉堡顶上还有亮瓦,光线蛮好。人在围架上可以在碉堡里走一圈,从碉堡眼向外看,居高临下,视野开阔,真是一夫当关,万夫莫开。听大人们说,碉堡是为了抗击日本鬼子修的,当年在鹦鹉洲三合堂有这么大的钢筋水泥碉堡,可见三合堂当时还是一处军事要地。这个碉堡在20世纪50年代中期被拆毁了。

三合堂西头是上头,高坡上住着七八户人家,平时我们去得较少。因为是"上头",顺风顺水,地势又最高,到上头去还要上七八级石头台阶。那几户多是砖瓦房,白墙黛瓦,有的人家还有庭院围墙,一棵大槐树在高台上伫立,树冠很大,也显得很威严。旁边还有桃树和桑树,我们在那棵树上采过桑叶。听人说,西头坡上住的从前是比较富有的人家。西边顶头孙家,木结构的屋,是两层木瓦楼房,宽敞明亮,他家有一个孩子与我差不多大,我们是一起玩蟋蟀的朋友。我去过他家——也只去过他家,还记得他家楼上那开阔的视野,临窗望去,一片绿色的田园苗圃,湖塘湿地,莺飞草长,鸟语花香,当时好羡慕他家的生活环境。

东头坡上大约有五六户人家,坡前面还有座小的土地庙,神龛上供奉着土地公公,案上有一个陶土香炉,一对瓦烛台。敬土地公公的人不多,小庙显得冷清,我和小朋友在那里躲过雨。东头坡上最有名的是王家、田家,他们也是砖瓦房,但房子修得大而简单,王家有一个漂亮的小姑娘叫王美玉,是我弟弟的同学。王、田两家一起做打豆腐的生意,做的豆腐和湖南臭干子远近闻名,不仅鹦鹉洲的人都买他们家的,汉阳城里的人也常过来买他们做的臭豆腐。我们小时候常常去东头买臭豆腐吃,不用油炸,生吃也是那么好吃,常常吃得满口黑乎乎的,连嘴唇下巴也都是黑乎乎的。

东头坡下是许多用篾席和荆条隔成的菜园,曲折的丛中小径连接着杨泗街与腰路街,1954年,汉阳枕木防腐厂在这里修了一条从三里坡通向江滩的专用小铁路,小火车拖着满载枕木的车厢奔驰,改变了这片城郊外的田塘野径,以及恬静安然的画风。

　　三合堂上的老人喜欢在傍晚时给小孩讲故事，常见上十个孩子围坐一起，中间有一个大伯或者老头在喋喋不休地讲他们的见闻，隔三岔五，几个人轮换着讲，反反复复讲，风格不一样；孩子们也喜欢听，不厌其烦，听得津津有味。讲的内容五花八门，记得有：站在三合堂上看飞机在天空打仗，这大概就是1938年的武汉大空战吧；还有黄鹤楼怎么失火烧毁，站在三合堂也看得见；为了占码头滩地，洲上的帮派之间打架；在三合堂后面那条通往汉阳城郊的小路上遇到鬼，还编歌让小孩唱，"三里坡，鬼又多，前面走，后面拖"，孩子们听得毛骨悚然，日后大白天都不敢走后面那条小路。讲得最多还是祢衡打鼓骂曹的故事，版本不一，大同小异。还有讲"三合堂"的来历，也是各种版本，说什么"三合"就是天合、地合、人合（"合"应该是"和"啊）；还有讲三合堂开始是东头、中间、西头分开的，后来大家齐心协力，一起挑土填地，把三处合起来了，所以叫三合堂；还有更玄的是三合就是12地支三组的吉配，风水好，旺财地，地名是风水先生卜卦起的；还有一种无厘头的说法，三合堂原来叫三槐堂，这个地方西头、中间、东头，各长着一棵大槐树，后来死了两棵，就只好把三槐堂改名叫三合堂。以上说法莫衷一是。我伯父也喜欢讲，他讲三合堂的名称是挑土填成了三合堂，我信伯父说的。

　　三合堂的人要到鹦鹉洲街上去，大多走东边的碎石路，那路两边也有人家，正街上的人把他们称三合堂人，三合堂人称他们为拐角上的人。这碎石小路中段有一家篾缆厂，湖南到鹦鹉洲上的木排竹筏要重新编排、锚碇，有时都要用到他

图5-16　我班同学在东湖留影

家的篾缆，小碗口粗，结实得很。篾缆厂就在小路边坡上做篾缆，生意红火。走过篾缆厂，连接鹦鹉街的那小半程就是石板路了，两边是高高的砖瓦房墙，形成一条小巷，在这里大声说话还有回音。我们有时一到这巷子里，故意大喊几声，就是想听那奇妙的回声。

走出小巷就是鹦鹉洲杨泗正街了。迎面看到的是两层楼的茶馆，木瓦结构，粗柱厚板，都是上等杉木、楠木，横梁上还雕龙画凤，精致得很。茶馆楼上楼下每天都坐满了人，生意红火，从早到晚，喧闹不歇。

出小巷右手边街面，是个比较大的商店，售百货。再过去两家，是一家面馆，门面不大，但他家牛肉面做得特别好吃，父亲带我去吃过红烧牛肉面。老板实在，一角钱一大碗，那面条上满满叠加的大块牛肉，还有红油芝麻，真是色香味俱全。啊，我现在想起来就吞口水！

还是回到三合堂吧，站在我家大门口，居高临下可以俯瞰那大片绿地及两个湖塘，两条小路，一条是那碎石路，另一条是通向瓜堤街的田塘间小路。走田塘间的小路完全是另一种景象，小路一半是沿着孙家凼子走，湖边垂柳依依，身影恍然投在清澈的湖面上，另一旁是花草繁茂，瓜秧豆苗，走着看田园戏蝶，真是惬意！小路走到尽头爬上坡，就到了鹦鹉洲瓜堤正街，这里湖南人更多。砖瓦房、木板树皮房，街道靠江那边，还有吊脚楼。街上商店酒肆、木行商会，人流如织，熙熙攘攘。向上行不远，就是长衡会馆，后来改建为瓜堤中学，我在那里上完了初中。

那我说说三合堂前的孙家凼子，这个清水塘，因为20世纪60年代在那里的土地上办了一个当时颇有名气的大桥味精厂，工业废水肆意地排到湖塘里，这个美丽的湖塘后来就变成了恶气熏天的臭水塘，而且散发着一种难闻的怪味，人们只好避而远之，实在要经过此地，也是快步掩鼻而过。我后来曾几次屏息经过那里，联想到过去的垂柳依岸立，湖水弄清影的美景，顿时胸中涌起一股痛彻心扉的伤痛感。

现在三合堂被挖平了，人们用它的土把这个凼子也填平了，那里现在都是来自四面八方的住户，嘈杂的人声代替了过去的蛙声鸟鸣，那满塘清澈的湖水，只在鹦鹉洲三合堂老人的心湖里回荡着美丽的涟漪……

1954年，武汉出现了百年罕见的特大洪水。这年汛期，雨季来得早，暴雨频繁，持续时间长，降雨强度大。6月26日，武汉关的水位已经超过26.3米警戒线。7月初，鹦鹉洲上的人大多转移到汉阳城里，三合堂人有缘被安排到归元寺住，记得就是在放生池左侧往前走，在方丈接待室那排房子的楼上。每家是十平方米左右的地铺,中间也没有隔什么,都是亲戚熟人,都是避难的人,也没有什么讲究的,大家互相照顾,还相互提醒,保持安静,上下楼都是静悄悄的,说不要惊动菩萨,不能让菩萨生气。政府还照顾我们的生活,三餐免费。白天,小孩子还三五成群,到放生池去看乌龟,到罗汉堂数罗汉,觉得很好玩。此后,暴雨还是不断,7月底,汉阳腰路堤、拦江大堤先后决口,鹦鹉洲、三合堂正在风口浪尖上,翻滚的浪涛把三合堂上的草木房子冲得荡然无存。后来归元寺也进水了,防汛指挥部又安排我们到武昌粮道街一个学校里住,三合堂的人又在一起。大人们忧心如焚,房子没有了,担心着将来怎么办;小孩子不懂事,哪管这些,只觉得每天都在一起,可以疯玩,可以热热闹闹。

　　直到9月,我们家才从武昌回到鹦鹉洲,住进了杨泗正街的姑太家,开始了新阶段的生活。

# 第六章　百年树人

# 我对鹦鹉洲的文化记忆

沈继成

我们小时候的鹦鹉洲谈不上有什么文化生活。电影院没有，剧团剧院没有，照相馆没有，除了几所会馆、教堂改建的小学，连一所中学也没有。从这个意义上说它是"文化荒漠"似乎也不是太夸张。那么，我们的童年、少年是不是过得特别乏味呢？不，不是。恰恰相反，我们是过得有滋有味，十分惬意。我们那些五花八门的玩法，不仅会让汉口、武昌的小伙伴"望洲兴叹"，更是现如今老是独自待在小房里玩手机、玩电子游戏的小朋友无法想象的。下面就将我亲眼所见、亲身经历的一些"乐子"给你娓娓道来。

## 一、玩草把子灯，砌宝塔

逢年过节舞龙舞狮、踩高跷、划采莲船，不管有钱无钱、是贫是富，在这几天乐一乐，是鹦鹉洲的传统。我们除了跟着龙灯、采莲船从上街撵到下街看热闹外，自己也扎龙灯，就是扎草把子灯。草把子灯是先用竹篾条扎成龙身骨架，用稻草搓成粗大的绳索捆扎在龙架上形成龙身，再分别扎成龙头龙尾。玩龙灯时由几个人手拿竹竿顶着一节节的龙随着前面绣球的引导，有节奏地左右舞动，摆弄出扭、挥、跪、跳多种姿态，虽然少了大人们舞龙灯的气势，倒也别有一番趣味，我们的草把子灯常惹得大人们阵阵哄笑，有些人还用欢谑的语气喊道："草把子灯年年有，玩灯的伢们不怕丑。"我们毫不在意，甚至还跟着唱。

正月十五元宵节又是一景。这天晚上，家家户户都挂上了灯笼，不少人家在房屋周围插上蜡烛，有的人家在门前竖起一根长竹竿，将灯笼升上半空。我们小孩则手持小公鸡、小飞机、五角星、小花盆、小花球等各种造型的小灯笼，然后点上小蜡烛到处晃悠。一支小蜡烛不大会儿工夫就燃烧完了，我们既没有备用的蜡烛，又不可能在漆黑的夜里，拿着一个空灯笼玩，于是我们就三五一群像和尚一样去商铺"化"蜡烛。到了商铺门口，我们就一起唱："今日十五，明日十六，恭喜老板，化支蜡烛。"因为年年都要上演这个节目，为讨吉利，各个商铺也就早有准备，连忙从竹篓里取出小蜡烛，和颜悦色地给我们每人一支，我们笑嘻嘻地去另一家"化缘"了。

用破碎的布瓦砌出一座座宝塔，是我们鹦鹉洲孩子的杰作。荒五里、瓜堤、潜龙那边有没有，或者别省别市有没有，我不知道，但在我们两湖一带很时兴。砌宝塔是我们每年八月十五中秋节的大事件。早在农历七月我们就要选择屋旁边的空旷地作为宝塔基地，画上一个直径约莫八九十厘米的圆圈，就作为施工的准备。最主要的准备就是捡碎砖瓦片。好的是瓦片充足，不愁没有。因为小时候我们遭遇了两场洪水、多次火灾。洪水冲毁的房屋、大火烧毁的房屋很多很多，碎砖瓦片到处都是。那时的屋顶大多数盖的都是布瓦，红瓦被称作"洋瓦"，比青灰色的布瓦大，用它盖屋顶的民居很少，偶尔有之，则被叫作"红瓦屋"，成为了地名。我们将大量砖块、木条堆放在一处，施工随即开始。首先，挑选大些、整齐些的瓦片，一片一片地压住圆圈线码放，码了一层，再在上面加，加到上十层后就搁上早就准备好了的木条，木条上垫一块青砖，两旁各立一块青砖，上面搭上一整片布瓦，形成一个漂亮的拱门，一头一个，遥遥相对。砌到一定的高度后，瓦片就要注意一层层有规律地向内收缩，既要稳固，又不能东倒西歪，越往上越要小心。瓦片要轻拿轻放，人的高度不够，就要站上凳子，身体绝对不能触碰宝塔，稍有差池，"呼啦啦似大厦倾"，一片狼藉，前功尽弃，只有从头再来。因为我们当时就只有十岁左右，人太小，难免有人毛手毛脚，将宝塔碰倒。

砌宝塔是相当费力费时的，往往要一二十天才能完成。当然我们也不是一天到晚搞这个事，有空就去弄一下。砌宝塔也是有一定风险的，风险就是有"敌对势力"破坏。你们几个在这里砌一个，有人又在别处砌一个，相互较劲，一比高低。最恶劣的是趁月黑风高将对方的宝塔推倒。重新砌，又来不及了，叫你欲哭无泪。宝塔都砌在屋外，时间又长，加上是用瓦片砌成的，一碰就倒。我们最狠的对手就是正街曹西之木行的"曹家大和尚"。他比我们大几岁，爱听书，会打大鼓，说相声。但他很野，胆子大，不怕事，我们都不敢招惹他。不知何时因何事他与我们结下梁子，有一年他带着人在夜里砸了我们的宝塔。第二天我们去找他理论，他竟然说就是他砸的，你们要怎么样？一副恶狠狠的样子，令我们不禁胆怯起来，只能自认倒霉，假装警告一番就悻悻而去。这是中秋节砌宝塔玩时我记得最清楚的一场风波。若干年后听说曹和尚年纪很轻就"走火入魔"，死于非命。这是怎么回事我不打算多谈。他是很有才艺的，走得这么早，真是可惜！现在写到这个人，我不是记仇，小孩子吵嘴打架、扯皮拉筋是常有的事，现在回忆起来，只觉得有趣、好玩。

## 二、划龙船，喝雄黄酒

端午节是一个集祈福辟邪、欢庆娱乐和享受美食为一体的民俗大节。鹦鹉洲的端午节文化名目繁多，印象最深的是划龙船，吃粽子，挂艾蒿，佩香囊，喝雄黄酒。

图 6-1 划龙船

划龙船是鹦鹉洲的一个传统节庆活动。如图 6-1 所示，龙船与普通的船有很大不同，如大小不一，一般龙船长二三十米，划手坐两排，三四十人不等。龙船狭长、细又窄，船头饰龙头，船尾饰龙尾。龙头的颜色有红、黑、灰等色，与龙灯之头类似，姿态不一，一般以木雕成，加以彩绘，龙尾多用整木雕，上刻鳞甲。除龙头龙尾外，龙船上还有锣鼓、彩旗，有些龙船船体还有彩绘装饰。龙头高昂，威风凛凛，栩栩如生，龙尾高卷，神气扬扬，不可一世。划船比赛就要开始了，这时杨泗庙江边人山人海，观者如堵，人声鼎沸，热闹非常。随着一声号令，以娱神乐人的龙船竞渡开始。鼓手是全船的灵魂人物、胜负的关键。他们或站立或稳坐，有节奏地擂起大鼓，号令全船划手整齐划一、奋勇争先。打锣人则站在靠近船尾处，以洪亮的锣声与鼓声相呼应。全体船员身着红色或黄色的宽松服装，头缠红布条，精神抖擞，斗志昂扬。划船手都是训练有素、身经百战的码头工人，虽技巧有限，但体能无穷。在岸边人群欢呼呐喊的助威声中，划船手也很有节奏地跟着喊起："咚！咚！咚咚咚！嗬！嗬！嗬嗬嗬！"龙船的速度也越来越快，仿佛群龙在江中滚动飞腾，蔚为壮观。

鹦鹉洲是个竹木集散地，码头工人成年累月在江边或水上劳作，稍不留神就有被江水卷走吞没的危险。因而，鹦鹉洲上的龙船竞渡不仅仅是纪念屈原，更有祈求龙神保佑的别番意蕴。只是因为天长日久绝大多数人并未自觉地意识到罢了。

鹦鹉洲上划龙船，也曾步步惊心，危机四伏，让船手的家属担惊受怕。在旧社会洲上不仅有来自湖南的"五府十八帮"这些以地域为区分的帮派，又有青洪帮这些社会上的帮派势力，加之"南帮"（即湖南人）与"北帮"（即湖北人）的争拗，所以每当举行划龙船、舞龙灯这些争强斗狠的活动时，很容易引起一些不愉快的事发生，甚至引起打架斗殴。听老人说，这种因抢风头，互不相让而打起来的事，在中华人民共和国成立前是有过的。中华人民共和国成立后，码头工人成了搬运工人，有了领导，有了组织，一切都有了规矩，划龙船、玩龙灯这些活动虽然逐渐减少，但成了单纯的娱乐活动，再无斗殴事件发生。

在古代，五月初五被称为"恶月恶日"，不是一个好日子。因为端午节正值春夏之交，是蚊蝇等害虫繁衍的高峰期，文献记载："此日蓄采众药以蠲除毒气。"所以说端午节又是一个驱毒辟邪、祈福禳灾的节日。悬挂菖蒲、艾蒿是其重要事项之一。

菖艾都含有挥发性芳香油，其奇特的香味有驱除蚊蝇、提神开窍、杀虫灭菌、净化空气的作用。因此，民谚有"清明插柳，端午插艾"一说。在旧社会，人们以菖蒲为剑、艾草为鞭、蒜坨为锤，称之为三种驱蚊虫，灭病菌，斩妖除魔，驱毒辟邪的利器。这就是所谓"手执艾旗迎百福，门悬蒲剑斩千魔"。在我们两湖后地，堰塘边长满菖蒲，野地上遍布艾草，弄点菖蒲、艾草对我们来说简直比唾手可得还简单。这就是乡不乡、城不城的鹦鹉洲的地利之便。临近端午，家家户户少不了洒扫庭院，然后就将扎成把的菖蒲、艾蒿或悬于门楣，或插于堂中，为节日倒也增加了气氛。家家插菖艾，这就是端午节又称"蒲节"的缘故。

端午节前后，人们除了插菖艾以外，大人们还要给孩子们佩戴香囊。香囊亦称"锦囊""香袋"。香囊常用的是具有芳香开窍的中草药，如芳香化浊驱瘟的苍术、藿香、艾叶、肉桂、砂仁、雄黄、冰片、樟脑等，将它们制成药末装在特制的袋中，外包丝布，清香四溢，再以五色丝线弦扣成索，做成鸡心形、菱形、三角形等各种形状，结成一串，形形色色，玲珑可爱，佩戴在胸前等处，有清香、驱虫避瘟、防病的功能。佩戴香囊虽是一种民俗，但也不失为一种预防瘟疫的方法。

饮雄黄酒，在小孩额头上点雄黄酒是鹦鹉洲人过端午节的又一古老习俗。雄黄是一种矿物，亦称"鸡冠石"，成分是硫化砷。可用来制作农药、染料、颜料、焰火、玻璃，中医学上用为解毒、杀虫药，性温，味苦辛，有毒，外用治疗癣恶疮、蛇虫咬伤等症。端午这天，大人要饮雄黄酒，小孩在大人的鼓励下，也要小抿几口。除了饮雄黄酒，大人还要将雄黄酒抹在小孩的额头及耳鼻间以避毒物。涂额是有讲究的，不少地方是在小孩的额头画一个"王"字，因此古诗云："唯有儿时不可忘，持艾簪蒲额头王。"我们家是由母亲将雄黄酒依次在我们几姊妹额头涂上一个圆圈点，画没画"王"字，我记不清。据说这种做法可以使蚊虫、蛇蝎、蜈蚣、壁虎、蜘蛛不上身。

鹦鹉洲佳节也离不开美食。不过那时大家都穷，美食并不多，记得有粽子、菱角、盐蛋和黄鳝鱼。粽子是中国历史上迄今为止文化积淀最深厚的传统食品。其由来已久，花样繁多。据记载，早在春秋时期，用菰叶（茭白叶）包黍米成牛角状，称"角黍"；用竹筒装米密封蒸熟，称"竹粽"。到晋代，粽子被正式定为端午节食品。此后，世代相传，延续至今。在古代，粽子的附加料已出现豆沙、猪肉、松子仁、枣子、胡桃等，现在更是五花八门、丰富多彩。但我们小时候吃的粽子很单一，就是粽叶包糯米，没有馅，只是要求粽叶（箬竹叶）是野生的，要新鲜、绿嫩；糯米则要白净。《本草纲目》记载，粽叶有清热止血、解毒消肿，治吐血、下血、小便不利、痈肿等功效。绝不是什么叶子都可以包粽子的。我们今天吃的粽子，少了儿时的味道，原因大概就在这里。但是，印在我脑海的粽子并不是在家里吃到的，而是在两湖正街常家茶馆街对面黄家婆婆小摊上买的。端午节早上过早，家里多给了几分钱，不吃面窝或粑粑，而到黄家买粽子吃。黄家小吃摊摆在其自家门前，我就买上两个粽子，蘸着白砂糖慢慢品尝。虽然粽子里没有包豆沙、蛋黄、猪肉之类的馅，但那沁人心脾的清香粽叶，那软糯可口的粽子，让七十年后的我回忆起来仍然津津有味。黄鳝鱼是端午节桌上的必备之菜。黄鳝鱼，我们叫它鳝鱼，而黄鳝鱼就是现在菜市场上的黄骨鱼。几十年，斗转星移，鱼的名字竟变了。有次我去菜场，指着黄骨鱼问老板，这黄鳝鱼怎么买？老板看了我一眼，没吭声，那意思是你连黄鳝、黄骨都弄不清，还买什么鱼！我这才意识到这是黄骨鱼，不是黄鳝鱼了。小时候鳝鱼并不贵，鹦鹉洲堰塘多，水边鳝鱼也多。后来，我还自己用废旧的雨伞的伞骨做成钓钩到堰塘边找鳝鱼洞去钓鳝鱼。据现在的专家说，鳝鱼有很多滋补功效，我们那时不管这些，只觉得鳝鱼鲜嫩，很好吃，看着母亲端上那一大盆热气腾腾的红烧鳝鱼，真叫人垂涎欲滴。要知道，尽管鳝鱼并非稀罕之物，但我们平常还是难得吃到的！大多数码头工人家庭都是上有老、下有小，一家七八口人，就靠一个人三四十元的工资维持生计，生活之艰难可想而知！

### 三、听说书，看连环画

图 6-2　听说书

两湖正街有一座茶馆，这是鹦鹉洲"文人雅士"的荟萃之处。茶馆老板姓常，不知他的大名，诨名"常黑皮"。他有个女儿小名叫"细毛"，我最早知道的大学生就是她。常家茶馆可以摆十几张桌子，生意很好，一到晚上竟座无虚席。来这里的人主要是码头工人，不仅是喝茶，主要是听说书人说书。劳累了一天，泡上一壶香片，边饮边听书（见图6-2），那是蛮享受的。说书人都是从汉口、汉阳请来的，说书水平很高。我小时候很喜欢听书，每天吃了晚饭都会跟住在我家后门的常太去听书。常太有与我一般大小的两个孙子，也是我要好的玩伴，他们喜欢运动，但对听书不感兴趣，要他们坐几个小时听什么书很难。所以常太每天带的人都是我。我们家虽然在后街，但离正街茶馆很近，大约百来米。坐茶馆当然是要付钱的，但也有人没有钱就挤在大门口或站在走道旁边听。老板和说书人将这些不花钱听书的人叫听"么活"。因此说书人在插科打诨时冷不丁来一句"一块金砖打么活"，打的就是他们。实际上老板也好，说书人也好，并不是排斥"么活"，因为有他们捧场，茶馆增加了人气，对茶馆有好处。常太是老板的本家，我们不会从前门与别人挤，而是走老板特意留的"后门"。进场后我们就在说书人不远的角落坐下，我坐自带的小板凳，常太坐的是茶馆的凳子。有时茶客少，我就找个不打眼的茶座坐下，老板也并不说什么。当然，这都是沾常太的光，享受了特别的礼遇。待说书时间一到，随着"惊堂木"一拍，今晚的说书往往就在"一块金砖打么活"的玩笑话中开场了。在这里我听了全本的《封神榜》《济公传》《三侠五义》《郭子仪双夺狮子马》等长篇故事，增长了不少知识。说书人不仅对所讲内容烂熟于心，其语言流畅，疾徐轻重，吞吐抑扬，入情入理，扣人心弦。说《三侠五义》，对武门中的点穴、暗器、闷香、百宝囊、八卦连环掌等江湖勾当的演述，更是绘声绘色，如数家珍。熟悉各地方言，是每个说书人的看家本领。《五鼠闹东京》的穿山鼠徐庆是山西人，使一把宝刀，号称江湖无敌。他一出场，说书人就来几句山西土话，把全场都逗笑了。还有锦毛鼠白玉堂、南侠展昭、北侠欧阳春个个身手不凡，行侠仗义，除暴安民的行为令人倾倒。在常家茶馆听到最精彩的故事是郭子仪和他的坐骑狮子马。郭子仪是唐朝大将，传说他降生大哭八十日，无极神僧止其啼，预言"拯救大唐者，此儿也"。在平定安史之乱和吐蕃叛乱中，他果然立下赫赫战功。郭子仪有一匹战骑名狮子花，为唐代宗所赐。狮子花又名九花虬，此马"额高九寸，毛拳如麟，头颈鬃鬣，真虬龙也。每一嘶，则群马耸耳。以身被九花文，故号九花虬"。这匹以一胜万的名驹可与唐太宗六骏之一的"拳毛騧"并驾齐驱。杜甫有诗曰："昔日太宗拳毛騧，近时郭家狮子花。"郭子仪南征北战、单枪匹马说退回纥，坐骑就是狮子花。说书人说到郭子仪出征，命令部下牵马过来，大吼一声"马——来——哇——哇——哇"，其声音响如洪钟，大有响遏行云、震屋欲崩的气势，令听众惊心动魄。

现在的学生在上课之余往往还会上五花八门的"补习班"，花钱不说，人也受罪。我们那时没有，我的"历史补习班"是在常家茶馆听"么活"上的，一分钱也没有花，人还特别开心。

我们还有一个"兴趣班"在胡家小人书摊。小人书的学名叫连环画，上海叫"图画书"，武昌叫"娃娃书"，我们汉阳叫"伢伢书"或"小人书"。胡老板叫胡三乾，他的铺子早上炸面窝，两分钱一个；面窝收了摊就出租小人书，他真是头脑灵活。书摊是小孩子最喜欢去的地方，只要口袋里有了几分钱，就往书摊跑。那时小人书

图 6-3　连环画摊

不仅多，而且很精致，连续性、通俗性是其特点，对我们小孩很有吸引力。租书是一分钱一本，可是我们翻得快，一本书几下就看完了。难道就这样走了吗？不，我们有办法花一分钱多看几本书，那就是趁老板不注意偷偷交换看。久而久之，这种小把戏难免不被胡老板发现，好在老板也是睁一只眼闭一只眼，装着没看见，都是左邻右舍、街坊邻居的孩子，又能怎么样！我喜欢看的书有《包公案》《岳飞传》《杨家将》，对关云长、薛仁贵、郭子仪、狄青、杨六郎、戚继光这些武将简直着了迷，而且相信这些人都是天上的武曲星下凡，轮回转世，生生不息。晓得的文曲星就只包公一个，他不愿意下凡，被玉皇大帝一砚台打过去，头上起了包，脸也黑了，还得下凡为民做主。我记得最清楚的一本书是《高宠挑滑车》。我当时不认得"宠"这个字，就念成了"龙"。将自己心目中英雄的名字都叫错了，说来也真可笑。滑车是古代的一种大型兵器，有四个轮子，木质骨架，外包铁皮，前端有利刀数十把，车上还载有石块，重达千斤。打仗时布设于关口或高坡上，借助陡坡自然滑行，故名铁滑车。在宋金对抗的牛头山大战中，金兀术用铁滑车阻挡宋军突围。铁滑车从高处滑下，威力巨大，宋军无人敢挡，只有岳飞帐下第一猛将高宠敢向铁滑车挑战，一连挑飞十一辆铁滑车，挑到第十二辆时，战马累趴下了，高宠被铁滑车活活压死。这个故事，看得我血脉偾张，心潮难平，至今不忘。

在胡家书摊、常家茶馆，我上了我的历史第一课。这种对历史的兴趣一直延续到一九七九年攻读华中师范大学前校长、著名历史学家章开沅老师的研究生，直至现在，算来已经有七十年了。

## 四、看戏，看电影

鹦鹉洲没有剧场，小时候我是跟着叔祖父到位于汉阳西大街邬家巷的协成剧

场去看戏的，看的都是楚剧，记得有《送香茶》《白扇记》《休丁香》《秦雪梅吊孝》。记得有一出戏讲岳父做寿，有钱的女婿送上厚礼坐上席，小女婿很穷，送不起礼，连席位都没有。后来岳父家遭灾成了穷光蛋，沿街乞讨，小女婿发了财，翁婿再见，如何如何，具体记不清这是哪出戏了。

从鹦鹉洲两湖走上十里路，到汉阳协成剧场看戏毕竟是又花钱又费力的奢侈事，多数人无法办到。鹦鹉洲人要想看戏，不仅得自己搭台，还得自己唱。我们洲头、两湖、西湖的戏台搭在马福茂木行墙外的一大片空地上。洲上木材多，戏台搭得又高又扎实。开锣之前，我们小孩就在戏台下钻进钻出，好不快活。登台唱戏的演员，并不是什么名角，而是白天还在扛木头的码头工人，大多数都是熟人。记得的主角有离我们家很近的苏端阳。苏端阳当时只有二十多岁，不管搞什么事都特别卖力，肯投入，不怕出丑、出洋相。记得中华人民共和国成立之初为了显示中苏友谊，政府提倡百姓买苏联大花布做衣服，尤其鼓励男人穿花衣服。如今有人去东南亚旅游，不少人也买当地花衣服，只要有那个气质，效果也是蛮不错的。可是苏联的大花布，花朵很大，颜色又鲜艳，就是用来做被面、床单都嫌俗不可耐，你想想，这东西穿在一个码头工人身上，可以说要多难看就有多难看。苏端阳不管这些，响应政府号召，穿上花衣服大摇大摆过闹市，旁若无人。苏端阳的拿手戏有两出，一是《夫妻观灯》，一是《葛麻》。葛麻在财主马员外家做工。马家在贫穷时与同样贫穷的张家定了亲，将女儿马金莲许配给张家书生张大洪。后来马家发富，张家依然贫穷，马员外逼迫张大洪写退婚文书。张大洪一介书生，束手无策。葛麻凭着他的机智、聪明和口齿伶俐，为表弟张大洪想出办法，设下圈套，辛辣地嘲笑、作弄了嫌贫爱富的马员外，使他无法得到退婚字据，最终促成有情人终成眷属。戏中的诙谐、幽默的对白，如"张大洪""小婿在""狗奴才""岳父大人"，可以说是妇孺皆知。为了接近马小姐，葛麻假装站着睡觉，还能自如翻身的表演，尤其令人捧腹。苏端阳的表演诙谐、活泼、生动，丝毫不输专业演员。关于苏端阳，忍不住还有两个人要稍提一下。一个是有关其妻的，其妻名仙银（音），是个很有故事的人。她二十多岁却总喜欢与我们小孩玩，与我们一起跳舞、做游戏。有个集体舞，后面的人双手搭在前面人的肩膀上排成行，一边唱，一边跳。她还很喜欢吃零食，过年时到我们家，不停地抓花生、糖果吃，她的口头禅是"过年过节，嘴巴不歇"。她为人随和，好相处，与其夫苏端阳一样。另一个是听老人说，苏端阳的祖母是黎元洪的姑母，民国初年她多次坐划子过江，到武昌阅马场都督府见黎元洪。这不知是真是假。谁向我讲的这件事，我小小年纪怎么就记住了？我至今都搞不明白。

这个马福茂戏台（姑且这样称吧）也有草台班子演出。演的都是古装戏，是些什么戏已记不清了。记得的只有一个戏，叫《一口血》。这是个"鬼"戏，被冤的鬼魂复仇，女鬼着红衣，有上吊、伸舌头等恐怖动作，加之舞台灯光昏暗，阴风惨惨，令我们一帮小孩十分惊骇，不敢抬头看舞台，甚至散场了还心有余悸，害怕独自回家。

说到看电影，对于鹦鹉洲人也不是一件容易的事。但是虽无电影院，好在有流动放映员不时会光顾我们这穷乡僻壤。我们这一带的放映场都设在树人小学。树人小学有前、后两个操场，有时在前面大操场放，有时在后面小操场放。在大操场看要买票，没有票是没有办法进场的。在小操场放，我们就不用买票了。小操场墙外不远处有一个高坡，上面住着农户——胡家。男主人腿脚有残疾，我们这群"野孩子"不懂礼貌，背地里叫他"胡跛脚"。每当小操场放电影，我们就拿着小板凳去胡家高坡占位置，在荧幕反面看电影。虽然在荧幕反面看，声音、影像自然差一些，但大致效果还不错。

在树人小学大操场看电影，我们还遇到一件特别搞笑的事：放映员是从城里（也就是汉阳）来的，他或许认为我们鹦鹉洲人都是"土克西"，因此在放映中间经常插上几句解说词，有时用麦克风大声提醒观众，下面有重要情节。有一次放映《柳堡的故事》，影片中有《九九艳阳天》的插曲，放映员似乎以为我们听不懂，竟然跟着荧幕上的演员一起唱！他太小看我们鹦鹉洲人了，可是当时这么多观众竟无一人反对，都乖乖地坐着听完。由此看来，那时候的鹦鹉洲人也确实是"无文化"！

关于鹦鹉洲的文化故事还有很多，大家慢慢回忆吧，不要让它在历史的烟尘中消散了。这是我的愿望，也应该是我们大家的愿望！

# 鹦鹉洲上树人路

常　炜 [1]

一九四九年五月十六日，兵不血刃，武汉全境和平解放。五月二十三日经中共中央批准，领导地下工作的武汉市委和各城工组织正式结束，以张平化为书记的新的中共武汉市委员会成立。追随着新的人民政权，我也在鹦鹉洲的莫公馆（两湖河街 21 号）呱呱落地。

所谓"莫公馆"，并不是人们想象中的高门大屋，而是一个有着鹦鹉洲特色的一层板壁屋。我想，当时人们之所以用这么个高大上的称呼，是出自对房屋主人的尊重。随着主人的离去，莫氏宗亲的迁入，人们就用"莫家公屋"来称呼它了。

图 6-4　一九五一年摄于莫公馆的全家福（中间老者是我的祖父、祖母，前面被抱着的小孩是我）

莫公馆，在我的记忆中，有两个人是应该要提及的。一个是莫之伉，莫公馆的主人。莫之伉是我的姑父，北京郁文大学（后并入中法大学，后又并入北京大学）学生，后因生活困难，转入一所军需学校学习，这样就进入了军界。从军后，跟随五十四军陈烈军长，主要负责后勤军需方面的工作。在对日寇的战斗中，先

① 常炜，1950 年 9 月生，湖南益阳人。1975 年毕业于华中师范学院数学系。武汉粮道街中学校长，深圳红岭中学校长、高级教师。

图 6-5　南京将备学堂

后参加南昌会战、随枣会战、第一次长沙会战和一九三九年冬季攻势作战。十二月下旬参加第一次粤北战役，全军将士斗志昂扬，均佩戴"还我河山"的臂章，一路猛冲猛打，夺回广东粤北重要城镇英德、翁源等地。五十四军也一度被称为"还我河山"的抗日部队。"还我河山"，宋代抗金名将岳飞曾草书此四字以明志，从此成为军人的志向和气概的表达。一九四〇年秋，陈烈病故，莫之伉来鹦鹉洲做竹木生意，以至益阳老家不少的人坐木排来鹦鹉洲投奔他。莫之伉任军职期间，从事党的地下工作。

图 6-6　曾祖父常显烻曾参加中法"马江海战"，此为其任南京水师营统领时，"常"字水师旗的残片

另一个，是我的祖父常复春。常复春，一九〇四年先后就读于南京将备学堂（见图6-5）、南京警官学堂，学得一口流利的英语，得以受聘于南京下关商埠警局当翻译。由于不满洋人的骄横、霸道和政府的崇洋、畏洋，愤然辞职，考入苏州邮政局供事。

一九二六年，祖父在江西余干县任邮政局局长时，加入了中国共产党，先后以新淦、上饶、浒湾、黎川等县邮政局局长身份作掩护，担任方志敏同志的地下交通员（祖父与红十军军长周建屏为连襟）。在方志敏同志一九三五年初被俘的同时，祖父也被汤恩伯以通"共匪"之罪，按军法惩办。后经地下党组织多方斡旋，发动政、绅、商、学界要人，保求于南昌邮政管理局，最后以调总局察看为由，免牢狱之苦。一九四七年率全家到鹦鹉洲，寄居在其女婿莫之伉家中。

图6-7　上饶邮局十八年元旦纪念照　　图6-8　信函　　图6-9　信函

武汉解放后，党和政府没有忘记祖父对革命的贡献，中央人民政府代表毛泽东主席专门致函慰问。这封信由当时的北平寄到湖北汉阳鹦鹉洲，地址是我祖父暂时住宿的"莫公馆"——两湖河街21号，信函上的纪年还是用的中华民国，可以推断这是在开国大典之前发出的，充分体现了党和新政权对老同志的关爱。七十多年过去了，这份珍贵的函件，我们家一直保存至今。

因为居住的困难，祖父曾给老朋友邵式平发过一封信。一九五〇年十一月二十一日，江西省人民政府邵式平主席亲笔致函中原临时人民政府邓子恢主席、吴芝圃和李一清副主席，向他们介绍祖父情况。如图6-10所示，此信内容如下：

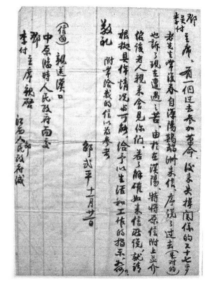

图6-10　江西省人民政府邵式平主席致中原临时人民政府邓子恢主席、吴芝圃和李一清副主席的信

邓主席，吴、李副主席：

有一个过去参加革命，后来失掉关系的六十七岁老先生常复春自汉阳鹦鹉洲来信，叙说了过去（是对的）也诉了现在的遭遇之苦。由于在汉阳，特将原信附上并介绍该老人亲自来会见你们。若了解确如来信所说，就请根据具体情况与可能，给予以生活和工作的指示，如何？

敬礼！（附常给我的信以参考。）

邵式平十一月二十一日

一九五一年元月十九日，中原临时人民政府民政部致函莫之炕："除通知武汉市政府对常老先生生活从优照顾外，尚望先生今后更加关照，以安其心。"

新政权，新生活，让进入古稀之年的祖父经常有感而发，舞文弄墨、写诗填词：

沉沉心事着无边，浪迹烟波又一年；
寄食愧非冯煖智，居停款似孟尝传；
欣逢吾党除民贼，更喜全家聚客筵；
安乐人生期可待，先蒙政府礼拳拳。

（一九五〇二月十八日）

祖父在鹦鹉洲这块土地上除了享受革命胜利的成果，还积极参加社会活动，担任汉阳区优抚工作委员会委员（大伯常德澄为烈士。烈士光荣证填发机关及填发人：中央人民政府毛泽东。光荣证号：武汉字第0032号），组织烈军属生产自救，沟通他们与政府的关系。

图6-11 祖父出席"五·一""国庆"观礼的请柬

在武汉和平解放的同时，上海也和平解放，一九四九年五月二十八日上海市人民政府正式成立。在上海从事地下工作的父亲常有德也赶赴武汉，一家人终于在物阜民安、时和景丽的鹦鹉洲团圆。适时，新的树人小学在两湖会馆筹建，经校董会公推，湖南竹木总会馆决定邀请父亲负责筹备学校的开学事宜，并负责学校教学管理工作。与此同时，以邓小平为第一书记的中共中央中原局创办的中原大学由开封迁址武汉，父亲辞去学校工作，进入中原大学学习（其实是我党"土改"干部培训班）。结业后，赴黄冈地区开展"土改"工作。

图6-12 母亲莫晖照片

我家三人同时进入新办的树人小学，除了父亲参与教学管理工作外，母亲和大姐分别成为新学校的教师和首届学生。

母亲莫晖，一九二二年出生于湖南省桃江县的一个书香门第。我的外祖父幼年好学，不屑仕途，勤于耕读，为莫氏宗亲推为族长。自办私塾，亲任私立"庄华村学校"小学校长，为族中子弟提供学习机会。母亲年老后，曾评价外祖父：

治学严谨儒士风，清恬淡泊慕陶公。

排难解纷助邻里，全心办学育村童。

母亲的一生都服务于树人小学，经历了私立树人小学、两湖小学、两湖小学初中班、两湖初级中学、两湖完全中学及第五职业高级中学，基本上都是负责毕业班的语文教学工作。五十五岁是教师法定的退休年龄，因教学的需要，母亲六十岁才从第五职高退休。"无缘何生斯世，有情能累此生。"为学校的发展、学生的成长，母亲倾注了毕生的精力。

一九六一年，汉阳区洲头民办小学因无高小（无五六年级），由区政府安排，将该校读完三年级的学生直接跳级进入两湖小学五年级学习，由母亲担任该班的班主任及语文教师，教育和教学的衔接工作之难度，是可想而知的。母亲全身心的投入，凭着精湛的教学艺术，极大地发掘出学生的内在潜力，用两年的时间，顺利地完成了三年的教育教学任务。该班学生全部考入初级中学，而且有相当一批学生学习成绩进入年级前列，其中不少学生，日后成为各行各业的骨干，有的还成为我市金融、交通、医疗业界的翘楚。

在我的记忆中，每每下班，母亲都要夹着一摞学生的作业本回家。饭后，安排好了家务，她就在摇曳昏暗的煤油灯下批改作业。母亲给我印象最深的就是她右手中指的第一个关节处有一块老茧，上面有一块洗不掉的、淡淡的、红色印痕。当年老师都是用红墨水蘸水笔批改作业的。

中华人民共和国成立之初，全国 5.5 亿人口，其中文盲率高达 80%，成为新中国发展道路上的拦路虎。在这百业待兴之时，党和政府及时召开了全国工农教育工作会议，决定开展扫盲教育运动，母亲也积极投入了这场大规模且罕见的运动。白天，母亲在树人小学给学生上课。晚上，母亲又步履匆匆地赶到工农夜校扫盲。在扫盲工作中，母亲与工人学员建立了深厚的感情。我三姐到现在还清楚地记得，她到江边担水（当年我们的饮用水都是长江水）时，被一个参加补习班的工人碰到，工人见是莫老师家的女儿，硬是抢过水桶，帮她担水到家了。

一九五八年，全国开展"大办钢铁运动"。老师们上完一天的课，还要步行到位于西大街的白鹤村小学锤矿石。锤完两个小时的矿石再走回家。要知道，那时候我们这一带是无公共交通工具的，更谈不上学校安排车接送。从学校走到汉阳（对于钟家村那一带闹市，我们称之为"汉阳"），往返十几公里全凭着老师们的两条腿。

有一段时间，学校每星期都要安排一个晚上，集中在瓜堤小学进行政治学习，到晚上九点钟结束。在学习的往返路上，都要在杨泗港作业区的工程铁道上走一段。夜深人静，路灯光线昏暗，我就充当了母亲的手拐杖，牵着高度近视的母亲，不时提醒她跨过铁轨间的钢条，步行近一个小时，回到崇善正街那间四面透风的板壁屋。

我记忆中的崇善正街，除了几间大商行的住宅外，基本上都是板壁屋。我们租住的就是面积不足二十平方米、漏风飘雨的板壁屋。每到春节来临，母亲总要从学校带回旧报纸，让我们熬上浆糊，糊在室内的板壁上。有缝隙的板壁房，糊贴上了报纸，一是可挡风挡雪，二是可以给简陋的房间增添几分新年的气氛。

母亲眼睛近视一千多度，给她的工作和生活带来了极大的不便。学生们戏谑，莫老师读课文，不是看书，而是"闻"字。有次我问母亲，人家说您清高，碰到人从不打招呼，别人点头给您打招呼，您也不理睬回应。母亲无奈地说，哪是清高？几米外的面孔我看都是模糊的。因此，在行走时，母亲都是"目不斜视"，以免造成误会。尽管这样，在"教育要革命"的岁月里，母亲戴着近似玻璃瓶底的眼镜，拖着瘦弱的身躯，组织学生到工厂学工、扛工件、敲铁锤；到农场学农、割水稻、挖塘藕；到马路上做卫生、扫树叶、清垃圾；到街道搞宣传、刷标语、办展览。

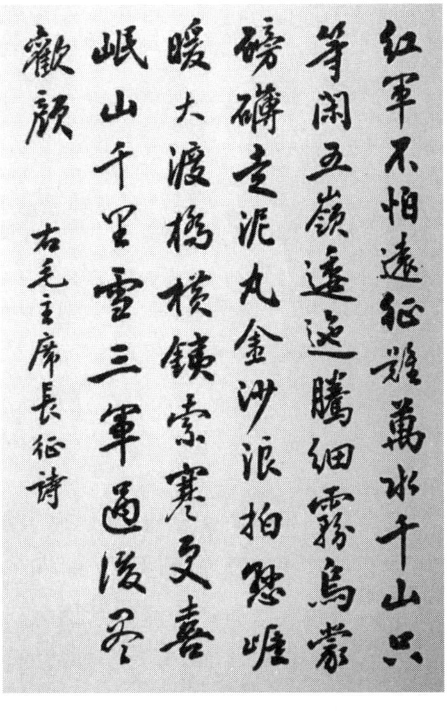

"莘莘学子，璞玉浑金，三尺杏坛，踔厉风发。孜孜矻矻，不遑暇豫，夙夜匪勉，沦肌浃髓。"在《祭母文》中，我用这几句话总结了母亲一辈子的教育生涯。这也应该是一代又一代鹦鹉洲教书人的真实写照。

母亲的书法，在两湖小学及周边地区，是颇有名气的。从树人小学到第五职高，逢年过节，学校大门的对联，一直都是母亲书写的。人们路过学校大门

图6-13 母亲一九五三年抄写在《毛泽东选集（第四卷）》扉页上的毛主席诗词

口时，总要对大门两边贴的对联书法评价一番。笔酣墨饱、力透纸背的书法，俨然成了当地的一道风景线。

我原以为，母亲能受到学生、同事及社会的尊重，是靠自己的才华和业务能力，其实不全是这样。母亲驾鹤西去，前来给母亲送行的老同事詹雪花老师对我说：你妈妈善良正直，一辈子没"整"过人，也没害过人。所以她能在恶劣的政治生态和人际环境中，平平安安地走过来而没有挨"整"。

"饮冰茹檗，朝乾夕惕，形格势禁，临深履薄"，应是母亲一生的真实写照。

母亲除了坚持厚德树人外，还对民族，对社会充满了信心和期望。千禧年到来，母亲欣然挥毫：

二十世纪末多凶，癌赌毒患扰苍生。

喜迎龙腾新世纪，泰来否去乐宁馨。

红梅瑞雪报新春，江宜鹏城共创新。

千禧龙年人共庆，民康物阜家国兴。

（附注：江指江城武汉，宜指宜昌，鹏城指深圳，均为其子女们所在的城市）

这些，都体现了一个老知识分子的家国情怀。

我们兄弟姐妹在孩提时代，很少能得到母亲在学业上的指导和关心。一方面是"六子孑立，待哺未笈，母以弱质，躬亲抚恤"。更主要的是，母亲的精力全都放在了她的学生们身上。李月珍、卢复明、孙明德、程有元、胡铁生……都是她教过的学生，他们的名字，我都已经耳熟能详了。直到退休后，母亲的心事才渐渐地转移到子女们的身上。

母亲去世后，我翻看她留下的日记，其中有一段这样的文字：

二〇〇〇年五月二十一日（小满节）上午十时左右，炜倏忽归来，座谈不到一个小时，即离去。察其言，余颇感怅惘。即吟：

归雁

云山远隔等闲回，行色匆匆公务劳。

片刻天伦真情见，不胜清怨却归来。

这是讲的二〇〇〇年的事情。当年，我刚调到深圳市一所正在走下坡路的重点中学当校长，其压力之大，可想而知。燠热的五月，正值高考复习关键时期。我带领学校高三年级的骨干教师十余人到武汉市，与武汉教研室交流高考信息。期间，我抽空去看望母亲。一进门，母亲就给我泡了一杯茶，这也许是一种待遇，每次去看望母亲时，首先总是要给我泡杯茶的。稍坐片刻，就作了告别。高度近视的母亲，是用心在感受、观察着儿子，不差秋毫。

我进入五十岁时，母亲为我赋诗《为炜进入五十岁有感而作》：

负笈求知恰少年，驰躯麦浪稻花间。

劳其筋骨苦其志，桂子山头写新篇。

春秋鼎盛庆华年，如日中天景万千。

倡廉彰德人心悦，辉煌岁月在前边。

在我满五十岁时，母亲又为我题诗《为炜男五十周岁抒怀》（见图6-14），其中提及的皇岗、红树岭，即皇岗中学、红岭中学，均为我任校长的学校。舐犊之情，跃然纸上。

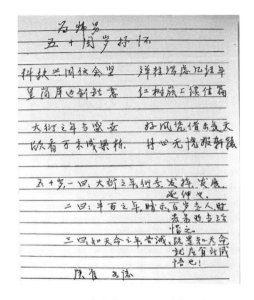

图6-14　《为炜男五十周岁抒怀》

去年，我回武汉参加本书编委会会议，正值清明节，登汉阳扁担山公墓，为父母扫墓，得《卜算子·清明》一曲以奠之：

翠微啼子规，

蹰躇步阶苔。

似闻严慈唤儿声，

往事如流水。

流水东逝去，

望断人不归。

氤氲轻飏重霄九，

何报三春晖。

对鹦鹉洲的回忆，对家人的回忆，让人感慨万分，唏嘘不已。填词一首《少年游·梦回》：

往事缕缕上云霄，

回首路迢迢。

芳华易逝，

初心依旧，

古稀显风骚。

金乌西坠情未了，

远眺楚天高。

岁月留声，

意气犹在，

梦里弄江潮。

鹦鹉洲，我的衣胞之地。鹦鹉洲，我梦魂萦绕的精神家园。

# 荒五里——我文化的启蒙地

唐子义 [①]

## 一、荒五里

走出鹦鹉洲的洲头地区，继续往西南沿鹦鹉堤向长江上游行走大约五六里，鹦鹉堤与高大坚固的长江防洪大坝拦江堤在老关地区交会，交会处有一座 1949 年前遗留下来的碉堡，沿鹦鹉堤至交会处长五六里范围内的这片土地，被称为"荒五里"，20 世纪 60 年代后改名新五里了。这里有大片大片肥沃的农田，也有小块小块未开垦的荒地，还有大大小小的水塘星罗棋布，鹦鹉堤内外有零零散散的一些房屋，这些房屋绝大多数是木板房，屋顶盖的是杉木树皮或者是茅草，偶尔也有一两栋砖瓦房，这是一片码头工人和少量的农民混居的地方。荒五里这片土地上，以前是没有街道概念的，但 1952 年由于要在荒五里中段的堤内建一个"电杆厂"，实际上是存放电线杆的地方，所以搬迁了堤内几百米沿线的房屋，大约有一百多户，这些房子就迁移到堤的上游，沿堤内原来老居民住房的后面约四十米处的农田上，百多户房屋基本上按两长排重建，这两排房子正门对正门，两排房之间相距约 30 米，每家每户后面都有一块小菜地，当时为这地方取了一个吉祥的名字"和平街"，这就是荒五里上唯一称为街的地方，从此"和平街"及街对应的堤坝内外成为荒五里最有人气的地段。堤内有胡家和王家两家茶馆，胡家茶馆还兼营烟酒和副食品，堤内还有两个剃头铺，堤两边还有几户做餐饮的人家，而唯一的一家粮店却在堤外。后来随着鹦鹉堤的不断加高加宽，堤外面的住户逐渐地搬迁到和平街来了。

那时荒五里地区是没有自来水也没有电的，所以家家户户都备有大木桶和水缸，用水需从长江挑水回家倒入水缸中，再用底部装有明矾的细长竹筒，在水缸里沿着一个方向转动，水缸里的水就旋转起来了，然后存放备用，这样水缸上层的水变得清澈，泥沙沉淀在水缸底层，这种操作叫做"打明矾"。由于离长江很近，人们常常走到江边的木排上洗衣洗菜。因为没电，一到晚上就是一片漆黑和寂静，只有偶尔可见煤油灯透过木屋发出的点点亮光，纯朴的人们就在这块肥沃

---

[①] 唐子义，1946 年 2 月生，湖北武汉人。1970 年毕业于北京航空学院自动控制系。武汉市工程科学技术研究院高级工程师。

而略显荒凉的土地上，日出而作，日落而息。

在江边你能看到的是江水中绵延不断的木排和岸上堆积如山的木材，还有那冬天冒着漫天风雪，夏天顶着炎炎烈日，袒胸露臂、挥汗如雨的搬运工人，听到的是工人们负重时发出的沉闷的"哎哟，哎哟"的号子声。这些工人大多数没什么文化，有的甚至没踏入过学校大门，然而就在这片土地上却有二处教书育人的地方，它们一个是私塾，一个是公立小学。

## 二、先生的戒尺

中华人民共和国成立初期，整个荒五里几平方公里的土地上，只有一所正规的新式学校，规模很小，每年只能招收一个小班的学生。1952 年秋季不到 7 岁的我未能入学，父母将我送进了当时荒五里唯一的私塾，这私塾就设在一栋简单的木屋内，它仅有一位老师，人称赵先生，大约有十几个学生。我清晰地记得赵先生有一根用竹片制成的戒尺，戒尺大概有一尺多长，黄澄澄的闪闪发亮，它让学生们望而生畏。我从赵先生那里获得的第一本书是"杂志"，书中每页的上半部是彩色的图画，下半部是对应的文字，上面画的是白菜、萝卜、南瓜、茄子……下面的字就是白菜、萝卜、南瓜、茄子……。先生教你认字，你得记住，盖住了图画你还得认识，否则你就过不了先生的这一关。当时最令我头疼的两个字是"孑孓"，它俩在一起好认识，但分开了就不知哪个是"孑"哪个是"孓"了。这段在私塾的学习经历，是我求学路上的第一步，这第一步在我幼小的心灵中打下了深深的烙印！

## 三、小学往事

1953 年秋季，我背着母亲为我缝制的蓝色小书包，走进了正规的新式学堂，那时叫树人小学一分部。学校离和平街很近，只有 400 米左右。这所学校是由新中国成立之前鹦鹉洲码头上的上宝庆会馆改建而成，它在荒五里的中间偏西处，沿着鹦鹉堤往上走，离与拦江堤交会处就只有不到千米的距离了，这近千米的堤内外更是人烟稀少。会馆在防洪堤内，与堤坝相距有三四十米的距离，这样在大堤与会馆之间就有了一片空旷的场地，那时我和小朋友们经常在这块平坦的场地上玩耍，尤其喜欢在这里踢皮球。学校坐北朝南，面对长江，有一个由铁栅栏围成的长方形前院，院内右侧有棵大树，树下有用石块砌成的大树坛，树坛上横放着一幅大匾额，上书"私立树人小学"，1954 年以后改成了公立的两湖小学，最后与两湖小学脱钩，改名为新五里小学。学校的两侧紧连着农田，学校的地基比农田高出一米多，学校后面也有一个小院子，那是用砖、水泥和石块砌成的，院内种有树木和花草，院墙后面紧邻着一个水塘，这个水塘有半个足球场那么大。在这片不繁华的土地上，这座用砖瓦建造起来的二层楼会馆尤其显得高大气派。

学校离汉阳城大约有十五里地，距离相对热闹繁华的洲头地区也有四五里远，当时没有马路，更谈不上公共交通了，学校里是没有自来水也没有电，在这种条件下生活和工作，一定有许多不方便的地方，但老师们都是兢兢业业地工作。几个住在学校的老师要克服许多生活上的困难，大多数老师既不住在学校，家也不在荒五里，但无论盛夏严冬或是刮风下雨老师都能准时来到学校，这种认真负责的精神真是令人敬佩！

新的学校与私塾大不一样，学校充满了朝气，老师和蔼可亲，到处可见孩子们嬉戏欢闹的场面。学校不仅教语文、算术，还有音乐、图画、体育课，到高年级逐步增加自然、历史、地理课，这些课程开阔了同学们的视野，激发了同学们的求知欲望。学校经常开展一些课外活动，组织同学们外出游玩，在那交通不便的年代，学校也曾带我们去过中山公园、东湖风景区、汉阳工人文化宫。让我最难忘的是一年级的那次集体活动，班主任老师当时还不到 20 岁，她领班上的同学到汉阳城里游玩，同学们兴高采烈地在龟山脚下，在钟家村铁路孔附近的树丛中追逐打闹，在这欢天喜地的玩耍过程中，我不知怎么就脱离了集体，至于后来我自己怎么从汉阳城回到荒五里和平街的家的，现在是一点印象也没有了，好在新中国成立初期天下太平，汉阳地区车辆罕见，在路上行走是很安全的。

1954 年夏天发大水，突然有一天，从洲头方向传来了吼叫声，有人大喊决堤了，惊慌失措的人们纷纷寻找躲避洪水的地方，我们兄弟三人在母亲的带领下，跟随着邻居到了宝庆会馆也就是我的小学，我们上到了二楼，不久浑浊的江水就灌进了学校，学校四周已是一片汪洋。

学校左边有一间偏房，那是做厨房和存放物资用的，从二楼下来，可以经过搭起来的木跳板，到偏房外面的小木筏上，这个小木筏是用来和外界联系的。木筏不大，呈长方形，也就六个平方米吧，它被我们用绳子固定在偏房的后门口。有一天我们懵懂的三兄弟，稀里糊涂地就来到了小木筏上，当时最大的也只有十岁，我们站在摇摇晃晃的木筏上，看着湍急的江水，看到波涛冲击学校外墙溅起的朵朵浪花，既惊喜又害怕，好在苍天有眼，让我们安全返回！直到现在，每当回想起那在小木筏上摇摇晃晃的情景，仍然是心惊肉跳！

在学校避难了一段时间后，政府将我们转移到了汉阳陡码头。好不容易熬到了洪水退去，发现荒五里的部分房屋被洪水冲垮了，对于那些本来生活就很艰难的人家，更是雪上加霜啊，我家就是其中之一。

在这场大洪水中，学校安然无恙，经过短暂的整理和打扫，9月学校按时顺利地开学了。学习生活是轻松愉快的，尤其是上体育课或者是音乐课，那是同学们最开心的时刻。当时音乐课是有课本的，我记得比较清楚的是课本上的《黄水谣》和《我们的田野》这两首歌，老师先教我们唱谱子，然后教我们唱歌词，这让我们对音乐有了一点点认识，觉得唱歌很有趣。

荒五里地区是没有文具店的，要买学习用品需要到洲头去，这里更没有剧场和影院，但是这里的小朋友们并没有因此而没有电影看。因为和平街地区距离拦江堤很近，大概也就500米，拦江堤内就是广阔的农田和村庄，当时经常有流动的农村放映队，轮流地到各个村去放露天电影。这种消息是传得很快的，一旦哪个村有放电影的消息，小朋友们就会知道，不管远近大家都会不辞辛苦地前往观看。所以20世纪50年代的电影，荒五里的小朋友们几乎都能看到，例如《鸡毛信》《智取华山》《秋翁遇仙记》《南征北战》《平原游击队》等等。

图6-15　抽陀螺

同学们的业余生活也是丰富多彩的，常玩的有滚铁环、拍洋画、下棋、抽陀螺（见图6-15）、在长江游泳、斗蛐蛐等，打乒乓球更是同学们喜欢的体育活动。学校有个小礼堂，里面有一张标准的乒乓球桌，只要下课铃声一响，同学们就争先恐后地冲向礼堂排队打球，下午上完课后，也可以留在学校打乒乓球，直到老师催促着回家，同学们才依依不舍地离开。

荒五里和平街上木板房的大门，都是由两扇木板组成的，可以轻松地拆卸下来。放假的时候，小朋友们就在自己家门前，放两条长木凳子，再卸下两扇门板，搭成一个简易的乒乓球台，拿上自己制作的光板球拍，大家就可以痛快地玩一阵子了。

我在荒五里轻松愉快地度过了六年的学习生活，那么多可敬可爱的老师一直在我心中，他们是黄秋萍、崔梦兰、张金芳、邓光暖、周俊、吴鑫才、周游、唐惠章、郭立民等。他们的辛勤劳动使我们茁壮成长，让我们在求学的路上迈出了坚实的一步。

20 世纪 50 年代，上初中是要通过考试来择优录取的，1959 年我们那批同学都顺利地毕业了，大多数同学考上了初中，进入到瓜堤街中学。这是鹦鹉洲上唯一的一所中学，1962 年改成了建港中学。

62 年前的小学毕业证（见图 6-16）和汉阳区的中学准考证（见图 6-17），我都精心地保留着，它记录着我的文化启蒙，我的少年时代，我的无限美好的回忆。

图 6-16　小学毕业证　　　图 6-17　中学准考证

曾经的荒五里，今天已经发生了天翻地覆的变化，旧时的景象已难寻觅。在和平街和宝庆会馆那片土地上，取而代之的是宏大、壮观的武汉国际博览中心和华丽、气派的洲际大酒店，曾经堆放木材、杂草丛生的江边已变成了美丽的江滩，世界最大跨度的悬索桥——杨泗港长江大桥，从鹦鹉洲飞向彼岸。

今天我的家乡变得无比的现代和美丽，但是荒五里那萋萋的芳草，江水中那长长的木排，那为了生存，顶风冒雪，顶着烈日，在码头上辛勤劳作的搬运工人的身影，却永远地留在我的心中！

# 我的小学

常恒毅

1951年春节过后不久,爷爷将我叫到大堂前,一本正经地对我说:"恒毅,天气开春你也满了六岁,应该到学堂去上学了。"爷爷是家里的权威,毕业于武昌文普通中学堂,他的话不会错。

我们家与树人小学很近,基本上就是隔一条小路,走路十分钟准到,于是我很快就报名、注册、交费、领书,成为一名正式的小学生。

1950年初,湖南竹木总会馆(两湖会馆)的负责人商议,决定在原有小学的基础之上,合作办一座规范和现代的小学,特聘请湖南长沙人常有德策划和运作,民办"树人小学"就此诞生。学校本部设在两湖会馆(两湖正街一号),另在荒五里上宝庆会馆办一分部,瓜堤正街长衡会馆办二分部,三部综合起来学校规模庞大,实力雄厚,师生人数达千人以上。

如图6-18所示,当我背着崭新的书包奔向学校大门时,门口一对巨大的石狮向我们笑脸相迎,进门的砖壁上红底白字写着"爱祖国、爱人民、爱劳动、爱科学、爱护公共财物"的大字,从屏风旁走过,有一条正对大殿的主道,道路左边是篮球场,右边是排球场,沿围墙有一长溜教室。仰望前方有一座古建筑屹立在台基之上,飞檐斗拱的绿色琉璃瓦屋顶,雕梁画栋的厅堂楼阁,好像古代的宫殿一般。爬上十多级台阶才能上到大礼堂,两翼全是教室,在礼堂的大教室之后,有一个大房间,是老师们

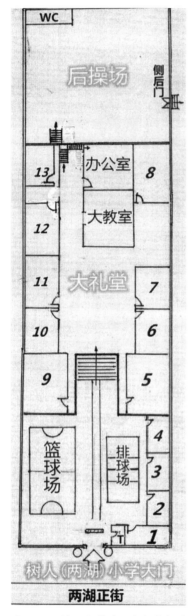

图6-18 树人小学(两湖小学)的示意图

集中办公的地方。在办公室边有一木楼梯可上二楼，那上面还有三个小些的教室。左边有一个小天井，沿通道再往后出门，要下九级台阶才是后操场，左后是厕所，右边有一侧门通往校外。可以想见，当年两湖会馆是相当宏大和气派的。据爷爷说在抗战保卫大武汉时，台儿庄歼灭日军的捷报传来，人声鼎沸、锣鼓喧天，鹦鹉洲市民的火把游行和聚会就是在两湖会馆里举行的。

在这里读书六年半，学校作为居民活动的最佳场所，地位始终未变。比如到了放暑假，就利用大殿的台阶搭起一座外伸的戏台，礼堂就成了供演员化妆更衣的后台，台上拉起多彩幕布，点上七八盏汽灯，将舞台照得雪亮。台下的操场上黑压压地坐满了洲头地区的老少乡亲，他们在这里可以看到楚剧团的连台本戏和折子戏，经常演出十天半月而不衰。流动电影放映队，差不多半个月来学校一次，周末晚上放映《白毛女》《渡江侦察记》等当期流行影片，发电机在前操场隆隆作响，后操场正好作放映场地，观众从侧后门进入，高年级同学负责收门票和维持秩序，如果买不起五分钱一张的入场券，那就只好在校外的高坡上看反面了。

图 6-19　莫晖与刘玉霞晚年合影（常炜提供）

树人小学作为一所民营学校，它的起点要求高、教学质量高，这从它聘用的教师水平就可见一斑。我低年级的班主任是刘玉霞老师，一位十分知性温柔的女性，她教我们语文，讲课和颜悦色、细声细气，很受同学们的喜爱。莫晖老师教我们数学的同时还上高年级语文，她上算术课时循循善诱、思维严谨，写得一手好板书而且极有文采。她们两位年纪当时都不到三十岁，又是湖南益阳同乡，经常形影不离。刘玉霞老师常穿一件浅绿色的短呢大衣，莫晖老师身披深色条纹大衣，显得十分摩登，两人并肩走在学校前那条青石铺就的街道上，成为引人注目的一道亮丽风景。小镇上的居民大多是劳苦群众，对新鲜事物充满好奇，他们尊重和羡慕有文化的读书人，尤其是年轻、时髦的知识女性，更是他们心中的楷模。

莫老师的丈夫是学校负责人常有德（常在办校后一年入中原大学深造），他们的两个女儿常宁和常健也是树人小学的学生，而且常健和我同班一直到毕业。

多年后听说她在丹江口水库劳动之时，因为挽救不慎溺水的同伴，"秉性憨厚、善良、清纯的她，义无反顾去施救，结果与该同学同归于尽，献出了年轻的宝贵的生命"[1]。去世时她只有二十岁。但是她那张圆圆的笑脸，却始终留在同学们的心中。

教我们体育的是翦舜岚老师，他是历史学家翦伯赞的同乡，是维吾尔族的湖南桃源县人；教音乐的张扬老师，她有着优美的嗓音、漂亮的脸蛋和长长的辫子；黄克成和章华清两位青年教师的男女声二重唱和藏族舞蹈，在马家洞（搬运站）的选民大会上赢得满堂喝彩；而树人小学师生的《黄河大合唱》更是激动着群众的心，"风在吼，马在叫，黄河在咆哮，黄河在咆哮……"雄壮的歌声响彻鹦鹉洲上。

每到周六下午，学校会在礼堂开大会，总结、布置工作，表扬先进，交流经验之类，有时到会议结束之后，老师还会挂出一个小木牌，上写"余兴"二字，于是就会有师生上台唱歌，吹笛子，唱段京戏，这种非正式的演出，倒也真是让大家余兴未阑。有时候就举办篮球赛或是排球赛，年轻老师们周末下午都喜欢打排球，也会引来不少校外观众，那时候鹦鹉洲人还不熟悉排球活动，尤其是一些规则尚待学习。总之，20世纪50年代初期的树人小学，成了鹦鹉洲的一个重要的文体活动中心，引领着时代的新潮流。

1952年夏，读二年级时，学校组织过六一儿童节，班上要演出节目，有人表演歌曲《歌唱二小放牛郎》、舞蹈《二月里来好春光》，还组织去汉阳看电影，我们都非常高兴，妈妈还为我专门做了一件白衬衣过节。那天去西湖街裁缝铺领取衬衣，妈妈一看衣服就着急地问："你怎么做成女孩子的样子？胸口还加了小三角布？"蓄着胡子的胡裁缝摘下老花眼镜，抬起头来认真地看了我一眼，赔笑着说："唉，老眼昏花，老眼昏花，那天量尺寸时，我还以为是个小姑娘呢。你家这个儿子长得多秀气、多白净呀！"真是令人哭笑不得。第二天清晨我穿上这件女式白衬衣，欢欢喜喜来到学校，与小伙伴手牵着手去汉阳剧场，一路上阳光灿烂，我们高歌：

六月的花儿香，

六月的好阳光，

六一儿童节，

歌儿到处唱。

---

[1] 摘自《万事并非东流水》。莫晖老师为纪念女儿常健（小名毛头）见义勇为，悲壮辞世三十五周年而撰文。

歌唱我们的幸福，

歌唱祖国的富强……

我的第一个儿童节过得非常愉快，它在我脑海中留下了终生的印痕。

1953 年 3 月 5 日晚苏联领导人斯大林逝世，第二天早晨在操场召开全校师生大会，学校教导处李主任在台上沉痛地宣布了这一消息，顿时台上台下哭声一片。过了几天学校组织我们去二分部（长衡会馆）收听追悼会的实况转播，那时洲头街一带没有市电，不仅家中没有电灯，街道也没有路灯，但是洲尾地区先进一些，已有电灯也可以用收音机和扩音器了。那天下午树人小学几百学生浩浩荡荡排队下行，来到二分部长衡会馆操场与当地同学会合，一起收听斯大林追悼会的实况。因为讲的是俄语，掺杂着中文解说，通讯效果很差且喇叭尖叫，但会场秩序良好，小学生们认真严肃地参加了人生第一场政治活动。

小学低年级的课程负担不重，何况我已经在家中受到了良好的学前培训，爷爷通过讲《凿壁偷光》《悬梁刺股》等励志故事，讲《卧冰求鲤》《哭竹生笋》等尽孝的范例，讲《草船借箭》《空城计》《赤壁大战》等三国演义的历史片断，让我较早地学习了一些语文、历史知识。数字和简单的加减法我也能记忆和理解，爷爷还拿出他当年的作业本，什么"鸡兔同笼""逆水行舟"这类的算术题让我演练，所以碰到难度大些的算术题我也会解答。爷爷尤其要求我背诵古诗"锄禾日当午，汗滴禾下土，谁知盘中餐，粒粒皆辛苦"，教育我从小要勤俭节约，决不能浪费粮食。每次家中吃饭完毕，爷爷必定检查我的饭碗，看有无一颗剩饭。严厉的少儿教育养成了我的习惯，一生之中吃饭之后，碗必定是干干净净的，这也算是一种勤俭传世的家风吧。

由于我的基础打得好，在班上学习成绩领先，遵守纪律，劳动积极，所以在1954 年春天不满九岁就加入中国少年先锋队，开始担任班干部。1953 年全国学制调整为秋季新生入学，我因年纪太小不能跳级，只能原地踏步再读三年级，到1954 年夏才读完三年级。这一年夏天武汉遭受百年不遇的大洪水，鹦鹉洲失守变成一片泽国。我携带着"红旗一角"的红领巾、书本和暑假作业，随祖母逃难到汉口，住在姑妈家约三个月后，十月份才返回家园。

1954 年开展公私合营运动，随着新学期的开始，校名已更改为两湖小学，归于公立学校之列，但我心里的确有点舍不得"树人小学"这个校名，多么有寓意呀！"十年树木、百年树人"，培养学生的艰难，期盼学生成为栋梁之才的殷切希望，都寄于"树人"一词之中。

记得五年级时，兴起一股踢皮球的热潮，鹦鹉洲上各个小学或地段都有球队，他们穿着印有大红字号的背心，频繁地进行比赛，其中西湖街有一个"鹭"队最为有名，球技最佳，成为我们心中的英雄。我们住在两湖地区的小伙伴，不分年级自己也组织了一个名叫"飞捷"的小皮球队，意思是"奔跑如飞、捷报频传"，大家出钱买皮球、买背心印字，穿上清一色的红字白背心，心里可真高兴。可惜我们队的球技不如人，和别的队打比赛输多赢少，我这个替补右边锋还经常坐冷板凳，过了一个暑假，"飞捷"队就自动解散了，这是我一辈子唯一一次穿着球衣上场比赛，还是挺值得怀念和骄傲的。

进入高年级，我们的班主任换成赵守泽老师，一米八的高个子，戴一副深度近视眼镜，他教我们语文。记得课本中有鲁迅的文章，是《社戏》和《从百草园到三味书屋》，我是班上的学习委员，赵老师让我出一期壁报，贴在教室前面的板墙上，帮助同学们认识鲁迅、学习鲁迅。于是我们摘录了毛主席对鲁迅的评价：

鲁迅是中国文化革命的主将，他不但是伟大的文学家，而且是伟大的思想家和伟大的革命家。

鲁迅的骨头是最硬的，他没有丝毫的奴颜和媚骨，这是殖民地、半殖民地人民最宝贵的性格。

图文并茂、色彩鲜艳、重点突出，我班的壁报吸引了外班同学前来观摩，大家差不多都能将这些话背诵下来了，我们在全校出了一回彩。

为了提高学生的动手能力，学校开设手工课，开始是扎花朵、用黏土做汽车模型，最高级的作业是做小电动机，我们将漆包线绕在极靴上，然后放置在一个永磁铁的磁场中，再将转子线圈接通电池，小电机就欢快地转起来了。教手工课的胖老师叫张继骞，他让我们从小学会做实验、做样机，这对于我们长大了做机器、画设计很有帮助。

读六年级时高士泉出任两湖小学的校长，同时兼任我们的历史教员，他中等身材，年纪约莫四十岁，操着一口有沔阳口音的普通话。一部中国革命的近代史，让他娓娓道来，犹如听讲故事会：林则徐虎门销烟、甲午海战兵败北洋、辛亥革命武昌首义、李大钊领导五四运动、陈独秀建立中国共产党，他讲课的声音抑扬顿挫，时而高昂时而悲愤，

图6-20　毕业证书

让我们听得如痴如醉。我还记得他朗诵般地道白："长征是历史纪录上的第一次，长征是宣言书，长征是宣传队，长征是播种机。"让我永远记住了中国工农红军二万五千里长征的意义、伟大和光荣。

高校长有个儿子年龄与我相差不多，原来在汉阳念书，据说很是调皮，脖子上套了一个银项圈，但还是锁不住，于是老高把小高也迁到两湖小学读书，以便校长亲自调教。1964年高皓东考入上海交通大学，毕业后分配到湖北随州汽车改装厂，勤学苦干一直升迁到副厂长。我因在省机电研究院工作，与他多有交集，谈及两湖小学往事和老师们，令人难忘且快乐。

图 6-21　王忠志老师上篮照片（常时乐提供）

为了加强教学力量，不断有师范学院毕业的学生分配来校，如陈发科、王忠志等。我的妹妹常时乐1954年入学，王忠志是她的班主任，这张老照片（见图6-21）是王老师在两湖小学操场上篮的英姿，而背景是我们家住宅的侧面山墙，由此可见我家离学校确实很近。

到了高年级可能身体发育快，每天上午都感到肚子饿，三分钱的米粑粑实在支持不到十二点，加钱过早也不允许。于是我和妈妈商量，让她在家准备好一碗稀粥或炒饭，我课间跑回来加餐，妈妈同意了。每天上完早晨两堂课，我就以百米速度，跑出校门、跑过街道、跑进厨房、端起碗就吃。妈妈做的食品种类繁多且四时不同，有饭有面，也有煮蚕豆、苞谷、鸡蛋，这个创举很好，没花钱就加了餐，还锻炼了身体。但是后来也发生了一个小事故，有次返回学校时迟到了，低着头进教室很不好意思，何况手臂上还戴着"三道杠"，于是这个项目最终被迫取消。

图 6-22　常家兄弟姊妹四人在故宅前留影

　　1957 年夏天到了，轻松愉快的小学生活即将结束，我们班同学结伴到汉阳"开明照相馆"拍摄登记照，很遗憾，没有留下一张小学毕业的集体合影。1959 年鹦鹉洲上兴建杨泗港码头，洲头街上的房屋都要拆迁，由著名的两湖会馆改建的两湖小学也难以幸免，那时也没有古建筑保护的意识，从树人小学到两湖小学的校园没有能留下一张照片。

　　两湖小学拆迁搬到建港新村，再次与我家的还建房仅一路相隔，实在是一种缘分。我的两个弟弟也都在这里念书，我们姊妹四人都毕业于两湖小学。听说这座历史悠久的学校已更名为"夏明翰小学"，是为了纪念 1927 年牺牲于武汉埋葬在鹦鹉洲上的夏明翰烈士。

　　七十多年过去了，树人小学、两湖小学那些辛勤的园丁，那些稚气的小伙伴，他们的面貌和名字，我大都还能记在心间，我怀念并祝福他们。

# 童年记忆

周才秀[①]

一张小学毕业证书和证书上的老照片，重拾起我少儿时代的记忆。六十多年的流年往事，或深或浅在记忆中被唤醒。有的甚至鲜活起来，叙述着对童年、少年时光的留恋。

1951年春，我和房东的两个女儿一起进入"天主堂学校"（当时鹦鹉洲人都这么叫），即"文德小学"，后更名为"瓜堤街小学"读书。同时上学的还有一个腰间经常挂着剐皮子（即树皮）刀的邻家女孩。

中华人民共和国成立前，在"女子无才便是德"的封建礼教的束缚下，寻常百姓家是不会送女孩上学读书的。中华人民共和国成立后，鹦鹉洲掀起了扫文盲的运动，除女孩都必须上学外，家庭妇女也要参加扫盲班识字。我母亲后来能分辨上百种计划物资供应的票证，就是那时上了扫盲识字班的成果。

在校的学生，特别是女生，年龄参差不齐，房东的女儿就大我十来岁。大女儿读了一年书就嫁人了，小的读了三年后就进了卫校，我还算是适龄的。不幸的是学校由春、秋两季招生改成只秋季招生时，我们全班"留"了一级，多读了半年。

我家一直租住在西湖河街29号的向家。向家是经营围量所业务的。向子琴是他家掌握围量技术的第三代传人。围量所的职能是：在木材交易时，为交易双方提供计算木材立方数量服务。算是木材计量方面的技术权威部门。民国初期，鹦鹉洲正处在长江流域乃至中原地区竹木集散和交易市场的鼎盛时期。西湖河街的码头木排蔽江，号子声此起彼伏，一派繁华景象。木排一靠岸，木排主和木行老板谈生意交易时，需要围量所的工人去计算木材的立方数。在向子琴的爷爷和父亲那时，向家门庭若市，生意兴隆。他家的小洋楼就是那时建造的。中华人民共和国成立前后，国家为保护自然资源和生态环境，制订了限制砍伐树木的政策。加之长江黄金水道航运的衰落，鹦鹉洲木材市场也日益褪去了它的繁荣，围量所的生意也由此逐渐黯淡下来，到向子琴这代人就终止了。

向家的房子是一栋西式砖木结构的二层小洋楼。落地窗高大气派，房间里安有壁炉。壁炉边框呈暗红色，框上雕有精美纹饰。上下厅堂很大，可招待宾客八桌，

---

[①] 周才秀（女），1944年1月生，湖北武汉人。1964年毕业于湖北省商业专科学校。湖北省监利县医药公司经济师。

227

也可举行生日Party。门前有一大场地,每年春节、元宵节在此舞龙舞狮、划采莲船、玩蚌壳精、踩高跷等。鞭炮齐鸣、锣鼓喧天,好不热闹。

周边除郑家杂货铺为中式前店后宅、白墙灰瓦外,其他全是低矮的木板房和树皮篾席屋等。向家小洋楼真可谓是鹤立鸡群,一楼独秀!

大门左侧有条约百米长的红沙石小路弯曲地通向江边,与西湖河街石板路相连。这里没有正规的街道,所有的房屋像夏天夜空中的繁星,随意地撒落在堤外长江北岸的江滩上。唯一的一条石板路是从郑家杂货铺到码头约四五十米长,也是西湖河街最繁华的地方。这一片没有鹦鹉洲五府十八帮"飞檐斗拱、争奇斗艳、牌门上有鎏金大匾"的会馆,也没有卖米、面、糕点、中药之类的商贾。只有西湖河街码头上"嘿…嘿…嗬…哟"搬运工人充满阳刚与血性、饱含悲愤和辛酸的码头号子声和江边吊脚楼烧卤馆、茶馆传出的喧哗声,以及刘蛮子奶奶早餐屋里锅、碗、瓢、盆演奏的悠扬晨曲,还有那来往行人叩击石板的足音……

图 6-23　瓜堤街小学(叶自琰/绘)

大门右侧便是高高的土堤了。土堤原名"寡堤",大概"寡"字不吉利吧,"瓜"味甘甜,又是"寡"字的谐音,故"瓜"字便取而代之叫瓜堤了。堤上从西湖河街至瓜堤正街这段路面没有铺条石,我上学时是晴天一脚灰,雨天一身泥。年复一年,日复一日,让我尝到了求学路上的艰辛。

20世纪50年代初是没有什么重点学校和普通学校之分的,但瓜堤街小学在我的心目中,是那样的美丽,与众不同。

母校是值得我们每个人怀念的地方。小学时代更是人生最纯洁的时光。它给我们的童年带来愉快而充满趣味的难忘回忆。那时的班大约三四十多人，现能叫出名字的大约有十几人吧。

六十多年的岁月，悄然而逝。光阴让皱纹爬上了我们的脸颊，也拉深了我记忆中的一个个幼稚粉嫩面容间的鸿沟。记忆的碎片，若隐若现，难以捕捉。但却有个脸庞白皙、一对水汪汪大眼睛、深褐色卷发的小男孩，从我记忆深处走了出来。特别是长期盘踞在他高高鼻尖下的两条"长龙"……让我记忆犹新。这个小男孩腼腆、聪慧、学习用功。中国有个"望子成龙"的成语，他果真不负父母所望，成了"龙"，是北京某大学的教授。若不是那个年代造成了学术领域的荒芜，我想他定能"衣带渐宽终不悔"地去追寻数学王国的奥秘，成为大师级人物。

曾记得，天真纯朴的我们，多么想成为一名少先队员啊。入队后就意味着我们就是共产主义接班人了。

每天下午四点钟后，学校大喇叭就开始播放"少先队队歌"。全体少先队员都会站立，随着高亢激昂的音乐旋律，高唱"为了新中国的建设而奋斗"！开始我不是少先队员，没有资格同声高歌，后加入少先队了，有资格了。当自己也可站立着唱"为了新中国的建设而奋斗"时，真的感到无比的兴奋和自豪。特别是当上小队长，左臂上别了个"一杠"时，心中更是美滋滋的。

曾记得，我也被评为区级优秀少先队员，去参加区里"六一儿童节"的表彰大会。学校规定女生要穿裙子，可我没有。母亲帮我找邻家女孩借来一条花裙子，试穿时都说好看，我兴奋得一夜无眠。第二天，我早早起床穿上花裙子，到学校集合去汉阳剧场参加庆祝活动了。记得会上给每人发了一袋甜点，甜点在我家是稀罕物。我打开纸袋见到酥软的桃酥、蛋糕等，都舍不得吃，拿回家与弟妹们分享了，别说他们有多高兴了。

学校门前有不少的零食摊：煮荸荠串的，卖凉薯片、菱角米的，也有挑担卖蒸糕、炕年糕、转糖人的。囊中无钱的我，每每经过，只能瞟上一眼。但脑海里有时也会想着，那热气腾腾的蒸糕好吃吧？还有那炕的年糕一定是又香又甜！偶尔有二三分钱，我也会光顾一下

图6-24　做糖人

零食摊，最后经不住糖人摊上栩栩如生的"关公耍大刀"的诱惑，不由自主地站在转糖人摊前碰碰运气。

瓜堤街小学开设的课程除语文、算术、自然常识（高年级有历史、地理）外，还有音乐、体育、美术等，让我们在德、智、体各方面得到全面发展。

我的启蒙老师是王昌洪老师，还是毛桂云老师？记忆有点模糊了。但我对教我语文的毛老师印象深刻，那时的她可能快到"而立之年"吧。她身材高挑，线条柔和，五官端正，轮廓清晰。时髦的卷发齐肩，可算个美人儿。她严肃认真又不乏温柔宽容，有次上语文课时，我将"聊斋"小人书放在课桌抽屉里低头偷看。毛老师发现后，走到我身旁，站了一会便又转身走向讲台继续讲课。没有点名、没有体罚、没有没收。她的无声，让我羞愧，让我感激，让我自觉地抬起了头，看讲台、黑板……

语文课讲述的内容很多。随着时光的流逝，大部分在记忆里几乎荡然无存。但有两篇课文，却深深地刻印在我脑子里，留存在我的记忆之中。

其中一篇为"人有两只手，左手和右手……"，当时，我不以为然。心想，这还需学？然而殊不知这是在讲人体结构，初识人体解剖学，正因这"无知的傲气"，让我对这篇课文至今没忘。

另一篇便是一短小精悍的寓言。通过拟人的写作手法，告诫人们应爱护光明的使者——眼睛。

有一天，一个脏娃娃突然发现与自己朝夕相处的亲密小伙伴——眼睛又红又肿，还流着眼泪。便问："你怎么啦？谁欺负你了？"

……

"啊，原来是我的脏手惹的祸！我该怎么办呢？"

眼睛说："你先带我去看医生"

"好的。等会叫妈妈带我们去。"

"以后你要讲卫生，勤洗手、勤剪指甲、不用手搓揉我。"

"啊，我懂了。"

"让良好的卫生习惯，陪伴着你我，远离眼疾……"

唱歌是要有天赋的，而我没有。上帝赐予我的是五音不全，唱歌跑调，注定与音乐无缘。但恰恰相反，音乐老师周芝华教唱的"五线谱歌"歌词，我至今没忘。"五线谱像楼梯，向上高来向下低。下加一线西叫都，再往上爬那、西、都……"她甜美的歌声如"天街小雨"滋润着美术老师王振宇深埋心底"爱"的种子……发芽。王老师一幅幅幽默、风趣的画作也赢得了周老师的芳心。他们相恋了，并修成正果终成眷属。

瓜堤街小学的操场上，到处可见我们欢乐玩耍的身影。男生打撇撇、刷得罗、弹珠子。女生踢毽子、跳房子、跳皮筋，还有滑滑梯、爬竹竿、荡秋千的，玩得不亦乐乎。有时，我为了逃避"跳（纺）麻"劳动，放学不回家，在操场上爬竹竿、荡秋千直至快吃晚饭时才到家（为贴补家用，母亲规定我放学回家后纺麻线二至三两），但母亲从不责备我。

西湖河街的那段瓜堤到夹河边，有一片芳草萋萋的"百草园"。万玉珍同学的家就在那里，单家独户。她家旁边有水塘、菜地，后面就是大片农田了，有人种上麦子和蚕豆。每到春暖花开或初夏、彩蝶飞舞时，我会带领弟妹们去扯狗尾巴草编小动物，追捕彩蝶夹在书本里当书签。有时捉蚱蜢、蛐蛐儿用瓶子装回家观看它们打架。到麦子收割时，会去拾掉在田里的麦穗，拿回家在搓衣板上将麦粒整出磨成面粉。收蚕豆时也会将落在地上的蚕豆捡回洗净煮熟，用杯子装着带到学校当早点……我的童年生活清贫并不乏童趣，这一切承载了我所有童年的欢乐。

被码头、江湖文化浸泡着的鹦鹉洲是长江岸边的一座水洲。在长江波涛年年的冲刷下，临近江边的街道如西湖河街等早已沉入江底消失了。随着国家经济建设的发展，瓜堤街小学因 2012 年的拆迁已不复存在（瓜堤街小学退休教师并入汉阳楚才小学），替代它的是美丽的汉阳江滩，雄伟壮观的鹦鹉洲长江大桥，现代化的杨泗港及鳞次栉比的高楼大厦。实感庆幸的是，现有一条贯穿汉阳南北的大道叫鹦鹉大道，一座连接大江南北的桥梁叫鹦鹉洲长江大桥。让无处可寻、消失了的鹦鹉洲，消失了的民国年间五府十八帮的峥嵘岁月，消失了的天主堂、瓜堤街小学……隐若可见。祢衡的《鹦鹉赋》及鹦鹉洲人的故事都不会苍老。我们这代人与鹦鹉洲的情结，天真无瑕的童真，金色的梦想……它们都将会在历史的长河中，在我们的记忆里永存。

# 七载求学话"瓜小"

肖啟家 [①]

鹦鹉洲的小学有好几所，最早最有名的还得数"瓜小"，它位于瓜堤正街上的天主堂内，是一所教会学校。我兄妹七人及侄女全在这所学校读书结业，时跨三十余年。这所学校的校名几经变更，1951年我进校时名"文德小学"，中间改名"第十二小学"，毕业时名"瓜堤街小学"，简称"瓜小"。

## 一、五岁发蒙奔"文德"

五岁时，三姐四姐都要我去上学，而奶奶却表示反对。说读书太早对身体是有害的，但由于三姐她们极力催促，我终于去报名了。

记得是四姐带我去文德小学报名的，报名后还进行了一场小考试，主考的是肖中才老师。他问什么我都不开口，我那时实在腼腆到极点。没有办法只好由四姐代答，最后肖老师说录取了，又说了让我好好读书之类的话。就这样我跨进了学校门。由于太小，什么事都不能自理，需要四姐帮助照顾。后来我病了一次，几天不能上学，病愈之后奶奶说太小上学不行，这学期就再没有去学校了。

新学期开始后又去报名，仍然是肖中才老师主考。他说上次考过，这次就不用考了，录取了我。于是又开始读一年级，这时已能基本照顾自己。读到第三学期，改学期制为学年制，当时的班主任是朱森云老师，她也曾是我姐姐的老师，很喜欢我。朱老师说我的年龄太小，升到三年级怕对身体有影响，让我还是留在二年级。这样由于休学留级，我的小学阶段比别的同学多了一年，差不多七年时间都是在瓜小度过的。

我家在两湖正街，上学路上还要经过两所小学：一个是两湖正街尽头的两湖小学，曾经叫"树人小学"，蛮好听的名字，有不少学生，校门前很多卖早点的，很是热闹；还有一个是瓜堤街上的长衡小学，离瓜小不远，学生不多。走过两湖小学时，总羡慕那些学生，离家这么近，几分钟就到了。我还得走20多分钟，特别是走一段长堤泥巴路，两边无遮挡无树荫，冬夏难行。住在两湖街上的几个瓜小同学，过了一段时间都转学到两湖小学。我也曾冒出过转学念头，但是姐姐

---

[①] 肖啟家，1946年4月生，湖北武汉人。1969年毕业于武汉钢铁学院冶金系。武钢党校管理学院副教授。

们都说瓜小好，她们都在瓜小读到毕业。而且瓜小的好老师、好同学、好校舍、好环境吸引了我，留住了我。风霜雨雪，骄阳酷暑，没有退却，坚持七年，为今后的人生之路打下了基础。

## 二、校园无处不飞花

瓜堤小学从前门到后门，纵向大致可分为三个部分。前部包括办公楼和小礼堂，中部有小操场、六个平房教室、一栋两层楼的教室，后部有大操场、一栋长长的两层楼的教室。

进大门两旁是绿化带，左边是小礼堂，一幢长方形的尖顶建筑，红色水磨石地面，尽头是个小舞台，主要用于开会演出，有时做临时教室。右边是一栋两层楼房，做办公室。往里有口水井，用砖砌筑的井台，水泥圆柱围住井口。一道院墙把前部和中部隔开，有个大的圆形拱门通向小操场，操场靠前两角各有一个平房教室。往里右边是栋两层的教学楼，平房教室与两层楼间有片空地，竖着几根竹制爬竿，是运动场所。与教学楼垂直横着的一幢平房教室，中间有通道。平房教室顶头与院墙之间还有一条窄的巷道，也将前后两个操场连通。窄巷附近设置一部木滑梯。穿过平房通道，进入后面部分，即大操场。大操场右边也是一栋两层教学楼，比前操场那栋要长一倍。教学楼与院墙边留有一片空地，是学生最好的游戏处，因晒不到太阳很是阴凉。大操场靠教学楼的中部有水泥方台，是司令台。大操场的尽头院墙留有一扇后门，放学时会开，下几级台阶就是瓜堤后街。

我之所以不厌其详地将记忆中的校舍尽量复原，是因为校园各处都留下了我的印记和回忆。我在小礼堂内多次开会听报告，有老红军讲革命故事，听中央人民广播电台的小喇叭，而且四年级还在此临时上过课。那时冬天下大雪，我走进小礼堂，浑身落满雪花，我的同桌杨连生赶忙起身，帮我扑打身上的雪花，害得他满手都是冷冷的雪水。办公室我去过一次，期末时因为未缴纳学费，不好意思到校领取成绩单，三姐刚发薪水就陪我到学校补交学费，办公室有位老师说，这才是有志气。当时做清洁全用井水，值日时我提着铁皮桶去打水，井水特别清亮，水中人影清晰。我四姐经常夸一位好校工，他常在井边帮我们舀水，用绳子挂着小木桶在井里一沉一晃，几下把满桶水拉上来，兜底倒在我们的铁桶里。前操场两角的平房教室，一间是二年级时我的教室，听朱老师讲过斯大林的故事，另一间我在里面学会了唱少先队队歌。三四年级在前操场的两层教学楼里，学写毛笔字，学会砚台磨墨，弄得身上手上到处是黑墨，不过写字本上老师用大红笔勾画的圈还是很醒目，让人喜欢。爬竿是体育课考试项目，很担心爬不上去，后来学着同学脱了布鞋和袜子，光脚摩擦力大，手脚并用，几下爬到顶。一年级时，在横排平房顶头教室学会唱国歌，我的入队仪式就在其中一间举行。前操场上的木滑梯，是我刚进校时最好游戏处，也在那里等候四姐下课，带我一起回家。五六年级时在后操场教学楼的一二楼教室上课，木楼梯木地板，教室空间很大，两面大玻璃窗，光线很明亮，不用下楼，看操场上的足球比赛清清楚楚。课间休息时从窄巷通道穿过前后操场，你追我跑。在院墙边空地上玩泥巴，打珠子，自由自在，快乐无比。

### 三、春风化雨恩师情

瓜小七载，遇见许多好老师，所有老师对学生尽心尽力，认真负责，注重学生德智体全面发展，注意鼓励和奖励，还有适当的批评。有了他们的教导，无知的小孩才得以健康成长。

朱森云老师是我一二年级时的班主任，人特别瘦，但一点都不影响讲课的精气神。朱老师给我们讲斯大林逝世故事，讲着讲着流了泪，我们也跟着流泪。在朱老师班上，有两件事我记得很清楚。学校举行朗诵大会，每班一人参加，大家推选我。但我胆小，不敢答应上台。朱老师走到我座位旁，动员鼓励，我仍不点头，朱老师只得另选他人。后来六一演出时，朱老师为了锻炼我，动员指定我参加表演，这次我答应了，因为是团体，有四个男生四个女生。朱老师编排舞蹈动作后每天指导我们排练，登台那天，八个人顺利完成演出。我也终于首次克服胆怯心理，敢在大众面前亮相。这点进步与朱老师是分不开的。

周芝华老师教我二年级语文，普通话很标准，声音清脆好听。她教唱国歌时的情景仍历历在目。周老师说小学生都要会唱国歌。她先把歌词朗诵一遍，再做演唱示范，情绪饱满，声情并茂，我觉得真好听。周老师一句句，一遍遍地教，我们学得很认真，最后齐声合唱，周老师连声说唱得好！周老师生小孩在家休息，同学们一哄就到了她的宿舍看望。周老师知道我们刚进行期中考试，关心地问语文成绩如何，成绩最好的是谁，大家齐声回答："肖啟家，九十几分。"周老师夸奖了我几句。

学校晨操及中午集合排队放学，全体学生集合时，是学校进行品德教育的重要场合。在这里我受过表扬也受过批评。晨操时，校长让我们每人伸出双手检查，手干净吗？指甲剪了吗？带了手帕吗？我受到表扬，四姐帮我做了准备，讲卫生带手帕的习惯跟了我一辈子。受批评的是：二年级时有天下午，我和同班的刘启发、杨望生在放学路上与一年级的陈厚诚、何启礼发生吵闹，接着互打起来，我帮着刘、杨抱衣服，何很厉害，把刘、杨打在地上。此时我班的钟呼明到来，何、陈就跑了，钟追了一会没有追上就算了。谁知第二天中午放学集中时一位黄老师点名批评我们，我也被点名了，问高年级的欺负低年级的，对不对？全场应答：不对。我未动手，有点不服，但让我知道要团结所有同学。

学校重视少先队工作，教育学生懂得入队光荣，组织学唱队歌。当时入队有年龄限制，必须满九岁。我入队时不到九岁，是班上第一批队员。约在1954年下半年冬天，一天晚上我围在火盆边烤火，用围巾围在胸前，像条领巾。巧的是第二天就得到入队通知。佩戴红领巾的仪式很隆重，室内生有火炉，气氛庄严，领导讲话，宣布名单。我与八九个同学站队列成一排，每名同学有一名老师为我们佩戴鲜红的红领巾，我们举手向老师敬礼。从此天天戴红领巾，换洗换新戴过好几条。

六一儿童节是小学时的重要日子。我低年级时，学校总要举行庆祝会，各班都要排演节目。市级游玩活动在汉口民众乐园举行，区级活动在汉阳工人文化宫举行，校级的在学校内进行。我参加过两次区级文化宫的活动，也参加过校内活动，即教室腾空放上球台，轮流打乒乓球。三年级的六一节，王昌洪老师分我到文化宫，出发前在操场上，从一个同学手中拿铅球，不知多重，一下没有拿住，砸到另一个同学的脚上，顿时出了血，我吓坏了，不知怎么办？王老师说："你去参加活动，我来处理这事。"后来母亲带我去看望这位同学，买了排骨赔礼道歉，我心里真感谢王老师。

小学期间，各门功课的作业我完成得都不错，算术作业是完成得最好的。四年级时算术作业经常全是红勾，又干净整洁，李靖民老师多次给我打105分，超过满分100分。以后再也没有得到这么高这么奇特的分数。但偶尔也有作业完成得不好的时候。五年级时有次晚上到汉阳剧场看了戏，回来才记起历史作业未做，慌忙写了一句话的答案。第二天黄老师检查，巡视作业本，见我写的字太少，将我的作业本收去，念了答案，说答案太简单，答得多的不管正不正确，起码态度是好的。此后重做了这次作业，再也不敢马虎了。

肖中才老师与我特别有缘，我先后两次入学，都是肖老师主考，六年级时我真正成为肖老师的学生，他是我的班主任，教语文。肖老师讲课有激情，有重点，很吸引人，大家都会用心听。肖老师还负责附设初中班的课程（自然地理）。我们放学时会碰到肖老师在长衡的初中班上课后返回瓜小，两头跑，够辛苦的。毕业前期，有了保送升学，起初我班只有一个名额，给了薛佛保，令人羡慕，不用考试即能升学。后来肖老师突然又宣布增加保送名额，具体数字记不清，有五六个吧，关键是我在保送名单之列，意想不到的惊喜。肖老师把我录入小学，又亲手将我保送进初中，肖老师真是我的贵人。

# 他乡胜故乡

刘力雄

1956年11月间，外婆带着我从湖南新化的柘溪村迁移到了武汉，找寻三年前在汉帮佣的母亲。那时，舅舅还在武大上学，生活无着，寄住在汉阳鹦鹉洲腰路河街6号——我的姨外婆家。那是一栋全木结构的民居，姨爷爷是做木材生意的，人称罗老爷，不苟言笑，我很害怕他。后来我们又在腰路河街二十几号租了一间刘姓人家的房子。房子位于江边船板厂（修造船的工厂）正对面，我在鹦鹉洲的几年时光，是在那里度过的。

## 一、鹦鹉洲小学

鹦鹉洲的湖南人多，新化人也不少，所以语言上的障碍不是很大，不多久就可学说武汉话了。在腰路河街6号时，我们很快在派出所上好了户口。一周左右，我舅舅带我来到位于潜龙正街的鹦鹉洲小学，联系我继续上学的事宜。一进校门，从乡下来的我被眼前的校舍震撼了：进入校门，操场大而阔，左右两边各有一长排教室，操场后面是一栋二层楼房的砖混结构房子，好气派哟！有大殿、厢房，后面还有联排的教室，有楼梯上二楼。大殿内是老师们的办公室，左右靠墙的两边挤满了办公桌，估摸有二三十张，可以通过中间的过道去后面的教室上课。房梁高大粗壮，桐油刷得讲究，上面有雕花。后来才知道，这是一所木材行帮——歧埠会所改建的学校。

我们找到了校长，递上我从新化白云完小开具的转学证，还有户口等证件，校长见我是少先队中队长，还是比较高兴的。很快我们就办好了转学手续，我被分配在五年级一班上课，并嘱咐第二天上午早点来校找班主任曹老师。第二天，我们早早地就到了五年级一班，见门口有一位男老师，身材高大，浓眉大眼，帅气儒雅，但严肃有余，操一口地道的武汉话，我们迎上去，说明我们是新转来的学生。曹老师显然已经得到通知了，对我舅舅说：把学生直接带来上课就行！我舅舅把我拉到老师跟前说：这就是学生！曹老师上下打量了一下眼前的我，一个又矮又小，操乡下口音的丑妹子！他略一皱眉说：刘力雄不是一个男生吗？怎么变成一个女生了？

我的天！原来曹老师看到我的名字，把我当成男生了！这也难怪，我的这个名字，不知闹了多少笑话。1961年在三中上学时，学校食堂管理员误将我分到男生一桌吃饭，钵大饭多，占便宜足有好几天！ 1964年上大学报到时，在女生寝室怎么也找不到我的床位，只能暂住女生寝室，后来发现我的名字贴在我们班男生的寝室里……此是后话。

曹家福老师教语文，也教历史。他讲课认真，语言清晰，板书工整！尤其是教作文，至今我还能记住几句：要先打腹稿，分好段，突出主题，记住，突出主题……要用美丽的词句……有一次曹老师把我的作文拿到班上念，这显然是鼓励。那篇作文，估计还给一位女校长看了，因为发作文本时，没有我的作文本，曹老师要我去办公室找那位校长拿。记得校长把作文本给我，表扬了几句，让我沾沾自喜了好一阵子！

曹老师是鹦鹉洲小学唯一的三级教师，那时这个职称已经是很高的了，它是正规的教师进修学院毕业的，他有一女儿，亦父亦母，独自抚养。在我们小学时，不知为什么，突然有一天我们班在操场上体育课时，看见曹老师挑一担粪桶，从操场走过……后来听他女儿说，因为他是资本家的大少爷，也许有不当的语言吧，所以……大家都懂的！ 1993年，曹老师作古了。

教我们班的老师还有美丽的数学女老师刘民淑、音乐老师肖琳、教我们打乒乓球的体育老师、图画老师……这些老师及其教导是我由湘到鄂永远忘不了的恩人，是我在鹦鹉洲生活乃至今生幸运的启迪之神！

小学里的生活，丰富的课外活动，简陋的乒乓台，操场上同学们跳橡皮筋、踢毽子、跳房子的情景，如今已近耄耋之年，仍是幸福的回忆。

## 二、腰路河街

在鹦鹉洲腰路河街居住的几年时光，让我好好地体验了一把勤工俭学的艰辛与快乐。

当时的鹦鹉洲，只在腰路正街上有一个自来水桩，要钱买，还贵。我家买不起，所以吃水全靠我这个十来岁的女孩子从长江挑江水回来，先倒入水缸里，然后用竹筒装明矾，在其中搅一搅，等泥沙沉到下面，上面的水才可饮用，蛮清亮蛮甘甜的！我每天放学回家要挑一缸水才能做作业。晚饭后又得去下河，所谓下河是，我们居住的木板房大多没有厕所，一家人拉撒先在马桶里解决，然后将马桶提到公厕倒掉，再去江边用江水刷洗干净备用。傍晚就是我们小伙伴们倒马桶，顺便拾柴火和聚会的时光，记得我们几个三五成群，边刷边唱，叽叽喳喳，见到江上飘浮来的碎木板、树皮、火把棍等物都会捡回家用来做柴火烧，虽忙碌，却也快活!

最让人印象深刻的是看见江中的"拜风猪",就是江豚,尤其是风起浪大之时,逆水露出黑脊背,迎风劈浪,勇往直前,真像顶级的水手,那出彩的风光,无人能及。每每见到白色的"拜风猪",我都特别惊喜,那份幸运之情,真是无以言表啊!我还记得有一次在船板厂下游的江滩上,江水冲上来一只好大的黑色江豚,虽然已经死亡,但有许多人围观,像鱼非鱼,像猪非猪,听老人们说不吉利,所以有的老人口念阿弥陀佛,顶礼膜拜。后来听说是船板厂的工人抬回去炼油了。这么珍稀名贵的动物撞死了,太可惜啦!

住在腰路河街的日子,也是我家最困难的日子,由于舅舅还没工作,仅靠我母亲一人帮佣,生活的重担我也得分担,不上学的时光,我要砍莲子、捶瓜子、纳鞋底,挣钱贴补家用,我很高兴。有时我也帮邻居挑水、下河劳动换点食物,我还曾从汉阳37中的汉江旁边挑柴火去西大街卖。

记忆最深的是星期天,我要和外婆去洲头的荒五里捡菜叶。到荒五里,中间要经过瓜堤正街、西湖正街、两湖正街、崇善正街才能到,来回两趟,何止五里路啊!到了荒五里由我外婆认识的老乡,把我们带到菜地里,捡拾菜农抛弃了的老萝卜缨子、白菜帮子、芋头荷等,我还要将这几十斤的重担,挑到腰路河街进行加工。有时我也去附近的夹河,在菜地里挑地菜,下水塘摘菱角,入藕田捡藕稍子。这对于一个十二三岁的女孩子,无疑是累、是难、是苦的。但这些能让我们一家有青菜吃,还有点微薄的收入过日子,比在湖南乡下强一些,心里蛮自豪的。这种磨炼,给予了我发愤的动力,培养了我独立生活的能力,塑造了我自强的性格,今生受益,无怨无悔。

### 三、经历火灾

我们租住的房子,大门正对着当时鹦鹉洲的船板厂,船板厂里堆的废木料、豁皮、刨花、火把棍等,到处都是。那时根本不具备防火安全意识。

记得1959年秋天的某一天,忽然看见鹦鹉洲方向浓烟滚滚,我马上意识到不好了,会不会是失火了呢?想起家中只有60多岁的外婆和约两岁的舅表妹,我来不及请假,拔腿就跑回家去。为了能尽快到家,我没有顺着腰路堤方向跑,而是下坡往后湖周家二队的菜地方向跑,途中有不少的藕塘,我高一脚低一脚疾跑,一不小心掉入了水塘,淤泥将我打扮成了泥人。当我跑回家时,果然是房子对面的船板厂的库房着火了。我家住的房子,离火灾的现场仅只几米远,火势很大!当时鹦鹉洲没有消防队,要救火除了人工外,只能等待钟家村方向来的救火龙（人们对消防车的爱称）。我们家门前的巷子口窄，消防车进不来，眼看着我们住的房子快烧着了，紧急之中，我的60多岁小脚外婆搬起家中唯一的"大件"，连拖带拉地移到了正街的安全地。我跑到家时，见惊慌的外婆和两岁多的表妹坐在了箱子上，手里抱着一只我家最值钱的财物——开水瓶，正哭着。见到这情景，我胆从心起，提起一桶水往房顶上爬，想守住我们房子靠火那面的瓦椽子不着火……这时消防车赶到了，控制住了火势，房子保住了！只是屋顶下的椽子被熏黑烤焦了。大火扑灭后安全了，我们想要把东西搬回房间时，别说我外婆一人去搬那箱子，就是我与外婆两人抬，也抬不动那箱子了（一只从湖南带来装衣服的大箱子，好几十斤呢）！后来鹦鹉洲又发生过两次火灾，听说还烧死了两个小孩。唉！那时我就想，如果我们天天有饭吃，有衣穿，还有烧不垮的房子住该有多好啊！

　　我住鹦鹉洲的时间，虽只有四年多，这正是我从少年到青年的过渡期，湖南山村依稀的儿童记忆已很遥远。但是鹦鹉洲啊，那里的小街小景，江滩商铺，学校人文，却成了我永远挥之不去、绝不相忘的心头宝，这个第二故乡成了我一生的定居之地。我常常在梦中行走于鹦鹉洲的街市上，打捞儿时的记忆，找寻我经历过的痕迹，迷恋着那失去的结缘，真真是梦绕魂牵、至深至情啊！往事何能成追忆，衣锦更恋热土情。让我深情地拥抱你，我心中永远的鹦鹉洲！

# 芳洲琐忆

余克和

1953 年 9 月，我上了小学——汉阳五小。上学那天，母亲给我换了一身她做的新衣服，早起还给我摊了一个荷包蛋，说吃了会读书聪明，是外婆牵着我去学校的。汉阳五小是由鹦鹉洲杨泗街的宝庆会馆改建的，长方形的会馆，进门后迎面是一个庭院改建的小操场，庭院后是一排两边带廊的平房，绮窗透亮，古色古香。走过通道，豁然开朗，一个大操场，三排木瓦平房组成一个倒 U 字形，两侧厢房都改成了教室，底线一排两边还是教室，只是正中两间是老师的办公室。开学第一天，天气晴朗，新生都在操场集合排队，三条队就是三个班，记得对我们讲话的是学校女领导罗韵文老师。她讲完话就将我牵到排头，说让我当班长。班主任是熊慕兰老师，她慈祥而和蔼。

当时在宝庆会馆的五小还没有高年级。一班四十个学生，男孩女孩坐在一起，年龄大小不一，班上七岁的男孩居多，最大的女孩已经十二岁了。下学期，学校组织我们在新建的汉阳剧场看了一场电影，这也是我们人生中第一次看电影：《丘克和盖克》，苏联的儿童故事片。

校门口旁边，是约三米高、方方正正的祢衡墓。我家后来搬到杨泗街，就在祢衡墓约 50 米的近旁。到了"文革"初期，红卫兵"破四旧"，把祢衡墓毁了，只有那块长条的墓碑横躺在旁边。有一天我跟当时在鹦鹉洲街办事处当干部的大妹妹说，应该把这块碑保护起来。过了几天，石碑被抬到了鹦鹉洲街道办事处。我不知道后来什么时候，又重修了祢衡墓，只是这墓不在鹦鹉洲上，修到了龟山临莲花湖那里。我想：这样也好，后有靠——龟山，前有照——莲花湖，让祢衡处士的灵魂暂时安息在这里吧，那龟山头还有鲁肃墓，两位汉代的高人在一起，不会寂寞。

宝庆会馆在鹦鹉洲很有名，老人们当时很少说自己家的孩子在汉阳五小上学，而是说在宝庆学堂上学。可惜 1954 年发洪水，腰路堤决口，决口处离宝庆会馆最近，凶猛的浪头首先冲毁的就是它，连它近旁的杨泗庙也自身不保，只有另一旁的祢衡墓，屹立不倒！啊，宝庆会馆——汉阳五小，你那两旁透亮的平房，你那花草构图的教室绮窗，从此消逝在地图上……

1954 年 9 月，我家搬到鹦鹉洲杨泗正街 22 号姑太家。太姑父姓周，湖南人，在鹦鹉洲杨泗正街开了一个很大的药铺。太姑父早逝，姑太的独子也早逝，姑太只有两个孙子，大孙子去了广东，小孙子读中师，一天在江中游泳不幸被淹死了，姑太身边无亲人，就把我父亲叫来她家住，照顾她并且帮忙掌管一些家务事。当时那大房子还住着五六家租户，姑太要我家住了一套临街的门面房，即杨泗正街22号，房子不大也不小。

我家搬到鹦鹉洲街上来了，十里长街是青石板的路面，那路被沧桑岁月磨砺得泛着温润的青光。街两边的茶馆、酒楼、木行、商铺、会馆、寺庙、民房一个挤着一个分列两边，街上的人摩肩接踵，热闹得很，让人感受到古街昔日繁华的经济及文化的余韵。

学校也开学了，我们到了潜龙正街的汉阳五小本部，后来汉阳五小也改名叫鹦鹉洲小学。校舍是原来的歧埠公馆，有前后两个操场左边相连，我们在后面操场做广播操，操场向外扩充了平房做教室。进校门过小操场迎面是一栋白墙黛瓦、廊柱飞檐的歇山式门楼，门楼后是大天井，天井两边厢房改成了教室和老师办公室。大天井后有一个威严凛然的大公堂，横梁上挂着"明镜高悬"的匾额，旁边立有"回避""肃静"的禁牌，那禁牌我们还举着玩过。

我开始在这里读二年级，班主任也换成了如母亲般亲切慈祥的林学仪老师。她一直教到我们小学毕业，也一直严格又热情地关心我、培养我，六年级我是鹦鹉洲小学少先队大队长。老师对学生的信任与期待对于学生的成长起着非常重要的作用，从小学、中学到大学，我之后的学习成长过程也基本上是顺利的。后来我自己也当了老师，明白这是"罗森塔尔效应"。

我曾经去过林老师家，她住在汉阳显正街，但后来林老师从鹦鹉洲小学调走了，联系不上了。在我内心深处，一直感谢我发蒙阶段的恩人，深切地怀念林学仪老师。

在鹦鹉洲小学，还有一个数学教得很好的刘民淑老师，戴着金丝眼镜，有一种本然不俗的高雅气质。印象深刻的还有体育老师陈老师，他亲和力强，对每个学生都很好，脸上总挂着特有的微笑。体育课也有60米和100米训练和考试，学校操场小，陈老师就把我们带到江滩上课。江滩视野开阔，阳光灿烂，大江东去，清风徐来，我们在那里跑步踢球。课后我们常常也随机分成两队，书包一放，当作球门，就在沙滩上踢起球来，大家拼得黑汗直流，尽兴而归，享受了许多的快乐。

我们少先队大队辅导员是颜学广老师。他曾经带着我到武汉广播电台参加广播会议，内容是学习与劳动相结合。所以后来在学校后墙外面的菜地上，我们在那里种过菜；在那个威严大厅的一隅，还养了兔子，我们割草喂兔、清理兔笼。

校门口左边墙上有一个报栏框，邮递员每天9点准时在那里贴上《湖北日报》和《长江日报》。校门对面有一个杂货店，学生多在他家买东西，生意很好。学校上首是洲尾最漂亮的砖混楼房，后来那房子门口挂出了汉阳结核病防治所的牌子。再往上行50米左右，在潜龙街与腰路街衔接处，有一座较大的木结构两层楼房，那是中华人民共和国成立后鹦鹉洲的一个搬运站办公处。当时没有电扇，就用一块大厚布帘吊在横梁上，拉两根绳子，下面坐着一个老头不断拉扯来回扇风。当年我还在那里拍了人生中的第一张照片，办了搬运职工家属证。鹦鹉洲上搬运工人多，十里长街有多个搬运站，50年代后期，鹦鹉洲上的搬运站都集中搬到汉阳莲花湖那里，成立了武汉市汉阳区装卸运输公司。

再往上行就是祢衡墓和宝庆会馆了。1954年洪水后，宝庆会馆（即汉阳五小分部）被冲毁，剩下的部分建筑经整修后改建为鹦鹉幼儿园，杨泗庙整修为搬运站卫生所，祢衡墓周围是一片空地。1958年大办钢铁，鹦鹉洲街道积极跟上，就在古墓四周那片空地上用竹木和薄铁皮搭建起了工棚；用耐火砖修起了小高炉；用高岭土掺沙子做成耐火泥，敷在一个木模上拍紧晾干做成坩埚，然后在坩埚里放进收集来的碎废铁，再放在炉子里用焦炭烧，用打铁匠用的鼓风机鼓风。在这里参加炼钢的大多是街道的妇女，当年我母亲带着我做坩埚的情景历历在目。那时那里炉火通红，日夜不停，鹦鹉洲的妇女爆发出来的热情与炉火一样火红，辉映着鹦鹉洲的半边天！

一年后，以这部分炼钢妇女为主体的鹦鹉洲街道妇女，纷纷走出家庭，以巾帼不让须眉的勇气，在街道的支持和组织下，自筹公助地办起了鹦鹉纺织厂。她们每人出资30元入股，成为纺织女工，在下瓜堤清埠会馆旁边的纺织作坊"向群棉纺"的基础上，扩建起了鹦鹉洲街上第一大民办工厂，我的母亲和三婶娘都是该厂的第一批工人。母亲因为1949年之前曾经在裕华纱厂当过纺织工，这时驾轻就熟，成了新纺织工人的师傅。我多次去过那个工厂，厂房宽敞明亮，车间有两三个篮球场那么大，纺织机和工人都不少。电动机、纺织机发出巨大的声响，漂亮的女工们之间交流也只得高声喊话。这声声交融，生机勃勃，把鹦鹉洲又"吵醒"了！后来这个工厂也因为堤防建设，与鹦鹉洲老街一起消逝了。工厂的工人，连带着生产设备，以主力军的姿态，并入了汉阳东风染织厂，在汉阳城头，在莲花湖附近，继续创业发展，贡献力量。鹦鹉洲上这些善良贤惠的妇女们，与50年代就搬到那里的勇敢剽悍的男子汉搬运工聚合，而且后来鹦鹉洲上的祢衡墓也迁移到那附近，历史与现实，鹦鹉洲的文化与精神，就是这样聚而不散、完美不息地演绎着精彩。

1959 年 9 月，我们小学毕业上了瓜堤中学，校址也是鹦鹉洲上很有名的会馆——长衡会馆改建的。长衡会馆是高级会馆，会馆建筑规模宏大，进门是一个很大的操场，进操场迎面是大殿堂，殿宇巍峨壮观，屋顶飞檐翘角，从两旁进入，里面有天井院落，厢房连缀错落，绮窗半开，都改成了教室。我们在那里进进出出地穿梭。厢房上面，还有走廊小房，有老师居住。

当年在会馆的旁边，用水泥刨花板快速拼装了三个教室，我们初一入学就在那里上课。教室外没有围墙，教室一侧是土坡，土坡下就是挤在一起的众多民居；教室窗外，陋屋小巷、炊烟袅袅，居民吵架声在教室里都听得清楚。当然，多数居民还是通情达理的，常常听到他们在互相提醒："声音小点，伢们在上课。"

我分配在一班，班主任是刘昌盛，一个长得端正又儒雅的青年政治教师。他讲课认真，对我们也很关心。记得刚入校，学校就组织我们练习打洋鼓，准备让我们参加国庆十周年游行，要走在浩浩荡荡的游行队伍的前面。果然"十一"那天，在解放大道，在漂亮的中苏友好宫广场，在中山公园大门检阅台前，我们少先队的鼓号队就走在游行队伍的最前面。

我们的教室虽说是会馆旁边的一排平房，但与高高的会馆侧门是相通的，我们也总是跑到会馆大厅去上体育课，去操场上跑步。会馆大厅里有单双杠，体操垫子，男生在垫子上练前滚翻、后滚翻；女生在另一边垫子上做仰卧起坐。记得大厅后面有一个高台，也许是以前的戏台吧，在那里我们搞勤工俭学——打草席草垫。另外，学校后面的坡上，还有一些水缸水池，说是用来制化肥的，我还记得缸的那些蓝色结晶颗粒——硫酸亚铁。

我上学放学从杨泗街到瓜堤中学，如果从上而下，先要经过二都会馆，这是湖南放木排到鹦鹉洲来的安化县二都人建的。会馆建得漂亮、宽敞、精致，木柱、板壁都是上等的杉木。会馆的内部空间很大，中华人民共和国成立之后，它先是变成了一个大菜场，后来成了汉阳鹦鹉洲船厂的厂部。那附近还有一个芦和记餐馆，总是宾客满堂。

往下，是同利会馆，建筑样式有些洋式风格，门前的廊道还有罗马柱。中华人民共和国成立后，这里是鹦鹉洲上的"金融中心"，设有中国人民银行和储蓄所。同利会馆旁边有一座很大的木房，原来是鹦鹉洲上的一家大茶馆，也有人常在那里讲评书。1958 年在这里办起了一个大食堂，鹦鹉纺织厂的许多职工都在那里吃饭。有段时间我和弟弟也在那食堂吃中午饭，当时粮食困难，食堂还有"双蒸饭"，即把蒸好的米饭再蒸一次，说能增加分量。这都是当时没有办法的事，把这米加一大锅水，分量更多了——但那是一锅粥啊！

图 6-25　皮影戏

食堂饭厅前面一部分，后来又隔出了一小间，演皮影戏（见图 6-25）。一对黄陂来的夫妻艺人——傅金龙、雷玉凤每天都演出。傅先生操作、演唱，雷女士敲锣打鼓、配乐。每天是不同的戏码，《封神榜》演了一个多月，接着演《西游记》《薛平贵征西》《宝莲灯》。傅先生用特有的汉腔黄陂调，唱历史故事，有浓厚的乡土气息，他让虚无缥缈的神仙世界，刀光剑影的风云战场，性格各异的人物角色，都在曲折的情节中生动呈现。每天座无虚席，不时满堂喝彩。成人票价一角，学生票半价五分，有座有茶，学生晚来一点三分钱也可买票进场。那时候学生课外作业不多，学生学习负担没现在重，我们吃完晚饭看场皮影戏，何等快乐！

由此往下，是瓜堤街比较有名的陈福和木行，写了《汉阳鹦鹉洲竹木市场史话》的陈醒先生就住在这个木行里。木行隔壁，是清埠会馆，50 年代，那里是鹦鹉洲街办事处和公安派出所。旁边不远，就是鹦鹉棉纺厂。再往下走，就到了瓜堤街与杨泗街的衔接处了。

1961 年春天新学期，我们搬迁到了鹦鹉大道建港新村的瓜堤中学（后改名建港中学），班主任是数学老师李家昌，他戴着一副高度近视的眼镜，精干有活力，数学的确教得好；对学生要求严格，讲课的声音也洪亮。学生对他都有几分敬畏。

在新调整的班上，我和乐正友坐在了一起。我俩长相个子都差不多，性格也差不多，年龄是我大一点，我们就像兄弟俩。记得我们两个曾经做了一个小游戏：事先不明说，各写两个人名，一个是你崇拜的科学家，一个是你崇拜的文学家。写好同时翻开一看，两个人写的一模一样：科学家门捷列夫，文学家高尔基。

我们非常敬佩和崇拜文学家高尔基，高尔基的《海燕》是每个学生的必学课，我现在已年过古稀，但还记得那豪迈的诗句："这是勇敢的海燕，在怒吼的大海上，在闪电中间，高傲地飞翔；这是胜利的预言家在叫喊：——让暴风雨来得更猛烈些吧！"

啊，人生短暂！错过的，不再回来；残缺的，不再圆满。人生这趟旅行，充满了许多的相见、重逢、告别，珍惜情缘，何其重要。

逝水年华，往事并不如烟。那些撒落在心头的故乡过往与记忆，是我人生岁月中最珍贵的瑰宝！

现在，鹦鹉洲上的瓜堤中学没有了，我读过的两所小学没有了，我的出生地三合堂没有了，少年时代的杨泗街也没有了，连整个鹦鹉洲老街都没有了！但它们现在仍然存在于我的记忆里和梦中。

啊，美丽的三合堂！啊，繁华的鹦鹉洲老街！我常常在回忆和怀念这一切的时候，也常常是含着泪水在默诵诗人艾青的名句："为什么我的眼里常含泪水？因为我对这土地爱得深沉……"

# 瓜中往事

常恒毅

## 一、首创初中

中华人民共和国成立初期，偌大一个鹦鹉洲仅有三所小学，两湖小学（两湖会馆）、瓜堤小学（天主教堂）、鹦鹉小学（歧埠会馆），两湖小学另设有一分部（上宝庆会馆）和二分部（长衡会馆）。及至1956年，党和政府关心贫苦地区百姓子女的教育问题，决定利用长衡会馆举办初中班，因为挂靠瓜堤小学，便定名为瓜堤街小学附设初中班，从此鹦鹉洲的孩子再也不必起早贪黑跋涉十几里到汉阳去念初中了。

我们是第二届学生，1957年秋季入学，共约150人，分为三个班。校舍简陋自不待言，而且教学设备一无所有，文艺体育活动器材也是一片空白。师资力量极为薄弱，开办时的六位老师是从汉阳一所职业学校转过来的，他们应该是瓜中的建校元老。肖人伟任教导主任，还有陈恩荫、杨蔚逊、钟前裕、方浩然、张任石，年纪大都在五十岁左右。1957年程炜、吴漳宜从武汉师专毕业，盛毓芳从部队转业，他们被分配到瓜堤初中班，三位二十岁左右的年轻人充实了教师力量，分别担任1957级三个班的班主任。

老教师陈恩荫教我们历史课，他朗诵诗经《伐檀》时虽牙不关风但韵味十足，"不稼不穑，胡取禾三百廛兮？不狩不猎，胡瞻尔庭有县貆兮？"给我留下了深刻的印象。但是十分可惜，在1957年寒假的"整风反右运动"中，这六位老师都被打成了"右派分子"，失去了教书的资格。

1958年初校内新盖了三间装配式活动板房，后又征用了校旁的一处民宅及其间的空地，使得校园面积扩大了一倍，学校开始筹办食堂、图书室、医务室及教师宿舍。为了增强教学力量，从别校调来了解光宇、杨家藩、刘仲萌等老师，也聘用了几位年轻教师（即待考大学的高中生）。1958年暑假，上级批准成立武汉市瓜堤街中学，文人墨客吟诵了千年之久的鹦鹉洲，从此终于有了自己的初级中学，这真是天大的喜事。此刻我是班长，正在学校开展假期活动，目睹了老师们兴高采烈的笑脸和解光宇老师挥毫楷书"瓜堤街中学"的潇洒，然后找了一块肥皂，用它雕成图章。我们忙着刻蜡纸、推滚筒，油印了一百份《瓜中简介》，又在肥皂图章上涂抹红颜料，将"瓜堤街中学"五个大字盖在宣传资料的刊头上，这可算得上是瓜中历史上第一份招生简章了。

## 二、老师

我常常思考，位于穷乡僻壤的一个新办初中，既无大楼更无大师，学生基本上来自工农家庭，为什么能够培养出一批优秀人才？武汉三中"文革"前三年考取清华大学的四位同学当中，为什么竟有三位出自武汉市瓜堤街中学？这里一定有些可以值得探讨的原因。

我认为最主要的是有一批忠诚于教育事业，遵循教育规律，和学生融为一体，又热心负责的老师。他们大都年轻热情，特殊的历史条件下，他们被推上了学校的主体地位，既无老校、名校的经验和教条的束缚，又无名师、领导的指导和示范的限制。他们可以充分地展示自我的才能和大胆地实践创新的方案，他们付出了极大的努力，他们也获得了极大的成功。

进校分班按年龄大小，这是一项创新。当年学生年龄相差悬殊，小的只有十一岁，大的二十岁，兴趣爱好差异极大。只有因材施教、区别对待，才能符合教学实际、取得最佳效果。1958 年因失学人数过多，撤掉了二班，仍按年龄分配到一班和三班，保持了年龄和爱好的一致性。

程炜是语文老师，当年不到 20 岁，教我们作文、写诗，也是我们一班的班主任，和我们建立了兄弟姐妹般的友谊。在课余时间她和我们一起编剧、排练节目，在学校简陋的舞台上，我们演出了抗日话剧和《黄河大合唱》。她和女同学一起打腰鼓、打连厢，因为身材瘦小总是排在最前面。但在炼钢铁、搬芦苇等强体力劳动中，她领着大家一起干，勇往直前。当我们放学回家了，她一个人只能睡在学校礼堂后面破旧的阁楼上，陪伴她的是木头神像，蝙蝠和老鼠。

吴漳宜是数学老师，当年 18 岁，写得一手漂亮的板书，有着详尽工整的备课笔记，还能画漂亮的素描。数学题分析得条理清楚，逻辑推理令人信服。下课了和我们一起抢桌子打乒乓球，争夺皇帝的宝座。他同时担任三班的班主任，尽管有的学生比他年纪还大，但是他们相处友好、彼此尊重。

吴道定教我们了解植物和动物。他带我们到田间地头捕捉蝴蝶制作标本，在湖塘里捞取藻类培养菌苗。试想，一群天真活泼的孩子，返回到大自然的怀抱，他们该是多么的惬意，知识就这样在愉快的交流和游戏中被植入心田。

刘昌盛教政治，在"大跃进"过后的年代里，他给我们反复讲述螺旋式上升，波浪式前进的哲理，一个指头和九个指头的辩证关系，引导我们憧憬那消灭了三大差别的美好的共产主义社会。

李家昌教代数，二年级因程炜老师去大炼钢铁，他也代理过我们的班主任。他讲起课来，语调高亢、激情飞扬，对不听话的学生挥鞭警示，对贫困学生热心帮扶，是一个性情中人。

唐惠璋是体育老师，从上海分配来汉，他学生时期曾是撑竿跳的冠军，带领我们通过劳卫制，进行冬季长跑，还教我们练跳马、玩双杠，提高了我们的身体素质。

杨学礼是俄语老师，从华中师范学院分来瓜中，教 1959 级的外语，他组织学生与苏联的中学生通信，将苏联的彩色明信片展示在走廊上，令我们好生羡慕。

丁时文是校医，白手起家创办瓜中的医务室，学生们头疼脑热的小病，在校医室就能解决。三年级时他兼任我们的生理卫生课老师。

这些老师当年都在 20 岁左右，他们心怀青春理想，不负人生韶华，有着饱满的热情和充沛的精力，全身心地投入培养学生。有一件事令我感动：1958 年学校建制后上级拨付了一笔资金，添置了不少仪器设备，有物理教学模型、显微镜、天平、玻璃器皿、地球仪、动物标本和人体骨骼模架等，还有单双杠、木马、体操垫、风琴等文体器材。老师们不失时机地利用星期天办了一个展览，把学生家长请来参观。那些从来没有进过校门、没有读过书的家长们，那些码头工人和种菜的农民，看到新的校舍和这些仪器设备，打心眼里为孩子们高兴，为孩子们的学习环境感到兴奋和羡慕，更感谢党和政府！感谢毛主席！

记得教音乐的周铭忠老师，他总是穿着一件藏青色旧呢大衣，经常露着忧郁的眼神。周老师嗓音洪亮，《三头黄牛一匹马》是他的保留节目，他教我们唱抒情歌曲和音乐欣赏知识，还给我们讲年轻的他如何追随冼星海，当年在"保卫大武汉"时高唱抗日救亡歌曲的故事。

当年由于缺乏教师，学校也聘用高中毕业而未考上大学的优秀学生临时代课。17 岁的彭桂珍就住在瓜堤，她代我们的地理课，1958 年她考上了武大化学系。1963 年我们也考取大学，北上求学时竟在火车上与彭老师不期而遇，她正好大学毕业分配到北京工作。徐永圣是一位个子很高的大男孩，成绩很好但当年没考上大学，他代我们初三的物理。课讲得极好，概念清楚、深入浅出，令我们学习兴趣大增。有一天他在讲台上摆弄一个交流电动装置，边演示边讲解，正在得意之时，突然大叫一声跳了起来，引起满堂惊骇，"这是怎么搞的？"他满脸通红连连责问自己，我们心中都知道，徐老师触电了！一年后他考上大学走了。

当年瓜中还有赵吉庆、陈建钟、陈行中等一批中年教师和杨校长、朱传雄主任等校领导，他们学识渊博，任劳任怨，为培养我们这一代人付出了辛勤的劳动，我们永远不会忘记这些可敬可爱的老师们。

## 三、素质教育

瓜堤街中学的三年学习生活，全方位的素质教育，为我们继续深造和服务社会奠定了坚实的基础。那时的学习紧张严格，那时的课余活动丰富多彩，那时的师生关系亲密和谐，许多细节和场景还历历在目，令人终生难忘。

大桥通车庆典。1957 年 10 月 15 日武汉长江大桥举行通车典礼，大清早我们穿着白衣蓝裤系着鲜红的领巾，捧着鲜花在汉阳龟山头列队，当解放牌卡车并排从武昌方向缓缓驶来，我们尽情欢呼，庆祝一桥飞架南北，天堑变通途，体会到了初中生的荣誉和社会参与的自豪感。

课前读报。每天下午上课前半小时，全体同学会入座，听值日生读报。人类第一颗人造卫星上天，毛主席接见留苏学生，亩产万斤粮，钢铁产量翻番等重大国内外新闻和报道，都是从读报中学习到的，不仅开阔视野，锻炼学生的组织能力，也提高了朗读水平。

街道宣传。1958 年是一个狂热和制造神话的时代，上级号召"超英赶美"，我们马上组织活报剧上街。龚德培和我扮成工人和农民，曹继宗和刘子仟演美国山姆大叔和英国约翰牛，他俩头戴马粪纸糊成的高筒礼帽，披上床单当成大氅，我们认真纵情地表演，从洲头到洲尾演了一场又一场，观众围了一层又一层。

学习小组。上课之余，学生就近结成若干个小组，在某同学家里集中学习做作业，还要相互讨论，相互帮助。做完了作业，还一起下棋、打球、看小说。我们集体阅读《钢铁是怎样炼成的》，齐声朗诵："人的一生应当这样度过，当一个人回首往事时，不因虚度年华而悔恨，也不因碌碌无为而羞耻……"

劳动锻炼。那时全民大办钢铁，我们的任务是锤矿石，做坩埚。记得某晚到晴川阁一带看老师炼钢，龟山脚下土高炉林立，红火一遍，倒也十分壮观。不一会儿欢呼铁水流出来了，过一会又说不对，那流出的是炉渣，令人捧腹。

勤工俭学。为了勤工俭学，在学校内我们编过草席，烧过耐火砖，最艰苦的是到沌口造纸厂拖芦苇。天气炎热，每人背一捆，芦苇重如千斤，从长江边爬坡拖到工厂的堆场，累得气喘吁吁，女生更是苦不堪言。好在都是在家劳动惯了的穷孩子，没有人怕苦怕累，反而磨炼了我们的韧性和耐力。

文艺汇演。文艺活动丰富多彩，自编话剧、舞蹈、合唱，演出水平不高但是热情高，也组织同学到中山公园，东湖过队日，举行新队员宣誓仪式。我们班沈纪星、周悦英、曹继宗三人的《妈妈你哟好糊涂》表演唱，参加了武汉市青少年宫的文艺汇演，获得全市中学生演出一等奖，这在瓜堤中学来说还是破天荒的第一次。

诗歌创作。那是一个满怀激情的年代，写诗歌也要放卫星，同学们四言八句，都能来上几句。1959年我写了一首新诗，名为《我站在扬子江畔眺望》，以一个少年的目光，见证了杨泗港建设的全过程，歌颂家乡在"大跃进"年代发生的巨大变化，参加武汉市少年儿童诗画展。经评审获得诗歌二等奖，沈继成有一首题为《鹦鹉洲巨变》的抒情长诗获得了一等奖，喜报传来，全校振奋。刘仲萌老师即兴写了一首打油诗，贴在红砖教室的南墙头："常恒毅、沈继成，瓜中当代小诗人，诗获武汉市嘉奖，戒骄戒躁奔前程。"

打乒乓球。体育活动项目多样，但当年最热的是乒乓球。1959年容国团战胜匈牙利选手西多获得世界单打冠军，更激发了我们的热情。学校、班级都有代表队，一般人也挥拍上阵，刘仲萌老师还请外面的球队来学校打比赛，吸引了不少观看者。刘老师打出了前所未见的削球，以柔克刚，令人眼界大开。

阅读小说。1958年的夏天，出版了一大批优秀的小说，《林海雪原》《青春之歌》《苦菜花》《敌后武工队》《野火春风斗古城》，校图书室如数采购，我们都如饥似渴地争相传看。1959年我的兴趣又转为读科幻小说，法国儒勒·凡尔纳的《神秘岛》《海底两万里》《地心游记》《八十天环游地球》都是我的最爱。阅读是我一生的爱好，虽然阅读的内容随着年龄而改变，但阅读的习惯一直保持到老年。

## 五、告别母校

1960年夏天，我们初中毕业了。有的同学上了高中、中专，有的同学走向社会，劳动就业，三年同窗之情，令我们依依不舍。在学校操场拍了毕业照片之后，我们重又走进教室，大家默默地擦拭着课桌和座椅，向老师告别，向瓜中告别。

随着我们的离去，瓜堤街中学搬迁到建港新校区，那里建起了一座两层的红色砖瓦楼房，教学条件也进一步得到改善。但是，在这里学习和生活了三年的瓜中第二届的同学们，对于这座古老破旧校园的关闭和搬迁，仍带有几分不舍和眷恋。

我们将课桌打扫干净后，扛在肩上，一人一个，列队前行。我们要为母校再尽一份微薄之力，表达莘莘学子最后的心意，把它搬到五里之外的新校舍，安放在宽敞明亮的新教室内，行注目礼后缓缓地走出了校门……

1962年瓜堤街中学定名为武汉市建港中学。在改革开放的年代，一直到21

世纪，建港中学获得了飞速的发展。校容校貌不断改善，教学质量不断提高，优秀人才不断涌现，已经成为武汉市的一所先进学校，为祖国和人民培养了大批栋梁之才。

我的老家就住在建港的洲头一村。虽然离开瓜中之后走南闯北几十年，但是当我有机会回到汉阳鹦鹉洲，路过建港中学的大门时，我总是会深情地望上一眼。怀念那些可敬的老师，怀念那些少年的同学，怀念那些快乐的初中生活。

21世纪初，同学们开始进入退休年代，大家心情欢畅、安居乐业，聚会的机会逐渐多了起来。2000年我们全班同学首次聚会，回到建港中学母校，看望解光宇、程炜、吴漳宜等老师，参观新建的教学楼和实验室，今天的学习条件与我们当年的瓜中相比较，真感天壤之别。

在后来的岁月里，大家见面更多，相互关心、相互帮助。2010年我们隆重举办武汉市建港中学（原瓜堤街中学）60届同学毕业50周年庆祝联欢会，明媚的春光伴随我们来到谭树人同学经营的海天农庄，在湖光山色之中，我们这些两鬓斑白的老同学，欢声笑语、举杯高歌，回忆我们少年的友谊，祝愿师生们健康长寿。

图 6-26　相识五十年解放公园留影

会后，在刘冬芝同学的操持之下，编辑出版了《半个世纪同窗情》纪念册，诗词散文、旅游风光、图文并茂，真可谓"我们的生活充满阳光"。

2006年10月，菊花盛开、丹桂飘香，师生相聚汉口解放公园，纪念我们从瓜堤中学开始相识，至今已经走过的五十个年头（见图6-26）。参加聚会的老师有李家昌、刘昌盛、程炜、吴漳宜、丁时文，还有我们这些老学生们。

往事已逝，生活还在继续。在鹦鹉洲这片古老土地上播撒的友情种子，已经长成参天大树，最淳朴、最纯真的少年时代的友谊将永远长存。

# 瓜中一年半

乐正友

1959 年秋，我从两湖小学毕业后进入瓜堤中学学习。

1961 年寒假，瓜堤中学从瓜堤搬到建港，建港已不在鹦鹉洲的十里长街上，因此，我在十里长街鹦鹉洲的瓜中上学只有一年半。虽说只有一年半，但在这一年半里还是有许多事难以忘怀、想要说说的。

在说瓜中一年半之前，先说个开心的"摸鱼"序曲吧。

那是在汉阳二十三中参加完小升初的考试后，时间已经是下午了，我们几个同学从正在修建的鹦鹉大道走回家，走过桥机厂时，发现路边的小河沟里有好多鱼。这下我们可高兴了，一个个地跳下河沟就摸起鱼来。不知当时是鱼笨呢还是我们手巧，不一会儿，我们就摸到了好多条，放在岸边堆成一堆。正当我们摸得高兴时，看见有个大人跑了过来，他边跑边喊：这是队里的鱼，不许摸鱼。我们见状，赶紧上岸，一个一个地伸出两手，抓起几条鱼就跑。我当时也抓了几条，跟着张西高一起，跑到他家去了。他家是卖菜的，我就把几条鱼留在了他家。这次摸鱼是我小学毕业的最佳留念。

暑假过后我就去瓜堤中学上学了。瓜堤中学的校舍很简陋，有几间教室，一个小礼堂，还有一个小操场。操场面积很小，大概只有两湖小学的四分之一吧。礼堂里有个小舞台，我们的教室就在礼堂外侧边的一排活动房里。虽然校舍简陋，但我们的老师都很好，都很敬业，给我们留下了很好的印象。

我们的班主任是李家昌，个不高，皮肤白净，戴个白边的眼镜，很精神，有才华。李老师教我们代数，讲课声音洪亮，富有激情，满口的武汉话，像机枪一样连续不断。李老师讲课从不看书，爱写板书。一堂课下来，他身上从上到下全是粉笔灰。上课时，如果看到有同学趴在桌子上睡觉，他有时就会把粉笔头扔过去。

上中学后就开始学外语了，我们当时学的是俄语。教我们俄语的是程慕胜老师，早读时，他经常来带我们念课文。程老师有点口音，课后同学们爱开玩笑学他的发音。程老师后来离开了学校，教我们俄语的老师换成了杨学礼。杨老师是广东人，个较小，学识渊博，课讲得好。

初中时我在三班，班上三四十个同学中，新认识的同学比较多。原来两湖小学的同班同学，由于年龄或其他原因，很多同学都没有继续念书，继续在瓜中念书的，也有些分到了其他班上。

当时班上的大哥大是张运福，他个子高，能说会道，一表人才，他是班上的体育委员。开学不久，他就给我起了个外号。班上的活跃人物是钟呼明，个不高，爱说话，人称"钟牛皮"，是我们班的班长。他是从十二小来的，和同学的关系不错，也能和女同学说上话。在那时，男同学和女同学之间一般都没有什么来往，也很少说话。班上的明星人物是黄玉卿、曾金荣和钱和清。初一下学期时，黄玉卿和曾金荣被刚成立的武汉电影制片厂选走了。其后，钱和清又被滑翔学校选走了。据说钱和清是先到滑翔学校培训，然后再到飞行学校去学习，将来能当飞行员。这三个同学被选中，轰动了全校，几乎个个同学都羡慕他们。然而，谁也想不到的是，过了一年，由于国家对电影制片厂进行调整，黄玉卿又回来读书了。黄玉卿回来后，仍和我们班一起上课，他天资聪明，虽然少学了一年，但学习成绩依然很好。其后，听说钱和清也因病回家了。他住在崇善后街，离我家不远，我去看过他。他告诉我，本来他们在滑翔学校学两年后就转入其他学校学习的，他已经学了一年多，不幸染上肝炎，学校就把他退了回来。退回来后，学校一概不管，全部由自己安排，他也不想再回瓜中继续读书了。后来，崇善后街发生了一场火灾，他们搬了家，从此也就失去了联系。

我们班除了张运福外，还有常运福和胡全福，号称"三福"。这三个同学聪明，活动能力强，有点小淘气，还有点不那么听老师的话，于是就有了班主任李家昌老师的一句名言，"三福是三害"。话虽这么说，其实李老师还是很喜欢这三位同学的，喜欢他们的聪明，喜欢他们调皮不捣蛋。有时，班上的一些事情，李老师就让张运福去张罗。

"穷人的孩子早当家。"我班有个王寿彭同学，他小学六年一直和我同班。他家住在崇善正街上头，家里有个姐姐，比他大一点点，母亲去世早，父亲是修钟表、钢笔的，家里还开了一个小小的杂货店维持生计。杂货店有时要到西大街去进货，有一次我跟他一起去西大街，当时来回的交通只有"11 路"，也就是走去走回。"11 路"是对两条腿走路的形象称呼。回来时，他挎着一个大篮子，里面装满了进的货，分量不轻，虽说已是初冬时节，但他还是满头大汗。当年他也就十二三岁吧，真不容易。

上中学后，学校的课外活动也丰富一些了。记得是 1959 年初一上学期，李家昌老师和杨学礼老师带我们去参观武钢。武钢是 1958 年刚投产的，对我这个孤陋寡闻的乡下人来说，在现场看高炉炼钢、出铁，确实感到震惊。怎么去的，不记得了，但回来时，是坐划子过江的，这个印象很清晰。因为当时两个老师坐在划子上聊天时说到了我，杨老师要我加强俄语的口语练习和朗读能力，要我在阅读课文时，一定要大声地读出来。这个教导，让我受益匪浅。

转眼到了初一寒假，由于建港拆迁，我们家搬到老家后面的作业区职工宿舍暂住。一天上午，忽然听到外面叮叮当当的锣鼓声由远而近，越来越响，我很好奇，出门一看，竟然是我们的班主任李老师带着班上的几个同学到我们家来了。他们从瓜中走到建港，是来给我家送喜报的，缘由是我期末考试成绩优秀。我的父母都很感动，觉得这个老师真好，一再说："这么大冷天，老师您这么老远跑来，真谢谢您了。"

李老师经常家访，他去过李有才家，去过李赛家，还去过白大陆家、王寿彭家和我家等等。每个同学的家庭情况，父母的工作情况，他都很了解，和同学家长的关系也很融洽。

有时，他也带着我去家访。有一次，他带着我去来自湖南的段同学家，这个同学的父母见老师来访，非常热情，连忙在家里做擂茶招待。这是我第一次，也是唯一一次看到擂茶的制作过程。擂茶做好后，李老师就和这个同学的父母随意聊了起来，同时也把这个同学的学习情况以及在学校的表现等和家长谈了谈。擂茶真香，真好吃，这是我第一次，也是唯一一次吃擂茶。

从这个同学家里出来后，李老师对我讲："与君一席话，胜读十年书。"这句话，让我记了一辈子。李老师还有一句让我记了一辈子的话是"三年不鸣，一鸣惊人"，这是后话，暂且不表。

那个年代，鹦鹉洲的小孩家里都很穷。为了有口饭吃，有的同学就去钓鱼，有的同学就去抓青蛙，还有的同学在家里砍莲子，去野外挖野菜等等。我班有个同学，有只眼睛不太好，经常晚上去抓青蛙。有次实在太困了，他就把头枕在铁轨上睡觉，谁知来了火车，这位同学就在睡梦中进入了天堂。

为了帮助我们解决一点家里的困难，初一暑假时，班主任李老师联系了一家国营的瓜果批发行，让我们几个男同学去勤工俭学。这家瓜果行在显正街江边有一个大仓库，我们几个同学就住在仓库里。仓库的大门外，是这个仓库的自用船码头，从码头水面到仓库要爬一个两层的大台阶，可能有四十到五十级吧。我们的任务是从船上卸瓜。当时送瓜来的都是些小划子，主要送的是西瓜。每当有装西瓜的船到时，我们几个同学就从江边到仓库排成一长排，然后把西瓜一个一个地传到仓库里。西瓜有大有小，大的西瓜都有十来斤之重，扔过来接不住就会掉在地上被摔破。这些摔破的西瓜可以随便吃。那一年，我们这几个同学都把西瓜吃腻了，真是吃的不想吃了。我们住在大仓库里，一日三餐要靠自己去解决。

显正街有个大的酱菜店，他们有个食堂对外营业，我经常去那里买饭吃。有天吃午饭时，我买了一份竹叶菜，没想到吃着吃着竟然看到一条大菜虫，当时就一阵恶心。从此以后，我就再也不吃竹叶菜了，直到如今，60多年了，我都不吃竹叶菜。从船上卸瓜的活比较轻松，每次船上装的货物量都不大，一两个小时就可以卸完。没有船来时，我们也没有事干，就在仓库里玩。有时，我们也到汉阳火车站去卸西瓜。用火车运来的西瓜叫"车瓜"，这些西瓜都是从河南运来的，个头都很大，有的都有二三十斤重。卸"车瓜"就不那么轻松了，瓜大、货多、很累。记得有天晚上很晚了，我们去汉阳火车站卸"车瓜"。当时，我一不小心，一个大西瓜没有接住，打在我的左腿上，西瓜上的煤渣把小腿刮破了一块皮，鲜血直流。后来自己又没有注意，伤口感染，过了好久才好，但留下了一个至今都还能看到的疤痕。

不过我勤工俭学只做了一个月，暑假的其余时间就在家里玩了。

那年的夏天特别热。有一天我和李友才跑到还没有竣工的"瓜中"新教学楼的楼顶去乘凉。我们一人拿了一张草席，爬到楼顶，哇，真凉快。我们把草席铺开，躺在楼顶上，望着夜空，吹着凉风，实在舒服。躺了一会，受不了了，风太大。于是，我们卷起草席，爬下楼来，一到地面顿时就感到热气扑面。商量了一下，又准备走到江边凉快凉快去。

去江边的路上，我们顺道叫上了黄礼辉，他是我班的俄语课代表，俄语说得顶呱呱的。在江边我们找了个地方坐了下来，看着夜行的船灯忽闪忽闪，听着江中的流水哗啦哗啦，我们东鳞西爪地聊了半天，然后就回家睡觉了。

初二开学，我们又回到了学校。

暑假的勤工俭学，给班上筹集了点班费。班里拿班费买了个篮球，还买了副羽毛球拍。男同学玩篮球，女同学玩羽毛球。一到课间，大家都跑向操场，时间虽短，也玩得个不亦乐乎。

在瓜中时，我上学、放学都喜欢走鹦鹉小路。和正街的大路相比，这条路人少，清静，而且还有水有树，有草有田，田园风光，令人喜爱。走这条路还有一个原因，那就是经常可以听到高音喇叭的广播。这些高音喇叭不知道是哪里的，或许是生产队的吧。喇叭里时不时会播一些歌曲和音乐，这才是我感兴趣的内容。

当年，那《花儿与少年》的歌曲，《花儿与少年》的小提琴曲，不时响在我耳边，边走边听，如痴如醉，得意起来，还手之舞之，足之蹈之。我对音乐有点敏感性，或许是因为我姓乐吧。

吴祖应的家就在鹦鹉小道路边，每次走鹦鹉小路时都要从他家门前经过。但一次也没有碰到过他,更没有和他一起去上过学。吴祖应是书法家,写得一手好字。

这张照片（见图6-27）是我班十个同学在中山公园游玩时照的,当时可能

图 6-27  同学合影

正是九九艳阳天。这张照片像春风一样吹进了教室,好多同学心里都泛起了微澜,春天来了! 春天来了!

寒假时,瓜中搬到建港去了。去建港后,我班有趣的故事更多,也更精彩了。不过,正如前面所说,此时的瓜中是在建港而不是在鹦鹉洲的十里长街上,位置超出了本文集征文的范围,故而暂且放下,等以后有机会时,再来慢慢说吧。

# 情系鹦鹉洲

黄玉卿 [①]

唐朝诗人崔颢曾经在长江边上咏叹："昔人已乘黄鹤去，此地空余黄鹤楼。黄鹤一去不复返，白云千载空悠悠。晴川历历汉阳树，芳草萋萋鹦鹉洲。日暮乡关何处是？烟波江上使人愁。"诗中所指鹦鹉洲就是我的故乡，令人梦系魂牵的地方。

鹦鹉洲名闻遐迩，不完全因"芳草萋萋"而成名，鹦鹉洲历经沧桑，沉浮千年。我这里不打算讲述该洲的厚重历史文化，也不准备细说洲内五府十八帮势力的划分。我只想回放几个片段，找回过去的印象，以慰思乡之情。

20 世记 50 年代鹦鹉洲还是一块"藏在深闺人未识"的瑰宝，这里民风淳朴，洲上居民大都来自湖南、江西、湖北，世代友好相处。那时鹦鹉洲从洲头到洲尾绵延十余华里，宽五六里。洲内有一条横贯东西的长街，长街的路面中间铺的是横排大青条石，两边是竖排的青石或花岗石，这里是洲上中心地带。小街宽不过三米，街道两旁大都是板壁屋，每隔一二里便有一座带有湘、鄂、赣地方特色的会馆。会馆建筑是鹦鹉洲的特色，其外观飞檐斗拱、富丽堂皇。尤其是临街的杨泗庙，巍峨壮观、气势恢宏，庙内

图 6-28　卖汤圆

天天有晨钟暮鼓的响声；香火袅袅、善男信女进进出出，给小街增添了不少神秘色彩。小街布满了木行、客栈、茶馆、酒楼、诊所、杂货铺、理发店。虽算不上繁华，但白天人流也是川流不息。来这里的人大都是周边乡下上街卖菜的农民、

---

① 黄玉卿，1945 年 1 月生，湖北武汉人。1962 年毕业于武汉建港中学。武汉市新洲区人民检察院副检察长。

从洲外挑着货担在街上吆喝的小商小贩、南来北往的商贾。一到晚上小街比较静谧，街灯昏黄、人影稀少，每晚只有贩卖夜宵的货郎，有一声无一声地敲着梆子，拖着长长尾音，叫卖水饺和汤圆，给小街的夜晚增添了不少生气。晚上最具人气的地方是茶馆。茶馆里坐满了人，一人一把茶壶、一只茶盅，喝茶的人一边津津有味地品尝着茶的味道，一边聚精会神地听着台上的评书。茶馆里有时会有戏曲、皮影等节目，此时是晚上最热闹的时候。茶馆内灯火通明、锣鼓喧天，茶馆外人群是里三层外三层、笑声串串。这种亢奋的心情一直持续到第二天，人们聚在一起的时候还会兴高采烈地议论剧中的人物、情节……

鹦鹉洲素有排都之称，这里的人们大都从事与木材相关的行当，而木材主要采自邻近省份的山区，然后扎成大排顺江而下直抵鹦鹉洲，再通过木行销往各地。久而久之，这里就成了长江流域最大的木材集散地。

每年从上游下来的木排不计其数，每当木排来到洲上，其场景十分壮观。木排大多清晨靠岸，放排佬乘长风、破云雾，似从天际驶来。排上鼓乐喧天，号子声不绝于耳。江滩上彩旗招展，鞭炮齐鸣。紧接着祭谢水神杨泗菩萨，木行老板宴请各路宾客。为酬谢街坊们的关照和支持，老板也会在商行门前搭上布篷，摆上酒席免费招待邻里乡亲。木排抵岸是洲上最喜庆的日子，就像过年一样。大人们忙着送祝福、接生意，小孩们最快乐了，串东家走西家，嘴上总是吃得油滋滋的，荷包里小吃还装得满满的。小伙伴这几天经常聚在一起躲猫猫、做游戏玩得不亦乐乎，直到深夜还在街上大呼小叫："伢们嘞，出来玩嘞；莫在屋里打脾寒嘞！"

几十年一晃就过去了，我很少回鹦鹉洲。但对这个地方却有特殊的感情，尽管现代化的物流港口代替了昔日的木材集散地，但却替换不了我脑海里储存的记忆。我写儿时鹦鹉洲，不是怀旧，而是告诉后人，过去鹦鹉洲是一个独具风采的地方。

# 第七章　往事回眸

# 鹦鹉洲上的普济诊所

张传壁<sup>①</sup>

三国名士祢衡一首《鹦鹉赋》，鹦鹉洲由此得名，后来鹦鹉洲渐成为国内著名的五大河洲之首。清末民初，鹦鹉洲为长江流域，乃至中原地区最大的竹木集散地，一直延续到中华人民共和国成立初期。

鹦鹉洲千古流芳，阅人间传奇无数。中华人民共和国成立前后，父亲张厚焜在这片神奇的土地上，从事了多年的医疗卫生防疫工作。

曾祖父张明金清末学士，都司衙门官员，家道小康，住武昌粮道街涵三宫。父亲生于1918年，时逢战乱纷扰，政局动荡，疾病流行，缺医少药。当父亲蹒跚学步时，祖母因疾病不幸罹难。为此，父亲从小立志学医，高中毕业后考入湖北省武昌一所医科学校学习西医。

1938年1月，白求恩大夫率领援华医疗队来到了当时中国抗战的临时首都武汉，在等待北上期间，武汉遭受到日本侵略者的疯狂轰炸，白求恩不顾个人安危，与助手在汉阳显正街高隆庞修女会诊所（又译"圣柯隆伴"诊所，为爱尔兰天主教开设，即现在的武汉市第五医院）为伤员截肢、止血、取弹片，持续工作一周。适时，父亲正在该诊所实习，目睹了白求恩大夫的精湛医术和高尚职业精神，并暗自决心钻研医术、学习本领，像白求恩大夫那样治病救人。由于实习表现优秀，毕业后受聘于湖北省第八区卫生戒烟院。该院先后委任他为助理医师、医师。

1938年秋，武汉沦陷。国民政府撤退重庆，江城百姓，惨遭蹂躏。为了生存，父亲逃离武汉，颠沛流离，四处谋生。先去襄樊，后辗转到湖南常德县，在常德县卫生院谋得医生一职。父亲勤奋工作，刻苦钻研，救死扶伤，恪守医德。父亲在常德医院工作多年，倍受院方肯定，深受患者爱戴。这期间，

图7-1　张厚焜受聘于湖北省立第二师范学校信函

---

① 张传壁，1950年12月生，湖北武汉人。1986年毕业于武汉广播电视大学。武汉市无线电电容器厂厂长、经济师。

父亲在临床中提高了医疗技术，积累了治疗经验。

1945年，抗战胜利。父亲从常德返回武汉，受聘于湖北省立第二师范学校（见图7-1）。

抗战胜利后，鹦鹉洲人口激增，茶馆商铺林立，经济快速发展，医疗需求扩大，求医问诊人多，无奈鹦鹉洲医疗设备简陋，医疗机构奇缺。清雍正九年（1731年）汉阳设立麻风医院，为汉阳最早医院；清光绪十六年（1890年）美国基督教浸礼会在汉阳泗湾设诊所；1928年，爱尔兰天主教在汉阳显正街开设高隆庞诊所。

当年鹦鹉洲仅有几家中医馆，比如两湖正街乔厚诚先生的乔德堂中医馆，瓜堤正街杨德斋先生的太山堂中医馆，崇善正街宗艺斋先生的宗寿丰中医馆等。一般是中药铺兼行中医，在鹦鹉洲也颇有一些影响，但在西医方面，尚属空白，医疗空间很大。

1946年初，鹦鹉洲一带瘟疫流行，疾病暴发，肺结核、梅毒及各种流行病肆虐，人们生活痛苦，生命堪忧。父亲见状，决定开一间西医诊所，于是辞去校医工作，租下崇善正街91号，经过筹备，"普济诊所"挂牌开诊，母亲成了他的得力助手。普济诊所地处鹦鹉洲最繁华地段，位于崇善正街，左边是宗家中医药铺，右边是泰森大

图7-2　父亲缴税凭单

茶馆。青石板马路对面是杂货铺、理发店、酒楼，后面不远处是长江鹦鹉洲码头，江面上停满各式船舶、木排和竹筏，码头上人声鼎沸，交易繁忙。

父亲行医多年，对青霉素、"德国狮牌606"等西药性能了然于心，在治疗肺结核、梅毒、流感等疾病方面有比较丰富的临床经验。父亲在行医中，细心问诊，对症施药，周到服务，仁心仁术，十里八乡，口碑相传，汉阳老关、三里坡一带的患者也慕名上门求医。医疗高峰时期，用药量剧增，母亲常行走于崇善正街—棉花街—南岸嘴—汉水—集家嘴—六渡桥—西药房采购药品和辅料，往返几十里路，为治病人，不辞劳苦！

父亲广施仁爱，感动无数人。曾有湖南益阳一名木商，放排来到鹦鹉洲不幸染病，高烧不退、咳血不止、生命垂危，求医找到普济诊所。父亲为他精心医治，几个疗程下来，木商大病痊愈。为感谢父亲，他回湖南老家，选购上好木料，聘请能工巧匠，制作了一套木沙发和一张十抽屉的整张台面大写字台，择良日启程，乘木筏走资江、过洞庭、顺长江而下，千里迢迢送到普济诊所来，以谢救命之恩，

这套家具至今还珍藏在鹦鹉洲的老家中。由于父母亲辛勤经营，收入渐丰，随后买下了崇善正街91号房屋，改善了行医条件。父亲奉公守法，积极缴纳税赋（见图7-2），回报社会，感恩政府。

中华人民共和国成立初期，疫病流行，引起了党和政府的高度重视。1949年10月察哈尔省察北专区鼠疫暴发和蔓延后，中央人民政府政务院召开紧急防疫会议，采取了各项紧急措施，制止了疫情的发展。毛泽东同志在为中共中央起草的关于加强卫生防疫和医疗工作的指示中指出："今后必须把卫生、防疫和一般医疗工作看作一项重大的政治任务，极力发展这项工作。"1950年初，中央人民政府卫生部、人民革命军事委员会卫生部联合颁布《关于预防霍乱的指示》。中央人民政府卫生部发出了《种痘暂行办法》《关于对血吸虫病防治工作的指示》《管理麻风应行注意事项的通报》和《交通检疫暂行办法》等文件。

遵照中央、中南卫生部和武汉市人民政府的指示，为推行公共卫生政策，组建卫生网，武汉市卫生局委托普济诊所为武汉市第一六九号防疫保健站。普济诊所大门上用白色油漆、蓝色字体，书写着"普济诊所注册西医张厚焜"，大门旁边挂着"武汉市第一六九号防疫保健站"牌匾，两块牌匾醒目耀眼，老一辈鹦鹉洲人记忆犹新。

图7-3　医师委托书　　　图7-4　临时执照　　　图7-5　武汉市卫生防疫委员会表扬证

同时，政府给父亲颁发医师委托书（见图7-3），并颁发临时执照（见图7-4），任命父亲担任防疫保健站负责人，负责鹦鹉洲辖区卫生防疫工作。父亲积极按照防疫保健站工作规程的要求，在鹦鹉洲开展种牛痘，预防注射霍乱、伤寒疫苗等工作。到单位、学校进行卫生的健康检查和宣传教育；到街道居民地开展环境卫生、传染病预防、日常生活卫生及防疫等宣传教育，上报卫生防疫站开展工作的信息；协助妇幼卫生站开展妇幼卫生宣传教育，指导妇幼医生按工作规程开展妇幼卫生工作。为推动鹦鹉洲卫生防疫工作的健康发展作出了一份贡献。在消灭天花、霍乱、鼠疫等传染病爱国卫生运动中，特别是在武汉市开展的种牛痘防疫工作中，父亲表现突出,经群众评议,组织考核,武汉市卫生防疫委员会于1951年2月给予表彰,以资鼓励(见图7-5)。一六九号防疫保健站成为鹦鹉洲上卫生防疫保健的"先锋哨所"。

1951年3月父亲加入了武汉市医务工作者联合会组织。次年10月,因公立

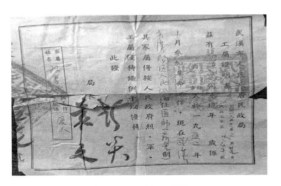

图7-6　工属证明书

医疗卫生事业的发展需要,经过考核,父亲被选调进入汉阳区政府第二卫生所。1953年2月,武汉市人民政府民政局为父亲颁发了工属证明书(见图7-6),"按1952年10月参加革命工作,现任医师,实行薪金制,其家属亦享受政府优待"。从此,我父亲正式成为国家医疗卫生工作人员。1954年,武汉市发生特大洪水,组织上调令父亲任汉阳区防汛指挥部医疗队队员。父亲积极参与抗洪医疗救治和灾后防疫工作,对重点疾病进行监控,控制疾病流行,日夜奋战在抗洪一线。

1955年,国务院批准颁发了《传染病管理办法》。武汉市政府积极贯彻落实国务院政策精神,加强防疫队伍建设和防疫管理工作。武汉市政府卫生局鉴于父亲在防疫工作中的优良表现,将父亲调入汉阳区卫生防疫站工作,任防疫股股长,负责卫生防疫的宣传、实施、督察工作。次年,父亲被评为汉阳区卫生防疫先进工作者。1957年,父亲参加了武汉市汉阳区脑炎防治工作(见图7-7)。

图7-7　武汉市汉阳区脑炎防制工作胜利后的合影

　　同年，父亲被选派参加武汉医学院进修，学习流行病学和临床医学等专业课程；1961年调入汉阳西大卫生所车站卫生院（后更名为汉阳区人民医院）工作；1980年退休后回到鹦鹉洲，又被洲头卫生院返聘工作至1993年，父亲在75岁高龄才离开一生挚爱的医疗卫生岗位，安享他的晚年生活。2008年，父亲溘然长逝，享年90岁。

　　百年沧桑，百年巨变，父亲的一生都奉献给了这片深情的土地，奉献给了他钟爱的医疗卫生事业，有道是：

厚德笃行途多舛，

焜煌西学护梓桑，

普天匝地念苍生，

济世为怀效岐黄。

# 脑海钩沉鹦鹉洲

肖啟家

　　我生在鹦鹉洲，长在鹦鹉洲，童年的记忆全部都留在鹦鹉洲。随着年岁渐老，留存的印象却似乎变得愈来愈清晰了，时不时蹦出来，让我不由拿起笔，把它们尽量记录下来，与家人和朋友分享。

## 一、两湖正街有我家

　　两湖正街中部49号是我家，从出生时起，我在此生活了十三年。我家房屋是长方形，有两层楼高，青砖灰瓦，外刷白粉，内衬木板。临街是个小院子，院墙有一人多高，有道半圆形院门。房屋大门高大厚重，进去中间是天井。天井四周有回廊，用木栏杆隔开。回廊两边是厢房，回廊正面是堂屋，空间很高，梁柱很粗，屋顶有玻璃亮瓦。堂屋两侧各有两间正房，靠前的两间正房的窗子开在堂屋门外，借天井的光。靠后的两间正房窗子开在室外，都装有铁栏杆。堂屋和厢房的门都是格扇形，上部是四块透明小玻璃，下部是木板，雕有花鸟图案。堂屋共有十扇门，两边厢房各有六扇门。每扇门高两米，宽四十厘米。每两扇门对开对关。跨过堂屋后边的一对格扇门，进入倒座。倒座一端是一个高大的神龛，供着菩萨。另一头连着一条过道，走完过道是一块约五平方米的连接处，将大厅和厨房连起来。连接处另有一扇门通往房东侧的大院子。厨房很大，有烧煤球的炉，烧柴火的灶，烟囱通向房顶外；有备菜的大长案板，有两口大水缸；有砖水槽，将废水排放到外面的阴沟里。厨房朝江边有两扇大门，称为后门。大院子有扇木门面向两湖正街。整个房屋设计科学，用料考究，建筑精良。天井地面低，有下水池，排水通畅，采光好，阳光能照进房内。屋前小院能隔开街上的喧哗声。屋旁的大院提供了室外活动空间，亦能晾晒衣被。砖墙厚实，又加衬一层木板隔热，冬暖夏凉。厨房独立，与住房隔离，干净卫生。另开后门通往长江边，取水相对方便。居住五十余载，未有漏雨透风，门窗完好，地板、楼板都未有腐烂。堂屋等处地面虽不是水泥地，也非常平整，坚硬。

　　两湖正街由青条麻石铺就，每块麻石长约一米，宽约四十厘米，中间横排，两边竖列。麻石两旁泥土拱卫，扎扎实实，平平坦坦，干干净净。最喜欢最亲近小街的是学生，清晨天蒙蒙亮，姐姐的同学就会敲开我家大门，邀姐姐一同去学校。中午时分，两湖小学放学，一群小学生叽叽喳喳，嘻嘻哈哈，小街上飘洒着欢声笑语，直至学生各自到家，慢慢恢复宁静。不论白天夜晚，学生身影总在小街闪现。我家院墙紧靠小街，幼儿时期在院内玩耍，我常扒开院门，从门缝往外看，小街上人来人往，觉得新奇，很想出去走一走。后来牵着大人的手上街购物或串门，到上学年纪跟着姐姐一起去学校，再到独自上街去学校，在街上自由自在地行走。不光是白天，中学时还要到校上晚自习，每天几次穿行小街，对小街由陌生到熟悉，由疏远到亲密。十余年，来回万余次，行走得踏踏实实、平平安安。

两湖正街，童年的小街，终生的小街。

## 二、兴盛源自木排来

从 19 世纪末到 20 世纪 50 年代初，鹦鹉洲是武汉的一个水运码头，主要货物是从洞庭湖下来的木材和楠竹。随之而来的许多湖南人在洲上定居，洲上陆续兴起大大小小许多家木行。听母亲讲，我的曾祖父从湖南益阳只身一人随木排来到鹦鹉洲，开始学徒帮工，后来自立做生意，开木行。他活了八十多岁，我曾见过悬挂在堂屋墙上他的大幅照片，长长的白胡子，很有威严的样子。曾祖父将木行传于我父亲（因我祖父早逝），树堂大哥帮忙打理，直到中华人民共和国成立初期，约六十年。日本入侵武汉时，全家躲避至湖南老家乡下，停业几年。幼时在屋里见过一块厚木油漆招牌，约一米长，三十厘米宽，写有白底红色正楷字：肖新顺木行。木行短时间内请过管账先生和做饭大师傅；有过两个徒弟，一个叫刘官，天门人；一个是祖母娘家侄孙。木行常要接待往来的生意客人，我家天井两边的厢房里，都备有长条板凳、铺板、被褥等物品，客商到了，随时搭铺，接待住宿，安排伙食。大嫂负责做饭，半夜来了客人，她都要爬起来帮忙烧火做饭。我家一直是守法经营，1952 年"三反五反"工作队对洲上的工商业者说："你们都要向肖树堂学习。"木行歇业后，大哥在洲头崇善正街与人合办过缝纫学校，招收过两期学员；在瓜堤河街短期合办过畜牧养殖场，喂养鸡鸭鹅。1955 年大哥进入武昌的木材加工厂工作，再到汉阳新五里中南木材一级站工作到退休，一生与木材打交道，一生居住在鹦鹉洲，可谓真正的鹦鹉洲人。

## 三、一世情缘结桃江

与码头相关，最重要的组成人员是码头工人，洲上俗称做搬运的，人数较多。50 年代初成立了搬运站，以后组成为装卸公司。我曾在冬季与同学一起到洲头搬运站的澡堂洗澡，里面不暖和也不冷，都用小木桶舀热水往身上猛冲，爽快得很。我有个本宗族的兄长是洲头站的工人，住我家斜对面，知道我喜欢看小人书，就经常从搬运站图书室借小人书回来，带给我看。十几年以后，我已在青山武钢工作，又与装卸公司有了一点特别的联系。那时，洲头搬运站已成为武汉装卸公司汉阳作业区一站（简称"汉阳一站"），在洲头的新五里（原荒五里）处。我与终身伴侣相识时，她正是汉阳一站医务室的医生。她在那里工作三年，我去过多次。汉阳一站的工人上班特别早，医生七点之前就必须到岗，因此每天都是我送她，从青山搭头班公交车去鹦鹉洲上班。更巧的是，我的岳丈也是从湖南益阳桃江而来，是从事搬运的码头工人。我与妻子两个桃江青年在鹦鹉洲喜结良缘。

## 四、各具特色各业旺

顺江而来的楠竹成为洲上的重要生产原料，从事楠竹加工的人家不少，我的小学同学有几位家里就是从事此业。放学后到他们家玩，看到很长很深的房屋及后院里堆满了竹子，正在加工成细长竹条、竹片，用作竹篮、簸箕、筛子等的原料。还有的竹子加工成扁担、竹杠等大件。洲上的湖南人除了做木材生意，一些居住在河街的湖南人专做豆腐生意。小时候我经常从家后门出去，拿一角钱，用一只碗装回三块豆腐干子或三块水豆腐。附近几家卖豆制品的，各家都很干净，水缸、木桶里装的都是晶亮的豆腐，给人清凉清爽的感觉。湖南人还经营擂茶生意，这是湖南人的专利。将芝麻、茶叶、黄豆等放在擂钵里，用一根长木棒，使劲擂动成碎粒，取出加水烧开，成白白的乳汁，很香，好喝。每到夏天，太阳西斜，我家后门不远处的一户人家就打扫门前空地，摆上几张方桌，几条长凳，开始卖擂茶，座无虚席，多是周围邻居，边喝擂茶边乘凉聊天。后街后地一带的居民多是从事农业生产，多数种植蔬菜，还有种水稻的，所以还有几块打谷场（也叫稻场）。由于打谷场又平又大，也是我们学生伢踢皮球的好场所。

提起菜地，记忆深处的一幕浮现眼前，那是个初夏傍晚，我和母亲去汉阳协成剧院看戏，那时在两湖小学的侧墙和西湖后街的交叉处，有人力车守候，我和母亲坐上车，一路上无边的黄色菜花在暮色中格外亮眼，微风送来熏人的花香。还有少量的菜地和池塘分布其间，绿油油的小白菜真是青翠欲滴，实乃一幅绝妙的田园风光图。

鹦鹉洲的生态环境特好，天是蓝的，风是清的，水是甜的，草是绿的。丽日蓝天，白云悠悠，洲头长江边对面白沙洲的房屋清晰可见。晴朗夜空，满天繁星，晶莹闪亮，我躺在天井竹床上数星星玩。早晨出门上学，微风吹过，让人神清气爽，做个深呼吸，感觉特别舒服。长江水是任我们饮用的天然水，夏天放学路上口渴难耐，跑到江边直接用手捧水喝，还真解渴。

## 五、商业繁荣生活便利

洲上有许多商家店铺，两湖正街就有不少，最大的杂货铺是同班计家友同学家的（见图7-8），临街一L型大玻璃柜台，柜台里靠墙有一排木柜货架，柜

台里货架上全都装满了各类货物。七八个大玻璃瓶在柜台上面一字排开，里面装满了点心糖果。进店左手边摆了两口大酒缸，一口装汾酒，一口装南酒。附近还有山家、颜家、黄家几个小些的杂货铺，买东西方便，我去得最多的是计家和山家。有家茶馆，白天没看见多少人喝茶，晚上却总是满座，后面墙角下还坐一排小伢，都是听人说书的。有家纸马铺，一老人整天在内扎架、糊纸、画图，做成纸屋、纸箱、纸元宝。

图7-8　计家杂货铺

1955年初，政府着手增加商业网点，基本上是租用民房。我家上首隔几户的一栋大房成为合作社，即后来享誉武汉的两湖商店，售卖各类副食品，据说原来是湖南的上益会馆。下首隔几户的莫家成了煤炭店。对门的马福茂木行改造为国营粮店，他家的房子大，前厅作为销售门面，后面的房屋可以堆放粮食，马家的人员退居后院。我家房屋被租用为百货公司，百货公司是由堂屋，一间正房，两间厢房，天井及四周回廊改建而成，天井上加盖玻璃顶，阳光从上面射下，底下是两长列玻璃货柜，摆满了衣服鞋帽、布匹绸缎、笔墨纸张等，有点汉口百货公司的气派。它开张以后生意不错，每天顾客盈门，晚上我在留住的后房中，总能听到一个营业员通过电话在向上级汇报出售某某商品多少件，收到多少钱，要报好长时间。有了副食商店、百货公司、粮店菜场，鹦鹉洲老百姓的生活更便利了。

## 六、一街小食趣味多

鹦鹉洲儿时的小吃有趣有味。过早的花样特别多，有炸油条、发米粑、煮豆丝等等。我最喜欢佛堂的面窝，据说炸面窝的人以前是佛堂的执事，他家面窝

大、脆、香。上学时个人吃，星期天全家吃，两角钱可以买七个（对方会少收一分钱）。一般小吃店只卖早上，瓜小旁有家油酥饼店，整天都开张，三分钱一个，喷香喷香，总让人想买。卖夜宵的店很少，离我家不远有家馄饨店，只在夜晚卖，一角五分钱一碗，是很贵的夜宵了，偶尔买之。店内昏黄的煤油灯光下，两张方桌，几个食客慢吞吞吃着喝着聊着，俨然一幅鹦鹉洲上夜宴图。瓜小旁有家餐馆，不过三张方桌，是我班一个姓陶的同学家开的，我从未进去过。各个小学门口是小摊贩集中的地方，有各种各样的小食品：一分钱买两根泡萝卜，二分钱买一根油炸麻花，三分钱买一

图7-9　卖豆腐脑

小竹筒花生。几分钱可买到的菱角米，是小贩当面用砍刀三两下将菱角皮砍下，露出白白的米肉，递到你的手上，吃起来又粉又甜。五分钱买根甘蔗，既可吃，又可以玩刀劈甘蔗游戏。街头经常有一些流动的小摊贩，卖各种食品。豆腐脑担子，一头大木桶，一头小木盆（见图7-9）。桶里是热气直冒的豆腐脑，盆里是泡在清水里的白瓷碗和白汤勺，五分钱一碗，盛时先将上面的水撇除，再才用薄薄的扁平勺将豆腐脑一勺一勺盛入碗里，用白汤勺加上白糖，递到你手上。炕年糕又是一种吃法和玩法，一副担子挑起两头，一头是各种颜色的年糕切片，另一头是个煤球炉，一块平铁板架在小火炉上。几分钱买几块小年糕片，小伢用小铁铲在铁板上滴上几点油，将年糕片放在铁板上反复烤着玩，吃倒是次要的，重在小伢亲手操作，其乐无穷。还有搅糖担子，两根竹签挑一小坨糖稀，搅着玩，从红色搅成白色，就送进口里，只要两分钱。还有零食担子，夏天傍晚在门外乘凉，可以从他们手中买到葵花籽、炒蚕豆，吃得满嘴香。

## 七、热土不离乡情浓

鹦鹉洲人的乡情很浓，尽管生活有些不便之处，甚至经常受到水患威胁，但

他们仍然坚守故土，生生不息。生活用水主要靠长江，但取水不容易，特别是冬天枯水季节，水退得厉害，取水点随之往江中移去，踩在水里石头上直摇晃，水桶装满后，还要爬很长的坡挑回家，倒进水缸。遇上雨雪天那就更难了，挑担水浑身都会打湿。早先有人专门给各家送水，几分钱一担，后来都是自行解决。我家没有壮劳力，主要靠大嫂挑，我们小伢帮忙只能两人抬，沿路歇，水还沿路撒泼，弄湿衣衫，一桶水到家剩大半桶。照明也有点问题，家中无电灯，一直点煤油灯，看书学习点大灯，日常点小灯，玻璃灯罩一晚熏得乌黑。母亲每天都把灯罩擦拭得晶亮，往灯膛添满煤油，晚上点燃时满屋亮堂。鹦鹉洲的交通也很不方便，出行基本靠步行，坐木划子也可到汉口武昌，但是不便宜，还担心安全。尽管交通不便，也阻挡不了洲上人回家的脚步。我的兄姐在三镇各地读书工作，每到周末假日必步行回家，无论天气如何，时间早晚。我家曾有机会离开鹦鹉洲，那是中华人民共和国成立后的头几年，我家生意较好，为方便谈生意，曾短期在汉口云绣里租房。后来房东力劝大哥把房屋买下来，在此安家，但大哥没有答应。他说："我鹦鹉洲有房有家，有生意有朋友，离不开鹦鹉洲。"1954年发大洪水，鹦鹉洲被淹没，我们都撤离到汉口，但我们人在汉口心在洲，终于有一天，大哥带回消息：洪水退了。我们全家迫不及待地返回两湖家中。隔壁左右各家各户都和我们一样，故土难离，很快从各处安置点搬回家中，恢复往日生活。鹦鹉洲依然生气勃勃，人们安居乐业。

## 八、家园巨变开新篇

1959年，杨泗港码头开始建设，居民房屋需要动迁。鹦鹉洲人积极配合，毫无怨言，迅速行动，舍弃老屋，及时搬迁，为支持国家经济发展作出了自己的贡献。我家属于较早动迁的一批人，永远离开祖祖辈辈居住了六十多年的老宅，我们心中都万分不舍！大哥请来摄影师，全家在老宅旁拍下一张照片（见图7-10），留作纪念，以解不舍之情。然后开始行动，大嫂借来三轮车，刚进门的三姐夫蹬车，大哥和我协助装车推车，将一些粗笨家具运到汉阳青石桥亲

图7-10 我家在老屋前的合影

戚家暂存。年末携带生活必需品，搬到居委会安排的过渡住所，在西湖正街张家楼上。半年后住进洲头后地的新居——建港一村 39 栋 5 号。

如今长江边之鹦鹉洲虽已不在，却永远留存在我们这代人的心中！我想让后代也能了解我心中的鹦鹉洲，曾两次带全家回到洲头长江边寻访故地。2002 年第一次去时，大外孙刚三岁，他没有留下印象。2017 年大外孙考入华中科技大学同济医学院，这年 8 月 6 日全家九人再次回到鹦鹉洲，当天我的日记记载："车开江边，只见一堵防水墙，不得看长江，原两湖正街早已不见踪影，代之以晴川大道，成片商品房，给麟、骝讲了过去，他们都不能想象。"但我仍然给他们讲鹦鹉洲当年之景，当年之事，当年之情，希冀他们能多少延续祖辈的乡情，将这份乡情传承下去。

此生难忘鹦鹉洲！

# 梦回故乡

桂志新[①]

十里长街鹦鹉洲的确有许多别的城镇所没有的市容风貌，每当我读起诗人孟浩然"昔登江上黄鹤楼，遥爱江中鹦鹉洲"时，我的脑海里就浮现出我的家乡，仿佛踏上了那条青石铺就的长路。街道两旁的房屋鳞次栉比，楼房与平房间夹杂着商铺。十里长街背靠滚滚东逝的长江水，以江水的流向分别称为洲头和洲尾，又有正街、河街、后街和后地之区别。十里长街最繁华的一段便数中部的两湖正街了，我的家就在两湖正街8号。我的下首邻居是乔德堂诊所，乔家背后紧挨着著名的杨泗庙，也是我儿时与小伙伴们玩耍的地方，庙里的大和尚慈眉善目，与我们孩童也常有交流。1959年大拆迁后，庙毁人迁，我和乔有缘还去过汉阳归元寺，看望这位鹦鹉洲德高望重的仁玉法师。当年传说拆庙破土时发现有两条碗口粗的蟒蛇现身，它们仰头吐着信子，却没有伤人之意，随即便沿着下坡，滑向江中……虽是传说，却也给古老的杨泗庙增添了不少神奇的色彩。

我的家临街靠江，街宽约三米，街对面是鹦鹉洲有名的常万镒木行。沿宽大的门进去，两旁立柱是麻花岗岩，再进去是一间十来平方米的门厅，带过道，为来客暂时歇脚或遮蔽风雨之用，门厅两边各有一排厢房，是当年客商的住所。顺着鹅卵石的小路往里走，有一个相当于篮球场大的庭院，靠右手边有一简陋民房。再往前行有道墙，打开二道院门，只见树木葱郁的花园中有一幢豪华气派的大宅门，这便是常家大院。传说日伪政府曾邀请他家老爷子出来做官而被婉言谢绝，这段美谈佳话至今令人记忆犹新。当年我常串门到常家，小孩们在花园中嬉戏，在厅堂里看书写字。每到夕阳西下，我家与他家的街面上时常聚集一些爹爹婆婆、大嫂、媳妇，她们在此谈天说地好不热闹。从我家沿着这条青石铺的路往下走，不到五分钟便是我曾念完小学三年级的两湖小学。可它的前身并不是一所学校，中华人民共和国成立前它是两湖会馆，也曾叫湖南竹木总会馆，它绝对是鹦鹉洲一道靓丽的风景。湖南各帮共同议事、协商贸易等诸多大事都在两湖会馆进行，更多的时间是用来消除各帮之间的芥蒂、矛盾，凡重大事情，从头到尾的策划与运作都以两湖会馆为核心而展开。两湖会馆也是举行庆典活动的所在地，一旦要

---

① 桂志新，1948年6月生，湖北武汉人。1968年毕业于湖北电力专科学校。湖北省汽运公司工程师。

举办大型活动,那情景十分壮观。当时有"鹦鹉洲日晒黄金夜不收"的说法,豪华气派的聚会在鼎盛时期尤为盛大,钱多场面大、人多热气高。每年的庙会从大年三十到正月十五,用热闹二字来形容已嫌不足,青石板铺就的街上,采莲船,踩高跷,打竹板,吹拉弹唱,五花八门。那个年代,天上是五颜六色的火花,地上是锣鼓喧天的鞭炮。最为壮观的是舞龙(见图7-11),一条彩龙足有三四十米长,舞龙者从早到晚、从洲头游到洲尾,若是游到那殷实富贵人家的门前,主家便点燃鞭炮隆重迎接,那噼里啪啦的响声长达半小时之久。舞龙队伍向主家祝福:恭喜发财,元宝拿来。双方接受恭贺,皆大欢喜,吉祥如意。

不管是舞龙,还是采莲船来你家恭喜,主人家都会礼貌性地意思一下,给点红包。那采莲船中的小媳妇儿的扮演者是我的二哥,他长相俊美,扮小姑娘蛮漂亮的。一般得赏钱最多的是采莲船后面的"赶艄婆",赶艄婆要天生滑稽的人才行,艄公要会唱,要临场发挥,其唱词:"采莲船哪个哟喂哟,四角尖哪个划着,前面来到了常家府啦,屋里住的哪个是财神哟。"然后三个人合唱:"是财神哪个哟喂哟!哟喂哟!划着,是财神哪个划着……"鹦鹉洲的老人们一提起这些陈年往事喜悦就溢于言表,分外激动。节日的傍晚,很多家门口大红

图7-11　舞龙

灯笼高高挂起,登高远望,这十里长街像眨着眼的满天繁星,一闪一闪令人陶醉。节日时期的两大茶馆人群比平常更密集,那些听书粉丝摩肩接踵,门外拥挤不堪,有的将家中板凳搬来,站在板凳上津津有味地听书。小时候,我父亲常带我在茶馆有席位的地方坐着听书,茶桌上摆有茶水及瓜果点心,我是家中老幺嘛,哪能没特殊待遇呢!《三国演义》的刘、关、张,《水浒传》中的108将,在我幼小心灵中从此生根。小时候古典名著的熏陶,夯实了我的文化基础,四大名著是孩子们最好的启蒙教科书。

节日的欢庆直至夜深,街面上的人烟才逐渐稀少,我家楼下不时响起卖水饺的竹筒敲击声,卖油炸干子长长的叫卖声。天刚麻麻亮,那叫卖声像闹钟一样将

熟睡的我唤醒……那声音婉转悠扬，让人欲睡不能，难免咽下几滴口水，翻过身去再入梦乡。

第二天，青石铺就的街上又迎来了一天的繁忙，尤其显得生气勃勃的是孩子们，他们背着书包蹦蹦跳跳地从我家门前走过，到两湖会馆改建的两湖小学去上课。那校门是用铁铆钉铆上的两扇门，像是古代的城门，门前还有两个大石狮子，岿然不动地坐落在两旁。

小时候我常爬到石狮的背上，将手伸进它嘴里，拨动它含的石球，那石球一拨一响，听起来清脆悦耳！我虽已古稀之年，这情景却偶尔美美地出现在梦里。

也就是在这个会馆的大门前，还发生过一起日本鬼子行凶的事件。我虽未亲眼目睹，但却是有名有姓的人对我所说。抗战时期两湖会馆曾住过日本兵，当年我大哥年轻气盛，一天他大概喝了酒，踉踉跄跄要进会馆，守门的日本兵不让，我大哥却非要进，拉扯争吵中两个日本兵终于气势汹汹地动手了，将我醉醺醺的大哥打翻在地，当两个日本兵要用枪柄撞死我哥时，一中年妇女苦苦阻拦，跪下求饶说：孩子年少不懂事，饶了他吧。围观众人乘机抬着我大哥回家，避免了一场天大的灾难。多年之后这位中年妇女曾在我家附近碰见我，有一段关于此事的对话："你叫家兴吧？桂质文是你大哥？""对呀。""你哥年轻时险些被日本兵打死……"后来才知道她是我小学同学李正友的母亲。我母亲也曾提起过这件事，这是鹦鹉洲的历史印记，它清楚地证实了日本鬼子也曾践踏过我们的家乡。

两湖会馆门前的两座石狮历经沧桑近百年，目睹了在它面前的是是非非，真假善恶，鼎盛与衰亡。当年，推开会馆厚重的黑漆大门，一个露天空旷的大操场展现在眼前，它可容纳上千人集会和操练。往里走要上十几步麻石台阶，此处垒起一座高大的舞台，它也似大厅，是一个由四根石柱支撑木结构的塔形屋顶，石柱之间没遮挡，正方形，边长十几米。回望台下操场，心旷神怡，心情激动时放歌一曲，这个舞台就属于你了。其实中华人民共和国成立后这里一直就是演出、开会、宣读重大事件的地方，也是绝好的露天舞台。继续走向里间，正中上方坐落一尊高大的关公神像，因为是帮会会馆，自然要祈求神灵、菩萨保佑，主持公道，以达到惩恶扬善。会馆选中了关老爷，把关公奉为财神爷，每遇一笔大生意时，都要前来烧香磕头保佑他们发财。我小的时候，常站在关老爷像面前发呆，我老想《三国演义》里的关公是战神，鹦鹉洲的帮派们怎么把关公看成财神呢？莫非他们的钱是关老爷用他那把偃月刀抢过来的？

鹦鹉洲的木行闻名江南，我从小生长在鹦鹉洲一个木材世家。打开我家后门，紧挨长江边，是堆成一座山似的木材。我常爬上木"山"的顶峰，像发狂似的大喊几声，那种歇斯底里的大喊，令我感到十分痛快。大人们怀疑地看着我，就这孩子脑子是不是有毛病？我母亲也十分不解地说：可能吧，一出生他就不哭，只是傻笑，当时街坊建议狠狠打他屁股，这样他就会哭，可越打他越笑……

图 7-12　测量木材

我父亲长年在这山一样的木材下工作，他坐在小木凳上，腿上放一块小木板，木板上放一杂志书大小的码单，用修得尖尖的、细细的铅笔，记下专人喊出的木材尺寸。那喊声清脆悦耳，有音乐的节奏感，行家叫报码为打号子，你听到3丈56啊，乘以34、48。意思是一根木头长三丈五尺六寸，一头周长为三尺四寸，另一头周长为四尺八寸。我父亲跟着重复回应一声，并快速记在码单上，另有一人同时将报出的尺寸用红丹标记在木材上。有趣的是那时没有记号笔，而是将竹子劈成类似今天的排笔，写字的那一头分出细细的一厘米宽的笔头。左手提一个长30厘米、约碗口粗的竹筒，竹筒内装有红丹、朱砂颜料，右手在木材上写字标记。测量木材长度及周长的量具是用竹子制成的，劈一根宽约一厘米、厚为一毫米、长一丈的上好青竹表皮，上刻有十尺，十尺中又刻有十寸。这种量具十分柔软光滑，还可卷成一小圈收起。小时我常偷出这种卷尺把玩，并在小伙伴中炫耀。木材商人特有的工具带给鹦鹉洲人特有的称号，他们叫围量手。

鹦鹉洲的木材交易是十分讲究诚信的，我家大门上的招牌为桂永昌木行。木行这一职业用现代语来讲叫经纪人，他为拥有木材和资金的商人代买代卖、代购代运，也为购买木材的客户管吃管住，代为丈量木材，统计数量。这种两头服务、双方给酬劳的行规是多年形成的，是公平、公正、公开，双方都能够接受的，关键是三方都要讲究诚信。

每年三四月份春暖花开，我家便住进一批客商，他们大多来自江浙一带，带给我家的礼物多半是绍兴的黄酒、镇江的腐乳、安徽的霉干菜和一坛坛香甜可口的腌姜。他们在我家一住少则三五天，多则上十天。客商们有事时到河滩上去选择木材，商谈交易；无事时喝酒品茶、聊天打麻将。记得我上初一时有几个同学到我家玩过这副高档麻将，麻将朝外为竹板、朝内是象牙骨。后来被我这个败家子用于篆刻印章，毁得面目全非。

在鹦鹉洲这种木行据不完全统计约有五六十家，只是规模大小不同。由于是做木材生意的，木行的住房皆以木材为框架构建而成。我家临街而背靠长江，打开大门便是一个露天庭院，旧时叫天井。往后是一道木质格栅门，并排十扇，每扇门的上部是花格窗且镶有玻璃，门的下部为实木雕刻的梅兰竹菊等花草，或人物，栩栩如生。一般只开四扇门，讲究四季发财！进正门后便是我家大客厅，朝上首是一个田字形的大方桌，桌子两旁左右各一把太师椅，下首两边各有两把太师椅，但椅与椅中间摆放茶几。客厅两边均为客房，左三间、右三间。客厅背后是厨房、杂物房，有楼梯上楼，楼上结构布置与楼下大同小异。厨房背后便是我家后门了。

站在楼上凭栏远望，临街俯视一路的商贸繁华，展现眼前的是一片滔滔江水和远去的白帆，谁说这不是一道美丽的风景呢！此刻白居易的《忆江南》在脑海中跃出：

江南好，风景旧曾谙。

日出江花红胜火，

春来江水绿如蓝。

能不忆江南？

# 乔德堂的前世今生

乔有缘[1]

乔德堂诊所位于两湖正街五号。我家是一座两层楼的房屋，坐南朝北，屋后面是滚滚长江，斜对面是常万镒的花园民宅，右与杨泗庙为邻，杨泗庙对面是两湖会馆，左邻是桂永昌木行。我家以行医为业，扎根鹦鹉洲，三代人为鹦鹉洲的居民健康服务。

## 一、祖父乔振兴

我的祖母年轻时守寡，带有一女一子，生活异常艰辛。待祖父乔振兴从归元寺还俗之后，他们重组了家庭，离开汉阳界牌，来到鹦鹉洲创业。祖父以医治跌打损伤、出售中草药为生，店铺的商号名叫乔德堂，祖父亲笔写就的金字招牌，就挂在我家大门之上。

当年鹦鹉洲是木材集散之地，码头工人很多，在繁重的体力劳动中难免会腰肌劳损，也很容易发生折断手足、碰伤皮肉的事故，但是他们只要一进乔德堂的大厅，乔和尚推拿或是按摩几下，然后敷以乔家自制的膏药或是吞服丹、散、丸，不要几日就可病状全消，而且价格十分低廉，极贫极弱者可以免费治疗。这种优质的服务，正好满足了劳动大众的迫切需要，"乔和尚"在鹦鹉洲声名鹊起、善名远播。

"乔和尚"不仅在治疗跌打损伤方面技艺高超，他还积极钻研医书，熟悉医道，尤其在古之秘方（秘方是用此药治此病的处方和认识此病方法）等医疗科目上也有很高造诣。在制药方面，制药秘技无一不精。乔德堂制出的成药中，治损伤，治风湿，治头疼，治疱、疮、疔、疖的膏药和久不收口的丹散，以及治皮肤病里最顽固的牛皮癣等都是现制现用，疗效极佳。

祖父一人忙不过来，就将技艺传授给他的继子乔厚诚，即我的父亲。父亲也勤敏好学，不仅学习手上功夫，更是细看医书，琢磨祖父开出的每一张处方，学习他济世救贫的思想。

---

[1] 乔有缘，1947年1月生，湖北武汉人。1975年毕业于武汉医学院药学系。武汉市第一医院药剂师。

我祖父的武功很好。某天归元寺的一个和尚来到乔德堂，约祖父到民众乐园看戏，叔叔和姑父也一起出门，共乘一条划子，顺江向汉口飘去。船夫想多载几人多点收入，沿途叫喊"汉阳的，汉阳的"。那和尚是个急性子，要船夫别再喊了，加点劲儿划，到时候多给钱。而那船夫非但不理，还边划边叫，和尚坐不住了，拿出两块银圆放在船上，指着银圆说，今天这个够了吧？拿去快划。那船夫拿了钱还是边划船边叫……要知道两块银圆在当时可是一大家人口的饭钱！那船夫心想：你是奈何不了我的。和尚人在船上，船离岸又有五六尺远，肯定上不去！只见那和尚在船上急得直搓手，突然猛地大喊一声："快点行吗？"一跺脚，整个船都摇晃起来。"呀，船漏了！"和尚的鞋子湿了，水从洞中喷出老高。船夫也吓懵了，那和尚见状，说："起！"便起身把我姑父挟上了岸，祖父挟起叔父也跳上了岸。船夫把船靠岸后，欲揪祖父的衣领，但他只把手一撩，船夫就一个跟头趴在地上了。祖父他们上堤后继续向前走，而那船夫爬起来边跑边说："你们两个老家伙等着。"不大一会儿，来了二三十人，手里还拿着棍棒冲过来。只见和尚与祖父相对一笑，和尚说道：看来今天的戏看不成了，那就在这里玩玩吧！好在来人中领头的认识我祖父，把情况了解清楚后，骂那船工瞎了狗眼，连乔先生都不认识，还让他们赔礼。祖父说算了，又拿出两个银圆给那船夫，要他第二天到我家来看病，并嘱咐一定要去，不然以后的事儿他就管不了的。

这故事说明和尚和祖父都有轻功。

祖父还练过毒手，如红砂掌、铁砂掌、黑砂掌、凤爪手、猴爪手等等，能一下致命的手法都有。有一次我在阁楼上看见一个用铁皮包的小箱子，里面是医书，还看到几本发黄的旧本子，那里面记载的是轻功和各种手法的练习方法，什么情况用什么手法？什么时候打？什么部位会出现什么症状？应该怎么治疗等等。

祖父画的水墨画、写的书法都比较好。从他抄录武术练法，收集的医药方的笔记本和一些水墨画的书本中可见一斑。

## 二、父亲乔厚诚

我父亲乔厚诚（1915—1990年），他是一个"为人们送健康"的好医生。受祖父影响，他信仰佛教，普度众生，做好事。后来学习了毛泽东思想"全心全意为人民服务"，争取一辈子做好事不做坏事，他的一生履行了自己的诺言。

1948年祖父去世后，乔厚诚支撑起乔厚诚诊所的门面，开始独立应诊。他不仅继承了祖父的传统，更扩大了中医的应诊范围，开始打针消炎和开西药，也做小外科手术。

中华人民共和国成立前，鹦鹉洲上有十来家诊所，各自营业。中华人民共和国成立后，武汉市卫生局非常关心百姓健康。当时卫生局局长陆正樵是一个老革命，也是一位名中医师，他从医疗队伍的组织建设抓起，提高医生治疗技术和医疗业务能力，人们的精神面貌得到极大的改善，为以后的医疗事业的发展打下了良好的基础。

局长陆正樵把鹦鹉洲上从医的人员组织起来，有父亲乔厚诚、叔父乔林诚、杨德斋、薛灵甫、张厚焜、李济慈、刘显荣、吴瑞三等，成立了一个医务小组。医务小组每周学习两个晚上，一方面学习时事政治，加深对新中国的认识；一方面进行业务技术的学习，增强治病救人的本领。

医务小组的业务技术以"伤寒论""湿病""内经"为基础，从理论到病例进行分析讨论。针灸方面学习如何选择穴位、经络，诊断疾病等基础知识。父亲和叔父每次学习后，回家都要议论一番，范围很广。有时候讨论对一个章节、一个字句的理解；有时候是对一个脉象、一个症候的认识；有时候是一个穴位、一个药剂的认识。父亲自从参加学习以后针灸就用得多了起来。我也很喜欢听他们的讨论，特别是医学方面的争论，对我后来的学习和工作都有极大的帮助。我在学医看书时对这些穴位、经络在什么部位，有什么用途，脑子一下就能反映出来，根本不需要再去记忆和理解。这期间我父亲和叔父都是一有空闲时间就看书，将针灸的治疗与基础理论结合后他们的医术提高了很多。市卫生局提倡针灸治病，合理地解决了贫穷和药物短缺的矛盾，还特地开办了一个诊所，让所有医生轮流到那里去应诊，其他时间各自在家营业。还组织了群防群治工作，发动居民灭鼠、消灭蚊蝇等，使鹦鹉洲的面貌焕然一新。

乔厚诚医术高明，善于治疗疑难杂症。诸如重症肝病、肝管泥沙状结石、胆结石、肾结石等。有些甲肝病人，多是在医院住院治疗下了几次病危通知后才来找他的，但是他手到病除，基本上是一周退黄。乙肝在80年代被视作不治之症，乔厚诚用中医治好了不少。我表哥30年后在武汉协和医院做手术时，主刀医师问他是否得过乙肝？谁治的？表哥说是乔厚诚医师，主刀医师说："治得很好。"

不孕症在妇科领域是个难题。在乔厚诚的箱子里存放了两件物品：一是一摞百十张照片，都是经他治疗不孕症后生产的婴幼儿照片。另一个是装满颗粒的瓶子，内部装的全是经他治疗的患者体内排出的结石。

消渴症是很难治疗的疾病，病人一天一夜要喝五六瓶水，尿一小木桶尿，十分痛苦。经多方求医皆无效果，经父亲治疗，第一剂药服用后，当晚喝水量减少到三瓶，五剂药服完后一天只喝一瓶水，二十多天后，症状基本消失，后又开

60 剂处方药巩固疗效。

肝病、肾病、糖尿病，这些在二十世纪五六十年代，一些大医院都难以治疗的病症，通过乔厚诚之手，通过中医疗法都治好了。不仅是鹦鹉洲的居民还有三里坡的农民，都来我们家这个小诊所，非要找乔大夫看病不可。

乔厚诚勇担风险，治病救人。武汉仪表厂工人魏克龙患了急性粒细胞白血病，经上海医治无果后，乘飞机回汉，请他治疗。只见病人无力地躺在床上，面色苍白发青，父亲在病床前进行了仔细的检查，切脉良久，又问病人，病人能听到，却回答不出声，我想这就是一个要死的病人吧。父亲一脸亲切地向病人讲解诊脉的情况，病人脸上逐渐露出了笑容，不断点头示意，父亲再次长时间切脉后，准备处方。该厂医院负责人与父亲相识，好心劝他："老乔，我看您就别费心了，血癌，世界上都无法治疗，还是算了吧。"父亲说："我既然来了，又看了病人，就此罢手绝对不行，我们是医生，对病人都要尽全力，该冒风险的我们不能怕！我想现在就开处方，吃得好，下次再来，不行那就算了。"说着拿出笔写处方，对病人家属说："此方服四剂，一天一剂，一日三次，四天为周期。"父亲语气十分坚定，信心十足。

四天之后他们来了。病情大有好转，但是在父亲开处方后，那位厂医院负责人又说："他从上海刚输完血就回家了，可能是输血的结果。"父亲没有正面回答，只说再服四剂，如病情还是现在这个样子，也没有什么进展，就照方再服四剂，然后验血好些就再来找他。十天后魏克龙和妻子搭车从广埠屯到鹦鹉洲，进门第一句话是："他能下床了，红细胞也升了。"父亲从房里出来，高兴地说："好，好，好转就好！……"病人接受了治疗，一年多以后，他们夫妇又来感谢乔大夫。

乔厚诚亲近病人，是勇敢的逆行者。某年，上海流行甲肝，有位来汉探亲的上海人患上了甲肝，经汉阳区粮食局介绍到我家治病，被我妹妹看到了，十分不满："家里面积小，孩子又多，这种全身黄透了的急性传染病也引到家里来，不怕传染？"我父亲大声呵斥："我一生治病无数，哪种传染病我怕过？"他安慰病人，细心诊治，对方很快退黄，后返回上海。

父亲 1956 年调入武汉大桥局四处，成为一名国家正式职工。随着大桥局四处参加了武汉长江大桥、重庆长江大桥、南京长江大桥、山西禹门口黄河大桥、湖北襄阳汉江大桥的建设，到铁道部大西南的三线工程服务。他这一辈子可说是走遍了大半个中国，所到之处都旗开得胜，载誉而归。

1974 年退休后他继续为人民服务了 16 年，在洲头一村的家中，他还在为鹦鹉洲上的老百姓看病、开药。在他去世的前一天，他向我母亲交代后事说："我今晚要走了，明天还有几个人要来，这是我给他们配置的处方和药物。"当天晚上他真的走了！

第二天那几位病人如期而至，得知他已去世，都跪地痛哭哀悼。最感动是一位白发苍苍的老太婆，带着小孙子，走到灵堂前，哭着说："我来晚了，对不起。"就跪下叩头，头碰在地上砰砰直响。我慌忙上去将她一把抱起，劝说好久才算止住。原来她的孙子患骨髓炎，医院要锯腿，在万般无奈时，经人介绍找到大桥局的乔老医生。她第一次是请人将孙子抬来的，乔老医生答应治疗，他处理完后，又问了住处，说："跟你们一起走走，顺便到你家看看。"看了她家后就说："你们不要请人抬来了，我到你家帮他换药。"她家住在六楼，我父亲每天爬六层楼，坚持三个多月，直到小孙子能下床走路，自己来看病。

另有婆孙二人，孙子得病后不能上班，靠单位的生活补助度日，无钱到医院治疗，只有求乔老医生看病。得知乔医生去世后赶来祭拜，进门就跪下，哭着爬到灵堂前，磕头。她的孙子患晚期肝硬化腹水，XX医院说没法治了。乔老医生接诊后亲自上门看病，坚持了三四个月终于治疗到能走了。

到出殡那天，来了很多人，亲朋好友一百几十人，家里都挤满了，连几栋房屋前都站满了人。他们都是自发而来，自觉地默默地站成两排，为他老人家送行。大桥局局长池勇波也一直随车队送他老人家入土方归。他老人家一生做好事，特别是退休几十年，义务为人治病。这是人们对他毫不利己、专门利人的高尚的医德的肯定。这也是他父亲乔振兴医德、医术的传承。

## 三、叔父乔林诚

乔林诚幼时非常调皮，但很聪明。十三四岁就在诊所进药材打货，救死扶伤，他逐渐进入了医学的世界。他严格自律，在玩的过程暗自记忆，背诵理解书中的条款。在配方时，认药，背习性；在问诊时亲切询问患者的姓名、得的病症，并细心地向患者讲解处方中哪些药是治这个病症，哪些药是治那个病症的，病人听了很舒服。乔林诚自己也复习了书本上的知识，一举几得。

叔父1951年就获取了医师资格证，一直在家与父亲乔厚诚共同应诊。1955年武汉市成立血吸虫防治站，招考一批医生，在三百多名中只录取了四名，乔林诚便是其中之一，从此乔林诚成了一名正规的武汉市卫生系统的工作人员。他勤奋且记忆力强，平时注意总结学习方法，所以他虽没有真正受过正规的学校教育，但在医学理论上具备了扎实的基础，

叔父在十七八岁时参加了市区卫生局组织的医务学习小组，能与多年行医的

老医生交谈，而且常得到他们的赞赏。据我父亲说，薛灵甫是国医学堂毕业的，是学习班医生中唯一接受过正规系统理论教育的医生，基础非常扎实。叔父就喜欢与他辩论，还经常站在对方的论点谈学问。叔父医术高超，是因为他有惊人的记忆力。他后来经常指导我学习：先把医书上的一条一款都读熟记住，没事的时候就去思索理解，一旦遇到某种症候，在书中的治疗法则就会自然映现在你的面前，你再去伪存真，自由发挥，办法也就有了。

我父亲乔厚诚长叔父 17 岁，非常爱护叔父，要求也非常严格。他俩总在谈治病的事儿，父亲谈的是经验，叔父谈的是理论，讨论时有说有笑也有争论。我感觉在他哥俩口里、心里就没有别的事儿，一见面就是病，药等等。这也是他们在医疗事业上能为患者作出贡献的根本原因吧！

叔叔在武汉市很有名望，他的专长是看疑难杂症。他一直是在市直机关门诊部、六医院中医科工作。退休后医院继续聘他在"名老中医门诊部"，他按时上班，却从没有按时下班，总有人说他的号难挂。但这位名老中医最后一次门诊竟是这样下班的：我们姐弟一起去看他，已经是中午一点钟了，他还在看病，而他脸色苍白，有气无力了……仍坚持着。我们跑上去，夺过他手中的笔，扔在一旁，扶他起来，那些病人马上围了上来，拦住去路不许走。我二姐说："我叔叔都这样了，你们想累死他？"而他使劲地抬手摇了摇说："我今天是不能看病了……"第二天他病倒了，住院部检查结果——肺癌……我的叔父乔林诚终年 82 岁，他鞠躬尽瘁为人民健康，默默地奉献了自己的毕生精力。

我是乔家第三代医务工作者，祖父、父亲和叔父的言传身教、耳濡目染，坚定了我献身祖国中医事业的决心和信心。我在鹦鹉洲上长大成人，我为武汉人民制药治病，我在关山制药厂研制中药，我要将"乔德堂诊所""乔厚诚诊所"的传统发扬光大，永远服务于父老乡亲。

# 在鹦鹉洲的日子

刘冬芝[①]

我的老家是湖南省新化县，迫于生计，我五岁那年，一家人坐着木排漂流到长江边，落脚在汉阳鹦鹉洲，从此在这里度过了我的童年和青少年时代。

我父亲是老大，兄弟四人仗着年轻力壮，在码头上当搬运工，扛木头、放排，积攒了一点钱，在洲尾杨泗正街盖了一座木板房，从此一家老小十几口人，才算有了一个可以挡风避雨的立足之地。这是一座两层的木屋，楼下堂屋摆了四张方桌，是四家人分别吃饭的地方，楼上一家一间房，挤着睡觉。常常有人找进门，以为我们家里是吃饭喝茶的场所。

图 7-13　江边码头

难以忘怀的是 1954 年，那年长江流域发生了特大洪水，自枝江以下的 1800 公里的河段河水猛涨，8 月 18 日武汉关的水位突破了历史最高纪录，29.73 米！那一年我十岁，我站在二楼窗户前，看到滚滚洪流汹涌澎湃地从我家木板房前奔腾而下，巨浪撞击着木板房，发出咚咚声响，房子在摇动，木板房随时都有被冲倒的危险，我害怕极了，催妈妈快逃走！在政府安排下，我们在汉阳二十三中住了三个多月，直到洪水退了才回到家中。

武汉人民在市委和市政府的坚强领导下，与洪水展开了生死大搏斗，二十万防汛大军日夜驻守在大堤上，用人墙抵御风浪，战胜了洪水，毛主席为武汉人民战胜洪水题词："庆祝武汉人民战胜了一九五四年的洪水，还要准备今后可能发生的同样严重的洪水。"

与此同时，政府发动居民开展自救行动。为了保住木板房，我哥刘汉斌，二房冬青哥，三房世元哥冲锋在前，整天泡在水中，认真观察，排除险情，用大木头加固房屋，在他们的努力下，我们这栋木板房在洪水的肆虐中，依然挺立而未

---

① 刘冬芝（女），1944 年 12 月生，湖南新化人。1964 年毕业于武汉第一师范专科学校。武汉市澳门路小学高级教师。

倒塌！几位哥哥是我心中的英雄！

洪水过后，生活更加困难，我们全家开始总动员，砍莲子，用那微薄的报酬贴补家用。莲子加工站在我家后面三合堂的转弯处，工作人员是一位四五十岁的胖男子，他待人和气，将黑色的硬壳莲子分发给各家。父亲把莲子扛回来，要进行一道道工序，先用米汤把莲子打湿，水要放恰当，再加上一些炉灰拌匀，

图7-14　称莲子

等莲子干了就可以砍了。因条件有限，只是找来大簸箕、大菜刀、圆木头这些简陋的工具就砍起来了。

我和姐姐很听话，能吃苦，暑假整天坐着砍莲子，左一刀、右一刀，中间再砍一下，一颗白色的莲米就跳出来了。如果稍不小心，莲子一滑，就会伤及指甲。在姊妹中我砍莲子的手艺是最棒的！姐姐还要做些其他事，如拾柴火、做圆领衫，姐姐做衣服的手艺不错，我俩穿的圆领衫我至今都觉得很时髦！

砍莲子的加工费很少，砍十斤也只有一元钱。因为大家都穷，杨泗正街的居民都把砍莲子当成一种副业，每走进一户人家，听到的就是一片砍莲声，砍莲子已成为当时杨泗街一道独特的风景线。如今我去菜场买些菱角回来，三刀就能砍出一颗菱角米，好不得意！我看见莲子就觉得格外亲，就会想起儿时砍莲子的情景！

图7-15　跳皮筋

洪水退后，我们所在的鹦鹉洲小学分部还浸泡在水中，我和周悦英转到瓜堤街小学读四年级，悦英住在杨泗正街70号，我家是83号，我俩从小就在一起玩耍、学习。尽管当时家庭条件不太好，生活非常艰苦，甚至连三分钱的过早都不能保证，但少年的我，依然是那样快乐地生活着。

清晨我们背着书包上学校，课余在街办工作人员的带领下，到街上宣传婚姻法及扫盲，受到邻居们的称赞！当时的儿歌我俩现在还清楚记得："手提花篮卖呀花生，慢慢走呀慢慢行，游到鹦鹉洲……"

有一次，我到她家床上跳舞，把帐子都跳垮了，她妈妈也不说我。周悦英处事果断，聪明，我有事总找她商量。

初中时期，我们进入瓜堤街中学学习，遇上了像姐姐、哥哥般的程炜老师和吴漳宜老师。在他们的精心教导下，我们健康地成长，我们三（1）班同学年龄小又聪明，学习、宣传样样都取得了优秀成绩。我和悦英也不甘落后，积极参加活动，除"四害"挖苍蝇虫卵，恨不得要把厕所挖开！悦英和沈纪星、曹继宗三人的《妈妈你哟好糊涂》表演唱，参加武汉市青少年宫的文艺汇演，还获得了一等奖，程老师和我们都感到骄傲和高兴！

图 7-16　跳高

吴必珍是我另外一位好朋友，她心眼好，好运动。放学后我们在一起玩游戏，你使出浑身解数都抓不住她。我很灵活，爬竿是能手，打着赤脚一下子就能爬到竹竿顶。回想那时的初中生活，真是无忧无虑，德智体全面发展。

1960 年初中毕业后，周悦英上电力专科学校，毕业后到华中工学院实验室工作；吴必珍读护士学校，分配到南漳县立医院，后来当了护士长；因为喜欢体育，我读了武汉第一师范学校体育班。在运动会上，我也是打着赤脚跳高，跳过 1 米 2，取得该项目亚军。毕业后分配到自治街小学任体育老师。令我最骄傲的事从天而降，1965 年 7 月，我飞到北京当了乒乓球国际比赛裁判！武汉总共只去了三人。

从北京回汉后，我调到大火巷小学任大队辅导员，1970 年随军到荆门育红学校任教。在后来的几十年里，我热爱教育工作，全心全意地为学生服务。说老实话，干老实事，做老实人，勇挑重担，被同事称为老黄牛。曾多次被评为先进工作者，1978 年受邀参加荆门市教委组织的庐山旅游。

我要感谢鹦鹉洲给了我健康成长的环境，是长江水滋养了我，使我养成了诚实、朴素、关心集体、乐于助人的好品质。是父母给了我生命，是共产党给了我幸福，杨泗正街 83 号我永记心中！

鹦鹉洲是我的第二故乡！

鹦鹉洲，我要为你而歌唱！

# 搬运工人的门诊部

卢顺安[①]

大武汉素有九省通衢之称，特别是在 20 世纪交通不发达的时代，有京汉、粤汉大动脉贯穿南北，长江、汉水黄金水道横贯东西（水运成为一种主流的运输方式）。车轮滚滚、舟楫繁忙、物通南北东西、客如流水、商贾云集。货物的装卸产生了装卸工人和码头工人这一特殊群体。这一特殊群体无论是滴水成冰的三九严寒，还是骄阳似火的酷暑，经年繁重的体力劳动和露天作业，加之旧中国三座大山的压迫，他们生活的艰难及健康状况可想而知。

1949 年新中国诞生，武汉市委和市政府十分关心这一特殊群体，1950 年成立了"武汉市装卸公司"；1951 年 11 月组建了"武汉市搬运工人医院"，本部设在韩家巷（现江岸区大智路），1954 年搬到利济北路。下设八个门诊诊部，分布在武汉三镇。当时最边远的汉阳鹦鹉洲和青山的青山镇也都设立了门诊部，方便装卸工人就诊。

鹦鹉洲从 19 世纪中晚期就成了中原地区最大的木材集散地，随木排而来的就有大量的脚帮、排估佬，湖南木排到鹦鹉洲后，要将部分木排拆散上岸（部分木排继续往东），有的要走陆路运到他处，因此洲上

图 7-17　码头工人卸货的场面

常年需大批的装卸工人，因此随排到鹦鹉洲的这些排估佬、脚帮，就有部分留在了洲上讨生活，久而久之遂将妻儿也接到了鹦鹉洲，这些人按各自家乡的属地而居，逐渐在鹦鹉洲上形成了五府十八帮的格局。

1956 年搬运工人医院交由市卫生局归口管理，挂牌为"武汉市第十医院"，随即搬到硚口的宗关。1958 年为支援武钢建设，武汉市卫生局将第十医院一分为二，分出来的人到青山区组建武汉市第九医院，因此九医院有搬运工人医院的老职工，还有当年鹦鹉洲门诊部的老人。我下乡到宜昌后，被抽回一医院培训，

---

①卢顺安，1948 年 4 月生，湖南安化人。1966 年毕业于武汉三中。武汉市第九医院药剂师。

结束后被分到了九医院工作，因我在鹦鹉洲长大，工作之余与这些老人闲聊，得知他们曾在鹦鹉洲门诊部工作过，但这些老者现已作古，不能了解更详细的情况了。

武汉搬运工人医院能在鹦鹉洲设立门诊部，第一可以证明当时鹦鹉洲上装卸工人的人数众多，第二体现了中华人民共和国成立之初，党和政府对搬运工人的关怀。他们不但成立了装卸公司，鹦鹉洲上的装卸工人还有了自己的组织，生活上有了保障。而且从身体上，关怀装卸工人的健康，为使他们不被疾病折磨，不但成立了搬运工人医院，而且在全市范围内设立了八个门诊部，有病拿"联单"（一种纸质的医疗费用结算单）到门诊看病分文不收。这些刚从旧社会过来的脚帮、排估佬，在以前这是想都不敢想的事，现在成了现实，他们由衷地感谢党和政府。我小伙伴中的父辈有不少是装卸工人，总是听到他们的父辈只要有身体不适，就说要去拿"联单"，那种自豪感，洋溢在脸颊上，充分体现了工人阶级的主人翁地位。

鹦鹉洲搬运工人门诊部，紧靠枕木防腐厂铁路与鹦鹉街道交汇处，与祢衡墓相隔一条铁路，是由原杨泗庙改建的，此处也是杨泗正街的起点。门诊部何时成立，因知情的老人均已作古，无从考证。因市搬运工人医院是 1951 年 11 月组建，鹦鹉洲搬运工人门诊部应该是在 1952 年以后成立。内设有中医正骨（考虑到搬运工人劳作的特点），西医内科、儿科等部门，门诊部的房子当时是较好的，房屋的梁柱都很粗，并有龙的雕塑。

1956 年市搬运工人医院交由市卫生局归口管理后就撤销了。鹦鹉洲门诊部也随之撤销，房屋交给了搬运站分配给工人居住，我的一位同学，他家是 1958 年搬入其中的，此房于 20 世纪 80 年代拆除了。

鹦鹉洲搬运工人门诊部，其存续的时间虽然只有三四年，但它对鹦鹉洲搬运工人及家属的治病、健康作出了应有的贡献，我们都永远记得它。

# 鹦鹉洲市井民生

王　斌 [①]

　　在我儿时的印象中，鹦鹉洲是个水乡，长江万古奔流，江中舟楫破浪，江豚沿岸嬉戏逐食，排筏沿江连片成阵，百姓以竹木业为生。岸边铺垫青石板的土堤护佑着民众，土堤街道两边分布着酒肆茶楼，杂货店铺，鱼肉铺，剃头铺，布匹店，米面店。民居有青砖黛瓦的洋房，二厢三厢的木屋，吊脚楼、茅草屋和窝棚。堤内凼子星罗棋布，形成若干小型湿地，喜鹊乌鸦，蜻蜓蝴蝶，荷花荷叶，是植物动物快乐成长的天堂。春夏时节，燕子在屋前堂后穿梭，地上有母鸡带着小鸡觅食，空中有老鹰飞翔。清晨池塘蛙声阵阵，中午知丫在树上鸣叫，傍晚浮萍荷叶在微风中荡漾。秋冬时节，天空一群大雁往南飞，地上一轮明月照江波……家乡鹦鹉洲如诗如画。

## 一、鹦鹉洲上一家人

　　鹦鹉洲上有一段长长的瓜堤街，瓜堤街有上瓜堤、中瓜堤、下瓜堤。陶然的家在中瓜堤，距离长江堤坝 30 米左右。陶然家房屋是 1947 年兴建的，纯木结构，屋顶盖着树皮，四壁全是杉木板，地面是夯实的黄土。房屋为两厢：右厢为寝室两间，左厢为堂屋和厨房。房屋坐北朝南，大门前有块空地，空地下坡是个水凼子，后门有条小路，小路上坡是向家墩子。这个屋子是陶然的祖父与父亲毕其一生奋斗的唯一家产。据说木料是一根根积攒的，土地是找一个湖南人用几十石谷子买的。虽然瓜堤正街后街，门牌号码变换多次，但出门在外的陶然，始终记得大门左角青色烤瓷门牌"瓜堤后街 24 号"。

　　陶然的父亲大成本姓陶，但他被过继给亲戚王氏家里做儿子，大成的母亲姓钟，祖籍武汉东西湖柏泉。1938 年冬天的一个上午，大成的舅舅赶着一头猪，挑着一担鱼，带着迎亲队伍来到洲头江边钟家院子，吹吹打打就帮外甥大成把钟家姑娘群英娶回了家。

　　群英嫁过来以后，当地人喊她"钟姑"。大成家穷得经常揭不开锅，忍饥挨饿是经常的事，有时候熬点稀饭能看到底。公公赚不到钱还抽吸鸦片，大成蛮恨

① 王斌，1947 年 2 月生，湖北武汉人。1966 年毕业于武汉市建港中学。武汉汽车流通行业协会荣誉会长。

他爹，但自己也赚不到钱，后来他打听到硚口火柴厂可以让民众把材料领回家，在家里糊火柴盒赚钱。于是就开始了以糊火柴盒为生，这样家里偶尔能够吃顿把干饭了。一天饥饿了的钟姑多吃了碗干饭，被婆婆看在眼里记在心上。后来钟姑洗晾衣裳不小心把衣架弄翻了，婆婆借机发作，一阵臭骂，操起一根长竹竿对钟姑穷追猛打。还有一次，钟姑做事慢了点，还急着上厕所，婆婆这边就骂骂咧咧："没有家教的东西。"这句话让钟姑记恨一生。

凌晨五点，两个妇女在路灯下往夹板里装柴火，夹板是用竹子做的，可以伸缩，专门装长一点的物品。待四个夹板装满以后，两人各自挑起重百十来斤的担子，在朦胧的夜色之中从中南制材厂附近一家农舍出来，走鹦鹉小道往西大街早市赶路。其中一个妇女是钟姑，另一个叫培姑，她俩是好朋友、知心的好姊妹，结伴一起做生意，也可互相帮忙。钟姑15岁嫁给大成后，前后生养了十个孩子，其中四男三女长大成人。大成月工资24元，收入微薄，抚养七个子女，连吃饭都是难题，还别谈穿用。新建成的中南制材厂有大量边角余料，如锯末、边皮、柴火等要处理，找熟人可以买到。钟姑的娘家离该厂不远，她认识一个徐姓农户又与厂家紧邻，于是与其商量寻求帮忙，同时要求把批发买来的柴火寄放在他家院落里，许以酬金，徐家同意了。钟姑调查了汉阳西大街早市熟食摊，做汽水包子的，做发米粑粑的，做剁馍的，做糯米鸡、欢喜坨的，还有炸面窝的生意人都需要柴火烧火做早点。于是她与培姑商量，开始了这个肩挑磨担赚钱的营生。暑去寒来，钟姑的收入成了家庭生活的主要来源，她要愁资金进货，愁运输到西大街，愁家里柴米油盐，愁七张嘴一日三餐，愁缝补浆洗……后来公公婆婆去世了，丈夫天天上班，极少回家，钟姑就是七个伢的天！

图 7-18　钟姑一家的合影

1960 年困难时期，钟姑大儿子有德在枕木防腐厂技校应征入伍，蒋介石 1961 年叫嚣反攻大陆，福建前线进入一级战备。一天穿军装的有德突然回来，说他们部队已经在建港集结，准备乘船开拔前线，要母亲替给养员买菜送到港口，钟姑见到别后一年多的大儿子，又喜又惊，赶忙筹集了一担青菜送到部队，陶然也跟着去了，看见部队整装待发，战士们个个荷枪实弹，战车战马，一派准备打仗的紧张气氛……再后来钟姑的二儿子三儿子相继当兵。他们兄弟仨分别在中国人民解放军8199部队、国防科工委西安卫星测控中心、空军西北重型轰炸机场服役。钟姑大女婿也是一个军人，在武汉空军司令部任职。当时女婿女儿也挤在鹦鹉洲60平方米的小木屋里，一家四人当兵，"光荣军属"的牌子在大门上挂了几十年。丈夫大成1950年参加工作，1954年积极抗洪，后经发展入党，在大办钢铁时任钢铁厂厂长，又多次被评为先进个人，1958年被评为武汉市的劳动模范，受刘惠农市长接见，报纸曾多次宣传报道。《楚天都市报》曾用一个版面报道了这个革命家庭，题目是《鹦鹉洲上一家人》。

## 二、市井生活场景

### （一）木屐、拖板、竹床

往日的鹦鹉洲，除街上是青石板路外，绝大部分能通行的路面，都是泥巴路，很少有硬化的水泥路、砖石路，更谈不上沥青路，真是夏秋一路灰，冬春一路泥！夏秋季节泥巴路面下雨后，气温高蒸发量大，路面很快就干了，人们行走没有多大问题，但是冬春季雨雪天气，鹦鹉洲的泥巴路面很黏，简直是寸步难行。当时有一种叫木屐的东西就派上用场了。它形似船头，由皮和木块做成，底部有三个大铁脚，没有后跟，使用时套在鞋的外头，就是鞋套鞋。行走时有点像踩高跷。它的作用就是避免人穿的鞋直接与泥巴接触，但不宜长距离行走，只能短距离串门，购物用。小时候，冬春季雪后天晴，冰雪融化泥巴路很难走，我们家只有一双木屐，小孩子争先恐后，穿木屐到鄢家木桶炕烤火取暖。还有到街上打酱油，买湖南干子，穿木屐就方便多了。

夏季黄昏，家家户户开始摆竹床，搬桌子板凳，拉蚊帐准备消暑，一时竹床板凳桌子塞满了街巷。夏夜人们脚上穿的是硬木板拖鞋，走路声音蛮大，很多人在青石板路上走，就会发出呱呱声，像夏夜的交响乐。

### （二）灶台、擂茶、熏泥鳅

过去鹦鹉洲长江堤坝低矮，每年夏季汛期，长江的洪水都会接近堤坝的顶头，小伢们一方面喜欢玩水，也害怕洪水翻过堤把家淹了！住在堤坝外的湖南人很多，年年要防洪水，洪水小一点，他们也要在家里搭建跳板，发大洪水，居民委员会就组织他们搬到瓜堤小学。好在绝大部分年份，都是有惊无险。堤坝外头有湖南棚子屋，进入屋里首先就看到一个灶台，灶台上有个活动桌面，生火做饭，吃饭都围着灶台。这就是湖南益阳安化人的厨房，堂屋与厨房是不分的。湖南人喜欢吃烟熏的食品和辣椒，熏干子、熏泥鳅最有特色，他们在屋外用砖头搭一架子，用锯末烧火引燃后，让它熄灭产生烟雾，架子上摆放干子或泥鳅猪肉等慢慢熏烤。这样熏的干子炒辣椒蛮好吃。客人来了，湖南人喜欢用擂茶招待。擂茶是将芝麻、黄豆、花生、茶叶等放在一个擂钵里，用木棍擂制成浆，再加开水、盐生成。陶然小时候随大人去湖南人家里，也享受到这种美味饮品。

### （三）互助会

中华人民共和国成立前，鹦鹉洲的穷苦人家多，家大口阔，收入微薄，入不敷出，经常吃了上顿不知道下顿，借贷过日子成了常态。买柴米油盐要钱，儿女上学读书要交学费，婚丧嫁娶人情往来要钱，找隔壁左右借，找亲戚借，找放贷人借，十个坛子九个盖，总之要把儿女养大，生存活下去比什么都重要。钟姑找人五元、十元地借，也找放贷人贷款。借贷的利息很高，十厘，二十厘，甚至更高。借贷的钱很大一部分用作做小生意的本钱。后来钟姑参加了街道助勤队，有人发起互助会。规则是：急用钱的发起人得头会；参加人拈阄，按顺序收会钱；确定一个会钱标准，一般是五元、十元；最后一个人收完会钱，本次活动结束。民间互助会可以帮助群众，解决一时的资金困难，例如家庭发生事故，做生意缺本钱，婚丧嫁娶等急需用钱之处，以解燃眉之急，并且不收利息，不加重参与人的负担。在那个年代互助会活动很活跃。

### （四）捶瓜子、砍莲子

中华人民共和国成立初期，瓜堤街一带有些人，特别是妇女老人，残疾人，孤寡人在家以捶瓜子、砍莲子、糊火柴盒、刺绣、跳麻线等为生。六十多岁的刘太婆，每天清晨开始在一个竹簸箕里头放一块小石头，手持一个小铁锤捶瓜子，一直干到深夜一两点钟。向家太婆命苦，丈夫早逝，没有任何生活来源，只有全身心投入到跳麻线的生计中。陶家两个姑娘砍莲子，把莲子拿回来以后，先把米汤炉灰糊在莲子表面晾干，这样莲子拿在手上砍不滑，砍完了以后还要剖开取莲子心，她们手持一把小砍刀，在木墩子上砍莲子一直到深夜。还有刺绣，一个大绷子，各色绣线摆满。瓜堤妇女接回来的活计，主要是剧院演出的服饰刺绣，例如大龙袍，旦角青衣演出服装。捶瓜子十斤只有两块钱，砍莲子三十斤只有五块钱，糊火柴盒一个只有三厘钱，刺绣完成一幅只有五六块钱。家庭活计很辛苦很累，收入十分微薄，但毕竟让妇女老人们有事做，维持最低生活水平。

### （五）走街串巷的生计

瓜堤街店铺令人记忆深刻。胡香记杂货铺，店铺临江紧靠大堤，胡老板瘦高，三女一儿，坐店的主要是胖老板娘。李医生诊所，诊所洋房子紧邻大街，李医生温文尔雅，夫人慢条斯理，两个儿子是解放军军官，小儿子驼背，读了高中。徐记杂货铺，老板是天沔一带的人，有一个年龄很老的娘，老板没有娶老婆。卢和记餐馆，馆子蛮大，但四壁围的竹篾片，掌勺的是卢老板，老板娘精明强干，养育了五个姑娘，其中卢巧燕是我的同

图 7-19　修伞

学；卢老板公私合营后调到钟家村野味香餐馆去了。还有朱家布匹店，黑老二杂货铺兼电话传呼站。还有很多走街串巷的谋生者。有挑担子的补锅补碗匠，修桶修脚盆的小木匠，修绷子床的，补桃子的，修伞补鞋的，修锁的，卖针线索子的，卖挖耳勺的，卖雪花膏、美人蕉的，阉鸡撬猪的，抽签算命的，卖豆腐脑的，炕年糕的，卖臭豆腐、炸藕圆的，捡猪粪的……他们边走边吆喝，喊着不同的广告词。有一个盲人，从青年走到老年八十多岁，靠算命养活了自己和老娘，身穿件青布长衫，一边敲打小铜锣，一边吆喝"抽灵签、算灵命"，这一带妇幼老少没有不认识他的。有补碗匠，手持一把钻弓上下移动把破碗钻孔，然后用一点铜补丁把破碗固定好，糊上黏膏，补一个破碗收几分钱。有箍桶匠，遇到桶底板漏水的情况，桶匠先把破桶拆开，重新做一个圆底板，由内往下轻轻打下去，用细锯末填严实封口，外头用铁丝打两道紧口。有阉鸡撬猪匠，师傅用网子把小公鸡抓住后，用小刀划开小公鸡肚子，然后用一个绷子把口子撑开，把小公鸡的精囊找到后割断丢出去，然后放开绷子把鸡放了。只要工匠干活，小伢们都围着看。对于为什么阉鸡、猪，师傅说阉后鸡和猪会长更多的肉。

在那个生产力还很落后的年代，各种手工匠人，发挥一技之长，为群众修旧利废，同时也靠这种廉价的服务，赚钱养家，老人们常说"荒年饿不死手艺人"。

# 鹦鹉后地也难忘

王智仁 [①]

鹦鹉洲沿江是一条十里长街，建在一道不是很高的堤防上，在那青石板铺就的道路两旁，低矮的板壁房、树皮屋多是排估佬和码头工人的住宅，少数砖木结构的徽式建筑和二层小洋楼混杂其间，那是买卖木材的老板的厅堂。鹦鹉洲90%的居民主要拥挤在这十里长街两旁，以及后来又开辟的河街和后街。在与鹦鹉十里长街相距两百米的后方，有一条与其平行的泥土道路——鹦鹉小道，两旁零星地住着一些以农田为生的农户，由此小道往西南望去，则是大片的原野，直抵拦江大堤，足有三四里路宽，这一带是无人居住区，我们称它为洲地，也称鹦鹉后地。

鹦鹉长街后面大约四十至六十米左右的地方，是一连串像珍珠的大小湖塘，大的百余亩，小的三五十亩，从腰路堤往上，连续到接近老关的附近。这些湖塘的形成，我猜测是为了修建鹦鹉小道，抑或是抬高居民住地的高度，人们逐年取土，日积月累形成的。我小时就见过因加高堤防挖出来的一个十余亩的大坑塘，又亲眼见过很多次为加高居住地挑土填房基的邻居，包括我们家也这样做过。

在鹦鹉小道的后面，就是广阔的农村了，其地域的范围，从湖塘往上头往西方向一直到拦江堤、到老关，都是涉农的地盘，恐怕有近百平方公里吧？我们要去汉阳城，也要走鹦鹉小道经过农村。所以，我们对农田、农户并不陌生，还常常跟农村的孩子们一道玩耍。

鹦鹉洲的农田，是一望无垠的平坦，应该属于淤积平原。因此，这是我怀疑堤后湖塘是人工开挖而形成的又一个原因。鹦鹉洲有了五府十八帮后，又被各帮派划分了帮地，但也是疏于管理。一九四九年后，码头改革，帮派消失，这里又成了无主之地，到了合作社时期，全部的土地湖塘又被各个合作社瓜分，全归集体所有了。这块农田，土地平坦利于耕作，土地肥沃利于农作物生长，更兼水源充沛，所以植物茂盛。因为沙地多，也利于沙地作物的生长。在这片农田上，可以见到所有生存在长江流域的植物。种植多的是水稻、小麦，其他的玉米，荞麦，

---

① 王智仁，1946年12月生，湖北武汉人。1965年毕业于武汉三中，1982年获湖北电大学历。湖北省机床通用公司部门经理、工程师。

小米，红薯，花生，瓜果，棉花，苧麻等也随处可见，但规模都不大。当然，各种时令蔬菜更是增添了鹦鹉洲农田的风采。到后来武汉居民增多，鹦鹉洲的农田成了蔬菜生产基地。

湖塘水面生长的是各种水草，好多是不知名的。大家常说到的是菱角、鸡头米，还有野葱、野蒜、菖蒲等，最令人心旷神怡的是散发着幽香的莲荷。在靠近鹦鹉小堤的地方，土地耕种的时间长，算是熟地；靠近夹河的地方，耕种的时间短，算是生地，或半生不熟的土地。这些无人管理之地，正是野花野草，芦苇灌木自然繁衍的地方，也是各种野生小动物的天堂。在麦收时节，有个独特的景观，即在离夹河越近的地方，麦子里夹杂着的小芦苇就越多，黄澄澄的麦田里，夹杂着绿油油的芦苇，虽不利小麦的收成，但却是一幅绮丽的自然风光图。我们小时候走在田间的小路上，也常常发现小动物们的踪影，有的是惊喜，如野鹌鹑，跑得飞快，吓你一大跳，或突然窜出一条蛇。记得最清楚的一次是，我看见稻田里有个小洞，想着里面住的是螃蟹、泥鳅，还是鳝鱼？于是情不自禁地把中指伸进了洞里，一进洞口，就被咬了一口，我赶紧抬起手来，它并没有咬住不放，也松了口，我手上虽然没有出血，但还是留了点牙齿印。我分析，这应该是小鳝鱼的行为，所以双方都没有什么伤害。

农作物的加工，全国各地都是各有特色，但也类同。值得一说的是苧麻取皮的办法。苧麻一般能长两米多高，细细的，直直的，大约在秋天初期，苧麻就成熟了。先把它们割下来，捆绑好，放在湖水里泡上二十多天，再捞出来，大家齐动手，剥麻皮，剥下来后晒干，捆成一捆捆的，这就大功告成。搓麻绳、织麻布的原料就是它。

鹦鹉洲的农户，大体是集中在鹦鹉小道的两侧，在清朝末期鹦鹉洲叫补课洲时，他们就来到鹦鹉洲上，但却又是临时户，来来走走，是流动人口，没有定居，也难称之为原住民。直到 1840 年前后才开始有人迁移到鹦鹉洲长住，大概这帮人可以算是鹦鹉洲的原住民了。这些新来的农户，各地都有，但都是湖北人，其中黄冈人的比例高些。因为这些人没有相互的血缘关系，又没有很强的地域关联，所以这鹦鹉洲的农村好像没有独立命名为什么村、什么庄的名号，也没有湖北农村叫湾子的村落，更没有历史悠久，动不动百户、千户的大村子。有的只是几户十几户聚居，也有散居在自己家的土地上的独门独户。往夹河方向，越往上头走，好像农户越来越少，在洲头靠近老关的区域，几乎没有多少居民。鹦鹉洲的农户住房，大多是土木结构，有的是泥巴墙，稻草顶，窗户较小，窗户是木头做成的，带有两扇窗户门。每个农户的门口，大多是一至二百平方米的场院，用之晒农作物。当时的农户不建围墙栏杆，生活安全安逸，民风淳朴，与大自然和谐共生。

这里的农民迁来的原因各异，各有故事，无非是原来的地方难以生存，只好另寻生路，而鹦鹉洲这块地方收留了他们。

小时候农民的孩子，经常在湖滩草场上放牛，小孩子见面熟，也能玩到一块，我首先感兴趣的是骑牛。跟牧童混熟了，就与牧童放的牛也混熟了，看见农村的孩子骑牛，我们当然也想骑，他们就教我们骑。骑牛是从牛头往牛背上爬。先叫：低角，低角。牛就知道你们想干什么了。抓住牛角，往上爬，等爬上了牛头，再叫：扬角，扬角。牛抬起头后，就可顺利地爬上牛背，骑着牛玩耍了。牧童在牛背上，大多是骑坐在牛的后背，想下牛，就只用喊"低角，低角"！牛就把头低下来，我们就从牛头上爬下来。牛很聪明，但你也得与牛搞好关系，否则它也不伺候你。

别看牛平时温顺，但打起架来可不得了，经常有打架受伤的，有的牛的角都打断了。特别是两个公牛，农民叫牴牛打架，我就见过几次。公牛先是把自己住的牛棚打垮了，接着打到场院里，田野上，一直打到水塘里。双方的主人又喊又叫，拉也拉不开。这时只有一个办法，就是主人各拿一个火把，分别站在牛头的两边，同时把火炬伸向牛头的嘴巴，烧焦牛胡须，牛大吃一惊，一看不好，火来了，赶紧跑开，这才停战不打了。但两个主人可要注意了，尽量不要让两头牛再见面，弄不好碰见还得打。看来牛也会记仇，跟人一样的。

武汉的夏天，常有干旱。农民就安放水车往田里灌水。用的是一种古老水车，先用木桶提水，把水车灌满，然后牵动水车，水车的叶片向上运动，就把湖水带上来了，流进一个挖好的小坑里，再顺着小渠流进稻田。水车有大有小，手动车水的一般都是小型水车，农民干完后，把手摇的工具带走了，没有我们玩的机会。赶巧了，找农家的孩子，从家里偷出工具来，大家一起玩。玩得多的是用脚蹬的大水车，只要农民不在，就可以玩。因为年纪小个子也小，不能坐着蹬，只能用手抓住上面的平衡木，脚踏水车，吊着车水。后来有首歌，叫《康美之恋》，里面有水车车水的镜头，亲切极了，我看见这画面，就想起了童年车水的顽皮行为。

我在小学五年级时，学校后面，鹦鹉小道的南侧，有一片棉花地，当时我们并不认识，但棉花未开时，那棉桃实在是美极了，就像未开放的玉兰花，这棉花能长二米高，我们在棉花地里乱跑，外面看不见，有时手痒，摘一朵棉桃，拿出来玩。后来才知道这桃子开放后，里面是棉花，我们就不干这等坏事了。

读初中时，除四害运动兴起，打苍蝇是我们的一大任务。我们认识一个农民大哥，听说起这个事，就让我们去他家，带个大盒子，那里的苍蝇，要多少有多少。于是我们到他家，在苦瓜架子下，用大竹扫把一扫，就是一大片苍蝇，那苍蝇用小铲子铲，一会就装一大盒，上交老师，大功一件，受表扬自不必说了。我们发现苦瓜招苍蝇，但其原因却至今不明。还有那老苦瓜，里面的籽是鲜红的，籽外的一层膜很甜很甜。

武汉的苋菜，我们常吃，但这苋菜在夏天就老了，并结籽传宗。有时候，我们闲来无事，也去农家帮忙，先割下长了的老苋菜秆放在场院里晒，干了后，随便一打，一踩，一搓，种子就下来了，油黑油黑的，圆圆的，只半个芝麻大。把菜籽收集起来，明年再用，有的农民家存着上百斤的苋菜籽，难怪他们种了一茬又一茬。我们跟他们混成一堆，这么多的苋菜籽也是可以随便拿点，回家自用。这苋菜湖南人有个顺口溜，也讲述了苋菜的人间阅历，说是：苋菜长一寸，长工有得吃；苋菜长一尺，长工天天吃；苋菜结了籽，长工死里吃。可见苋菜的普及和功效。这湖北人哄孩子吃饭，也有一个苋菜的歌谣：白米饭，红汤淘，吃两碗，长得高。如此可见湖北人对苋菜的爱好。

拾麦穗也是鹦鹉洲孩子们的一个常态活动。这活计太小的孩子干不了，太大又不好意思干，就那六七岁的孩子最适合。当然也有大人参加，老头少，老太太多。有一次，我看见一个老太太拾得多了，被农业社的社员收缴了，气得那老太太直哭。我们这帮家伙，晃悠半天，也拾不了几粒穗，还是玩比拾麦穗重要，所以我们不是重点清理对象，但也会被驱赶。印象最深刻的是，一个中年农民，戴红袖章，用棍子挑着一条死了的蛇，吓唬追赶我们，我们四散奔逃，跑得又快，再加上小孩多，手里也没什么料，红袖章可能觉得没意思，没油水，也就不追了。我们也就得胜回家，拿着几根麦穗上交，也算是干了一件正经事。

有个小姐姐家住在鹦鹉小路与三合堂中间的一个地方，门口是通往瓜堤街和鹦鹉小路的一条便道。这个小姐姐，大约十四五岁，跟我们玩不到一块，但我们与她弟弟要好，当然也经常见到她，每当我们玩疯了，进到她家，她都是好言好语，还常拿出些时令瓜果招待我们，有时还教点农业知识。每当路过她家门口，她都是热情招呼，她家好像是我们的一个温馨驿站，随时可得到姐姐的关怀。只是1954年大水过后，他们不知道搬到什么地方去了。祝这个姐姐永远好运，我们至今还记着她的善良。

武汉在经过了春天的枯水期后，大的降水就来了。大约是二月底三月初，有几场大暴雨，什么龙抬头等，几场大雨过后，正好把农村的稻田湖塘灌满，一年的用水就不用发愁了。

鹦鹉洲的农民，还是幸运的，当农民时，土地好，收入多，生活烦恼也少。后来这块风水宝地，被很多不同的人看中，于是纷至沓来，土地渐被侵占，耕地没有了，农民成了菜农，吃商品粮，后来又变成了市民，农民也就消失了，永远消失在鹦鹉洲历史的长河中。

一个融入现代化大城市的鹦鹉洲，高楼大厦取代了茅草寒舍，这是历史的进步，但鹦鹉洲的萋萋芳草不见了踪影。

# 难以忘怀的眷恋

胡建林

2021 年 4 月 30 日下午，春风吹拂、艳阳高照，从北京回到武汉，回到久别的故乡。我独自沿着鹦鹉洲洲尾、潜龙、瓜堤，以及老关的长江岸边步行，追寻儿时的脚步，享受今日的便捷，企盼未来的辉煌，怎能不望江兴叹，感怀际遇，遐想遥远？

"蒹葭苍苍，白露为霜。"《诗经》中的这首诗，写的好像就是鹦鹉洲。《尔雅》：小洲曰陼，小陼曰沚，小沚曰坻。这鹦鹉洲应该是个"渚"级别的洲子。我想，芳草萋萋鹦鹉洲，那芳草，恐怕就是蒹葭了，芦苇啊！曾有词云：鹦鹉洲蒹葭鹭起，孤舟歇鸥。如果是贴着地皮生长的小草，从远远的黄鹤楼看过去，是很难有"萋萋"的感慨的。

图 7-20　乡村放牧图

记得儿时的鹦鹉洲，到处都有芦苇，印象最深的是三合堂西边，有个三层楼高的炮台，可能叫炮楼更合适，周围是深深的壕沟，沟里常有浅水，那是芦苇茁壮生长的地方。那里的芦苇，又粗又壮又长，是我儿时制造枪炮的好材料。在农民的土地里，也是常常冒出芦苇来。

鹦鹉洲是"天赐良苑"，是上天恩赐的风水宝地。这里湖塘水网密布，芳草萋萋，五谷丰登，菜园飘香。其东南方向，是母亲河长江，北偏西的方向，是古老的拦江堤，这个堤防意在防止长江水漫过鹦鹉洲浸入汉阳城。有这个堤坝的保护，在我的记忆中，汉阳城没有受到过洪水的侵犯。在拦江堤和鹦鹉大堤之间，就是鹦鹉洲的地域了。

记得拦江堤外的夹河，儿时它还可以通达长江，腰路堤上有个闸口，位置在现今的鹦鹉小道和拦江堤中间，洪水来时关上闸门，平时开闸行船，当时堤边还有不少的住户。洲尾有个桥，开始是石板的，可以移动，移动后也可以行船。后来改修成了木桥，这就只能流水不能行船了。在我儿时，汉阳的大小湖泊，很多都是互通的，坐小划子，就可以四处游荡。那三里坡就有个小河沟，在我大姑妈的后门口，这河沟也可以通夹河、通长江。我常常看到从湖区来的农民，驾小船在河沟里来来往往。

在腰路堤东侧，是一片广阔的洼地，是与长江连通的缓冲区，涨水时这里一片汪洋，退水后是大大小小的水塘，可以步行穿越，春天还绿草成茵。所以在六七十年代，这里名叫泔水湖，是武汉有名的万人游泳池。在腰路堤的西侧，是一片很大很大的沼泽地，它在拦江堤外，直到瓜堤街北不远处，西边接近原枕木防腐厂的小铁路。这里湖塘甚多，农民在这里种植莲藕，虽不到十里荷香，但也是一大片美丽的莲塘，足以赏心悦目了。靠近鹦鹉小道旁，隔不到几十米远，就有农舍四五家，他们经营着周边的农田，种植着麦子和蚕豆，一到九九艳阳天，如同歌中所唱："蚕豆花儿香呀，麦苗儿鲜。"还有那牛儿散落在"浅草才能没马蹄"的田野上，悠闲地吃着嫩草，构成了一幅美丽的乡村放牧图。

我不由得哼道：寻根溯源，回归故乡。原野茫茫，古木苍苍。麦苗青翠，蚕豆花香。水牛犁田，老农垦荒。茅檐草舍，葛衫粗裳。乡情万种，思念久长。

我们儿时的鹦鹉洲，还带有原始蛮荒的气息，几十年的变迁，沧海桑田，现在的鹦鹉洲，已经完全为现代化大都市的氛围所充盈。昔日的水网变成了现在的路网，昔日的茅檐草舍变成了高楼大厦，昔日的农田，已被工厂企业、机关学校占领。标志明显的是夹河，过去那个杂草丛生，芦苇飘花，渺无人烟的夹河，用当时老百姓的话说，是鬼不下蛋的地方，现在已然是一条宽阔的大道，干脆就用上了夹河的名号，叫作夹河街，也是满满的大都市的气派。憧憬今后的鹦鹉洲，若干年后，是个什么情况？是不是会上升一个维度呢？恐怕是向着更加宜居、更加繁荣的方向发展，会增加更多的现代化元素，特别是智能化的科学技术，还有文化、艺术的彰显，都将为现代的鹦鹉洲人所共享。那江滩公园的建设，恐怕就是鹦鹉洲升级换代的前奏。但不管表面的场景如何变换，那朝飞暮卷，云霞翠轩，雨丝风片，烟波航船的绮丽风光，是鹦鹉洲永远的不变。

这"鹦鹉洲"有近两千年的文化积累，新洲也有近三百年的风雨历程，近百年鹦鹉洲不断的变化，但生活在鹦鹉洲的人们，感受到这里依旧是自己美丽的故乡。那川流不息、浩浩荡荡的长江，带来水汽的氤氲，江风吹来负氧离子的滋润，长江冲积出来的沙洲，给我们以深情的抚养，这怎么能不让人心旷神怡，精神爽朗，年寿绵长！每个生于斯长于斯的鹦鹉洲人，哪怕你是在千里万里之外的游子，在内心的世界里，只有这鹦鹉洲，才是心灵的归宿，才是永远不能忘怀的眷恋。

# 第八章　湘鄂情深

# 从宝庆码头说起 ①

彭奇玉

宝庆码头是武汉的一处重要遗址，它见证了近代湖南人在武汉的奋斗历史，也是湘鄂两省人民互通贸易、共同发展的象征。在武汉三镇内，历史上共有四处宝庆码头：汉口宝庆码头是综合停船处，汉阳月湖堤宝庆码头是停毛板船和拆散毛板船的地方，汉阳鹦鹉洲宝庆码头和武昌白沙洲宝庆码头是停泊竹木排的地方。后三处码头都是在汉口宝庆码头之后而发展起来的，汉口宝庆码头在四处之中是最早最大的，又在汉口闹市处，而且大多数居民是新化人。

为何新化人的集聚地要称为宝庆码头呢？宝庆是个什么地方？

原来湖南邵阳地区早在南宋宝庆元年（1225 年）的历史称谓就是"宝庆府"，这一年宋太祖的十世孙赵昀登基，即宋理宗，新年号为"宝庆"。而赵昀在 1222 年曾以皇子身份担任邵州（邵阳）防御使，新皇帝为了纪念他曾经的藩地，便将邵州更名为宝庆府，一直存续至清朝。嘉庆年间，宝庆府下辖武冈州及邵阳、新化、新宁、城步 4 县，直至 1928 年才将宝庆更名为邵阳，从此以后宝庆这个名字不再存在。但是在清朝末期从湖南流向湖北的新化人和邵阳人，都是宝庆府下属的乡民，所以在外地皆称这些人为"宝古佬"，他们聚在一起结成"宝庆帮"。

宝庆府一带盛产杉木、锑矿、煤炭、土纸和竹笋等，亟待运出山区销售，而汉口九省通衢，水陆交通发达，是理想的商品流通大市场。于是在明朝成化年间开始，宝庆人开始走出深山，立足汉口，走向全国。而到晚清更是发展迅猛，一些新化人以杉木造船，然后载上一船煤炭、锡矿、铜矿、竹子、纸张、茶叶之类，顺资水出洞庭湖来到武汉，在汉江边找停靠码头。回程乃逆水行舟，因而跑汉口的船就设计为只用一次，连货带船一起卖，这种一次性的船只就是"毛板船"。船上的水手，大多留在汉口做了码头的挑夫。久而久之，赚了钱的和出苦力的就在集家嘴一带或盖房或搭棚居住，并在附近建立了专用码头。新化人建码头和争码头都用宝庆府的名义出面，所以"宝庆码头"的名称应运而生。

汉口因商业而兴盛，外来人口构成了市民社会的主体，"茶庵直上通硚口，后市前街屋似鳞，此地从来无土著，九分商贾一分民""瓦屋竹楼千万户，本乡

---

① 本文是彭奇玉参考《武汉邵阳商会会刊》的资料，并对鄢吉的《宝庆码头》进行改编的作品。

人少异乡多",十分形象地展示了汉口的社区特点。据统计,在19世纪,外来户增加,占总户数的70% ~ 80%,而汉阳本籍土著户则不过20% ~ 30%。

当时宝庆府出产的煤、木材等大量货物倾销汉口,众多民船川流不息地来往于宝庆与汉口之间。民船上设有"长守"一职,他是船商委托的管家,总揽一切事务,到汉口办完事后就返回家乡。而舵师、水手是临时雇佣的,船到汉口后大多另谋职业,成为码头工人等社会下层人群。起初他们都是单身在汉口搭建竹棚安身,后来家眷也随之来汉谋生,在汉定居的渐渐多起来。在劳动行当中,地缘关系占有重要的地位,在工头取得码头搬运权后,喜欢在自己家乡招募工人,宝庆码头也具有"同乡聚居"的特点。

宝庆会馆的建立显示着宝庆人在汉口码头已站稳了脚跟。会馆最基本的特征在于它的同乡籍性和自我管理的组织性。其主要功能就在于为同乡籍的流动者提供服务并实施管理。会馆通过"打神麻、笃乡谊、萃善举"等手段来发挥整合作用。将神明崇拜放在首位,是因为神灵是他们"联其情而洽其意"的纽带,在神灵崇拜的旗帜下,才有了会馆的合乐、义举、公约等整合途径。

1848年,由新化商人何元龠主持,各帮共同出资,在汉正街南侧的河岸边,修建了一幢宝庆同乡会馆,主体建筑前后三进,大门上雕刻"宝庆会馆"四个大字,内设议事大厅、办公楼及学校,是当年汉口最气派和豪华的商帮会馆之一。会馆成立以后,由历届会首(会长)组织经营、救济同乡。民国初年还兴办了宝庆小学,并资助湖南会馆开办湖南旅鄂中学。

当时宝庆府下属各县经各码头运到汉口销售的大宗物资,以1937年为例,成交金额分别为:煤炭120万两银圆、木材80万银圆、纸张60万银圆、茶叶25万银圆。时有歌谣称颂新化人:"头顶太阳,眼眸邵阳,脚踏益阳,身落汉阳,尾摆长江掀巨浪,手摇桨桩游四方。"

随着商贸日盛,汉口岸边已容不下众多的船只和木排,于是部分经营竹木生意的商人开始向汉阳转移,"鹦鹉洲,日晒黄金夜不收"这句民谣道出了昔日鹦鹉洲木材市场的繁荣。湖南木材商人于19世纪初才陆续涉足武汉,至太平天国运动期间及之后,湖南帮乘湘军之势而兴起,湖南帮实力鼎盛时期,在鹦鹉洲有"五府十八帮",五府即长沙、常德、衡阳、宝庆、辰州五地,十八帮是各府内再按地区划分的小组织,如宝庆府商人又分为大河帮、小河帮,前者以邵阳人为主,后者以新化人为主。

鹦鹉洲上人烟日益稠密,居民逾万,其中有一半是湖南人,尤以宝庆人最多。为保身家财产安全,五府十八帮共同捐资,在鹦鹉洲的洲脊上修建了著名的鹦鹉堤，又先后修建湖南各帮会馆 28 座之多，自鹦鹉洲尾桂阳宫起，到抵近老关的洲头上宝会馆止。武汉人因此称鹦鹉洲为"小湖南"，其竹木市场也就一直掌控在以宝庆人为主的湖南帮手中。

到 1935 年新化来汉人口已达数千户，大部分生活在"宝庆街"上，少部分人就生活在码头边停靠的船坞中，形成"水上人家"。还有部分人就在靠堤边的荒滩上，以竹壁草顶盖屋而栖，间间小屋既可遮风蔽雨，又可经营小本生意，白天挑煤扛货，晚上卖烧腊酒菜，形成"江内舟为市，傍岸芦起棚"的景观。抗战爆发之后，宝庆码头开始衰落，再后来随着铁路公路的兴起，内河航运不再发展，汉口宝庆码头逐渐退出历史舞台。但是直到 21 世纪之初，宝庆码头社区的街道依然繁华，走在以"宝庆"命名的街巷中，人们听到的还是浓浓的新化口音，宝庆三街的菜场里，新化风味的腊肉和猪血丸子还是卖得很俏。

根据规划，著名的汉口宝庆码头这一地段，今后将建成别具特色的文化旅游商务区。当年的宝庆会馆和湖南人开拓武汉的历史博物馆，也都名列其中。

# 我从新化来

伍睦宗<sup>①</sup>

1942 年我出生在湖南新化孟公桥（现湖南省娄底市新化县孟公镇），这是一个山区乡镇，居民大约四五千人，东距新化县城不到五十里。古往今来小镇少有灾难，也无战乱匪患之忧。谚语云："别处有灾，此地有收，别处有难，此地无忧。"小镇的生活非常平静，但我总盼着农历逢一、逢六的赶集。因为这两天，四乡的农民都来到镇上，沿街摆上各种山货，琳琅满目。叫卖声、吆喝声充斥小镇一条街，热闹极了。也只有在这个时候，我们才可以买到诸如核桃、山楂、杯子糕、粑粑等许多好吃的东西。

图 8-1　新化山镇

新化县地处大梅山地区的中心地带，传说是我们的始祖蚩尤及其部族繁衍生息的地方，这里长久地处于"化外"之地，险峻闭塞的人文地理环境，孕育出具有鲜明地域特色的梅山文化和蚩尤文化。北宋熙宁五年（1072 年），"梅山蛮"归化后置县，取"王化之新地"之意，才有了"新化"的称谓。新化在清朝时由宝庆府管辖，此处多山地丘陵，盛产杉木、楠竹、桐油、茶油、煤、铁、纸、瓷器，尤以锡矿山的锑闻名于世，储量与产量皆居于世界首位。从 19 世纪后期开始，在三湘大地狂飙突进之时，新化人以鲜明的个性、豪迈的血性，促进了新化的全面振兴，至清末民初时成为声名远播的湖南名县。

资水从新化蜿蜒流过，经安化到益阳，一路出洞庭湖进长江，交通运输非常方便。山地丘陵地区竹木繁多，而汉口及下江一带木材金贵，新化人从事伐木、放排、搬运营生者众多。山路上长年不断伐木，"五里一亭，十里一栈"成了新化地方的乡俗。"不断客家茶水，饥者赠食果腹"也成了新化人的为人处世之道。夜间行路的人们手持干树皮火把，一来照明，二来可防止野兽攻击。路边住户人

---

① 伍睦宗，1942 年 8 月生，湖南新化人。1963 年毕业于武汉三中，1982 年于湖北大学行政管理专业毕业。武汉市将军路中学一级教师。

家会在牛棚、厕所的屋头放些干树皮，以供夜行人火把燃尽之用。

"竹木长又长，驾排到益阳。穿洞庭过长江，鹦鹉洲上走一趟，十里长街起屋梁。"这是我们新化流行的山歌，表达了走出山乡，闯荡外部世界的理想。

每到冬季乡民们便进山伐木，春季山洪暴发时，竹木会被水流冲到资江，这时他们将做好记号的木材集中扎成排筏，坐等夏季资江水涨。将要起航之时，排筏头领买来猪牛肉，于五更时辰大摆筵席跪拜山神土地爷，杀公鸡喝雄黄鸡血酒，燃香纸放鞭炮，待一根神香燃尽，木排就在高亢的"喝了雄黄酒，木排昂起头。江水送，东风乘，看我一路好前景。木排从此别故土，异乡他处建工程"号子声中起航。小排顺资江而下，过激流险滩，聚集于益阳。再把木排堆扎成二十几米乃至更长的大排，等到东南秋风一起，木排浩浩荡荡穿过洞庭湖而到达汉阳鹦鹉洲。民谣："斗米过洞庭，担米也过洞庭。"说的就是木排要乘东南风过洞庭湖才顺利，不然木排就很难成行了。

"头顶太阳，眼眸邵阳，脚踏益阳，身在汉阳。尾摆长江掀巨浪，手摇桨桩游四方。"这首扣人心弦的豪迈歌谣，曾在资水和长江的千里江面上回荡了两百多年。这就是一直唱到 20 世纪 60 年代的新化毛板船上的歌声。

新化人用铁钉将近似原木的木板，钉成扁平肚大的一次性船板。装煤、铁、桐油、瓷器、纸张等山货六十至一百二十吨，在资江涨水时顺流而下直达汉口，先卖船木，再卖山货，然后船员轻装从陆路返回。

资水有惊心动魄的七十二险滩。毛板船作为一次性船舶，载重量大而易碎，人称"蛋壳"。千里长路，一旦触礁瞬间瓦解，船员甚至会葬身鱼腹。如果顺利到汉口，则获利丰厚，可回家买田造屋。这是一种以命相搏的利润，为了生存，新化人把生命看得十分坦然，他们在浪急风高中豪迈高歌"船打滩心人不悔，艄公葬水不怨天，舍下血肉喂鱼肚，折断骨头再撑船"。

从木排、毛板船兴起，到 20 世纪 60 年代资江中游的柘溪大坝蓄水断航，木排、毛板船是新化闯荡江湖的主要载体。水运的繁荣使封闭的新化与汉口千里一线牵。武汉成了新化人向往的大世界，新化的特产有了广阔的市场，推动了新化商品经济的全面繁荣。

据《新化县志》记载：木材的贩运、毛板船的勃兴，新化的造船业、打铁业、煤炭开采及相关服务业迅速繁荣。全县最多时有毛板船厂 30 多家，小小游家湾便有铁匠铺一百多家，伙铺饭店二百多家。新化境内两百余里的资江河道就有二十多个港口，一百八十多个码头。抗战前新化有五六万人在武汉生活，汉口集家嘴到大兴巷一带，聚集了很多新化人，形成了繁华的宝庆码头及商业集市。

近代工业的发展，新化出产的锑成为炙手可热的物资，其产量占世界市场的八成以上。全盛时期，新化锡矿山的商工人数达十万多人。

过去我们新化还有一个行当，从贵州贩运耕牛、从宁乡贩运猪仔、从湖北沙市贩运棉花、从益阳贩运粮食的掮客众多，都是十几人一队，或者五六个人结伴而行。这些掮客实质是商品的经营者，也是运货的工人，做一笔生意赚一笔钱，平时就在乡里种田。

1956年10月，有几个掮客要将自产的旱烟销往汉口，十四岁的我就随他们闯荡汉口。我们一行五人，掮客每人肩负120斤旱烟，我自带衣物棉被行李50斤。凌晨五时从新化出发，每天行程五十里。第一天下来，由于我没有远行经验，两脚全是水泡，晚上在客栈双脚痛得很是难受，掮客们心里着急，打来热水让我浸泡，又将我两脚包裹起来，并商量如果明天还是这样，只有将我打发回去。另一掮客还买来纸钱对天烧，口中念念有词为我祈祷。第二天早上起来我两脚水泡全无，全身似乎更有精神了，大家都很高兴。吃过早饭，五副担子整齐上路，第五天到宁乡。从宁乡乘汽车到长沙，再乘火车第七天到达汉口。从此我离开了生我养我的新化，在汉阳鹦鹉洲定居下来。

我在瓜堤街中学读初中，在汉阳树下的武汉三中念高中，后在武汉一师学习教学，被分配到东西湖农场的小学和中学教书，和农工的子女同甘共苦、教学相长，为国家培养了无数人才。我也在武汉东西湖成家立业、娶妻生子，现在孙子都上了大学，我已经成了一个老武汉人。

六十五年过去，弹指一挥间。退休之后我曾多次回到湖南新化老家，重温儿时的梦境，体验今天家乡的辉煌。随着柘溪电站、湘黔铁路的修建，资江水运荣光不再，但历史并不如烟。今天的新化，山乡发生了翻天覆地的变化，354公路国道，娄底—怀化高速公路，湘黔铁路都从这里经过，交通十分便利。大熊山国家森林公园、梅山龙宫、紫鹊界梯田和以蚩尤为代表的梅山地方文化资源，吸引着全国各地的游客前来观光。

我原来生活的孟公镇，现在高楼林立、马路宽敞，日杂、百货、餐饮、休闲各种店铺齐全。药店、医院、学校漂亮整齐，南来北往的宾客络绎不绝，东来西去的汽车火车应接不暇。市场经济繁荣，人们生活幸福，我甚至都想回到环境优美、全无污染的祖屋养老去了。

# 益阳桃江马迹塘

杨　健[①]

1914 年，我母亲出生于益阳桃江县马迹塘一个叫黄土村的地方。

我外公是当地一个饱读诗书的教书先生，我的外婆虽然说是籍籍无名，可她的家族里却出了两位大名人（她老家是邓石桥清溪村人）：一位是她的堂弟周扬，曾任中共中央宣传部副部长，中国文联主席；还有一个名人叫周立波，《暴风骤雨》《山乡巨变》的作者，也是斯大林文学奖获得者，是她的侄子。我外婆可是个知书识礼的通达之人。我母亲是天足，从未裹脚，这在当地是颇为人诟病的。母亲的天足得益于外公和外婆的开明思想，使她得以施展大脚于丛林竹海中放飞。

母亲从小随她父母移居到湖北武汉的鹦鹉洲，与当地同乡来鄂的原因不同，他们是放排到鹦鹉洲来的，而我们家却是受益阳帮的邀请，外公是为就任鹦鹉洲"益阳安化二都公馆"的馆长一职而来。当时益阳帮在鹦鹉洲的势力早已日渐强大，需要一位博学多才之士来打点。

外公在二都公馆就任时，口碑很好，后来他辞去馆长一职，下海自己办起了学堂教本帮子女读书。母亲和她妹妹就是启蒙于这个学堂，受到严格的、现在雅称是"国学"的系统教育。据母亲回忆，外公诵读经书，是倾注了全部感情的，吟诵时抑扬顿挫。但轮到母亲这一伙晚辈，那叫一个苦，因为要背诵，背不出来是要打手心的呀，所以外公那条戒尺是不离身的。我曾问过母亲："你挨过几次打？"母亲诡异地笑道："我从未挨过打。你舅舅可经常挨打，为此，他每次背书前都偷偷将桐油抹在手上，据说可以减轻痛苦。"后来，外公接任荆州税务公职，才不得不将学堂停办，但外公仍不忘在业余时间加紧催促儿女们学习。

我姨妈小我母亲两岁，现健在，在加拿大定居，今年 106 岁了，仍精神矍铄。她和我母亲一直坚持背诵外公挑选出来的《古文观止》《史记》《论语》《孟子》中的文章。后来，当母亲同我们子女回忆此事时，说出了下面一番话："当你外公强迫我们背书时，我恨透了你外公，但长大后，却由衷地感谢他为我们打下了良好的文化基础，我后来当了老师，基本根基还是来自小时候的启蒙教育。"

母亲就读于鹦鹉洲第五完全小学，中学是在汉阳训女中学读的，就是现在的

---

① 杨健，1945 年 10 月生，湖南桃江人。1963 年毕业于武汉三中。中国优生优育协会少儿教育工委会副主任、教授。

武汉市第二十三中，从鹦鹉洲到训女中学有几里路，可不管刮风下雨，她从未缺课。后来，她考进了武昌美术专科学校，去武昌可坐轮渡过江，这时，母亲才每周回一次鹦鹉洲了。

1932年，母亲结婚了，我的父亲是湘潭人，当时在国民政府任职，我记得有一次路过汉口交通路，母亲指着交通宾馆说："这就是我和你父亲结婚举行婚礼的地方。"不久，父母因公务原因，去了江西南昌，从此，母亲离开了她魂牵梦绕的鹦鹉洲，以及仍在鹦鹉洲生活的家人。

抗战爆发后，外公外婆也离开了鹦鹉洲，回到了马迹塘。在母亲的记忆里，有一个人她印象深刻，那就是在她就读武昌美术专科学校时，认识的一位学长，他叫文士桢。文士桢是桃江县沾溪乡（今桃江县沾溪镇）人。要知道，在那个年代（大革命时期），在同一所学校，遇到小同乡，可是十分难得的事。文士桢在学校里十分活跃，他担任学生会主席，教新生唱歌，我母亲随口就唱出了那时学到的一首歌：打倒列强，打倒列强，除军阀，除军阀！国民革命成功，国民革命成功，齐欢唱，齐欢唱！

他还组织学生上街游行，有一个细节我母亲记忆犹新：每个上街游行者需缝制袖标，而母亲穷，买不起，文士桢二话不说，到布店扯了红布交给我母亲缝制。他还调侃道："谁叫我们是小同乡呢！"直到中华人民共和国成立后，我母亲从报纸上看到了文士桢的消息，这才恍然大悟：原来他早就是共产党人了，须知，大革命时期，虽是国共合作，但文一直未暴露身份。"文革"中，母亲得知文士桢和其他老干部一样（文士桢时任湖南省政协副主席），受到冲击和迫害，十分挂念，几次说要去见他，但终未成行，她只能从其他渠道打探他的消息。1981年，母亲从《湖南日报》上看到文士桢因病不幸去世的消息。

我记得在和母亲交谈中，她说过这么一段话："湖北湖南是一家人，你看，中原人在闽粤一带安居，叫客家人，我们湖南人到鹦鹉洲安居，当地人不把我们叫客家人，为什么？两湖不分家嘛。历史上，客家人与当地人历经多次械斗、纷争，后来才站稳脚跟。我们湖南人五府十八帮，在鹦鹉洲浩浩荡荡，虽然历史上偶有因分地界而诉诸官府裁定外，但没有武装械斗打死人的事情发生。我们鹦鹉洲的湘人与鄂人关系融洽，有的还结为秦晋之好，这十分难得啊！"

要谈湘鄂情深，有一个人不得不提，那就是楚国著名诗人屈原。

屈原的出生地是湖北秭归，他早期从学从政的活动范围也在湖北，当年的郢都就在现在湖北江陵一带。但他后期遭谪贬放逐包括纵身一跃却是在湖南。远至溆浦（《涉江》："入溆浦余儃徊兮，迷不知吾所如。"）、辰阳，以及我母亲的家乡桃江，最后归宿定格在汨罗。屈原一生的足迹，像一条生命线，将湘鄂紧紧贯穿起来。现桃江县政府，县委所在地，便是天问台，据说就是屈原写下一泻千里的浩浩诗篇《天问》的地方，正是在桃花江口上。此外，桃江县里的凤凰山、天问阁、屈女墓、三闾桥、屈子钓台等遗迹，无不与屈原有关。我外婆在世时，曾十分自豪地告诉我：每年端午龙舟竞渡，桃江县办得最隆重最热闹，有些家里甚至供奉屈子神像以作祭祀之用。"登昆仑兮食玉英，与天地兮同寿，与日月兮齐光。"伟大诗人为湘鄂情深添上了浓墨重彩的第一笔！

我在湖南望城县（今湖南省长沙市望城区）读小学时，外婆因外公去世，孤身一人，母亲将她接到望城县和我们一起生活。外婆是小脚女人，行李不多，却随身带着一个口大底小的钵子和一根硕大的类似棒球棍的槌子。后来我才知道，那是她走到哪里都要带在身边的擂钵和擂槌，是她的宝贝，是做擂茶用的。其实与之配套的设施还有一件，那就是擂茶凳，只是她拿不动，才忍痛割爱了。擂钵是陶制品，里面有齿槽，那擂槌可不得了，很沉，是由油茶树干制成的。马迹塘是无可争议的擂茶正宗发源地之一，据外婆讲，安化人也钟情于擂茶，但原料和喝法与益阳人不尽相同，至于怎么个不同，外婆对此竟守口如瓶，她只是告诉我：你记住了，我们益阳的擂茶是最好的，哪里的擂茶都比不上我们的！我只好点头称是，不敢深究了。

外婆制作擂茶很有仪式感，其郑重态度只差焚香祷祝了，我注意到，她从不用我们平时喝的绿茶，而是从家乡带来的一种又黑又粗，且熏制过的干茶叶，加上白芝麻，这里要慎重加一句，外婆一再强调两点：一是白芝麻要生的，黑的不行，熟的不行；二是没有生的白芝麻，就不叫擂茶，其他佐料无法替代。在此前提下，可加入少许炒熟了的黄豆、绿豆、花生，放少许盐（也有放糖的，但我没喝过）。最重要的工序是用擂槌在擂钵里将上述材料擂碎，其过程超过我的预期，也就是说，要有耐心和力度，我看到外婆在操作时，额上已有汗珠了。在反复捣鼓的过程中，还得不断舀入一点清水。等擂钵出现乳白色浆液时，再进入最后一道工序：倒入热开水。一碗热气腾腾的类似牛奶的擂茶就出现在我眼前。其味沁人心脾，口舌生津，甘甜滋润，回味悠长！

"桃花江是美人窝"，此话绝无虚言，你要是到了那里，遇到任何一个女孩，你会顿时想起唐代韦庄的诗句："炉边人似月，皓腕凝霜雪。"据考证，那里出美人与常饮擂茶滋润养颜有直接关系。

关于桃江出美人还有一个原因：元朝时期，桃源县（当时与桃江县处于同一地）常驻一支维吾尔族军队，到了明代，朱元璋加封了这支军队首领哈勒十八为镇国定国将军，并御赐"翦"姓，这是西域维吾尔族唯一一支居住在新疆以外的族群，也是唯一与汉人通婚的族群，由于遗传优势，桃源桃江出现了美人窝现象。顺便说一句，我外婆就是当地闻名的美人。这个缘由，我这里只是姑妄言之，留待专家们去研究论证吧。

讲了擂茶，接下来谈谈楠竹吧。桃江县是全国公认的楠竹之乡，翠绿挺拔的楠竹，构成了桃江大地上一幅青山绿水的风景画，我小时候曾多次进入黄土村后的小山丘，看到漫山遍野的楠竹，恍然如进入了人间仙境。外婆告诉我，当地把竹笋作为美食的主要食材，有名的"桃江八珍竹笋全席"，那是在隆重的酒宴上才会端出来的。前几年，欣闻桃江县被国务院认定为"国家桃江楠竹产业示范园区"，划定了四大竹制品加工基地，而马迹塘正是其中之一。现在这里不仅发展楠竹产业，还和旅游业相结合，打造成为集竹乡观光、休闲度假、竹笋美食、户外活动于一体的竹文化生态旅游基地。

写到这里，不由得想起了南宋僧志南的诗句：沾衣欲湿杏花雨，吹面不寒杨柳风。那美丽的桃花江，那苍翠的马迹塘，那焕然一新的鹦鹉洲，那三湘四水和极目楚天，不正是我魂牵梦绕的春风杨柳，我心心念念的杏花细雨，我的精神家园，我的绵绵乡思吗？


附记：

拙作写完，觉得文中涉及的一些地名，有必要加以补充。

一、马迹塘

马迹塘镇，地处资江中游，东通洞庭，西连湘黔，北达巴蜀，南扼衡岳，自古为湘中去湘西的交通枢纽。

关于马迹塘名字的由来，源于《关公跃马沂溪》的传说。

赤壁之战后，吴国多次敦请蜀国归还荆州，刘备多次耍赖皮，还嘱关羽严守。有一天，关羽带几名轻骑深入吴地，不料被吴军发现，在这紧急关头，关公坐骑赤兔马腾空跃起，一足点过沂溪中一块礁石，从而跃过沂溪，关羽化险为夷。

关羽回望河中礁石上留下的马蹄痕迹，问当地乡民："此为何处？"答曰："小地无名也。"关羽沉思片刻后对乡民说，以后此处便叫马迹塘也。

如今，沂溪河中那块礁石上，硕大的马蹄印清晰可见。

二、屈原遗迹

屈原到过桃江是有迹可寻的。除了我在文中介绍过的天问台以外，尚有以下遗址可资佐证：

1.天问台上修了凤凰庙,祀屈原和他夫人及三个子女,现有"古天问阁遗址"的石碑。

2.离县城十余里的花园洞,相传为屈原读书处,又传说屈原的女儿在此居住,至今有屈女墓。

3.资江河岸存一石台,名曰屈子钓台。

4.花园洞洞口有一座桥叫三闾桥,至今尚存。

5,在桃花江、桃谷山、杉树仑等地,还有一些人家塑有屈原神像并置神龛供奉,当地人俗称"三爷爷"(屈原曾任三闾大夫)。

以上均见《桃江文物志》,足见屈原在桃江不仅是因放逐而路过,很有可能住过一段时间。

# 从安化二都到鹦鹉洲 [①]

瞿忠义 [②] 　卢顺安

在鹦鹉洲的湖南人中，有"安益七帮"之说，这里指的是湖南安化和益阳两地人经营竹木生意的帮派，他们是较早登陆鹦鹉洲的开拓者。早期的湖南竹木商人在汉阳拦江堤与鹦鹉洲之间的内河滩地活动，最早的安益宾馆亦建于此。后来由于河道淤积，他们转向鹦鹉洲的东部江滩，安化人以二都、同利等帮的名义，在瓜堤一带抢滩设点，建设码头、会馆和大量民居，从此在鹦鹉洲扎下根来。

## 一、安化二都乡

湖南安化二都（现称羊角塘）历史悠久，秦汉时为益阳县辖，晚唐为梅山蛮夷所据。宋庆历初，知州刘元瑜遣杨胄入梅山，说谕一千二百余户，收捕首领符三，按地约束，招瑶人耕垦。由于元人南侵，战乱频仍，至明初安化一带已无人烟，从江西迁入者用竹竿围地屯田。历史上有江西填湖广之说，现居羊角塘镇的瞿、王、杨、卢、李、夏等姓，都是明朝以后陆续从江西迁入的。

羊角塘镇受梅山文化的影响，历来崇文重教，素有"文化之乡"的美誉。二都乡民有个好传统，就是重视读书，有些穷得一日三餐不保的人家，也千方百计要送子女上学，条件稍好家庭的女孩子到了学龄也要读书，我的姑母和母亲就上过学，初识"人之初性本善"之理。清道光年间，二都有识之士集资，在羊角塘中学校园内修建了"文昌阁"，也叫"文昌庙"，许多文人学士在这里任教、讲学、传道授业解惑，为乡梓培养了众多的人才。文昌阁是一座古典宫殿式建筑，安化名人两江总督陶澍为其作了一副对联：父子兄弟之间，眼下融和，即是读书真学问；君臣名物之理，心头透彻，便为经世大文章。

民国期间安化县管辖 12 个都，相当于乡的概念，羊角塘镇即属安化二都乡。二都地处湖南"湘、资、沅、澧"四大水系之一的资江中游，雪峰山北端，属丘陵地貌，在安化县城东北 48 公里处，地域面积 246 平方公里，人口 6 万多。它东临桃江，南接小淹，西靠冷市，北邻桃源、常德、鼎城，山清水秀、人杰地灵。

---

[①] 本文于 2021 年 6 月由瞿忠义口述，卢顺安整理成文。

[②] 瞿忠义，1940 年 10 月生，湖南安化人。1962 年毕业于武汉三十二中。武汉油脂化学厂工人。

羊角塘镇乡民有光荣的革命传统，境内多仁人志士，相传元代有一杨姓人士以"送春牛"为名，联络百姓进行反元斗争；清嘉庆年间出了两江总督陶澍；清末民初夏山等追随黄兴、蔡锷投身民主革命；大革命时期，王铭、夏甸、卢子期等一批早期中共党员相继投身革命，王如江在二都组织的农民协会，会员达 2000 余人，开展了声势浩大的打土豪分田地的农民运动；解放战争初期王达志、王志强等中共地下党领导群众"迎解支前，接管二都乡国民政府政权"；中纪委原副书记夏赞忠，江西省委秘书长王达智等都是羊角塘镇的人。二都是我的祖籍地，现属益阳市辖。我的家乡森林茂密，出产林木、楠竹，交通闭塞、经济落后，耕地少，且土质呈酸性。直到 2021 年全国整体脱贫，才摘下贫困县的帽子，民国时期与外联系的通道是一条小溪河叫善水，它与资江相通。

民国时期我的家庭是一户极贫穷的农耕人家，水田旱地人均不足一亩，加之唯一的水田又呈酸性土质，产量极低，生活苦不堪言。每年都需要在水田中施用石灰，用以中和水田的酸性，方能保证稻谷的正常生长。由于交通闭塞，需要的石灰需从桃江县马迹塘购进，靠善溪水承运回二都，因此产生了一种特殊的运输方式，二都人管它叫"扯火排"。

"火排"是什么？火排是选用生长多年，粗细、长短相当，粗壮的楠竹刨去外皮，而后在尾部一米左右处用火烤软，弯成约 150 度角状，用被烤弯的十根或更多竹子（视火排承重需要定竹子根数），将这样烤弯的竹子平铺于地面，捆绑加固成一个整体，就成了一架火排。因楠竹粗且空心，置于水中有很好的浮力，上十根这样的竹子可以承受数百斤甚至上千斤的重物，可载人载货。因此家乡就用它作为溪流中的运输工具，用它将上游的农副土特产品运出去，将下游桃江马迹塘、益阳的石灰和生活必需品扯上来。为什么说"扯"？因为火排是没有动力的，逆流而上就很费力，特别是小溪流水湍急，完全要靠人力拉扯，所以叫作"扯火排"。

二都人的扯火排行当非常苦、累、险，不亚于长江三峡的纤夫，所以这一工作极具危险性且体力付出极大，非胆大心细、身体强壮者难以胜任。我的父亲当时年轻力壮，人高马大，为了改变穷困的窘境，农忙时节就忙农活，农闲时节就去扯火排，经常来往于益阳、马迹塘、善水水域，积累了水上运输的经验。后来又开始驾排往返于资江与武汉鹦鹉洲，同时也积累了一些资金并参股经商，由小变大，到中华人民共和国成立前夕家境才逐渐殷实，并于 1948 年将全家搬到了鹦鹉洲的瓜堤街，地址是瓜堤河街 136 号，我一辈子难以忘怀的地方。

## 二、资江放排

安化二都出产竹木，为了将竹木运出山外，因此家乡催生了一种职业——驾排工。为了改变纯农耕作，父亲加入了驾排的队伍。二都人将砍伐的竹木运到资江边，然后将其平铺水面，用竹缆捆绑成 20 至 30 平方米的方块排，每排的厚度约 50 ~ 70 厘米不等。待排要进入洞庭湖时，再将四五个这样的小排捆绑成一个整体的大排，排的上游方向有"槽"（即桨）用以控制木排行进的方向（排无动力借水漂流），头排上有铁锚或犁（圆木所制）用以靠岸时锚泊固定之用。

有的排规模较大，吃水较深，在排上设有"车"，又称车排。其车为水平轮子（轮为木制，形似农村的水车轮），轮周有几根放射状的扶手木用于推动车轮（相当于绞盘）。因铁锚重不便操作，一般采用"犁"，犁是用一根约两米长的圆木，将一端削尖，排要靠岸时由两人乘小竹筏将竹缆和犁带到岸上，将木犁斜插入岸上的土中，将篾缆套于其上，岸上有固定的犁定位，由排上的众人推动车轮（绞车）拉动竹缆，使木排逐渐靠岸。每到此时推轮的众人听着打鼓佬的号令，喊着号子，时而舒缓、时而激烈，情景蔚为壮观，容不得丝毫的差错。稍有不当可能会导致篾缆折断，这就意味着排无法控制，须重新放备用篾缆。那篾缆有 7 至 10 厘米粗，长百十米，启用备用篾缆既危险又费时费力。这里打鼓佬的作用至关重要，他是排上的总指挥，号令由他发，相当现代轮船的大副。每排的打鼓佬都是由驾排多年、经验丰富的老者担任。他还要能观天象、知风雨，熟悉沿途水域情况，在紧急情况下处事果断，有应变能力。每排上有排估佬一二十人不等，排一经启航，除遇恶劣气候或采购生活用品外，一般不停泊靠岸。

八百里洞庭湖浩瀚无边，风平浪静行排还好，但过洞庭湖也不是一两日的工夫，每当气候有变，正如范仲淹《岳阳楼记》中所描述："若夫淫雨霏霏，连月不开，阴风怒号，浊浪排空；日星隐曜，山岳潜形；商旅不行，樯倾楫摧……"可能就会排毁人亡，据传萧楚女家就是因此而败落的。排过洞庭湖，排工们不但要应对恶劣的自然环境，而且还要随时应对"湖匪"们的骚扰，他们不时三五个划子跟上来，要钱要物，不给就会邀来更多的人和船，砍断排的绳缆。每遇到这种情况都由排上的打鼓佬应对，因为他懂江湖上的"桔子话"，与"湖匪"们交涉，总免不了要给钱给物，好在这些"湖匪"也不会狮子大开口，他们也是一些穷苦之人，为生活所迫，靠山吃山靠水吃水，干这些不法勾当。

排上有工棚四至五个，用于驾排人生活居住，工棚一般置于排的中部，墙板用篾编制而成，内外为竹篾，中间夹寮叶（似包粽子的粽叶），棚顶为稻草，面积每棚大概一平方丈。排到鹦鹉洲后几个人将工棚抬到岸上又可作家居之用。

鹦鹉洲上江边二都帮人居住的房子基本由此而来，一般三五家一组围成一个院子，用一、二、三等数字编序以示区别，称一院、二院、三院……时间长了，有的驾排工人积累了一些钱，遂在瓜堤内修建了木质结构的住房，房的主体梁柱为圆木，墙壁为杉木板，屋顶条件好的用布瓦，一层还铺有地板，不过一般都是用杉树皮当瓦，也没有铺地板。因为建了永久性的住房，这部分驾排工人就定居于洲上了。再加上除了驾排，日常还有大量搬运木材的工作，由此催生了码头工人这一职业。时间长了这部分人遂将家人接到鹦鹉洲，于是这些新移民成了鹦鹉洲五府十八帮的成员。

### 三、鹦鹉洲上二都帮

从安化二都来到鹦鹉洲的既有排估佬，还有木商，木商又有行商和坐商之分。行商系排到鹦鹉洲卖出后就返回家乡，是本金少的木商小老板，一趟从家乡善溪口到鹦鹉洲，顺利的话也要两个月左右。木商的排一到鹦鹉洲，小老板们就到汉正街购物、玩耍，汉正街的商家对这些湖南木商是全方位地接待三天，好吃好喝供着，晚上陪他们去戏园看戏……这三天汉正街的商家按木商们的采购清单，早已将木商所需货物购齐，并送至鹦鹉洲。行商们携带着汉口的各式新鲜货品，心满意得地返回家乡，开始筹备下一趟的启航。坐商是生意做得大、资金雄厚的大老板，他们在鹦鹉洲上建有永久的较为气派的土木结构房屋，他们只在鹦鹉洲上运筹帷幄，自有一帮手下人为他服务，他们不必随生意来回奔波于湘鄂之间。

除木商之外，洲上还有木行（即现在的中介），来洲采购竹木的商人一般找木行，木行对来者即买家实行包吃包住。木行老板对洲上竹木的质量、品种、行情了如指掌，他们带着买家穿梭于各木商之间，双方讨价还价，谈价是秘密的，俗称袖笼里的生意。何谓袖笼里的生意？即卖方、买方、木行三方的谈判。民国时期习惯穿中式袍褂，袖口大而宽松，木行老板将双袖分别伸与买方和卖方，双方手指在宽大的袖笼间比画（若在夏季则将手置于身体背后比画）。卖方出价，买方还价，然后木行老板折中，经多轮商谈达到一个双方都能接受的价位，生意即告谈成。若经多轮仍不能达成共识就交"串盘"再谈，串盘是资深和威望高的木行老板，生意谈成后要给木行老板佣金。那时的木材计量称谓不是现在的立方米，而是称"码子"。码子的计量单位称"两"，一两码子大概相当于现在的一立方米，有专业的计量经纪公司参与服务。具体的丈量方式是在离圆木头部一丈处量圆木周长，单位是市尺，一人量并报数，一人记录并计算。议价是多少钱一两，

图 8-2 湖南安化界碑

没有说斤的，几两、几十两、几百两等等，几十两、几百两就为大生意了。

二都帮人在江边的江滩上成排地置满了丁架，丁架是用来晒从江中运上来的木材的，它们将从陆路运往各处，因此曾流传"鹦鹉洲日晒黄金夜不收"。生意兴隆时鹦鹉洲江滩的丁架上，一排排堆放了各种木材，江上停靠的木排也是一排紧贴一排，几乎停到了江心。

二都帮位于鹦鹉洲中部的瓜堤街，它又分上二都和下二都，在此居住的人基本都是湖南安化县二都乡的商人和脚帮工人。鹦鹉洲二都帮地域在下起华中诊所处，上至长衡会馆下的马埠帮。二都帮的住民将家乡二都的语言、社情民俗，原汁原味地带到了鹦鹉洲上。例如：进门用芝麻泡茶或擂茶、身着黑对襟衣裤、腰间围一蓝布袍，鹦鹉洲的安化二都帮犹如湖南羊角塘镇的缩影。

如图 8-2 所示，这块湖南安化界碑，是我的朋友、安化二都帮子弟卢顺安在前几年拆迁的瓦砾堆中偶然发现的。他如获至宝，用自行车驮回家中珍藏，这块界碑证明了安化湘人在鹦鹉洲的真实存在。

图 8-3 鹦鹉洲竹木搬运工会二都支会会员证（万学工供图）

鹦鹉洲有湖南五府十八帮，名帮有各自的地域范围，有各自的办事机构和活动场所，办事机构即帮会，场所即会馆。民国鼎盛时期，洲上建有二十余座会馆，每帮至少有一个。会馆一般为徽式建筑，各帮互相攀比，比谁建得大、建得豪华。二都会馆位于瓜堤小学天主堂下首不远处，不过二都会馆规模、气势只能算众会馆的中下水平。鹦鹉洲会馆的功能是协调本帮行商在洲上进行交易，负责他们的食、住、行等事宜，另各帮还有同业工会，其功能是负责本帮驾排工人和搬运工人的工作、利益协调。二都会馆在20世纪50年代中期变成了菜场，随着国家的发展，瓜堤街居民的搬离，这里后来成了鹦鹉造船厂。

鹦鹉洲上的木商出资修建了贯通全洲的江堤，上面铺设条石，此堤也是进入汉阳的唯一便捷通道，现鹦鹉大堤基本是以此为基础逐年加宽加高而成。鹦鹉洲上的木商还参与了湘商捐资在武昌蛇山山麓创办的"湖南旅鄂中学"，为社会培养了众多的人才。

# 解读《鹦鹉洲湖南竹木帮全图》

常恒毅

在述说和研究汉阳鹦鹉洲的竹木交易市场时，人们常会提及"湖南五府十八帮"这个名词，意即在此地做木材生意的湖南人，来自湖南长沙、衡州、宝庆、常德、辰州五地，其有十八个帮派组织。但是由于语境和论及的时间不同，产生了很多歧义。在写作《鹦鹉洲上》这本文集时，我查阅了相关的历史资料，对于"湖南五府十八帮"有了一个明确和清楚的概念，在此提出来与关注这个历史概念的学者和读者共同商榷和研讨。

在鹦鹉洲竹木交易市场存在的百年历程中，湖南的竹木商人和众多的放排工人起着开拓者的作用，是竹木贸易的主要力量，为鹦鹉洲的乡镇建设和经济繁荣作出了极大贡献，建立了两湖人民互助的情谊。在湖南人登陆鹦鹉洲之前，已有江西帮、黄冈帮等商人在汉经营木材生意并建立会馆，而我们论及的"湖南五府十八帮"，是湖南人的十八个帮派和他们所建立的二十多个会馆。

湖南省西部多峻岭丘陵，盛产楠竹和杉木，而在明清年代交通不便，竹木的运输只有依靠水路，将竹木扎成排筏，通过湘资沅澧四条江河由南向北顺流而下，从益阳和常德进入洞庭湖，再由城陵矶口岸进入长江，抵达汉阳鹦鹉洲的木材交易市场。由于木材的交易涉及原木收购、长途运输、异地交易和再次分类运输等问题，是一个比较复杂的系统，因此以地域、行业和共同利益为纽带，自然形成了很多帮派。湖南的诸多帮派又会与其他省，尤其是湖北当地的"北帮"或"汉帮"产生利益纷争，常常因此发生矛盾。1925 年由陈焕楚、曾世藩、邹学乾三人测绘的《鹦鹉洲湖南竹木帮全图》（以下简称"《全图》"）为我们提供了一个比较真实和客观的史料，虽然它是以鹦鹉洲湖南竹木总会的名义向当时的民国政府部门提供的证明材料，有着维护湖南各帮派利益的立场，但是它所绘制和标注的名称、位置，湖南各帮所占据的江滩和属地等，对我们分析判断湖南各个帮派和各会馆的位置还是一份十分重要的历史文献。

如图 8-4 所示，在《全图》的右上角写有一段文字说明，左上角是附记与图例。现将此图说明的文言文翻译如下：

我们是湖南竹木帮，在两湖尚未分省之前（按：两湖分省在康熙三年，即 1664 年），我们就已经营这块土地，即沿拦江堤玉带河一带。康熙年后，因此地入口处出现坑沟堵塞，于是我们改迁至鹦鹉洲东门一带继续经营，但后来在这地方屡次与当地汉阳居民发生冲突。于是，经当时县、府、司道部院出面调停并判定：上自朝关下至洗马沟，将作为永久的湖南竹木帮的码头。

此事经省里委派专人勘定，并报户部。道光八年（1828年），奏户部核准，确定以鹦鹉洲上自朝关下至洗马沟滩地，也就是在道光元年（1821年）经省里委派专员勘定的面积为449亩地为准。

援引大清"永靖官洲成熟麦粮交纳租赋"案例，即每亩麦租银二钱，赋一分八厘，准此，竹木帮应交纳租赋银为98两一分，从道光九年（1829年）开始，并造于"季拨册"内，上报户部充饷，不得额外另有增加。

此地主权业已确定，我竹木帮在此安居营业三百载，经历两代朝廷，现如今日渐繁荣，各支帮在此购地，建会馆二十余所，人口已达20余万人了。

考虑到年代久远，恐今后无案可查，故特地绘制此图立此存照，以备今后查稽也。

鹦鹉洲湖南竹木总会谨志

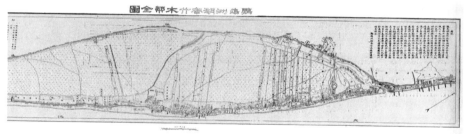

图8-4 鹦鹉洲湖南竹木帮全图

文中也有错误之处，如"我竹木帮在此安居营业三百载""人民达二十余万"等数据与事实不符，而清道光年间判定的码头、滩地、属地等文件和资料也无从考证。本文主要根据现存湖北省档案馆的《鹦鹉洲湖南竹木帮全图》和《湖北汉阳鹦鹉洲湖南竹木帮滩地形势简略图》，来探讨湖南"五府十八帮"及所建的会馆。

从《全图》说明中可以看出，湖南人经营汉阳鹦鹉洲的竹木市场有三个阶段，先是在夹河的汉阳一侧，后移到汉阳东门外的莲花湖畔长江边，最终到鹦鹉洲东南方向的长江沿岸，从洲尾一直发展到洲头荒五里。这其中前两段时间不长，规模较小，但从1850年起，随着门户开放、洋务运动兴起，湖南与湖北的竹木交易量与日俱增，从湖南来汉的人员也急剧增加，抢滩占地、修筑码头和民房的要求也愈加强烈，各地帮派之间难免产生摩擦和争斗，官府也多次参与调停，这个《全图》就是反映这一状况的史料。

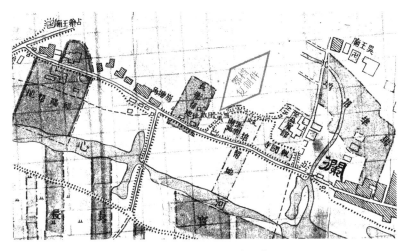

图8-5　汉阳拦江堤沿岸

## 一、1664—1722年，沿拦江堤玉带河一带

从图8-5中可以看到，汉阳县城与鹦鹉洲之间有一条夹河（又称玉带河），绘制此图的1925年，夹河已变得非常狭窄，但两岸堤防则相距甚远，说明早年这里是利于行排和停泊的地方。拦江堤的北面有吴王庙、报国寺（抱孤庵）、无量殿旧址、崩塘角（冰糖角）、古药王庙及部分民用建筑，足见商贸的活跃及市场的繁荣。在报国寺的后面是道光年间修建的安益宾馆，据文献考证这是全国第一个木材行帮的商业会馆。夹河北边的土地，分别是马埠、歧埠、洪埠、长衡、祁阳、安化的帮地，而夹河的鹦鹉洲一边，则是宝庆、清埠、长衡、同利、二都、马埠的帮地。

宝庆、安化和益阳三地同在资水流域，由南到北毗邻，安化、益阳属长沙府，宝庆府辖武冈州和邵阳、新化、城步、新宁四县。早在清朝康熙年间，大规模的益阳木商捆扎木排，沿着资水下洞庭，过长江，来到武汉销售竹木。从清乾隆二年（1737年）开始，安化人也大规模地开采煤矿，并用毛板船将煤炭和竹木一起运往武汉销售，但那时这些活动都是在汉口沿岸进行。

乾隆三十四年（1769年），汉阳补课洲（后改名为鹦鹉洲）淤出，于是"安益帮"（安化县、益阳县西一带）抢占先机，在汉阳拦江堤抱孤庵后面建立了安益会馆。随后的嘉庆年间，资水上游的宝庆帮木商也来到武汉，安益会馆也曾改称"宝安益会馆"。宝庆帮日益壮大，形成以新化人为主体的宝庆帮，并在汉口北岸集家嘴占有宝庆码头，于道光二十八年（1848年）建成汉口宝庆会馆。

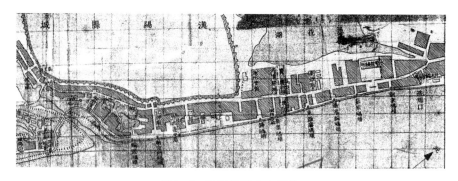

图8-6　汉阳县城东南门外

## 二、汉阳县城东门（朝宗门）一带

由于鹦鹉洲北岸逐年淤积，夹河日渐变窄、河道堵塞，已不利于竹木排筏的停泊，商人们开始将交易场地沿夹河入长江处转移，即是文中提及的"至鹦鹉洲东门一带继续经营"，实际上是指汉阳县城的东门（朝宗门）和南门（南纪门）一带，这里面朝长江，背靠县城及莲花湖，无论是经营还是生活条件，都方便了许多。从洗马口到夹河入长江口处，建有刘家、苏家、濂溪祠、东岳庙、茶叶、钟家、朝宗门、轮渡共八个码头，并设有竹木复查局和水警教练所等管理机构。此时湖南湘江流域的长沙和衡州两府的木商也进入武汉竹木市场，并在此地建立了衡州会馆和郴郡宾馆，并划定了宝庆、洪埠、清埠和郴桂的帮地。通过分析可以看出，洪、清两埠属长沙府益阳县，郴（州）桂（阳）两县属衡州府，长沙、衡州、宝庆三府的商人已经在汉阳一带有组织地开展木材经营活动。

## 三、鹦鹉洲长江沿岸的竹木交易市场

鹦鹉洲竹木交易市场的建立始于1850年。经过第一次鸦片战争和第二次鸦片战争，中国向世界开放通商口岸和出让租界，而国内开展的洋务运动也促进了市场的繁荣。兴建工厂、修筑铁路、开挖矿山、树立电杆，公共及民用建筑，都急需大量木材，有着丰富竹木资源的湖南商人抓住机遇，将大量的优质杉树和楠竹，经由湘资沅澧四条河流运往洞庭湖，再通过长江运达九省通衢的武汉。

汉阳县城门外的弹丸之地，显然不能满足巨量湖南竹木的停泊、交易和转运需求，于是商人的目光转向长江上游的鹦鹉洲。此时洲身已逐渐淤起，沿长江有十几华里的深水岸线，宜于木排船舶停泊，江滩正好用来堆码木材、交易运输，广阔的田野可供耕种，此时此刻的芳草萋萋鹦鹉洲，真还是一片尚待开发的处女地，正好迎来百年难遇的大好时机。

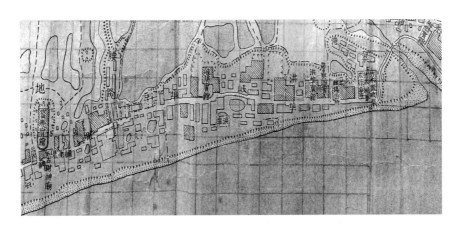

图 8-7　鹦鹉洲洲尾地段区划图

登陆鹦鹉洲是从洲尾开始的，而人员应该是"宝安益"的混合队伍，这从后来在此混居的人员成分可以判定。

1.这是洲尾地段的区划图（见图 8-7），益阳商帮占据大半地盘，一些学者认为，在鹦鹉洲的码头中，益阳商帮势力最大。据史料记载，"益阳帮""安化帮""宝庆帮"是三个最大的社团组织。

"益阳帮"有三个小帮，即洪埠（益阳县南）、清埠（益阳城清水潭）、歧埠（益阳三堡一带）。益阳地区的繁荣与木业行商有着直接关系，而控制益阳木业的行会，主要就是洪、歧、清三帮，他们各有管辖的地段，不可逾越。在益阳古城的资江沿岸依次是：从洪船埠、李家洲、将军庙至学门口，属洪埠范围；将军庙以上至青龙洲、谢家河，为歧埠；学门口以下至清水潭，为清埠。这些专业的竹木帮结伴来到鹦鹉洲，开始了最早的拓荒工作，几年之后这里的经济规模和效益优于益阳，也优于在汉阳的江滩，于是后来者接踵而至，纷纷在洲上抢占江滩、构筑堤防、建设民居，促使鹦鹉洲成为了中原地区最大的竹木交易基地。

从汉阳东门跨越夹河小木桥后，洲尾正街二号是汉阳竹木征收局和竹木总会木行公所，征收局的职责是向所有木商征收税款，而竹木总会是全行业的组织，它包括南帮、北帮、江西帮等。在潜龙正街上有桂阳公所、洪埠宾馆和歧埠宾馆，在财神路（杨泗正街）上有宝庆会馆，右边是祢衡墓，左边是杨泗庙。这一带的居民大都是益阳人和新化人。

2. 安化帮分为三个小帮，分别是安化县的三个乡镇，但是他们人数众多，所以各乡自成一帮。分别是二都（现羊角塘）、同利和敷溪三个帮，各自建有会馆，人员主要居住在瓜堤街一带。从下瓜堤一直到上瓜堤，依次有清埠宾馆、同利会馆、二都宾馆、长衡会馆（见图8-8）。在二都会馆上首还有一座天主堂，那是天主教圣高隆庞会在鹦鹉洲建造的，但与木材帮会没有任何联系。

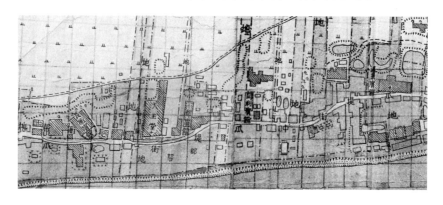

图 8-8　瓜堤街地段

3. 湖南五府除了长沙、衡州、宝庆三府之外，还有沅江和澧江流域的常德和辰州两府，这两府生长的树木上下一般粗，出材率高，更受客户青睐。清朝时常德府治武陵县，辖武陵、桃源、龙阳、沅江四县。辰州府辖沅陵、泸溪、辰溪、溆浦四县，这里的木排由西洞庭湖进入，我们常将这两府的木材称为"西湖木"。由于进入武汉市场晚了一步，所以他们的码头、会馆和居住地便自然地向上游发展。这两府的人力和财力都较小，常联手行动，简称"西湖帮"也称"西湖五属"，由靖州帮、永顺帮、辰州帮、沅州帮和常德帮组成。

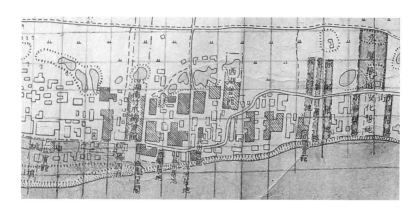

图 8-9　两湖和西湖地段

从图 8-9 中可以看到从上瓜堤到西湖正街这一段路旁，建有永顺会馆、西湖会馆、辰州会馆，还可以看到各帮占有的帮地。

在图左的两湖正街一号是湖南竹木总会馆（两湖会馆），它是一个超越湖南各帮派的上层会馆，负责协调各帮派的利益和矛盾，同时它也代表湖南各帮与他省的木材商会或帮派谈判和交涉，还负责和地方官府、税收机构、警察监督等打交道，例如这次请求政府确认各帮占有的滩地和帮地，就是以湖南竹木总会的名义进行的。

两湖会馆创建于同治四年（1865 年），光绪年间又经过两度扩建，是鹦鹉洲上所有会馆中建筑最为富丽堂皇、高大宏伟的第一馆。会馆内有广场、戏台、大殿、议事厅、配殿、厢房，绿色的琉璃瓦飞檐斗拱，粗大的楠木柱雕龙画凤，梁枋之间多有彩绘，描述着八仙过海、三国演义、观音送子的精美图画。房屋建筑之后设有后花园，亭台阁楼、小桥流水、树木掩映，是往来宾客休闲宴请的清静之乡。会馆黑漆描金的大门两侧，有一对威武雄壮的石狮，欢跃迎接四方来客。

在两湖会馆的临江之地，左有洲上最大的一座杨泗庙，右有江边高耸的魁星阁，三座各具特色的建筑，构筑了鹦鹉洲上湖北湖南两省民众的活动中心。

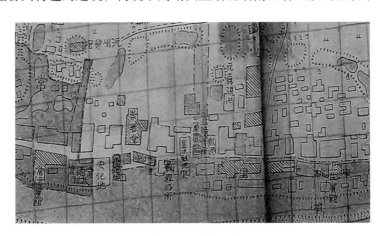

图 8-10　洲头地段

4.洲头地区。如图 8-10 所示，在由两湖正街走向洲头的崇善正街处也有几处会馆，从左向右分别是：上益宾馆、益阳宾馆、二里宾馆、敷溪公所、沅州会馆和常德会馆。紧挨常德会馆的是常德宫故址，在绘图时此宫已不复存在，但当年作为一府聚集之地，雄立鹦鹉洲十里长街之首，还是蔚为壮观的。此地还有一座元真观和一座崇善堂，是洲上木行和会馆捐资救济贫苦民众的场所。

5. 荒五里的会馆。十里长街的石板路走到尽头，但鹦鹉长堤的土路还在继续，上头的江滩虽说也是鹦鹉洲的一部分，但人们习惯地称它为"荒五里"。由于竹木行业还在继续发展，需要更多的泊位和滩地，十里长街边的江滩已经分配完毕，于是后来者抑或新成立的帮派，在荒芜的洲头之上，又建立了几个帮派的会馆，占得一片泊位、滩地和帮地。距洲头一里处，建有陵源宾馆，也称陵源别墅，离它不远是歧埠别墅，这里也有一座杨泗庙，但名声不大。往上游走二里路，是宝庆五属会馆，也称上宝庆会馆，

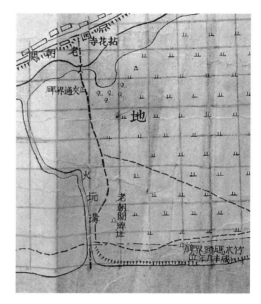

图 8-11　荒五里地段

以别于洲尾的宝庆会馆，这两个宝庆会馆分属于邵阳和新化两县，也称为大河帮和小河帮。再往上游方向走一里多路，就到达"老关"，这是鹦鹉洲的顶点，鹦鹉长堤与拦江大堤在此结合。

在文中说到的老朝关，图 8-11 中有几处明显的标志。在拦江大堤内汉阳县的地界上有一座拈花寺，附近还有民居，"老关"应是这个村庄的名称。从汉阳往江边的道路旁，有交通界碑和老朝关碑址，一直到鹦鹉洲的江滩上，还有一座竹木码头界碑，注明是咸丰八年（1858 年）立。

图上的各帮会馆（包括宾馆、公所、别墅），我们统计一下共有宝庆五属会馆、歧埠别墅、陵源宾馆、常德会馆、沅州会馆、敷溪公所、二里宾馆、益阳宾馆、上益宾馆、湖南竹木总会馆、辰州会馆、西湖会馆、永顺会馆、长衡会馆、二都宾馆、同利会馆、清埠宾馆、宝庆会馆、歧埠宾馆、洪埠宾馆、桂阳公所，共计二十一座。若按《鹦鹉洲湖南竹木帮全图》所显示，而且说明中指定的"以鹦鹉洲上自朝关下至洗马沟"的范围来统计，则应增加汉阳东门外的衡州宾馆、郴郡宾馆以及更早些的安益宾馆。

陈醒先生 1964 年在《武汉文史资料》上发表的《汉阳鹦鹉洲竹木市场史话》，是一篇对于研究鹦鹉洲历史极有参考价值的文献。陈醒先生大约生于 1895 年，十七八岁从湖北黄冈来到鹦鹉洲上，从事竹木行号业务活动达四十年，他和各帮会、木行都交往甚多，曾参与很多行业章程、帮规的起草工作，因此他写的回忆

文章有很高的可信度。

　　陈醒的文中也列举了二十一所会馆的名称，其中四溪公所、马埠公所、桃埠公所是《鹦鹉洲湖南竹木帮全图》中没有显示的，他另提到西湖五属靖帮公所，可以认定就是《全图》中的西湖会馆，因为西湖五属的其他四家辰州、沅州、永顺和常德都有独立命名的会馆，唯有靖州帮领受西湖之名。陈醒的文中提到"安益七帮内又由安化中区分出马埠、二里、桃埠、敷溪等和益阳、上益等名称"，《全图》中马埠和桃埠两帮派无独立命名的会馆，但这两个帮派是确实存在的。陈醒又在评价各会馆建筑特色时说：各会馆"建筑大小有别，除四溪公所和马埠、靖州、永顺以及桃埠、二里公所形现狭小外，其他均属可观"。这就说明这些公所级别较低、建筑较为简单，帮派的人数也较少。在与《全图》同时提供的《湖北汉阳鹦鹉洲湖南竹木帮滩地形势简略图》（以下简称"《简略图》"）中，《简略图》标明了各帮派在江滩占据的位置，有的帮派甚至占据了多处，但是我没有发现"四溪"这个帮派。陈醒在1925年《全图》和《简略图》绘制时约三十岁，他列举四溪公所的地址在宝庆会馆和清埠宾馆之间，并形容它"形现狭小"，这个四溪帮应是从益阳帮中分出的一个小帮，由于益阳和上益分成了四个帮，因此我推断二里和四溪另建公所，而马埠和桃埠则继承了上益和益阳两座会馆。

　　湖南五府十八帮是流传甚广且见诸多种文字资料的客观存在，根据《全图》和《简略图》以及有关的历史资料，我认为在民国初年，鹦鹉洲上湖南竹木商的十八个帮派名称如下：

　　长沙府：洪埠帮、歧埠帮、清埠帮（益阳老三帮）；二里帮、马埠帮、四溪帮、桃埠帮（益阳新四帮）；二都帮、同利帮、敷溪帮（安化三帮）。

　　衡州府：郴州帮、桂阳帮。

　　宝庆府：宝庆帮（大河帮，多为邵阳人，做上宝西湖木生意；小河帮，多为新化人，做下宝东湖木生意）。

　　常德府：常德帮、沅州帮。

　　辰州府：辰州帮、靖州帮、永顺帮（常德和辰州两府又统称西湖五属）。

　　按照这十八个帮派，我列表分析了十八帮的帮派滩地、所在会馆及中华人民共和国成立后其会馆的用途（见表8-1）。

表 8-1　湖南五府十八帮及其相关信息分析表

| 帮派 | 帮派滩地 | 所在会馆 | 中华人民共和国成立后其会馆的用途 |
|---|---|---|---|
| 宝庆帮（大） | 宝庆帮滩地 | 宝庆五属会馆 | 荒五里小学 |
| 常德帮 | 常德帮滩地 | 常德会馆 | — |
| 沅州帮 | 沅帮滩地 | 沅州会馆 | — |
| 敷溪帮 | 敷溪帮滩地 | 敷溪公所（敷溪会馆） | — |
| 二里帮 | 二里帮滩地 | 二里宾馆（二里会馆） | 公屋、小学 |
| 桃埠帮 | 桃埠帮滩地 | 益阳宾馆 | 工人俱乐部 |
| 马埠帮 | 上益帮滩地 | 上益宾馆 | 两湖商店 |
| 辰州帮 | 辰州帮滩地 | 辰州会馆 | 搬运站 |
| 靖州帮 | 靖会帮滩地 | 西湖会馆（靖帮公所） | 工人俱乐部 |
| 永顺帮 | 永顺帮滩地 | 永顺会馆（永顺公所） | — |
| 马埠帮 | — | （马埠公所） | — |
| 二都帮 | 二都帮滩地 | 二都宾馆 | 菜场 |
| 同利帮 | 同利帮滩地 | 同利宾馆（同利会馆） | 银行储蓄所 |
| 清埠帮 | 清埠帮滩地 | 清埠宾馆 | 派出所 |
| 四溪帮 | — | （四溪公所） | — |
| 宝庆帮(小) | 宝庆帮滩地 | 宝庆宾馆（宝庆会馆） | 鹦鹉小学分部 |
| 歧埠帮 | 歧埠帮滩地 | 歧埠宾馆（歧埠会馆） | 鹦鹉小学 |
| 洪埠帮 | 洪埠帮滩地 | 洪埠宾馆（洪埠会馆） | — |
| 桂阳帮 | 桂阳帮滩地 | 桂阳公所（桂阳宫） | — |

注：1.帮派滩地信息来自《湖北汉阳鹦鹉洲湖南竹木帮滩地形势简略图》。

　　2.所在会馆一栏，括号外会馆名称来自地图《鹦鹉洲湖南竹木帮全图》，括号内会馆名称来自文献《汉阳鹦鹉洲竹木市场史话》；部分未标注括号的会馆，表示其在"地图"和"文献"中的名称是一致的，除了"宝庆五属会馆"和"沅州会馆"的名称是《汉阳鹦鹉洲竹木市场史话》文献未提及的。

# 第九章　古镇新貌

# 杨泗庙港区的兴建[①]

周智余[②]

1959 年，鹦鹉洲的历史掀开了新的一页。

武汉自古就是九省通衢之地，进入近代以后，更成为内联九省、外通海洋的华中交通枢纽。中华人民共和国建立后，短短三年完成了恢复国民经济的任务，从 1953—1957 年，国家实施第一个五年计划，开始进行大规模的经济建设。在这一进程中，武汉的水路交通十分繁忙。四川、湖南、湖北等地的粮食抵汉后转运北京、天津等地；山西、河南、湖南等地的煤炭抵汉后转运上海、黄石、宜昌等地；东北、华东、华北等地的汽油抵汉后转运华中、西南等地；钢铁联结着鞍山、重庆、上海等地的生铁与成品钢材的运输中转；日用杂货、农副土特产的运输更是联结着整个长江流域。

同时，武汉也是全国"一五"计划重点建设城市，一大批重点项目纷纷落户：全国第二大钢铁基地——武汉钢铁公司，全国最大的重型机床制造厂——武汉重型机床厂，全国五大特种锅炉骨干企业——武汉锅炉厂，我国内地最大的造船企业——武昌造船厂，万里长江第一桥——武汉长江大桥，全国十大重点造纸基地——汉阳造纸厂等相继建设并投产。仅武钢 1958 年 9 月投产后，每年就有 70 万～100 万吨钢铁、矿石、焦炭等需要港区运输中转。

随着这些重点建设的推进和市民住房的改善，武汉建材市场需求旺盛，1955 年到 1957 年，武汉市建成 10 个砖瓦厂、4 个采石厂。这些企业的原材料、产成品大多需要水路运输。

当时武汉港口分为三大块，主体是交通部（今交通运输部）直属港区，分布在汉口民权路至六合路一带；省属货运港区主要集中在汉江一带；而市属货运港区规模小而散。以 1956 年为例，武汉港口货物总吞吐量为 908.86 万吨，其中部属港 614.5 万吨、省属港 87.15 万吨、市属港 207.21 万吨。部属港不仅占比达到三分之二，而且港区的自然条件和设施设备都比省属港、市属港好。即使这样，部属港也满足不了国家建设和人民生活发展的需要。中华人民共和国成立以后，

---

[①] 本文史料主要来源于武汉市交通委员会编纂的《武汉市志·交通邮电志》和武汉港务管理局主编的《武汉港史》。

[②] 周智余，1951 年 11 月生，1982 年毕业于中南财经政法大学。武汉市交通委员会副巡视员。

部属港货物吞吐量持续增长，1952 年为 174.7 万吨，1957 年增至 588.6 万吨，约是 1952 年的 3.4 倍。整个"一五"时期共完成货物吞吐量 2461.8 万吨，年均递增 27.5%。但是部属港设计货物年通过能力只有 402 万吨，武汉港压车、压船、压货现象日渐增多。

交通部直属港有 3 个作业区，第一作业区从龙王庙至武汉关，4 个码头主要供汉申、汉渝、汉宜等客运班轮运营；第二作业区从武汉关至分金炉，6 个码头主要承担货轮、驳船的装卸作业；第三作业区从分金炉至谌家矶，11 个码头主要承担钢材、建材、粮食、煤炭等大宗货物的中转联运。这 3 个作业区都在长江汉口岸，而此时武汉港区长江水域发生了重大变化，形成南崩北淤的局面。1958 年，作为长江主航道的汉口水道的宽度（以深 5 米线为准）已紧缩至 200 米，而南岸青山峡水道的宽度则达到 350 米。水流的变化，使长江主航道不得不由北岸改走南岸青山峡水道。汉口水道的淤塞，直接关系到了武汉港今后的发展。

因此，扩建武汉港口，既是国民经济发展的需要，也是武汉港自身发展的需要，这成为当时武汉迫在眉睫的一件大事。

早在 1954 年，武汉市政府、长江航务管理局向交通部提出了扩建港区的建议。1956 年 4 月，交通部内河航运管理局根据武汉港的实际情况和发展前景提出了扩建计划，交通部于同年 7 月 25 日批准扩建武汉港。交通部水运设计院和长江航务管理局对整个武汉港区进行了调研，特别是对武汉市政府初选推荐的丹水池、江岸、汉阳杨泗庙 3 处的地貌、水域、自然条件进行了勘探和研究，认为汉阳鹦鹉洲杨泗庙一带江宽水深，水域从 1925 年以来无显著变化，陆域可利用岸线 4000 米、腹地纵深广阔，距京广铁路的汉阳车站仅 2.5 公里，铁—水—陆中转十分便利，适合兴建水陆联运港区。1957 年 5 月，交通部水运设计院提出了武汉港扩建的初步意见。1958 年 7 月，交通部正式批准武汉港扩建的总体布置及杨泗庙建港的初步设计方案。总体布置是在杨泗庙建设一个我国内河最大的、机械化程度最高的水陆联运港区。初步设计为：在港区上段建 2 个泊位、年通过能力为 300 万吨的矿货码头以及岸上全坑道式的作业系统；在港区中段建 4 个泊位、年通过能力为 340 万吨的通用码头；在港区下段建 4 个泊位、年通过能力为 250 万吨的包装杂货码头以及大型仓库和火车装卸站台。计划投资 3967.7 万元，并被列入了国家"二五"重点建设项目。

1959 年 2 月 25 日，杨泗庙建港工程破土动工。杨泗庙港区的建设，首先遇到的问题是占用鹦鹉洲的土地。鹦鹉洲人民是勤劳的人民，也是听党的话、顾全国家建设大局的人民。大家二话不说，卷起铺盖，搬走家具，离开了从小成长、生活的这片土地，整体拆迁到新建的鹦鹉大道北边的还建安置房中。

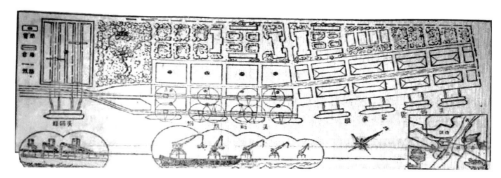

图 9-1　武汉杨泗庙港区示意图

　　为了加快建港工程的建设，武汉市政府成立了以张雪涛秘书长为首的武汉市建港委员会和以汉阳区委书记王歌枫为首的建港工地党委。长江航务工程局承担码头及水工工程的施工。武汉铁路局负责港区铁路工程的技术指导。汉阳区建设局组织拆迁各类房屋 3.95 万平方米、还建民房 2.5 万平方米。武昌、硚口、汉阳区组织近 2000 名民工担负建港的土方工程。武汉市还组织各界人士近万人到工地参加义务劳动。在建设过程中，交通部部长王首道，副部长孙大光、于眉，湖北省、武汉市的各级领导相继到工地视察和排忧解难。

　　由于武汉港压车、压船、压货现象加剧，从 1960 年 3 月起，杨泗庙港区开始边建设边投入使用。仅 1960 年下半年至 1962 年底，在建设过程中就完成装卸钢铁、粮食、食盐、化肥及杂货 104.66 万吨。到 1963 年 9 月，除国民经济调整时期决定停建或缓建的项目外，其余码头、库场、铁路工程完工并进行了验收。杨泗庙港区已建成投产的有 4 个包装杂货码头、1 个矿货码头、1 个通用码头临时泊位；陆上作业系统有卸煤坑道 1 条、出口坑道与输煤坑道各 2 条；还有 15 公里的港区铁路专用线，至汉阳火车站联结京广铁路通往全国。杨泗庙港区共完成投资 1599 万元，港区已形成 275 万吨的年通过能力。

　　此后，由于江岸港区航道泥沙淤塞越来越严重，导致部分码头停用，于是从 1965 年起，先后数次续建和扩建杨泗庙港区（后更名为汉阳作业区、汉阳港埠公司），到 1984 年共建成专业化码头 12 座，其中 5000 吨级泊位 10 个、3000 吨级泊位 5 个，年综合通过能力 756.8 万吨，成了武汉港最大的水陆联运港区和全国主要中转枢纽之一，为武汉、湖北，乃至中部地区经济发展作出了重要贡献。

　　鹦鹉洲是古老的，也是古朴的。古代芳草萋萋，近代青石板铺就一条长长的街道，两旁林立着无数的商铺、会馆、民宅，与此相对应的是长江边成片的帆樯、木排、竹排，而这一切皆因杨泗庙港区的建设画上了终止符。从此，鹦鹉洲以一个工业港区的新形象展现在世人面前。

后记：随着武汉城市的发展和政府财力的增强，武汉市委、市政府分批实施中心城区货运码头外迁、长江汉江"两江四岸"环境综合整治（美化亮化）工程。市水务局负责推进"两江四岸"江滩防洪及环境综合整治工程，2001年率先在江汉关至长江二桥的汉口江滩实施，2003年10月1日建成并对外开放。耳目一新的汉口江滩获得了社会各界的交口称赞，此后武昌江滩、青山江滩、汉阳江滩、汉江江滩相继动工改造，努力凸现武汉滨江生态特色，实现人水和谐发展。如今，武汉两江四岸的江滩公园已成为市民休闲的打卡地、江城一道独特的风景线，享誉海内外。市交委牵头中心城区货运码头外迁工作，为江滩整治工程创造条件。杨泗庙港区也在外迁之列，为了保持生产经营的连续性，武汉港务集团、市交委所属交投集团投资12亿元，建设阳逻港区二期工程，新建4个5000吨级（兼顾万吨）集装箱泊位，年吞吐能力75万吨，2008年11月12日开工，2011年6月1日建成运营。随后杨泗庙港区整体搬迁到了阳逻港区，腾退的地块规划建设长江新城。目前，汉阳长江江滩从晴川阁至武汉国际博览中心，两头都已建设完工，仅剩下杨泗港码头江滩没有改造，随着长江新城工程的推进，将适时开工建设，给市民提供健身、休闲的好去处。

# 从河泊所到"锦绣长江"

彭奇玉

清朝乾隆年间,汉阳古城的南纪门外又淤出一个新的沙洲,它就是著名的汉阳鹦鹉洲。那时的沙洲与拦江堤岸相距甚远,洲上人烟稀少,满目芳草萋萋。同治年间起,由于水缓沙淤,鹦鹉洲渐与汉阳堤岸靠近,仅有一条夹河相隔,入长江口处稍宽,风浪乍起,长江上的木船纷纷进入内河停靠,因而命名河泊所港(见图9-2)。

随着时间流逝,那停船的港湾早已消失,我们小时候看到的,则是由拦江大堤、腰路堤和洲尾的街道(腰路、潜龙、洲尾)合围出的一个三角形湿地。夏季长江的水灌进,冬季则干涸成荒滩,地图上标名泔水湖,老百姓则习惯叫它后湖。这里曾经是孩子们的足球场,后来变成汉阳著名的万人游泳池。

21世纪之初,在这片湖塘上建成了汉阳鹦鹉花园住宅小

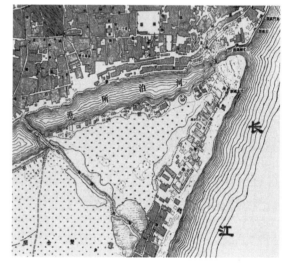

图9-2 河泊所港

区,鹦鹉洲开始走向现代化,随之而来的是一个更庞大更前卫的开发计划,引进香港世茂集团投资,沿着鹦鹉洲的长江边分期分批建立高档住宅楼房,在鹦鹉洲将诞生许多江景房。"锦绣长江"楼盘的宏大规划一共分五期,从鹦鹉洲江边洲尾开始做起,沿长江向上游延伸,直到杨泗港。而我有幸成为"锦绣长江"第一期的项目设计负责人。

我出生在鹦鹉洲,1963年考入清华大学,1968年被分配到102工程指挥部从事土建施工,1973年调入武汉建筑设计院。我承担过各种类型的建筑设计,并担任过武汉可口可乐工厂和武汉香格里拉大饭店的设计总负责人。凑巧的是,香港世茂集团的叶先生曾是这两个项目的执行经理,由于之前项目的愉快合作和圆满收官,他们非常信任我,又将"锦绣长江"的一期工程交给我院,指定我为

项目设计负责人。我心情非常激动，感到十分幸运，这个千载难逢的机会让我碰上了。

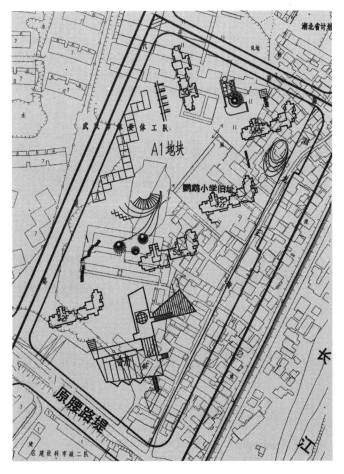

图 9-3　"锦绣长江"一期规划图

世茂"锦绣长江"项目坐落于长江之畔鹦鹉洲的洲尾地段，片区占地 858 余亩，总建筑面积约 160 万平方米，总投资近 100 亿元，地理位置十分优越，居两江之交，西接鹦鹉大道主干道，北连拦江路，东线直逼长江，怀抱 2 公里长的长江岸线。

该项目从两江四岸复合功能区的要求出发，为武汉创造一个集商业、旅游、休闲娱乐、商务办公、酒店及高档居住为一体的综合功能区。总体规划以长江为主题，抓住长江文化，提出了长江之门的创意构思，并在市民文化广场空间形态的设计中得以体现。其中有 250 米高的办公楼将成为城市新地标、武汉市最高的建筑物之一；180 米高的超五星级希尔顿酒店；面积达 10 公顷的超级大广场。长江之门将成为长江中游的标志性建筑物和武汉城市的新名片。

该项目一期工程有 34.5 万平方米。项目大，任务重，时间紧。我带领本院一批年轻的工程师艰苦奋战四个月，完成了一期项目的设计工作。其中 A1 地块规划用地总面积 7.25 万平方米，这就是原来潜龙正街旁以鹦鹉小学为中心的老街区。北靠洲尾街，南抵腰路堤，西边是鹦鹉花园，东边紧靠长江。A1 地块总建筑面积为 17.37 万平方米，由一栋 55 层超高层住宅、两栋 32 层与两栋 30 层高层住宅、一栋 4 层会所以及地下停车库组成。

建筑间留出了大片的绿地，为居民提供了尽可能多的亲近泥土、流水和绿色植物的机会。居民在楼上欣赏长江的美丽风光，而从江面上则可看到五栋高楼的伟岸身影。

做完这个项目之后我就退休了，但是"锦绣长江"项目则在继续延伸，随着二期直到五期工程的完工，鹦鹉洲下半段（原来的腰路、杨泗及长长的瓜堤街）的沿江岸线全部被各式新颖的高楼大厦所占据，萋萋鹦鹉洲的旧影已无处寻觅。2015 年鹦鹉洲长江大桥建成通车，犹如一条红色的巨龙横跨瓜堤街的上空，为这片社区增添了更为靓丽的风采。

从河泊所到如今的"锦绣长江"，它体现了鹦鹉洲形成、发展和巨变的全过程，是一部辉煌的诗篇。在长江岸边建成的这一大片如锦绣般的高楼大厦，还有宽阔的晴川大道、绿树掩映的江滩公园，构造了一幅最美丽、最高雅的画卷，它在荒凉中创造了繁荣，在贫瘠中创造了财富，在传统中创造了现代。

# 后　记

　　《鹦鹉洲上》一书终于付梓，我犹如卸下了百斤重担。几位年近 80 岁的老人，邀一批 70 至 90 多岁的垂垂老者，来写 60 年前鹦鹉洲的故事，这实在不是一件容易的事，但是我们居然完成了。

　　这是一部集体创作的具有史料特色的回忆录，几十位土生土长的鹦鹉洲人，饱含热情，凝聚心智，在字里行间留下珍贵的历史资料，抒发对故乡的深情和眷念，为这个千年古镇献上我们的一片爱心。

　　古老的鹦鹉洲不同于一般的江南小镇，它是长江大河中的一个沙洲，享誉中华。不仅汉唐以降无数文人墨客留下了千古诗篇，而且在清末民初，它是九省通衢的商业重镇，是全国最大的竹木交易之都。

　　一条石板街，数万湘鄂人，近百年间，沧桑巨变，荒洲成芳园。十里长街店铺毗邻，酒楼茶肆旌旗招展，二十多座特色会馆，近百家商业木行，各种湖湘风情的民居镶嵌其间，炊烟袅袅宛如仙境一般。但是这样一个独具商业和建筑特色的乡镇，从 20 世纪 50 年代始，木材贸易逐渐停止，随后是大规模拆迁，到 21 世纪初，古老美丽繁荣的鹦鹉洲，仿佛随风逝去，实在是令人扼腕叹息。

　　几个出生于鹦鹉洲的老人决心行动起来，组织大家写一点文字，留下我们儿时生活的记忆，回望当年祖辈劳作的艰辛，让《鹦鹉洲上》回忆录，保存一份有价值的文化遗产，这是我们这些老年人的初心。

## 一、投稿的热情

　　我们这把年纪的人，好多年都不拿笔写文章了，征稿是最大的难题。2021 年 3 月 10 日发出了《征文通知》后，我就处在焦急的等待之中。为什么焦急呢？因为征文的要求很高，必须是亲历、亲见、亲闻的史料和故事，文稿还要求图文并茂，电子文档投送，记述的事件应在 1840 年—1960 年，作者没有 70 岁以上的年纪是无法胜任的，因为他没见过那逝去的鹦鹉洲。古稀之人难免身体欠佳、耳聋眼花、记忆力衰退，还有家务缠身，照顾老伴、接送孙辈之责，无暇顾及其他。到八月底截止，到底能收到几篇稿件？

结果令人欣喜，甚至是喜出望外，文稿从网上不断地发送到我的电子邮箱和"鹦鹉洲"聊天群，到 8 月底共收到稿件近 60 篇，更有作者要求延期，到 10 月底稿件超过 80 篇！

这要归功于现代通信的便捷，也是编辑部成员积极联络的成果，但是最根本的原因是植根于鹦鹉洲人心中的乡情，是他们对于故乡梦中的思念，才激起大家的共鸣。最年长的作者已年逾 90，他从南京老年公寓中寄出了《我所知道的鹦鹉洲》。北京、深圳、重庆、上海，从祖国的四面八方，游子们发来深情的回忆文章。为了追忆往事、核对史实，家庭的兄弟姐妹相互商榷，中学的同窗好友字斟句酌，力求文章达到"真、善、美"。几十年不见的邻居和儿时的玩伴，在征文网上相逢，畅谈往事、细叙家常，甚至诗词唱和，不觉子夜已近。一场征文活动搭建起老年朋友交流的桥梁。

## 二、写稿的认真

为了史料的真实，文笔的优美，写出来的作品能让读者相信并愿意读下去，我们的作者下足了功夫，他们是一群普通的退休劳动者，写作的认真态度绝不逊于专业作家。

由于特殊的历史原因，鹦鹉洲地区原有的地面建筑已荡然无存，留存于世的资料和照片极少，而现代在整理史志时也很少提及。为此查阅历史档案是动笔的首选，国家图书馆、上海图书馆、湖北省图书馆、武汉图书馆、湖北省档案馆、武汉博物馆、中国美术馆和清华大学图书馆都留下我们的足迹，许多与鹦鹉洲有关的历史地图、人物资料和绘画等历史珍藏，就是从这些宝窟中发掘出来的。

写作的激情一旦爆发便不可收拾，往日时光在脑海中重现，有人写了一篇又一篇，三个月内共投稿九篇。有人为了将教育家史写得准确，改了一遍又一遍，共修订十五稿。听 80 多岁的老人口述，70 多岁的同乡将它整理成文。一位老中医电告："我现在脑筋不行，时间混淆、内容交错，写了前面忘了后面，只得将三本稿纸邮寄给你，请帮我整理一下吧！"

如此感人至深的事例不胜枚举，更坚定了我们出版一本优质读物的决心和信心。

## 三、编辑的敬业

我们编辑组的几个人热情很高，也有个人著书的经历，但无组织群众创作的经验。定位于故乡历史回忆，看重的是"真实"二字，我们录用稿件，文采不可苛求，但是不容半点杜撰和编造，所言所写必须符合"三亲"原则，取之有据，溯之有源。我们抢救性发掘、留给后代的这本书，要经得起历史的追问与推敲，要具有供研究者查询和参考的价值。

编辑组的三审三校要解决的问题是：选稿、核定史料的真实和一致、删去各篇文章的重复叙述，使我们全书文章篇幅控制在 60 篇左右，不超过四百页，真正做到简洁、真实、感人。

封面和书名会给读者留下第一印象，应该具有强烈的冲击力。为此编辑组花了一周工夫，在网络上组织讨论，各抒己见、百花齐放、好中择优，最终多人赞同用《鹦鹉洲上》这个书名。一个"上"字，包罗万象，令人遐想，难怪题写书名者都将"上"字写得特别苍劲有力。

## 四、锦上添新

文字稿基本敲定之后，2022 年 1 月我们邀请了武汉地区的 10 位史学专家，召开《鹦鹉洲上》编辑出版座谈会，认真听取他们的意见和建议，弥补我们对于历史和地方史志写作知识之不足。我们还多次拜访鹦鹉洲地区的作家、艺术家、画家、书法家，请他们对本书的史料和书籍的编排设计提出意见，邀请他们为本书写稿、作画和题字，进一步提高本书的文化艺术水平。

2022 年注定是不平凡的一年，世界范围内的新型冠状病毒感染疫情和战乱纷争，造成全球经济衰退和生活困难，但是无论风云如何变幻，我们中华民族必定会克难奋进、砥砺前行。

在这个历史性的关键时期，我们这些老人不仅健康地生活着，居然还齐心协力地推出了一本三十多万字的著作，让我们充分地抒发了一把浓郁的乡情，更为后人留下一份珍贵的史料。这是一项意义非凡的公益活动，是一件功德无量的大好事，所以它得到各方人士的大力支持和赞助。由于人数太多，我难以列举他们的姓名，就让他们留存在我们心中。

感谢在本书构思、组稿、写作、审核、编辑、出版、发行全过程中，鼓励、帮助和支持我们的老师、朋友、同学和专家、领导，还有许多图书馆、博物馆、档案馆、美术馆和出版社，没有他们的鼎力相助，《鹦鹉洲上》不会如此顺利地面世，当然也不会有如此之高的文学艺术水平和真实可信度。

主编常恒毅于 2022 年 5 月 4 日写于汉口

（鄂）新登字08号

**图书在版编目（CIP）数据**

鹦鹉洲上 / 常恒毅主编. — 武汉：武汉出版社,2023.3
ISBN 978-7-5582-5800-8

Ⅰ. ①鹦… Ⅱ. ①常… Ⅲ. ①乡镇－地方史－武汉－文集 Ⅳ. ①K296.35-53

中国国家版本馆CIP数据核字（2023）第033394号

**鹦鹉洲上**

主　　编：常恒毅
责任编辑：赵　可
助理编辑：黄　澄
封面设计：刘　勍
出　　版：武汉出版社
社　　址：武汉市江岸区兴业路 136 号　　邮　　编：430014
电　　话：(027) 85606403　　　85600625
http://www.whcbs.com　　E-mail: whcbszbs@163.com
印　　刷：湖北新华印务有限公司　　　经　　销：新华书店
开　　本：787 mm×1092 mm　　　1/16
印　　张：21.75　　　字　　数：420 千字
版　　次：2023 年 3 月第 1 版　　2023 年 3 月第 1 次印刷
定　　价：98.00 元

关注阅读武汉
共享武汉阅读

版权所有·翻印必究
如有质量问题，由本社负责调换。